LAUSCHE DEN KLÄNGEN DEINER SEELE

INSEL DER WALE

BUCH 2

CHARLOTTE MCGREGOR

CHARLOTTE TAYLOR

Charlotte McGregor / Charlotte Taylor

Insel der Wale – Lausche den Klängen deiner Seele

Carin Müller c/o Die Bücherfee Karina Reiß, Zick Zack 1, 39393 am Großen Bruch

Bei Fragen zur Produktsicherheit: autoren-wg@carinmueller.de

www.charlottemcgregor.de www.carinmueller.de

3. Auflage, Juni 2025, Originalausgabe: Mai 2021

Taschenbuch-ISBN 978-3-910843-06-6

Umschlaggestaltung: Sabine Albrecht, www.benisa-werbung.de, unter Verwendung von: ©Depositphotos.com/kavramm ©Depositphotos.com/lakov ©Depositphotos.com/GUDKOVANDREY ©Depositphotos.com/Lobachad ©Freepik/tirachard ©Freepik/logturnal

Lektorat/Korrektorat: Julia Funcke

Druck und Bindung: CPI Print, Ulm

LAUSCHE DEN KLÄNGEN DEINER SEELE

INSEL DER WALE

BUCH 2

CHARLOTTE MCGREGOR

CHARLOTTE TAYLOR

INHALT

ÜBER DAS BUCH

Liebe Leserin, lieber Leser,

mit »Lausche den Klängen deiner Seele« durfte ich nach »Lebe, als gäbe es kein Morgen« zum zweiten Mal nach Vancouver Island reisen und mich meiner Leidenschaft für Natur und Wale hingeben. Aber natürlich gibt's auch in dieser Geschichte wieder andere Themen, die man in einem Liebesroman vielleicht nicht unbedingt erwarten würde. Mir macht das Freude über den Tellerrand zu blicken und die üblichen Genregrenzen zu sprengen. Denn so schön die Liebe ist, es gibt auch andere Dinge, für die es sich zu brennen lohnt.

Wenn du mit mir in Kontakt bleiben möchtest, mehr von mir und meiner inneren Autorinnen-WG erfahren möchtest und Lust auf zwei gratis eBooks hast, dann melde dich doch für mein »Dienstags-Update« an. In diesem Newsletter informiere ich alle zwei Wochen über mein kleines Schreib-Universum.

Hier geht's zur Anmeldung und zu den kostenlosen Büchern »Claire and her Prince of Whales« (wie gesagt, ich LIEBE Wale) sowie »Problemzonen«: https://carin-mueller.de/newsletter/leser-post

Aber jetzt viel Spaß mit dem Buch!

Deine Charlotte

DARUM GEHT'S:

Von neugierigen Walen, hungrigen Bären und einer Herausforderung namens Liebe

Was denn noch alles?

Wal-Saison im malerischen Tofino. Für die lebensfrohe Esther Johnson kommen zur Sorge um ihre gehörlosen Kinder und dem Rosenkrieg mit ihrem Ex auch der Schuldenberg ihres Whale-Watching-Unternehmens dazu.

Sie trifft Dominic Gordon, der augenscheinlich nicht zur Erholung hierhergekommen ist. Gleichermaßen fasziniert und irritiert, ahnt sie nichts von den Herausforderungen, die der erfolgreiche Software-Entwickler zu überwinden hat. Eine gereizte Bärenmutter ist noch die Geringste davon ...

Esther und Dominic hätten eine Chance auf Glück – doch was ist der Preis dafür? Sind sie bereit, ihn zu zahlen?

Eine mitreißende Geschichte vor der atemberaubenden Kulisse Vancouver Islands – mit imposanten Walen, hungrigen Bären und einer großen Erkenntnis: Man hört nur mit der Seele gut.

GELD- UND ANDERE SORGEN

TOFINO, VANCOUVER ISLAND, 19. MÄRZ – ESTHER:

»Du siehst aus, als hätte dich der weiße Wal heimgesucht. Was ist los?«

Erschrocken drehte ich mich um, ich hatte meinen Vater nicht ins Büro kommen hören. »Der weiße Wal wäre mir lieber«, entgegnete ich und rang mir ein schwaches Lächeln ab. Seine Moby-Dick-Referenzen nutzte er für Dramen aller Art.

»Schlechte Nachrichten von der Bank oder vom Anwalt?«, bohrte er weiter.

»Beides«, seufzte ich und überlegte, ob ich ihm davon erzählen sollte. Es war erst ein knappes Jahr her, dass mir mein Vater Marty die Geschäftsführung unseres Walbeobachtungsunternehmens »Johnson's Giants« übertragen hatte. Damals war es uns allen als gute Idee erschienen. Doch heute? Vermutlich hatte ich mich massiv übernommen. Während der letzten zwei Monate hatte ich zusammen mit meinem Kollegen Reed Archer von »Scott's Spout Scouts« gleich zwei Mitbewerber am Ort übernommen. Nicht ganz freiwillig. »Moby Tours«, der aggressive Marktführer in der Region, hatte das kleine Familienunternehmen der Bishops derart unter Druck gesetzt, dass Reed und ich in die Bresche gesprungen waren, um weitere Dominanz zu verhindern. Wir hatten viel zu viel Geld für dieses kleine Business ausgeben müssen, um unsere Philosophie einer nachhaltigen, tier- und umweltverträglichen Walbeobachtung für Tofino durchzusetzen. Wenige Wochen später war dann »Moby Tours« selbst unter die Räder gekommen. Elliot Graham hatte nach mehreren Verstößen gegen die Auflagen seine Lizenz verloren – und wir hatten auch seine Anleger und einen Teil seiner Flotte übernommen. Das war ein klares Signal an die Branche, gut für den Tourismus in Tofino, gut für die Wale, aber ziemlich katastrophal für unsere Finanzen. Die Bank hatte mir vorhin ein Update zu unserem Kreditrahmen und den monatlichen Belastungen geschickt. Wenn die diesjährige Saison ähnlich wie die im letzten Jahr laufen würde, sollte es zu stemmen sein – irgendwie. Aber nur dann. Und außergewöhnliche Belastungen waren auch nicht drin. Womit ich zum zweiten Punkt meines heutigen Elends kam ...

»Esther«, begann mein Vater und rückte einen Stuhl an meinen Schreibtisch. Dann nahm er meine Hand und sah mich eindringlich an. »Du bist nicht allein. Egal, was passiert, ich bin immer für dich und die Kinder da.«

»Ich weiß, Dad«, seufzte ich und schluckte, weil mir die Tränen in die Augen stiegen. Ich neigte eigentlich nicht zum Weinen, doch im Moment wurde mir gerade alles zu viel. »Aber du hättest es verdient, dich nicht mehr um den schnöden Alltagskram kümmern zu müssen.« Ich räusperte mich energisch und straffte die Schultern. »Und du musst es auch jetzt nicht tun. Ich kriege das alles hin.«

»Natürlich schaffst du das.« Ein Lächeln huschte über sein wettergegerbtes Gesicht und er streichelte mit seinem rauen Daumen über meinen Handrücken. »Aber du musst da nicht alleine durch. Ein alter Seebär wie ich hat vielleicht noch das eine oder andere Ass im Ärmel.«

Das hatte er zweifellos. Nur dass mir Asse nichts nutzten. Dollars wären besser gewesen. Möglichst viele davon, doch das behielt ich für mich. Er würde, ohne mit der Wimper zu zucken, seine Altersvorsorge auflösen oder eine Hypothek auf unser Haus aufnehmen, und das konnte ich auf keinen Fall zulassen. »Du würdest mir wirklich helfen, wenn du die Tourenplanung fürs Festival übernehmen könntest«, sagte ich stattdessen. In drei Tagen startete das jährliche »Pacific Rim Whale Festival«, bei dem wir hier in Tofino die Grauwale auf ihrer Reise von Mexiko nach Alaska begrüßten. Eigentlich war das der absolute Selbstläufer, doch in diesem Jahr hatten wir nach unserem ungeplanten Geschäftszuwachs viel mehr Schiffe zur Verfügung, die wir sinnvoll einplanen mussten. Was bisher noch nicht passiert war, weil ich schlicht keine Zeit dafür hatte – ähnlich wie Reed, der mindestens genauso viel um die Ohren hatte wie ich, weil er auch in Port McNeill die Slots von »Moby Tours« gekauft hatte. Ich wollte mir gar nicht vorstellen, wie sehr er unter der Belastung ächzen musste. Aber immerhin musste er sich nicht auch noch einen Rosenkrieg liefern und um Unterhalt feilschen. Mein Hals schnürte sich schon wieder zusammen. Warum passierte eigentlich immer alles auf einmal?

»Das tu ich gerne, Süße«, entgegnete mein Vater, und

die Lachfältchen um seine Augen vertieften sich. Mit seinem wirren, fast schlohweißen Haar und dem dichten Bart sah er aus wie ein Kapitän aus einem Bilderbuch für kleine Kinder. Die Menschen fassten sofort Vertrauen zu ihm, was wirklich hilfreich war. »Kelly hat mich vorhin angerufen. Reed scheint es ähnlich zu gehen wie dir, und er hat sie gebeten, die Tourenplanung zu übernehmen. Wenn wir das gemeinsam machen, haben wir es im Handumdrehen im Griff.«

»Das wäre eine solche Erleichterung«, murmelte ich. Kelly Scott war Reeds Schwiegermutter und die Witwe des Firmengründers von »Scott's Spout Scouts«. Sie kannte das Geschäft ähnlich lange und gut wie mein Dad, und gemeinsam würden sie zweifellos ein gutes Konzept erstellen. »Ich schäme mich so, dass ich es noch nicht hinbekommen habe. Ich meine, das Festival beginnt in drei Tagen ...« Diesmal konnte ich die Tränen nicht mehr eindämmen.

»Willst du mir nicht endlich sagen, was dich wirklich umtreibt?«, fragte er mich. »Die Verträge über die Slots von ›Moby Tours‹ sind doch erst seit knapp zwei Wochen geschlossen. Da ist es doch kein Wunder, dass du und Reed noch keine detaillierte Planung geschafft habt. Kelly und ich kümmern uns gerne darum. Wir waren schon immer gut im Improvisieren. Also mach dir darüber keinen Kopf.«

»Danke«, schniefte ich. Ich hasste es, mich so defensiv und hilflos zu fühlen.

»Gut. Also raus mit der Sprache: Ist es dein nichtsnutziger Ex, der dir den Tag versaut hat?« Sein liebevolles Seebärenlächeln war einem Stirnrunzeln gewichen. Wenn das überhaupt möglich war, verachtete mein Vater meinen Ex-Mann Jeremy noch mehr als ich.

»Sein Anwalt hat mir vorhin per Mail mitgeteilt, dass Jeremys Firma insolvent ist und er deshalb keinerlei Unterhalt mehr für die Kinder zahlen wird«, berichtete ich.

»Dieser nichtsnutzige, gewissenlose Volltrottel«, knurrte Dad. »Nicht nur, dass er sich nicht für seine Kinder interessiert – dass er ihnen jetzt auch noch die Unterstützung versagt, ist ...« Er rang um Worte. In der Welt meines Vaters gab es keine schlimmere Sünde, als sich nicht um die Bedürfnisse der Familie zu kümmern. »Diese angebliche Insolvenz ist doch nur ein Vorwand dafür, sich endgültig aus seiner Verantwortung zu stehlen. Wahrscheinlich hat er längst eine andere Frau am Start und ...«

Ich winkte ab und unterbrach damit seine wütende Tirade. »Ehrlich gesagt ist es mir vollkommen egal, was mit seiner Firma und seinem Privatleben ist, und im Grunde ist es mir auch lieber, wenn er in unserem Leben keine Rolle mehr spielt – auch wenn die Kinder dann niemals echten Kontakt zu ihrem Vater haben werden. Aber die Unterhaltszahlungen ...« Ich schüttelte den Kopf. Viel war es ohnehin nie gewesen, was wir von Jeremy bekommen hatten, aber es hatte zumindest für einen Teil der Logopädie-Kosten gereicht.

»Ich werde diesem Mistkerl niemals verzeihen, was er dir angetan hat!«

Ich seufzte, denn ich kannte die Leier, die nun folgen würde. Archie und Ada waren beide gehörlos zur Welt gekommen – eine Tatsache, mit der Jeremy nicht klarkam, und der Grund, warum er uns noch vor Adas Geburt vor drei Jahren verlassen hatte. Beide Kinder trugen sogenannte Cochlea-Implantate, mit denen ihnen rudimentäres Hören und eine Sprachentwicklung möglich waren. Aber natürlich brauchten sie besondere Förderung. Ich flog einmal pro Woche in meinem Wasserflugzeug mit ihnen nach Victoria, zu einer Logopädin, die mit ihnen das Sprechen übte. Das war ohnehin viel zu wenig, und mindestens genauso dringend hätten wir jemanden gebraucht, der uns alle zusätzlich in Gebärdensprache unterrichtete. Doch hier in dem kleinen Tofino gab es dafür keinen Spezialisten, und ich hatte schlicht nicht die Mittel, um jemanden zu finden und für einige Monate hierherzuholen, wie es sinnvoll gewesen wäre. Der spärliche Unterhalt von Jeremy hatte wenigstens die Kosten für die Logopädin gedeckt. Angesichts meiner angespannten finanziellen Situation musste ich die Besuche bei ihr wohl zunächst auf Eis legen. Das war der Punkt, der mich gerade besonders fertigmachte: dass meine Kinder, die für nichts etwas konnten, diejenigen waren, die am meisten unter der Situation zu leiden hatten.

Trotzdem fühlte ich mich bemüßigt, den Zorn meines Vaters einzubremsen. »Dass Jeremy nicht mehr zahlen will, ist wirklich scheiße, aber er kann nichts dafür, dass ihn die Situation mit den Kindern überfordert«, murmelte ich halbherzig, denn in Wirklichkeit empfand ich natürlich ganz anders.

Mein Vater schüttelte prompt ungläubig den Kopf. »Ich verstehe wirklich nicht, wie du ihn auch noch in Schutz nehmen kannst. Es ist schließlich seine Schuld, dass die Kinder nicht hören können! Und er hat nicht die Eier, Verantwortung dafür zu übernehmen. Dieser gottverdammte Drecksack hat es wirklich nicht verdient, dass du für ihn auch noch Verständnis hast.« Er schäumte vor Wut.

Jeremys Eltern waren beide gehörlos, und wie sich herausgestellt hatte, war es ein Gendefekt, den er an seine Kinder weitergegeben hatte. Sicherlich nicht mit Absicht – ihm deshalb Schuld zu unterstellen, war nicht fair. Ich kannte meine Ex-Schwiegereltern nicht, wusste nicht einmal, ob sie überhaupt noch lebten, und falls ja, wo. Jeremy hatte den Kontakt zu ihnen abgebrochen, Jahre bevor ich ihn kennengelernt hatte. Ich wusste nicht viel von seiner Kindheit, doch er hatte immer wieder betont, wie belastend die Behinderung seiner Eltern für ihn gewesen war und dass er sich nie wieder in seinem Leben damit beschäftigen wollte.

Rausgekommen war das alles jedoch erst, als Archie anderthalb Jahre alt gewesen war und wir die Diagnose bekommen hatten, dass er komplett gehörlos war. In der Rückschau konnte ich es nicht fassen, dass es uns und die Ärzte so viel Zeit gekostet hatte, diese doch signifikante Einschränkung festzustellen. Wir waren erst richtig stutzig geworden, als er partout nicht zu sprechen beginnen wollte. Als es schließlich klar gewesen war – auch, dass wohl ein Gendefekt vorlag –, war Jeremy zusammengebrochen. Dabei hatte sich im Weiteren alles gut entwickelt. Archie hatte sein Cochlea-Implantat relativ problemlos angenommen, und niemals würde ich seinen Blick vergessen, als er zum ersten Mal meine Stimme wahrgenommen hatte. Das war für mich einer der schönsten Tage meines Lebens gewesen, doch nicht für Jeremy. Für ihn war sein Sohn eine Enttäuschung. Als ich dann mit Ada schwanger wurde, hatte er gewollt, dass ich einen Gentest machen und das Kind im Zweifel abtreiben ließ, falls die Chance auf eine Behinderung bestand.

Das war der Punkt, den ich ihm nicht verzeihen konnte. Ich hatte mich geweigert, den Test zu machen, denn die Chance, dass auch das zweite Kind den Gendefekt haben würde, der zur Gehörlosigkeit führte, war verschwindend gering, hatten mir die Ärzte versichert. Ungefähr so wahrscheinlich wie zwei üppige Jackpotgewinne hintereinander beim Lotto. Aber Jeremy hatte die Ungewissheit nicht ertragen und uns verlassen, als ich im sechsten Monat schwanger gewesen war. Kurz darauf hatte er die Scheidung eingereicht, und seitdem kommunizierten wir nur noch über unsere Anwälte miteinander.

Ada war geboren worden – ohne Vater, aber ansonsten absolut perfekt. Und mit dem genetischen Jackpot. War es ein Schock gewesen? Vielleicht. Es änderte jedoch nichts an meinen Gefühlen und daran, wie ich meine Kinder wahrnahm. Für mich waren sie nicht behindert, sondern maximal herausfordernd. Aber waren das nicht im Grunde alle Kinder? Dass die beiden besondere Förderung brauchten, war für sich betrachtet nicht weiter schlimm, doch dass ich die im Moment nicht leisten konnte, weil es an so etwas Schnödem wie Geld fehlte, brach mir das Herz. So gesehen hatte mein Vater womöglich recht damit, dass Jeremy eine Menge verdiente, aber sicher nicht mein Verständnis.

»Du hast recht«, sagte ich daher. »Jeremy ist ein Arschloch. Was auch immer seine Gründe sein mögen, sie entschuldigen sein Verhalten in keiner Weise. Das Problem ist jedoch, dass es gar nichts bringt, wenn ich mich aufrege. Das wird seine Zahlungsmoral auch nicht verbessern und mir ein noch schlechteres Gefühl geben.« Ich holte tief Luft. »Ich habe zwar keine Ahnung, wie, aber ich krieg das schon hin.«

TOFINO, VANCOUVER ISLAND, 20. MÄRZ – DOMINIC:

»Ich weiß wirklich nicht, was du hier zu suchen hast«, motzte mich Matt an und klang halb fassungslos, halb feindselig. »Ich brauche dich nicht. Ich komm sehr gut klar.«

»Ich bin nicht wegen dir hier«, behauptete ich und redete mir ein, dass es die Wahrheit war. Und irgendwie stimmte es auch. Ich war nicht in erster Linie wegen Matt hier, sondern um mir darüber klar zu werden, was ich mit meinem vermurksten Leben noch anfangen konnte.

»Ich glaub dir kein Wort«, entgegnete er und schnaubte verächtlich. Dann baute er sich in voller Größe vor mir auf und deutete mit beiden Daumen auf sich. »Schau mich an – sieht so ein hilfloses Wrack aus? Sieht so jemand aus, der Rettung braucht?«

Nein, das tat er zweifellos nicht. Er sah gut aus. Selbstsicher, fit – zufrieden. Und ich hatte nur ein minimales Humpeln feststellen können, als er vorhin am Strand entlanggelaufen war. Allerdings hatte ich auch den Blick gesehen, mit dem er auf den Ozean geschaut hatte, als er noch nicht wusste, dass sich hinter dem vermeintlichen Bewerbungsgespräch eine Begegnung mit mir verbarg. Da hatte ich gemeint, Schmerz und Verlangen in seinen Augen zu lesen. Aber vielleicht hatte ich mir das auch nur eingebildet.

»Was willst du von mir?«, wollte er wissen, nachdem er einige Sekunden lang vergeblich auf eine Antwort gewartet hatte. »Ich dachte, ich sollte zu einem Bewerbungsgespräch kommen.« Er starrte mich verärgert an, doch dann dämmerte ihm etwas. »Nicht dein Ernst! Du willst mir einen Job anbieten? Du?« Er fuhr sich mit einer fast hilflosen Geste durch sein kinnlanges schwarzes Haar.

»Wäre das so schlimm?«, erwiderte ich schließlich. »Nach allem, was ich höre, bist du drauf und dran, eine Familie zu gründen. Da wäre ein festes Einkommen doch vielleicht nicht die schlechteste Idee, oder?« Ich deutete auf einen bequem aussehenden Sessel, der auf der Terrasse meines gemieteten Strandbungalows stand, aber Matt war offensichtlich nicht nach Chillen zumute. Stattdessen wechselte sein grimmiger Blick zu »eindeutig mordlustig«. Unwillkürlich wich ich einen Schritt zurück und machte eine beschwichtigende Handbewegung.

»›Nach allem, was ich höre‹?«, äffte er mich nach und ballte die Hände zu Fäusten. Hoffentlich nur reflexhaft und nicht, weil er mich ernsthaft attackieren wollte. »Hast du etwa einen Detektiv auf mich angesetzt?«

»Natürlich nicht«, entgegnete ich schnell, doch auch das war eine Lüge, denn genau das hatte ich getan. »Allerdings wäre es wohl kaum verwerflich, wenn ich es getan hätte, denn du reagierst ja nicht auf meine Anrufe und Mails.«

Er entspannte die Hände wieder und ließ sich resigniert auf einen der Sessel plumpsen. Ich wertete das als gutes Zeichen und nahm ebenfalls Platz. »Ich weiß nicht, wie ich es nett formulieren soll, aber was willst du von mir? Du bist mir nichts schuldig. Keinen Job, kein Mitgefühl und schon gar kein Interesse an meinem Leben.« Seine Stimme klang nun merkwürdig flach und emotionslos.

»Wir wissen beide, dass das nicht stimmt«, sagte ich ruhig. Ich würde für den Rest meiner Tage in seiner

Schuld stehen, auch wenn ich mir das genauso wenig ausgesucht hatte wie er. Das Schicksal hatte aber offensichtlich andere Pläne mit uns gehabt. »Also, wer ist das Mädchen?«

»Das! Geht! Dich! Nichts! An!« Die Ausrufezeichen nach jeder Silbe betonte er so forciert, dass sie wie Pistolenschüsse in meinen Ohren knallten.

Vermutlich hatte er recht. Es ging mich tatsächlich nichts an, aber ich wollte um jeden Preis sichergehen, dass er sich nicht noch unglücklicher machte, als er ohnehin schon war. Wobei er zugegebenermaßen gar nicht so unglücklich wirkte. Seit ich letzte Woche von meiner Kontaktperson die Information bekommen hatte, dass Matt sich offenbar in eine junge, schwangere Frau verliebt hatte, war meine innere Alarmanlage nicht mehr zum Schweigen zu bringen. Also hatte ich mich relativ spontan dazu entschlossen, meine Zelte in Palo Alto abzubrechen und nach Tofino zu ziehen. Ein Tapetenwechsel war schon lange fällig, aber ich hatte nie gewusst, wohin. Und dieses Örtchen auf Vancouver Island war genauso gut oder schlecht wie jeder andere Ort auf der Welt. Ich seufzte.

»Ich weiß, dass du dich um mich sorgst«, fügte Matt hinzu, zu meiner Überraschung nun deutlich sanfter. »Und selbst wenn das total unnötig ist, finde ich es irgendwie auch schön. Es gibt nicht viele Menschen, die sich wirklich für mich interessieren. Aber mir geht's gut, ich komme klar, und was aus Nora und mir wird, weiß ich noch nicht. Es ist alles noch total frisch.« Seine Augen begannen auf eine Art zu leuchten, um die ich ihn fast beneidete.

»Nora heißt sie also«, sagte ich lächelnd. Das wusste

ich natürlich, aber ich freute mich, dass er offensichtlich doch mit mir reden wollte.

»Ja. Nora Archer. Sie ist wundervoll. Wir haben uns Anfang Januar kennengelernt. Genauer gesagt in der Silvesternacht. Hier an diesem Strand.« Er bekam einen ganz verträumten Blick.

»Das klingt ...« Ich suchte nach dem passenden Adjektiv. »Schön«, ergänzte ich schließlich, weil mir nichts Besseres einfiel. Und es klang tatsächlich schön. Wenn zwei Menschen sich trafen und sich verliebten, war das schlicht schön. Auch wenn ich da kaum aus eigener Erfahrung sprechen konnte. Immer wenn ich jemanden getroffen hatte – in welchem Kontext auch immer –, war es manchmal aufregend, gelegentlich auch lukrativ oder zukunftsweisend, manchmal schlicht desaströs und immer, wirklich immer irre kompliziert geworden. Einfach nur »schön« war es nie. Das galt auch für meine ursprüngliche Begegnung mit Matt, doch das musste ich jetzt nicht vertiefen. Zumal er ja Bescheid wusste, er war schließlich dabei gewesen und hatte die Katastrophe am eigenen Leib erlebt. Buchstäblich. »Stimmt es, dass sie schwanger ist?«, fragte ich stattdessen nach, und seine Gesichtszüge verhärteten sich wieder.

»Na und? Stört dich das etwa?«

Wenn ich ehrlich war, ja. Musste man mit Anfang zwanzig eine Beziehung mit einer derartigen Hypothek beginnen? »Hm«, brummte ich daher nur vage.

»Du fragst dich, warum ich mir mein Leben unnötig schwermachen möchte, stimmt's?« Er hatte offenbar Mühe, ruhig zu bleiben.

»Nun ja, es gibt vermutlich unkompliziertere ... ähm ... Voraussetzungen.«

»Mag sein, aber ich habe mich in Nora verliebt und nicht in eine andere.«

»Aber stört es dich nicht, dass sie ein Kind von einem anderen Mann bekommt?« Ich war mir nicht sicher, wie ich reagieren würde. Könnte ich mich in eine Frau verlieben, die schwanger war? Oder bereits Kinder hatte? Ich hatte mir nie Gedanken darüber gemacht. Viel zu weit weg war derzeit die Möglichkeit, dass ich mich überhaupt jemals wieder verlieben könnte. Und wenn, war es definitiv keine Sache, die man rational beeinflussen konnte. Leider. Womit das ganze Dilemma mit der Liebe schon zusammengefasst und eine eigene Familie vom Tisch wäre – egal unter welchen Voraussetzungen. Was aber mit Sicherheit für alle besser war.

»Warum sollte es mich stören?«, gab er verständnislos zurück. »Denkst du, eine Frau ist weniger liebenswert, nur weil sie ein Kind bekommt?«

»Natürlich nicht. Aber es ist schon eine Komplikation, die nicht zu ignorieren ist. Für alle Beteiligten.«

»Und da sprichst du aus Erfahrung?«

Ertappt. »Nein«, gab ich zähneknirschend zu. »Aber ich stelle es mir eben schwierig vor. Auf ziemlich vielen Ebenen schwierig.«

»Das liegt dann aber an dir. Bei dir ist ja alles schwierig.« Er grinste mich süffisant an. »Ich darf das sagen, ich hab's am eigenen Leib erfahren. Da mag ich mir nicht vorstellen, wie sich eine schwangere Frau fühlen würde, wenn sie es mit dir zu tun bekäme. Bei mir und Nora ist es aber ganz anders. Unkompliziert. Einfach. Wir sind ...«

Bitte sag nicht »seelenverwandt«!, flehte ich im Stillen.

»Seelenverwandt«, kam es prompt, und ich unterdrückte mit Mühe ein Ächzen. »Wir ergänzen uns perfekt, wir verstehen uns, und irgendwie macht die

Tatsache, dass sie schwanger ist, die Sache nur noch intensiver. Verbindlicher. Ich will und werde für sie da sein. Für sie und ihre Tochter.«

Ich ließ diese Aussage einen Moment sacken. Er war offensichtlich wild entschlossen, und er schien sich gut zu fühlen mit dieser Entscheidung. Wer war ich, etwas dagegen einzuwenden? »Okay. Das kann ich akzeptieren. Doch dann komme ich zurück zur Ausgangslage: Wenn du eine Familie gründest, brauchst du einen Job.«

»Ich habe Jobs!«, entgegnete er mit unverkennbarem Stolz in der Stimme.

»Ich weiß. Aber mit Ausflügen zu den Drehorten von ›Twilight‹ und Souvenirverkauf vergeudest du nur dein Talent. Und das bringt längst nicht so viel Geld ein, wie man es für eine junge Familie braucht.«

»Ich arbeite ja auch an diversen Apps. Wenn eine von denen einschlägt, hat sich das Thema ohnehin erledigt.« Er verschränkte die Arme in abwehrender Geste vor der Brust. Offenbar fühlte er sich ertappt.

»Warum arbeiten wir daran nicht gemeinsam? Deine Kreativität, meine technischen Fähigkeiten und mein Netzwerk – das könnte doch eine vielversprechende Mischung werden. Glaubst du nicht?« Ich hoffte, ihn damit geködert zu haben. Wobei das schon wieder negativ klang – ich war tatsächlich bereit für einen beruflichen Neuanfang, auch wenn ich bis vor wenigen Tagen nicht gewusst hatte, in welche Richtung er gehen könnte. Genauso wie ich vor wenigen Tagen noch nicht gewusst hatte, an welchen Ort mich mein nächster Lebensabschnitt führen würde. Aber ein innovatives Software-Unternehmen in Tofino, British Columbia, Kanada, hörte sich in meinen Ohren plötzlich verdammt gut an. Geradezu schicksalhaft.

»Du meinst vor allem dein Geld«, nuschelte er, doch ich hatte das sichere Gefühl, dass er zusagen würde.

»Das schadet sicher auch nicht. Also, was ist, bist du an Bord?« Ich reichte ihm meine Hand.

Er zögerte kurz, nickte dann und schlug ein.

Und zum ersten Mal seit sehr langer Zeit fühlte ich mich wieder ein bisschen wie ich selbst.

GESTATTEN: WELTRETTER!

TOFINO, VANCOUVER ISLAND, 22. MÄRZ – ESTHER:

»IHR BRINGT MICH UM«, MURMELTE ICH MIT EINEM wehmütigen Lächeln und beugte mich zum letzten Mal zu meiner Bande hinunter. Ada, Archie und unsere Hündin Carly sahen mich mit identischen Gesichtsausdrücken traurig an. Drei Paar schokoladenbraune Augen – vorwurfsvoll, fassungslos und in Adas Fall auch mit Tränchen darin. Und das nur, weil ich sie zu meiner nächsten Waltour nicht mitnehmen konnte.

Am ersten Tag des alljährlichen »Pacific Rim Whale Festival« herrschte prächtiges Wetter – Sonnenschein und ruhige See –, so dass Tofino von unfassbar vielen Touristen geflutet wurde. Das war zwar zu erwarten gewesen, aber nicht, dass gefühlt alle von ihnen gleich heute raus aufs Meer und zu den Walen fahren wollten. Doch die Wetteraussichten für die nächsten Tage waren wieder deutlich schlechter, und so waren wir und all unsere Kollegen mit Mann, Maus und jedem verfügbaren

Schiff im Dauereinsatz, um des Ansturms Herr zu werden.

Meine Kinder und mein Hund hatten dafür jedoch kein Verständnis. Nora hatte sie vorhin netterweise vom Kindergarten abgeholt, sie nun aber mit an den Hafen gebracht, weil sie selbst an allen Ecken und Enden aushelfen musste. Die kleine Schwester meines Geschäftspartners Reed war erst seit Weihnachten in Tofino, hatte sich in der kurzen Zeit aber schon als wahres Juwel und Organisationsgenie herausgestellt.

»Mommy muss arbeiten«, erklärte ich meinen Kindern langsam und deutlich und signalisierte es ihnen gleichzeitig auch in Gebärdensprache. Zumindest hoffte ich, dass ich das tat, denn ich war längst noch nicht fit darin. Aber andererseits waren Archie und Ada das auch nicht.

»Mitkommen. Wale!«, rief Ada empört, und eine weitere Träne kullerte ihre Wange hinunter. Es brach mir das Herz, aber gleichzeitig freute ich mich, dass sie sich so gut artikulieren konnte. Archie dagegen sagte nichts, sondern deutete nur mit energischer Geste erst auf sich, dann aufs Schiff und dann aufs Meer. Seine Botschaft war aber genauso eindeutig wie die seiner kleinen Schwester. Carly bellte zustimmend. Die drei liebten es, mit mir aufs Meer zu den Walen zu fahren – bei jedem Wetter –, und verstanden nicht, warum das heute nicht ging.

Nora, die die ganze Zeit stirnrunzelnd auf unser Schiff gestarrt hatte, richtete ihre Aufmerksamkeit nun wieder auf die Kids. »Lasst uns Eis essen gehen!«, schlug sie energisch und forciert fröhlich vor, und ihre Geste für »Eis« sorgte schlagartig für ein Leuchten in Kinder- und Hundeaugen.

»Danke«, murmelte ich an ihrem Ohr und versprach

mit einem kurzen Seitenblick zum Boot: »Ich werde ein Auge auf ihn haben.« Dann küsste ich meine Kinder und kletterte schließlich in unser größtes Motorboot, in dem schon zwanzig ungeduldige und aufgeregte Besucher warteten und meinen wortkargen Skipper Joseph mit Fragen bombardierten.

Der ließ prompt den Motor aufknattern und schipperte uns zügig aus dem Hafen.

»Willkommen bei unserer heutigen Tour zu den Grauwalen«, begann ich kurz darauf meine kleine Ansprache und erklärte, was uns gleich erwarten würde. Mit absoluter Sicherheit würden wir reichlich Grauwale sehen, die seit ein paar Wochen in immer größeren Gruppen an Vancouver Island vorbei in Richtung Norden zogen, um sich die Sommermonate über in arktischen Gewässern die Bäuche vollzuschlagen. Vielleicht bekamen wir auch ein paar Buckelwale zu Gesicht, die zurzeit ebenfalls erstaunlich aktiv waren. Bei meiner Vormittagstour hatten wir einen Trupp junger Bullen beobachtet.

Während ich sprach, musterte ich meine Gäste. Es war eine bunt gemischte Schar, die sich zum Großteil offensichtlich sehr auf die Tour und die zu erwartenden Walbegegnungen freute. Nur zwei Männer machten einen etwas unentspannten Eindruck. Einer davon war Noras Freund Matt, den anderen kannte ich nicht. Womöglich war er ein Tagestourist oder Urlauber, doch dafür wirkte er erstaunlich wenig enthusiastisch. Außerdem schien er Matt zu kennen, denn er raunte ihm laufend irgendwelche Dinge ins Ohr. Und er schaute auffallend oft in meine Richtung. Seltsam.

In mir breitete sich ein merkwürdiges Gefühl aus. Was, wenn dieser Typ ein Privatdetektiv war, der für meinen Ex recherchierte? Oder für unseren ehemaligen Konkurrenten Elliot Graham? Ich schluckte gegen die in mir aufwallende Panik an und versuchte mich auf meine Arbeit zu konzentrieren. Vermutlich wurde ich komplett paranoid, denn was sollten Ermittler aus einer Walbeobachtungstour schon für Erkenntnisse ziehen, die dann meinen beiden Feinden nützlich sein könnten? Eben. Bei »Feinde« musste ich fast schon wieder lachen, so viel Macht durfte ich diesen Idioten nicht einmal in Gedanken einräumen. Mal abgesehen davon, dass ein echter Detektiv bestimmt diskreter vorgehen und nicht derart gestenreich den armen Matt belagern würde.

Meine kruden Gedankenspiele wurden von einigen lauten Jauchzern unterbrochen. Die ersten Leute hatten die Wale entdeckt. Joseph drosselte den Motor und ließ unser Boot driften. In einiger Entfernung entdeckte ich die Schiffe der Kollegen, ebenfalls mit abgestellten Motoren. »Wollen wir hoch an Deck gehen?«, schlug ich vor. »Da haben wir alle einen besseren Ausblick.«

»Aber hier unten kann man die Wale besser streicheln«, rief eine junge Frau, und ich unterdrückte ein Seufzen. Alles, was ich vor wenigen Minuten gesagt hatte, war beim Anblick der Tiere offensichtlich wieder aus dem Bewusstsein der Leute getilgt worden.

»Wir fassen die Tiere nicht an«, betonte ich daher noch einmal und scheuchte die Meute nach oben. Mit ein bisschen Glück würde sich die Frage nach dem Wal-Kraulen ohnehin nicht stellen, denn dafür müssten die Tiere sehr nah heranschwimmen. Allerdings waren gerade die Grauwale verdammt zutraulich und neugierig, so dass es jederzeit zu recht intimen Begegnungen kommen konnte. Einige schubberten sich sogar gerne am Schiffsrumpf. In anderen Regionen auf ihrer zehntausend

Kilometer langen Reise waren die Walbeobachter nicht so rigoros mit ihren Regeln und ließen Gäste durchaus auf Schmusekurs mit den Giganten gehen, was den Tieren sogar ganz gut zu gefallen schien.

»Aber ist es nicht so, dass die Wale ganz gezielt den Kontakt zu uns Menschen suchen?«, fragte nun ein Mann und deutete auf das Schiff von »Scott's Spout Scouts«, das gut fünfzig Meter von uns entfernt im Wasser trieb und gerade von einem Kuh-Kalb-Gespann belagert wurde.

»Doch, das ist so. Und wir sollten dankbar sein, dass sie dabei so friedlich und freundlich sind, denn einige der älteren Exemplare dürften sich noch daran erinnern, wie sie vor Jahrzehnten von uns Menschen aggressiv bejagt wurden. Wir haben uns daher die Selbstverpflichtung gegeben, die Tiere so respektvoll wie möglich zu behandeln. Das bedeutet auch, dass wir sie nicht berühren, sondern nur beobachten.«

Es folgten etliche Fragen, speziell zu den Jungtieren, und meine Gästegruppe fotografierte sich begeistert die Finger wund, als zwei Grauwale ziemlich nahe herankamen. Einer legte sich auf die Seite und sah aus dieser Position zu uns herauf, der andere versuchte es mit der waltypischen aufrechten Spähposition. Meine Aufmerksamkeit erweckte aber ganz spezifischer Blas, also eine Atemluft-Fontäne, einige Meter von unserer Steuerbordseite entfernt. »Ihr solltet eure Kameras bereithalten und mal in die andere Richtung schauen«, sagte ich. »Da könnten wir gleich eine Buckelwal-Show geboten bekommen.«

Das Schiff wackelte merklich, als alle Gäste an die andere Reling stürzten. Keinen Moment zu früh für den ersten spektakulären Sprung. Die drei Buckelwalbullen von heute Vormittag waren wieder da und schienen sich vorgenommen zu haben, den eher behäbigen Grauwal-Kollegen die Show zu stehlen. Wir konnten mehrere perfekte »Breaches« – Sprünge aus dem Wasser – und reichlich verspielte Schläge mit den langen, schmalen Flippern beobachten, ehe die Tiere nach ein paar Minuten mit winkenden Fluken wieder abtauchten. Es war tatsächlich so, als hätten sie sich für uns Menschen produziert.

»So habe ich das noch nie erlebt«, rief Matt begeistert, und zum ersten Mal auf dieser Tour wirkte er wie der entspannte und fröhliche junge Mann, den ich kannte.

»Heute Vormittag haben die drei das auch schon gemacht. Wenn sie morgen Eintritt verlangen, wissen wir, dass es Absicht ist«, scherzte ich und freute mich, dass meine Gästeschar so aus dem Häuschen war.

»Ist das normales Verhalten?«, wollte der fremde Mann wissen und warf mir wieder einen intensiven Blick zu, den ich nicht wirklich einordnen konnte. Wollte er mich abchecken oder mit mir flirten?

Ich konnte auf beides gut verzichten, also sagte ich: »Buckelwale springen grundsätzlich gerne und viel. Manchmal kann man den Eindruck gewinnen, dass sie sich gegenseitig anstacheln. Wir nehmen an, dass dieses Verhalten vor allem dem Muskeltraining dient. Diese Jungbullen sind schätzungsweise zehn bis zwölf Meter lang und wiegen vermutlich jeweils um die zwanzig Tonnen. Das war eben eine typisch männliche Angebernummer.« Ich grinste, als der Mann ein wenig ertappt wirkte.

»Machen die weiblichen Tiere das nicht?«, hakte er prompt nach.

»Doch, aber das sieht dann erheblich eleganter aus.«

Ich zwinkerte zwei Frauen zu, die das Gespräch verfolgten. Diese Aussage war natürlich totaler Quatsch, aber irgendwie fühlte ich mich von dem Unbekannten provoziert.

»Vielleicht ist das Balzverhalten?«, meinte eine der Frauen.

»Das weiß man bei den Kerlen nie«, behauptete ich und musste dann lachen. »Nein, im Ernst. Diese Jungs probieren sich einfach noch aus. Vielleicht sind sie im Winter so weit, dass sie einen ersten Versuch bei den Damen wagen, aber bis dahin werden sie noch weiter trainieren und sich gegenseitig anstacheln.«

»Kann man die typischen Walgesänge hören?«, wollte nun wieder Mr X wissen, der offensichtlich sein ganzes rudimentäres Wissen hervorkramte.

»Unter Wasser schon«, sagte ich. »Ab und zu haben wir Hydrofone mit an Bord – vor allem dann, wenn wir mehrtägige Expeditionstouren unternehmen. Normalerweise singen die Bullen aber nur zur Paarungszeit, und die findet im Winter im warmen Süden statt.«

»Dann sind also auch die Buckelwale nur auf der Durchreise?«, fragte die andere Frau.

»Ja, die allermeisten Buckelwale sind sehr mobil und praktisch ständig unterwegs. Sie folgen ihrem bevorzugten Futter. In den letzten Jahren hatten wir aber auch in den Wintermonaten ab und zu mal Buckelwale hier in der Region. Anfang Januar hatte ein Kollege im Norden spektakuläre Begegnungen. Wir wissen noch nicht, ob es am Klimawandel liegt oder andere Gründe hat.«

Zwischen den vier Gästen entspann sich daraufhin eine angeregte Diskussion, und ich wandte mich einer anderen Gruppe zu, die mich dann ebenfalls löcherte.

Aber immer wieder spürte ich einen intensiven Blick in meinem Rücken. Sehr, sehr eigenartig.

DOMINIC:

Vielleicht hätte ich mich vor meiner überstürzten Reise nach Tofino etwas gründlicher über den Ort erkundigen sollen. Ich hatte zwar gelesen, dass das winzige Städtchen als ein touristisches Muss auf der Insel galt, doch die Sache mit dem alljährlichen Wal-Festival im März war mir durch die Lappen gegangen. Vermutlich, weil Wale in meinem Leben bisher eine untergeordnete Rolle gespielt hatten. Genau genommen gar keine. Doch hier schienen die Tiere der Menschenmagnet schlechthin zu sein. Immerhin erklärte das auch den sportlichen Preis für das Strandhäuschen, das ich gemietet hatte.

Matt hatte gemeint, dass ich unbedingt eine Tour machen müsste, wenn ich schon zufällig passend zum Festival hier war. Ich schätzte mal, dass seine Motivation eher nicht war, mir die Highlights seiner Heimatgemeinde näherzubringen, sondern die geheime Hoffnung, ich würde über Bord gehen oder wenigstens seekrank werden – beides übrigens wirklich ziemlich ausgeprägte Ängste meinerseits, was ich mir jedoch hoffentlich nicht anmerken ließ. Ich hasste es, auf dem Wasser zu sein. Fast noch mehr, als zu fliegen. Aber um Matt positiv zu stimmen, würde ich sogar durch brennende Reifen springen. Er hatte vorgestern zwar zugesagt, für mich zu arbeiten, aber er war eindeutig immer noch nicht begeistert davon, dass ich jetzt vor Ort war. Und bleiben würde, denn hier war es genauso gut oder schlecht wie sonst wo auf der Welt. Nur dass hier Matt lebte und ich ihn besser im Auge behalten konnte, notfalls auch im Angesicht von Walen, die tatsächlich recht faszinierend waren. Wenn auch nicht halb so spannend wie die blonde Frau, die unsere Tour leitete. Mein junger Freund war leider recht sparsam mit seinen Auskünften, obwohl er Esther Johnson offensichtlich kannte. Immerhin hatte er mir ihren Namen verraten.

»Hast du schon mal bei einer dieser Expeditionstouren mitgemacht?«, fragte ich Matt, als sie sich anderen Gästen zugewandt hatte. Auch die beiden Frauen, die bei unserem Gespräch dabei gewesen waren, hatten sich wieder zur anderen Seite des Schiffes verzogen, um nach weiteren Walen Ausschau zu halten. Solche Exkursionen erschienen mir persönlich wie eine mittlere Vorhölle, aber vermutlich fanden sich genug Enthusiasten, die mit diesen riesigen Biestern Tag und Nacht Zeit verbringen wollten.

»Nein, im Winter fanden die nicht statt«, entgegnete er. »Soweit ich weiß, ist das auch ein ganz neues Konzept, das Esther und ihr Geschäftspartner erst in dieser Saison für Laien anbieten wollen.«

»Dann hat sie uns vorhin also angeschwindelt?« Ich grinste amüsiert. Ich hatte die ganze Zeit den Eindruck gehabt, dass sie mich provozieren wollte. Warum auch immer.

»Nein, das glaube ich nicht. Nora hat gesagt, dass ihr Bruder immer mal länger mit Wissenschaftlern unterwegs ist.«

»Noras Bruder?«

»Noras Bruder ist Reed Archer. Der ist wiederum der Chef von ›Scott's Spout Scouts‹ und Geschäftspartner von ›Johnson's Giants‹. Reed und Esther haben vor ein paar Wochen zwei Mitbewerber hier am Ort aufgekauft und sind jetzt dabei, ein neues Konzept zu entwickeln.«

»Verstehe.«

»Tatsächlich?«

»Nein«, gab ich zu. »Aber ich versuche es mit höflicher Konversation. Das macht man so.«

»Wenn du das sagst ...« Er zog sein Handy hervor und checkte es. Ob auf Uhrzeit oder auf Nachrichten, konnte ich nicht erkennen, aber es war mehr als deutlich, dass er keine Lust hatte, weiter mit mir zu reden.

»Deine Nora scheint sehr nett zu sein«, sprach ich jedoch unbeirrt weiter.

»Und das kannst du beurteilen, weil du kurz Hallo zu ihr gesagt hast?« Er steckte das Telefon wieder in die Hosentasche und lehnte sich mit einem resignierten Seufzen an den Führerstand unseres Bootes. Es herrschte ruhige See, aber wegen der Wal-Aktivitäten wackelte das Schiff trotzdem die ganze Zeit. Das schien anstrengend für ihn zu sein.

»Sie hat eine gute Ausstrahlung, das merkt man auch ohne große Worte.« Ich legte ihm eine Hand auf die Schulter. »Willst du runtergehen und dich hinsetzen?«, erkundigte ich mich besorgt, doch er schüttelte meine Hand mit einer ungeduldigen Bewegung wieder ab.

»Mir geht's gut, wie oft soll ich dir das noch sagen?«, knurrte er ärgerlich.

Vermutlich so lange, bis ich es glaube, schoss es mir durch den Kopf, aber ich sprach es wohlweislich nicht aus. »Und die beiden Kinder, auf die Nora aufgepasst hat?«, wechselte ich stattdessen das Thema. »Die gehören zu Esther, oder?«

»Du bist echt ein scharfsinniger Oberchecker«, entgegnete Matt. »Ja, es sind ihre Kinder. Und ihr Hund.«

»Die wären wohl gerne mit auf die Tour gekommen.« Ich erinnerte mich an die Tränen des kleinen Mädchens und das energische Gestikulieren des Jungen.

»Wahrscheinlich.« Er zuckte mit den Schultern und blickte in die Ferne – wohl wissend, dass er mich damit in den Wahnsinn trieb.

Ich hätte gerne noch mehr erfahren, doch ich verkniff mir neugierige Nachfragen. Es ging mich schließlich nichts an. Trotzdem ließ mir irgendetwas keine Ruhe, und das irritierte mich enorm. Normalerweise war ich nicht so rastlos. Vielleicht lag es daran, dass ich mich auf diesem Schiffchen etwas eingesperrt fühlte – keine Chance, zu entkommen, am wenigsten mir selbst. Ich wagte einen Seitenblick auf Matt, der nach wie vor zur Küste starrte und mich betont ignorierte. Auch er fühlte sich zweifellos eingesperrt und ausgeliefert.

Esther hatte sich von der anderen Gästegruppe gelöst und trat zum Skipper ins Führerhaus. Der schaltete den Motor ein und lenkte das Bötchen langsam wieder Richtung Land. Meine Mitreisenden schienen alle vollkommen beseelt von diesem Erlebnis: Die meisten schnatterten aufgeregt miteinander, andere schauten mit entrücktem Lächeln auf die Wellen, und wieder andere sahen sich die Fotos an, die sie geschossen hatten. Ich hatte auch einige Bilder gemacht – vor allem von den springenden Buckelwalen.

Da Matt nicht mit mir sprechen wollte, ging ich zu Esther, die am Bug stand und das Meer mit den Augen scannte.

»Vielen Dank für die informative Tour«, sagte ich, als ich näher trat. »Ich bin übrigens Dominic Gordon und ganz neu in Tofino. Vielleicht laufen wir uns in Zukunft häufiger über den Weg.«

Sie bedachte mich mit einem prüfenden Blick aus ihren blaugrauen Augen, die erstaunlicherweise den gleichen Farbton wie das Meer hatten, und schien zu überlegen, ob meine Ansage einer Antwort würdig war. Der Fahrtwind hatte ein paar Strähnen aus ihrem honigblonden Pferdeschwanz gelöst, die nun ihr Gesicht umspielten. »Das ist wohl nicht auszuschließen«, antwortete sie sparsam.

Hatte ich irgendwas getan, um ihren Unmut auf mich zu ziehen? Darin war ich bekanntermaßen sehr begabt, aber in der Regel benötigte ich dafür mehr als fünf Minuten Smalltalk über Wale – und so dumm konnten meine Fragen auch nicht gewesen sein. »Es ist wirklich gut, dass die Buckelwale inzwischen so streng geschützt werden«, sagte ich, um das Gespräch irgendwie am Laufen zu halten. Dagegen konnte sie ja wohl nichts haben.

»Absolut«, bestätigte sie. »Aber es gibt noch eine Menge zu tun. Mal abgesehen davon, dass es für Wale und Delfine noch andere Gefahren als Bejagung gibt.«

»Aber Buckelwale *müssen* überleben«, beharrte ich. »Sonst ist die Welt dem Untergang geweiht.«

Sie hob eine Braue, und ein winziges Lächeln zuckte an ihren Mundwinkeln. »Nicht dass ich grundsätzlich widersprechen würde, aber will ich wissen, woher diese kühne These stammt?«

»Das weiß jeder, der ›Star Trek IV: Zurück in die Gegenwart‹ gesehen hat«, entgegnete ich ernsthaft. »Wenn wir die Buckelwale ausrotten, wird irgendwann eine hochgefährliche außerirdische Sonde in unser System kommen und alles Leben auf diesem Planeten zerstören. Nicht absichtlich, sondern weil sie auf Antworten von den Walen wartet. Und wenn wir dann keinen beherzten Captain Kirk haben, der mit einem alten, abgehalfterten Klingonen-Kreuzer einen Zeitsprung in die Vergangenheit wagt, um Buckelwale in die Zukunft zu bringen, sind wir alle verloren. Das kann doch keiner wollen, oder?«

Ihr Lächeln hatte sich zu einem ausgewachsenen Grinsen verbreitert, und nun lachte sie mit zurückgeworfenem Kopf lauthals los. Es war mir egal, ob sie mich auslachte, ich liebte den Sound und wie sich durch die unwillkürliche Fröhlichkeit alles an ihr veränderte. Sie wirkte plötzlich viel unbeschwerter, leichter und jünger. Deshalb beschloss ich, noch eine Schippe draufzulegen. »Deshalb möchte ich auch den Gesang der Buckelwale erforschen, um zu wissen, was sie uns und ihren außerirdischen Freunden mitzuteilen haben. Vielleicht haben sie ja eine Theorie, wie die Welt zu retten ist.«

»Das ist nicht auszuschließen«, sagte sie wieder, doch diesmal klang es längst nicht so kühl wie vorhin, sondern eindeutig amüsiert.

»Vielleicht werde ich dann ja zum Weltretter?« Keine Ahnung, welcher Teufel mich bei dieser Aussage geritten hatte, und vermutlich hatte ich damit den Bogen überspannt, denn ihr Lächeln erstarb.

»Viel Erfolg mit diesen Plänen, Mr Gordon, aber ich schätze, zur Weltrettung braucht es noch ein paar andere Qualitäten als kühne Theorien, die auf Science-Fiction-Filmen beruhen.« Mit diesen Worten drehte sie sich um und ging davon, zur Führerkabine ihres Schiffs.

HEIMATGEFÜHLE

TOFINO, VANCOUVER ISLAND, 25. MÄRZ – DOMINIC:

Erstaunlich, wie schnell ich mich an das Leben in diesem Nest gewöhnt hatte. Ich war noch nicht mal eine Woche in Tofino, doch schon jetzt fühlte ich mich hier heimischer als in Kalifornien in den vielen Jahren, die ich dort verbracht hatte. Mit neunzehn hatte mich das Informatik-Studium von Schottland an die Uni in Berkeley geführt. Danach hätte ich wohl überall hinziehen können, doch die lukrativsten und coolsten Jobs gab es tatsächlich in der Gegend. Ich hatte mich gegen einen Einstieg bei Google entschieden und war lieber zu einem aufregenden kleinen Start-up in Palo Alto gegangen. Einem Unternehmen, das heutzutage nicht mehr klein war, aber in vielerlei Hinsicht immer noch ziemlich aufregend und weltweit führend bei einigen Einsatzmöglichkeiten von künstlicher Intelligenz. Nicht zuletzt dank meiner Arbeit.

Doch das war Vergangenheit. Ich arbeitete schon seit

fast einem Jahr nicht mehr für die Firma, sondern überlegte, was ich mit meinem Leben anfangen sollte und wie ich meine Fähigkeiten am sinnvollsten einsetzen konnte. »Weltretter« hörte sich eigentlich gar nicht so schlecht an. Es war natürlich der totale Quatsch gewesen, was ich da vor ein paar Tagen auf dem Schiff von mir gegeben hatte. Aus irgendeinem Grund hatte ich Esther Johnson um jeden Preis aus der Reserve locken wollen – und hatte mich damit mutmaßlich ganz schön lächerlich gemacht. Sie hatte mir mit Sicherheit keine Sekunde abgenommen, dass ich mich ernsthaft für Wale interessierte. Zu Recht, wie ich zugeben musste, denn alles, was ich über die Meeressäuger wusste, hatte ich tatsächlich aus diesem Film. Den ich sehr mochte. Auch wenn es in Esthers Ohren idiotisch klingen musste: Ich fand die Idee, dass Wale mit einer hochintelligenten außerirdischen Spezies in Kontakt standen, ja vielleicht selbst nicht von diesem Planeten stammten, verdammt reizvoll. Okay, es klang auch in meinen Ohren idiotisch.

»Was schnaubst du denn vor dich hin?«, wollte Matt von mir wissen, der gerade durch die offene Terrassentür ins Wohnzimmer meines Bungalows trat.

Ich winkte ab, denn Matt würde mich vermutlich nicht mal auslachen, sondern genervt die Augen verdrehen und es sich noch einmal überlegen, ob er tatsächlich mit mir zusammenarbeiten wollte. »Nichts, ich war nur in Gedanken. Aber schön, dass du hier bist.«

Es war unser zweites Brainstorming-Treffen. Vorgestern hatten wir zum ersten Mal zusammengesessen, und ich hatte ihm skizziert, was ich vorhatte: ein kleines, aber feines Software-Unternehmen zu gründen, mit innovativen Produkten, die die Menschen wirklich weiterbrachten und nicht erst künstlich Bedürfnisse erzeugten, die dann im zweiten Schritt befriedigt werden konnten. Ich war selbst ganz erstaunt gewesen, was da alles aus meinem Mund hervorgesprudelt war, denn ich hatte mir das alles erst während des Gesprächs überlegt.

Ganz ähnlich wie am Montag bei der Waltour, als ich Esther Johnson hatte beeindrucken wollen und wild vor mich hin fabuliert hatte, war es auch mit Matt gelaufen. Er hatte wissen wollen, was ich vorhatte, und ich hatte einfach irgendwas erzählt, das hoffentlich sein Interesse weckte. Dabei war ich bis zu diesem Moment komplett ahnungslos gewesen. Ich meine, ich hatte ein Jahr mit dumpfem Brüten in meinem Haus in Palo Alto verbracht, ohne zu einem echten Ergebnis zu kommen, doch was ich ihm gesagt hatte, fühlte sich erstaunlicherweise auch für mich richtig und gut an.

Matt nahm mir gegenüber am Esstisch Platz, den ich zum Arbeitsplatz umfunktioniert hatte, und zog seinen Laptop aus dem Rucksack. »Ich finde deinen Ansatz gut«, begann er. »Auch wenn er nicht ganz dem Zeitgeist entspricht und fast etwas retro oder rückwärtsgerichtet erscheint.«

»Wie meinst du das?« Ich runzelte die Stirn. Rückwärtsgerichtet wollte ich nun wirklich nicht sein.

»Nun ja, dass du den Menschen in den Fokus stellen und nicht erst Sehnsüchte nach dem nächsten Glitzerteil wecken möchtest. Da gäbe es ja unendlich viele Anwendungsmöglichkeiten. In Bildungseinrichtungen, in Krankenhäusern, in der Pflege, aber auch im privaten Bereich«, sprach er weiter, und ich hörte ihm aufmerksam zu. Offensichtlich hatte er intensiv darüber nachgedacht. Intensiver als ich selbst, denn meine Gedanken kreisten eigentlich nur um die Wale ... und die Walbeobachterin. »Die Philosophie finde ich also gut, auch wenn ich vermute, dass dein menschenfreundliches Konzept wieder nur mit deinem krassen Selbsthass zusammenhängt.«

»Whoa«, grätschte ich dazwischen und fühlte mich gleichzeitig ertappt und verärgert.

»Mach dir doch nichts vor. Wir beide wissen, dass es darum geht, dein schlechtes Gewissen zu betäuben.« Er sah mich mit seinen dunklen, fast schwarzen Augen an, als wollte er Widerworte von mir provozieren. Doch ich schwieg. Vermutlich musste ich mir einfach anhören, was er zu sagen hatte. Er wirkte entschlossen und viel erwachsener, als seine dreiundzwanzig Jahre erwarten ließen. »Aber das ist okay für mich. Was auch immer deine Motivation ist, muss mich nicht interessieren. Wenn du das mit der neuen Software-Firma wirklich durchziehen und mich zum gleichberechtigten Partner machen willst, bin ich dabei.«

»Das freut mich«, entgegnete ich ruhig und bemühte mich um einen möglichst neutralen Gesichtsausdruck. Er musste nicht merken, wie sehr ich mich tatsächlich freute, und schon gar nicht, wie sehr mir seine recht akkurate Analyse unter die Haut gegangen war. »Und was bringst du mit in unsere hoffentlich fruchtbare Partnerschaft? Meinen Anteil habe ich klar umrissen: Strategie, Startkapital und Kontakte.«

»Kreativität, Innovationswillen und coole Ideen«, antwortete er wie aus der Pistole geschossen.

»Klingt gut. Geht es noch konkreter? Denn irgendwann brauchen wir dann auch mal Produkte.«

»Ich bin gerade dabei, eine kleine App für die Dorfbewohner zu programmieren«, sagte er und bemühte sich, ganz lässig zu klingen, doch das stolze Leuchten in seinen Augen konnte er nicht verbergen. »Im Grunde ist es eine Art Marktplatz. Hier in Tofino gibt's ja viele nette Shops, aber vor allem für Outdoor-Aktivitäten, Klamotten und Souvenirs. Der Supermarkt deckt die Basics ab und im Bioladen gibt's regionale Spezialitäten, aber manche Dinge bekommt man hier eben nicht auf die Schnelle, sondern muss sie entweder in Vancouver oder Victoria bestellen und dann warten, bis sie ein paar Tage später hier ankommen, oder selbst losfahren, was verdammt mühsam ist.«

Ich nickte, denn es war mir auch schon aufgefallen, wie weitab vom Schuss dieser Ort war.

»Es gibt aber einige, die regelmäßig mit ihren Wasserflugzeugen nach Victoria oder Vancouver fliegen und dann auf nachbarschaftlicher Ebene schon mal solche Besorgungen machen oder auch mal jemanden mitnehmen. Doch das könnte man viel besser organisieren. Mir schwebt ein System vor, in das die Leute ihre Anfragen und Angebote reinschreiben können. Ganz simpel. Idealerweise funktioniert das dann wie Tinder. Wenn Angebot und Nachfrage passen, gibt es ein Match, und beide Parteien können sich zusammenschließen.«

»Spannend«, befand ich. »Und wie weit bist du schon?«

»Ich denke, dass ich bald eine Beta-Version testen könnte. Magst du dir mal den Code ansehen?«

»Unbedingt. Aber vorher sollten wir noch über alle anderen Ideen sprechen. Was könnten wir noch machen? So eine Marktplatz-App, wie sie dir vorschwebt, ist sicherlich super, wenn man sie auf kleine Gemeinden zuschneidet, mit derart spezifischen Bedürfnissen und Gegebenheiten wie die hier. Für urbane Gegenden ist es eher uninteressant, beziehungsweise gibt es da ja schon reichlich Nachbarschaftsportale, die einen ähnlichen

Ansatz verfolgen. Wenn auch nicht so tinderartig cool.« Ich grinste. »Dieses Projekt solltest du, sollten wir also auf jeden Fall weiterverfolgen, aber wir brauchen mittelfristig auch Produkte für eine breitere Anwendung.«

»Wie gut kennst du dich mit Virtual Reality aus?«

Ich zuckte mit den Schultern. Ich hatte natürlich so eine Brille. Genau genommen mehrere von unterschiedlichen Anbietern, und ich war durchaus fasziniert von den Einsatzmöglichkeiten, aber als eigenes Betätigungsfeld hatte ich sie noch nicht in Erwägung gezogen. »Inhalte dafür zu produzieren ist sehr teuer und aufwendig«, sagte ich daher.

»Ja, das stimmt. Aber man kann wirklich coole Dinge damit machen. Was mich total faszinieren würde, wäre die Frage, ob man auch Live-Events damit durchführen könnte.«

»Bestimmt. Das macht man wohl schon in der Gaming-Welt, und soweit ich weiß, gab es auch schon Konzerte, die live auf die Brillen gestreamt wurden.« Ich zuckte mit den Schultern. »Das sind aber alles keine menschenfreundlichen Alltagsanwendungen, sondern Dinge, ohne die man sehr gut existieren kann. Und es ist extrem teuer. Die Endgeräte kosten Geld, die Produktionskosten für die Inhalte sind enorm, und wenn es Live-Events geben soll, dann braucht man neben gigantischer Rechenleistung auch mehrere Kamera-Einstellungen und eine Regie, die daraus ein optisch und akustisch ansprechendes und erlebbares Gesamtprodukt macht. Das ist definitiv nicht massenmarkttauglich.«

»Schade.« Matt kratzte sich am Kopf und wirkte mit einem Mal ziemlich zerknirscht.

»Woran hast du denn konkret gedacht?«

»Ach, an mehrere Dinge ...«, setzte er an und schüttelte dann den Kopf. »Aber bestimmt hast du recht.«

»Nun sag schon«, forderte ich ihn auf. »Was würdest du gerne damit machen?«

»Als ich damals so lange im Krankenhaus war, hätte ich verdammt viel dafür gegeben, bei der Surf-WM dabei zu sein. Also, natürlich am liebsten ich selbst auf meinem Brett, aber am zweitbesten hätte ich es gefunden, wenn ich über eine VR-Brille die Ritte meiner Kollegen miterlebt hätte. Ich meine, ich hab Drohnenbilder gesehen und Aufnahmen vom Heli. Aber wenn meine Kumpels Kameras auf ihren Boards oder auf den Köpfen gehabt hätten, wäre das bestimmt ein ganz anderes Feeling gewesen. So als wäre ich selbst in der Welle.«

Ich schluckte. Damit hatte ich nicht gerechnet. Doch eigentlich hätte es mich nicht überraschen dürfen. Matt hatte fürs Surfen gelebt. Es war alles gewesen, was ihn wirklich interessiert hatte. Und es war das erste Mal, dass er das – vermutlich unabsichtlich – mir gegenüber zugegeben hatte. »Ich kann mir vorstellen, dass solche Aufnahmen verdammt spektakulär wären«, begann ich sachte und hoffte, dass meine Stimme nicht zitterte.

»Das wären sie auf jeden Fall«, betonte er eifrig. »Und ich stelle mir zwei Ansätze dafür vor, was man daraus machen könnte. Zum einen ein Livestream für Freaks wie mich. Das dürften dann auch die rohen Daten aus der einen Kamera sein. Aber ich gebe zu, dass sich dafür wohl nur sehr wenige Menschen wirklich interessieren würden. Doch ich bin mir sicher, dass man danach einen Zusammenschnitt produzieren könnte. Vielleicht mit Kommentaren der Surfer und sonstigen Bildern und Infos vom Tag.«

»Klar. Auf jeden Fall wäre das attraktiv«, sagte ich so

neutral wie möglich. »Das könnte eine Menge Menschen begeistern. Unter Umständen würden einige von denen sogar Geld dafür bezahlen, doch ...«

»Doch das gibt's schon alles?«, beendete er meinen Satz und klang recht resigniert.

»Ich fürchte ja. Also, vielleicht nicht konkret so eine Surfergeschichte, aber vergleichbare Sachen.« Es tat mir leid, ihn so enttäuschen zu müssen. »Aber vielleicht gibt es noch andere Anwendungsmöglichkeiten für Virtual Reality? Du musst die Idee ja nicht gleich völlig verwerfen. Aber vermutlich sollten wir entweder ganz gezielt in kleinen Nischen denken und Speziallösungen für individuelle Probleme anbieten – so wie mit der Tofino-Marktplatz-Dating-App – oder Angebote entwickeln, die man für einen breiteren Markt skalieren kann.«

»Hm«, murmelte er, doch ich konnte ihm ansehen, wie es in seinem Kopf ratterte. »Eine Sache ist mir noch eingefallen.« Er schob sich eine dunkle Strähne hinters Ohr und schaute mich wieder fast so intensiv an wie vorhin. »Es wäre auf jeden Fall eine Nische, aber eventuell eine interessante.«

»Ich höre.«

»Noras Bruder Reed ist ja nicht nur Unternehmer, der Whale-Watching-Touren anbietet, sondern vor allem Meeresbiologe und Walforscher. Und er hat neulich mal erwähnt, dass viel zu wenige Forscher in seinem Gebiet wirklich gute Möglichkeiten haben, zu ... nun ja ... zu forschen.« Er rieb sich mit einer etwas verlegenen Geste übers Kinn, und ich erkannte, dass sich erst jetzt, während er sprach, eine Idee in ihm zusammenbraute.

»Was ein bisschen schade ist«, warf ich grinsend ein. »Also, ein Walforscher, der nicht forschen kann, ist dann ja gar kein Forscher mehr. Sondern ein Wal?«

»Dominic, du bist ein echter Idiot«, murmelte Matt und verdrehte die Augen. »Was ich damit sagen wollte, ist, dass es zu wenig Möglichkeiten gibt, diese Wissenschaftler aufs Meer und zu den Walen zu bringen. Und viele Expeditionen laufen wohl total ins Leere, weil man eben oft genug gar keine Sichtung hat. Auf der anderen Seite entstehen manchmal bei ganz normalen Touristen-Ausflügen derart viele Bilder, dass man sie gar nicht schnell genug auswerten kann. Deshalb haben Reed und Esther ja auch beschlossen, solche Expeditionstouren ins Programm zu nehmen, mit Touristen und Wissenschaftlern. Wenn ich mir jetzt vorstelle, man würde diese Filmaufnahmen in ein VR-Format bringen, dann wäre das für die Wissenschaftler, die in ihren Unis sitzen, sicher spannender und besser, als nur Fotos anzusehen oder so. Ich weiß, das klingt jetzt alles noch völlig unausgereift – ist es ja auch –, aber das könnte ein Ansatz werden, oder?«

»Klingt jedenfalls interessant«, gab ich zu, und sofort kamen mir wieder die meeresfarbenen Augen von Esther in den Sinn. »Vielleicht sollten wir mal mit Esther und diesem Reed darüber reden, was die meinen.« Offensichtlich wurde ich das Thema Wale nicht so schnell los.

»Übrigens muss es nicht so schrecklich teuer werden, einen coolen VR-Film zu produzieren«, wechselte Matt schon wieder das Thema. »Ich bin gerade dabei, einen kleinen interaktiven Film von meinen ›Twilight‹-Touren zusammenzubasteln. Das meiste habe ich einfach mit meinem Handy gedreht. Gerade bin ich noch dabei, die Infos einzusprechen, alles zu schneiden und vielleicht noch mit passender Musik zu unterlegen. Eigentlich wollte ich das nur für VR-Brillen anbieten, aber ich könnte auch eine normale Bildschirm-Version daraus machen. Daran hätte womöglich sogar unser Tourismusbüro Interesse.«

»Das würde ich mir echt gerne ansehen, wenn's fertig ist, aber trotzdem glaube ich, dass wir noch andere Ideen entwickeln sollten. Dinge, die den Menschen wirklich helfen. Denn so cool virtuelle Touren zu den Drehorten von Teenie-Filmen auch sein mögen und so viele begeisterte Fans sie zweifellos beglücken können, sie sind doch nichts, was man wirklich braucht, oder?«

»Stimmt«, gestand er zu und versank dann wieder ins Grübeln.

Ich tat das auch. Kein Wunder, dass die großen Tech-Riesen lieber Dinge entwickelten, die Bedürfnisse weckten. Das war viel einfacher als Produkte, die Bedürfnisse stillten. Meine Gedanken kehrten zurück zu den Walforschern ohne Wale – oder ohne Forschung. Irgendwas daran faszinierte mich ungemein. So sehr, dass mein Blick unwillkürlich zum großen Terrassenfenster glitt. Von dort waren es nur wenige Meter bis zum Strand. Auch wenn das Wetter heute grau, regnerisch und insgesamt wenig einladend wirkte, zog es mich fast magisch zum Wasser. Das war neu, denn bisher hatte ich mir nie allzu viel aus dem Meer gemacht. Wenn es schon Naturerlebnisse sein mussten, dann war ich lieber in den Bergen wandern gewesen, als am Strand abzuhängen oder gar ins Wasser zu gehen. Doch seit ich hier war, hatte sich das seltsamerweise vollkommen geändert.

TOFINO, VANCOUVER ISLAND, 27. MÄRZ – ESTHER:

»Das dürfte das erfolgreichste Festival aller Zeiten für uns werden«, hörte ich Kelly Scott sagen, als sie zu meinem Vater an den Grill trat und ihm noch ein paar Würstchen reichte.

Ich hatte keine Ahnung, wer die noch essen sollte, denn inzwischen hatte vollgefressene Zufriedenheit von allen Barbecue-Gästen Besitz ergriffen. Heute, am vorletzten Abend des Wal-Festivals, hatten sich die meisten Touristen und viele Einheimische zur großen Party am Hafen versammelt, doch Kelly hatte neben ihren Lieben auch Dad, mich und die Kinder eingeladen, um im kleinen Rahmen die erfolgreiche Woche zu feiern. Das Wetter war seit gestern wieder fantastisch, und wir hatten nur ausgebuchte Touren mit vielen Walsichtungen gehabt. Die Leute waren derart begeistert, dass etliche sich für die Sommermonate erneut angekündigt hatten. Wir hatten sogar fünf Buchungen für unsere mehrtägigen Expeditionstörns, für die es noch nicht einmal Prospekte gab, sondern nur Ankündigungen auf unseren Websites.

Kelly hatte recht. Es war tatsächlich ein sehr erfolgreiches Festival gewesen, so dass zumindest die Kreditraten und die Gehälter unserer Mitarbeiter für diesen und den nächsten Monat gesichert waren. Eine enorme Erleichterung. Trotzdem blieb es ein unsicheres Spiel. Ausgedehnte Schlechtwetterphasen in diesem Sommer konnten wir uns jedenfalls nicht leisten.

»Ich habe ein Angebot für die beiden Speedboote von Elliot bekommen«, sagte Reed, der mit einer Flasche Bier in der Hand zu mir gekommen war.

»Echt? Von wem denn?« Nun war ich wirklich gespannt. »Moby Tours« hatte mit seinen rasanten, PSstarken Schiffen aggressiv geworben und damit ein besonders abenteuerlustiges, wenn auch durchaus solventes Publikum angezogen. Die passten aber so gar nicht zu Reeds und meinem neuen Nachhaltigkeitskonzept, bei dem wir verstärkt auf unmotorisierte Fortbewegung setzen wollten. Die Kajak- und Segelausflüge wurden immer beliebter, aber leider konnte man damit längst nicht so viel Geld verdienen wie mit den Schnellbooten, auf denen erstens mehr Besucher Platz fanden und die zweitens bei fast jedem Wetter rausfahren konnten. Starke Argumente für die Bank, aber trotzdem indiskutabel.

»Ein Kollege aus Oregon«, antwortete Reed mit einem breiten Lächeln. »Das bedeutet: schön weit weg von uns.«

Ein anderer Mitbewerber aus Victoria hatte die Boote schon kaufen wollen, doch das war uns zu nah gewesen. »Klingt gut. Die Summe stimmt auch?«

Reed nickte. »Genau das, was wir dafür haben wollen. Dann können wir auch endlich die beiden anderen Schiffe in die Werft geben und umlackieren lassen und vielleicht sogar den schicken Zweimaster kaufen.«

Wir hatten ein Auge auf eine wundervolle historische Brigg geworfen, die top in Schuss und absolut hochseetauglich war. Außerdem hatte sie acht Doppel- und zwei Viererkabinen und wäre für die Expeditionstouren geradezu ideal. »Das wäre absolut fantastisch.« Ich seufzte und sah mich in Gedanken schon auf einer großen Tour in Richtung Hawaii. Doch das würde wohl für immer ein Traum bleiben. Wochenlang unterwegs zu sein, war mit meinem Business einfach nicht zu vereinbaren.

»Solange die Kinder noch so klein sind, könntest du

es machen«, sagte Reed, der meinen sehnsüchtigen Blick richtig interpretiert hatte.

»Theoretisch ja, praktisch nein. Das weißt du so gut wie ich.« Ich schüttelte den Kopf. Es war schön, Träume zu haben, aber es war wichtiger, sich der Realität zu stellen. »Wir haben aufregende Monate und Jahre vor uns mit der Neuausrichtung unserer Unternehmen«, fuhr ich daher fort. »Aber es wäre wirklich toll, wenn wir den Segler kaufen könnten. Damit hätten die Expeditionstouren gleich einen erheblich exklusiveren Charakter.«

»Lass uns nächste Woche in Ruhe darüber reden«, schlug er vor und sah dann lächelnd zur Terrasse. Ada hatte sich an Noras Babybauch gekuschelt und schien fasziniert zu sein von den Bewegungen darin. »Meine kleine Schwester ist voll im Nestbaumodus.«

»Nora ist für mich ein Geschenk des Himmels. Ohne sie hätte ich die Woche nicht durchgehalten. Die Kinder lieben sie, und außerdem ist es sensationell, was sie und mit Matt mit unseren Websites angestellt haben. Ich hoffe, dass sie nie wieder von hier weggehen wird.« Ich meinte das ganz ernst und schämte mich gleichzeitig dafür, wie sehr ich die junge Frau in Beschlag genommen hatte, die eigentlich nur für ein paar Wochen Zuflucht in Tofino gesucht hatte.

»Da sie mit unserem Dad und Jared immer noch kein Wort wechselt, wird sie wohl auf unabsehbare Zeit hierbleiben«, brummte Reed stirnrunzelnd.

Letzte Weihnachten hatte es offenbar einen größeren Eklat bei Familie Archer in Victoria gegeben, als Nora ihre Schwangerschaft bekannt gemacht hatte – ohne aber den Vater des Kindes nennen zu wollen. Sehr zum Missfallen ihres Vaters und ihrer Brüder, speziell ihres Zwillingsbruders Jared. Weitere Details kannte ich nicht, sondern freute mich schlicht über die unerwartete Hilfe und Unterstützung, die Nora auch mir brachte. Sie wohnte in dem kleinen Apartment über Kellys Garage und half im Büro und auch im Shop von »Scott's Spout Scouts« aus. Sie hatte uns außerdem geholfen, eine sensationelle Präsentation für unser Nachhaltigkeitskonzept zu erstellen, als wir zuerst das Geschäft der Bishops und schließlich auch »Moby Tours« hatten übernehmen wollen. »Das wird sich sicherlich alles einrenken mit eurem Dad und Jared«, sagte ich zuversichtlich, hoffte aber insgeheim, dass sie trotzdem hierbleiben würde. Und die Chancen standen vielleicht gar nicht so schlecht, denn die Sache mit Matt schien immer ernster zu werden.

»Kennst du den Jungen eigentlich besser?«, erkundigte sich Reed prompt und deutete mit seiner Bierflasche auf Matt, der mit Reeds Tochter Grace und meinem Sohn Archie spielte.

»Seine Familie stammt von hier. Er ist mit seinen Eltern vor ungefähr zehn Jahren nach Kalifornien gezogen und war seitdem nur noch in den Ferien da. Seit Oktober ist er aber wieder zurück und lebt im Haus seiner Großeltern.«

»Hm.« Reed kratzte sich am Kinn und runzelte die Stirn. »Nora ist mir gegenüber nicht sehr auskunftsfreudig, aber er tut ihr anscheinend wirklich gut, und zusammen haben sie tatsächlich Wunder an unseren Websites gewirkt. Ich frage mich aber trotzdem, was ein offenbar so talentierter junger Mann aus Kalifornien hier in der Wildnis zu suchen hat.«

»Du kannst aus deiner Papa-Bär-Rolle auch nicht raus, was?«, fragte ich amüsiert. Aber genau das war es, was ich an Reed so mochte. Ich kannte ihn schon seit zwanzig Jahren. Damals war er als Praktikant zu den Scotts gekommen und hatte sich Knall auf Fall in meine beste Freundin Emily verknallt. Die beiden waren in meinen Augen das perfekte Paar gewesen – bis zu dem schrecklichen Unfall vor knapp sechs Jahren, bei dem Emily und ihr Vater ums Leben gekommen waren. Seitdem kümmerte sich Reed um seine Tochter Grace, seine Schwiegermutter Kelly, um das Familienunternehmen und offensichtlich auch um das Liebesglück seiner kleinen Schwester.

»Wie auch?«, gab er zurück und klang ein wenig ertappt. Dabei fiel sein Blick auf seine neue Partnerin Kiona. Die beiden waren erst seit zwei Monaten zusammen, doch so verliebt hatte ich Reed schon lange nicht mehr erlebt, und ich freute mich von Herzen für ihn. Auch wenn mir dabei wieder bewusst wurde, wie allein ich mich selbst fühlte. Überall gab es überraschende Liebe: Reed und Kiona, Nora und Matt – und nach allem, was ich wusste, war das für alle vier völlig unerwartet gekommen.

»Matt scheint mir wirklich ein Guter zu sein«, betonte ich, um Reeds Sorgen zu zerstreuen. »Er studiert Informatik an einer Fern-Uni und entwickelt Apps. Außerdem jobbt er als Tour-Guide und in einem Souvenir-Shop. Und ich glaube, er meint es ernst mit Nora. Warum sollte er nicht hier leben wollen? Ich kann mir schließlich auch nichts Schöneres vorstellen – und du ja wohl ebenfalls nicht. Bei dir im Norden, in Port McNeill und Telegraph Cove, ist auch nicht mehr los.«

»Du hast ja recht. Ich will nur, dass Nora glücklich ist. Und dass sie und ihr Kind eine gute Zukunft haben.«

»Aber du weißt schon, dass das allein ihre Entscheidung ist?« Ich schmunzelte. Es musste schön sein, so einen besorgten großen Bruder zu haben – und gelegentlich sicher auch ziemlich nervig.

»Ja, ich weiß. Aber ich kann eben nicht raus aus meiner Haut«, brummte er. »Was ist mit dir? Kein neuer Ritter in schillernder Rüstung am Horizont?«

»Hör mir bloß auf. Ein Ritter und sein Gaul können mir gestohlen bleiben.« Ich schüttelte den Kopf. »Ehrlich, ich bin froh, wenn ich mein Leben irgendwie in den Griff bekomme, auch ohne derartige Komplikationen.«

Er musterte mich einen Moment lang mit einem merkwürdigen Ausdruck, so als wolle er ganz dringend einen passenden Kommentar von sich geben, doch dann entschied er sich glücklicherweise anders. »Wenn es jemand schafft, dann du.« Er drückte mir freundschaftlich die Schulter. »Und wenn ich irgendwas tun kann ...«

»Ich weiß. Danke. Aber du hast selbst genug um die Ohren«, unterbrach ich ihn. »Hoffen wir einfach auf eine gute Saison, dann sollten wir zumindest finanziell über die Runden kommen.«

»Bestimmt.« Er sah mich halb besorgt, halb zuversichtlich an, dann glitt sein Blick wieder über die bunte Truppe in Kellys Garten. »Ich schätze mal, die Hunde haben sich jetzt endgültig platt gespielt«, sagte er grinsend und deutete auf die drei wuscheligen Fellhaufen, die tief schlafend nebeneinander unter einem Busch lagen.

Die drei waren Wurfgeschwister und liebten sich nach wie vor heiß und innig. Wenn sie sich sahen, ging immer die tierisch die Post ab, aber jeder für sich war für seinen Besitzer ein absoluter Seelenhund. Ich hatte Carly bekommen, als ich gerade mit Archie schwanger gewesen war. Ich hatte gedacht, es sei eine tolle Idee, wenn mein Kind gleich mit einem felligen besten Freund aufwachsen würde. Und so war es auch gekommen. Carly würde für

Archie und auch Ada alles tun, und die Kinder liebten sie heiß und innig. Ich hatte einiges über Assistenzhunde für Gehörlose gelesen, die ihre Besitzer auf Geräusche wie Tür- und Telefonklingeln oder Babyweinen aufmerksam machen. Carly tat das fast instinktiv, und sie sorgte dafür, dass meine Kids leicht Kontakt zu anderen Kindern bekamen. Weil sie so freundlich zu allen Menschen war, durfte sie sogar mit in den Kindergarten gehen.

»Nicht nur die Hunde, auch meine Süßen sind fertig mit der Welt. Ich schätze, ich bring sie jetzt mal heim ins Bett.« Ada war in Noras Armen eingeschlafen, und Archie gähnte immer häufiger und schien sich nicht mehr so recht auf Matt und Grace konzentrieren zu können. Ich verabschiedete mich erst von Reed und trat dann zu Kelly, die immer noch neben meinem Vater am Grill stand. »Vielen Dank für die Einladung, Kelly. Es war wie immer ein wundervoller Abend, aber jetzt muss ich meine Kleinen ins Bett bringen.« Ich umarmte sie kurz und ging weiter zu Nora, die sich kaum von Ada trennen wollte, die wie ein Äffchen an ihr hing. Vorsichtig hob ich meine Tochter hoch, um sie nicht zu wecken.

»Ich komm mit«, kündigte mein Vater an. »Ich schätze, dass Archie auch nicht mehr lange durchhält.« Er nahm seinen müden Enkel auf den Arm, der einschlief, ehe wir auch nur das Gartentor erreicht hatten. Carly hatte mitbekommen, dass wir aufbrachen, und folgte uns ohne Aufforderung.

Den kurzen Heimweg brachten wir schweigend hinter uns, um die Kinder nicht zu wecken, auch wenn das unnötig war, denn wenn sie erst einmal schliefen, schienen sie die Impulse ihrer Hör-Implantate gar nicht mehr wahrzunehmen. Zu Hause entfernte ich die äußeren Teile der Prothesen, zog ihnen rasch Schuhe und

Hosen aus und verfrachtete sie ins Bett, ohne dass sie noch einen Mucks machten.

»Was für eine Woche«, sagte mein Vater, als ich wieder runterkam. Er hatte es sich im Wohnzimmer mit einem kleinen Whisky gemütlich gemacht und prostete mir lächelnd zu. »Und ich bin froh, dass Reed und du euch so vehement gegen die Speedboote eingesetzt habt.«

Ich grinste, denn Dad war eigentlich dafür gewesen. »Wir müssen mit der Zeit gehen«, hatte er gemeint und behauptet, dass die Leute das heutzutage verlangten. »Manchmal ist es eben besser, wenn man die Dinge nicht auf die Spitze treibt«, erwiderte ich. »Du hattest schon früher ein tolles Konzept, und es funktioniert immer noch. Schneller, größer, lauter ist ja nicht zwangsläufig besser – schon gar nicht, wenn es um die Wale geht. Wir haben übrigens ein Kaufangebot für die beiden Boote. Ein Anbieter aus Oregon will sie haben, und Reed und ich werden sie ihm verkaufen. Dafür können wir uns wahrscheinlich sogar den Zweimaster leisten.«

»Kelly hat schon so etwas angedeutet.« Er lächelte versonnen. »Das wird toll. Ich freu mich auf die Touren damit.«

Die Leidenschaft fürs Segeln hatte ich eindeutig von meinem Vater geerbt. »Es wird bestimmt großartig«, entgegnete ich, merkte aber, dass ich im Moment nicht die geringste Lust verspürte, ausführlich mit ihm darüber zu sprechen. Weder wollte ich über die vergangene Woche reden, die so erfolgreich verlaufen war, noch über die kommenden Herausforderungen. Ich wollte einfach nur mal den Kopf frei bekommen. »Dad, wärst du mir böse, wenn ich dich allein lasse? Ich würde gerne einen Strandspaziergang machen.«

»Natürlich nicht. Viel Spaß«, sagte er lächelnd und fügte noch hinzu: »Ich hab ein Auge und ein Ohr auf die Kinder.«

»Danke«, murmelte ich und beugte mich zu ihm, um ihm einen Kuss auf die bärtige Wange zu drücken.

Ich schnappte mir meine Jacke, denn jetzt, in der Dunkelheit, war es empfindlich kühl geworden. Gestern und heute hatten die fast frühsommerlichen Temperaturen tagsüber für regelrechte Urlaubsstimmung gesorgt, doch tatsächlich war es erst Ende März und der Sommer noch in weiter Ferne. Als ich durch die Tür schlüpfen wollte, bohrte Carly ihre Schnauze in meine Hand. Offensichtlich war ihr auch nach einem abendlichen Spaziergang.

»Na, doch nicht müde?«, fragte ich sie, und sie wedelte freudig. Ich streichelte ihren lockigen Kopf und rief ins Haus zurück: »Nicht wundern, Carly ist mit mir unterwegs!« Dann ging ich zum Strand.

NACHTS SIND ALLE WALE GRAU

Ich hatte praktisch mein ganzes Leben in diesem Haus verbracht und liebte es, dass ich von meinem Schlafzimmer aus aufs Meer schauen konnte. Nach meiner Hochzeit mit Jeremy waren meine Eltern ins Erdgeschoss gezogen und hatten uns die obere Etagen überlassen. Für mich war immer klar gewesen, dass ich nie woanders leben wollte, und da Jeremy als selbstständiger Location Scout für die Filmindustrie ohnehin ständig unterwegs war, war es uns als ideale Lösung erschienen.

Trotzdem hatte es Spannungen gegeben. Nicht nur zwischen Jeremy und meinen Eltern, sondern auch zwischen Mom und Dad. Meine Mutter hatte ursprünglich aus San Francisco gestammt – aus einer recht unkonventionellen Hippie-Familie, die bereits Yoga praktiziert hatte, als es nur in Esoterikerkreisen populär gewesen war und nicht schon im Rest der Welt. Sie war damals mit ihrem Surfer-Freund nach Tofino gekommen, hatte meinen Dad kennengelernt, sich unsterblich in ihn verliebt, den Surfer zurück nach Kalifornien geschickt und war geblieben. Ich hatte immer gedacht, dass sie glücklich miteinander wären, doch offenbar hatte ich mich da getäuscht. Meine jüngere Schwester Zoe war gleich nach der Schule zu unserer Tante Celia nach San Francisco gezogen und hatte sich zur Yoga-Lehrerin ausbilden lassen. Mich hatten diese Verrenkungen nie angesprochen, und ich war schon immer ein Papa-Mädchen gewesen, während meine Mutter und Zoe ganz eng miteinander gewesen waren.

Als Archie gerade ein Jahr alt gewesen war, war Mom nach San Francisco geflogen, um Zoe und Celia zu besuchen. Aus ein paar Tagen waren mehrere Wochen geworden, und schließlich waren sie zusammen zu einem ausgedehnten Yoga-Retreat nach Indien gereist. Keine Ahnung, was in dieser Zeit alles passiert war – ich hatte mit Archies Diagnose und den Konsequenzen genug zu tun gehabt –, aber meine Mom war immer tiefer in diese seltsame Yoga-Ashram-Szene abgedriftet. Womöglich war sie sogar Mitglied in einer Sekte geworden. Dad hatte mehrfach versucht, sie zur Rückkehr zu bewegen, doch der Kontakt war irgendwann völlig abgerissen. Bis wir eines Tages, ein paar Monate nach Adas Geburt, die Nachricht bekommen hatten, dass sie von einem Bus überfahren worden war. Offenbar war sie, zugedröhnt mit irgendeiner Droge, auf die Fahrbahn gewankt und von dem Fahrzeug erfasst worden.

Für Zoe war das wie ein Weckruf gewesen. Sie war aus Indien zurückgekehrt und arbeitete seitdem bei Tante Celia im Yoga-Studio – in einer fast bürgerlichen Existenz. In knapp vier Monaten jährte sich Moms

Todestag zum dritten Mal, und ich fühlte immer noch nichts als bloße Verwunderung. Vermisste ich sie? Nicht wirklich, denn irgendwie war sie nie richtig da gewesen. Also, nicht in einem Sinne, wie ich es mir vielleicht gewünscht hätte. Aber ich hatte dieses Fehlen nie wahrgenommen, weder als Kind noch heute. Eigentlich verdammt unheimlich, wenn ich so darüber nachdachte. Überhaupt – wie kam mir das alles jetzt in den Sinn?

Ich lief den menschenleeren Strand entlang, hörte vom Ozean her ab und zu mal das Schnauben der Wale – und dachte an meine Mutter? Merkwürdig. Vielleicht, weil ich den heutigen Abend mit so vielen mutterlosen Menschen verbracht hatte? Reed und Nora hatten ihre Mutter vor über fünf Jahren verloren, kurz nachdem Emily gestorben war und damit Reeds Tochter Grace mutterlos zurückgelassen hatte. Und Kionas Mutter war vor fünfzehn Jahren verschleppt und getötet worden. Die vier hatten allesamt lernen müssen, mit dem Verlust zu leben, der sie traumatisiert hatte. Ich dagegen war seltsam unbeeindruckt von Moms Tod. Was sagte das über mich aus? Oder über meine Mutter?

»Mom, falls du das hörst – ich hab dich lieb!«, rief ich laut in Richtung Meer, und Carly bellte zustimmend.

»Ich bin zwar nicht deine Mom, aber das höre ich gerne«, erklang eine Männerstimme ein paar Meter neben mir, und ich japste vor Schreck laut auf.

Carlys Bellen war also keine Zustimmung gewesen, sie hatte mich vielmehr auf jemanden aufmerksam machen wollen. Einen Jemand, den ich zwar nur als dunkle Silhouette ausmachen konnte, der mir aber trotzdem irgendwie bekannt vorkam. Der zunehmende Mond war leider nur eine schmale Sichel, die kaum Licht spendete, und aufziehender Seenebel dimmte auch den schwachen Sternenschein, so dass ich die Gestalt, die auf einem angeschwemmten Baumstamm saß, nicht genauer erkennen konnte.

»Ähm ...«, sagte ich dämlich und versuchte, mein aufgeregt klopfendes Herz zu beruhigen. »Ich habe nicht damit gerechnet, dass außer mir jemand am Strand ist«, fügte ich hinzu und fragte mich, warum ich so entschuldigend klang.

»Außer deiner Mom, nehme ich an«, meldete sich die Stimme aus dem Schatten erneut – und klang eindeutig amüsiert. Verdammt, woher kannte ich ihn bloß?

Ich überlegte, ob ich einfach abhauen sollte, aber irgendwas hielt mich davon ab. »Wer weiß schon so genau, wo sich Geister rumtreiben?«, hörte ich mich zu meiner eigenen Überraschung antworten.

»Das weiß wohl niemand so genau«, entgegnete die Stimme, nun ganz ernst und nachdenklich. »Aber ich bin mir ziemlich sicher, dass heute Nacht eine Menge hier sind.«

Darauf wusste ich nichts zu erwidern, doch ich blieb stehen, lauschte in die Nacht und wartete darauf, dass die Stimme erneut das Wort ergriff. Ein markantes Schnauben aus dem Wasser, gefolgt von einem lauten Schlag, ließ mich erschrocken zusammenzucken. Ich wusste, dass es ein Wal war, der ganz in der Nähe herumdümpelte und mit einer Brustflosse auf die Wasseroberfläche geklatscht hatte, aber in der nebligen, unwirklichen Dunkelheit kamen mir die vertrauten Geräusche mit einem Mal recht gespenstisch vor.

»Sag ich doch. Verdammt viele Geister«, bestätigte die Stimme, und ich fragte mich, ob die Angst, die ich gerade wahrnahm, von dem unbekannten Sprecher stammte oder von mir selbst.

»Das sind keine Geister, das sind Wale«, erklärte ich daher bestimmt.

»Hm.« Die Stimme klang nicht überzeugt. »Sicher? Es könnten doch auch Geister sein, die sich als Wale manifestieren, um uns etwas mitzuteilen.«

»Aber wäre das nicht schrecklich unpraktisch?«, gab ich zu bedenken. »Allein schon angesichts der Tatsache, dass wir Menschen mit Walen immer noch nicht kommunizieren können. Da wäre es doch viel schlauer, wenn die Geister eine andere Form annehmen würden.« Langsam begann mir das Geplänkel Spaß zu machen.

»Doch, das macht schon Sinn. Dann nämlich, wenn es gar keine menschlichen Geister sind, sondern außerirdische, und die sich dann in Buckelwale verwandeln, weil das ihre natürliche Erscheinungsform ist.«

Jetzt wusste ich auch, woher ich die Stimme kannte. Sie gehörte dem Mann, der am Montag mit Matt bei mir auf der Waltour gewesen war. »Grauwale.«

»Was?«

»Es sind Grauwale, die wir hören, keine Buckelwale.«

»Sicher?«

»Ziemlich. Aber nachts sind alle Wale grau, da kann man sich schon mal irren.« Ich musste unwillkürlich kichern, denn dieses Gespräch wurde von Satz zu Satz abstruser.

»Nur nachts? Alle Wale sind doch grau«, entgegnete er. »Außer vielleicht der Blauwal.«

Nun musste ich derart lachen, dass ich ein ganzes Weilchen nichts sagen konnte. »Blauwale sind grau, aber Belugawale sind beispielsweise weiß, und Orcas sind schwarz-weiß.«

»Aber das sind sie streng genommen ja auch nachts, oder?«

»Schon, aber das erkennt man dann nicht. Wie bei den Katzen. Oder überhaupt bei allem.« Ich blickte zu dem Mann auf dem Baumstamm, den ich nach wie vor nur schemenhaft wahrnahm, und versuchte, mich daran zu erinnern, wie er bei Tageslicht aussah. Er hatte mich an Hugh Jackman erinnert. Dunkle Haare, die dringend einen Nachschnitt benötigten, erstaunlich warme braune Augen, die allerdings ziemlich intensive Blicke draufhatten, sehnige Unterarme und ausgesprochen schöne Hände. Letzteres war mir aufgefallen, weil er seine Pulloverärmel hochgeschoben und sich mit einer Hand immer an der Reling festgekrallt hatte. Er war nicht riesig, vielleicht ein Meter achtzig, aber insgesamt ein erfreulicher Anblick. Wenn er mir nur nicht so verdammt suspekt gewesen wäre. Irgendwas an ihm hatte mich hochgradig irritiert, und ich hätte langsam wirklich gerne gewusst, was er hier in Tofino zu suchen hatte. Warum sagte er jetzt nichts mehr? »Noch da?«, erkundigte ich mich.

»Natürlich. Ich werde von einem flauschigen Riesenhund belagert, der seinen sehr schweren Kopf auf mein Knie gelegt hat und mich vermutlich töten oder kastrieren würde, wenn ich aufstehe.«

Wieder musste ich lachen. Die Vorstellung, dass Carly einen Kerl einfach so entmannen würde, war zu schön. Aber es war auch erstaunlich, dass sie sich so vertrauensvoll an ihn ranschmiss. Sie war zu allen Menschen freundlich, wahrte zu Unbekannten in der Regel aber durchaus Distanz.

»Was ist daran so witzig? Ich würde mein Leben und meine Männlichkeit gern noch etwas länger bewahren.«

»Kann ich verstehen.«

»Ich habe über die Nächtliches-Grau-These nachgedacht«, sprach er weiter.

»Ach ja? Hat vermutlich auch etwas mit Außerirdischen zu tun, die die Weltherrschaft übernehmen wollen. Nachts, wenn alles grau und zweidimensional wirkt.«

»Quatsch. Niemand will die Weltherrschaft übernehmen. Zumindest keine Außerirdischen und auch keine Wale. Die wollen die Welt retten«, erklärte er mir im geduldigen Tonfall eines Grundschullehrers.

»Das erleichtert mich ganz enorm«, sagte ich und musste schon wieder kichern. Auch weil ich dieses vollkommen absurde Gespräch über Gebühr genoss.

»Geht mir ähnlich. Aber zurück zur grauen Theorie. Die stimmt nämlich nicht. Es ist zwar schon so, dass wir Menschen nachts alles in Grautönen wahrnehmen, aber nur die unbekannten Dinge. Wenn ich dagegen weiß, wie farbenfroh manche Dinge bei Tageslicht sind, dann sehe ich sie auch bei Nacht bunt. Zumindest vor meinem inneren Auge. Vielleicht ist das ein Echo oder ein Sinnestrick, aber auch wenn ich von dir gerade nur einen dunklen, relativ unförmigen Schatten erkennen kann, sehe ich deine meeresfarbenen Augen und deine leuchtend blonden Haare doch so klar vor mir, als würdest du von einem Spotlight angestrahlt werden.«

Ich schluckte. Das war vermutlich das Poetischste und Charmanteste, was ich seit langem gehört hatte. Wenn nicht überhaupt jemals. »Unförmiger Schatten?«, fragte ich jedoch und hätte mich am liebsten selbst geohrfeigt.

»Eventuell sollten wir statt über visuelle Grautöne lieber über selektive Wahrnehmung sprechen«, entgegnete er trocken. »Ich habe dir eben ein für meine Verhältnisse ausgesprochen aufregendes Kompliment gemacht, und du hast dich auf ein typisch weibliches Triggerwort gestürzt.«

Wohl wahr, und ich ärgerte mich selbst darüber, doch das würde ich nicht zugeben. »Womöglich stehe ich unter dem Einfluss der Außerirdischen?«, mutmaßte ich daher.

»Oder du bist von einem Geist besessen. Womit wir wieder beim Anfang unserer interessanten Unterhaltung wären. Hast du deine Mutter wirklich hier vermutet? Wenn ja, dann sollten wir sie vielleicht suchen? Oder ist sie tatsächlich ein ... ähm ... Geist?«

»Kann schon sein«, erklärte ich leise. »Ich weiß es nicht. Sie ist seit fast drei Jahren tot – unbestreitbar tot.«

»Das tut mir leid«, erwiderte er.

»Muss es nicht. Ich ... Es ist kompliziert.«

»Wem sagst du das? Meine Mutter lebt noch. Zumindest soweit ich weiß. Aber mit ihr war es schon immer ziemlich geisterhaft. Mit meinem Vater übrigens auch.« Er klang mit einem Mal verdammt resigniert.

Und noch etwas nahm ich wahr – eine deutliche Sprachfärbung. Dass er Brite war, konnte er ohnehin nicht verleugnen, doch nun schlich sich ein signifikanter Dialekt ein. Seltsam. »Woher stammst du?«, erkundigte ich mich neugierig.

»Aus Schottland.«

Schottland? Das machte irgendwie Sinn. »Dort soll es ja besonders viele Geister geben, habe ich gehört.«

»Mag sein. Aber die schottischen Geister sind harmlos. Mehr Angst muss man vor den Lebenden haben. Zumindest vor manchen.« Seine Stimme war so hart geworden, dass ich das sichere Gefühl hatte, in ein Wespennest gestochen zu haben. Dabei war es gar nicht ich gewesen, die das Gespräch auf seine Eltern gebracht hatte.

»Das gilt vermutlich für alle Orte, an denen Menschen leben«, sagte ich sachte. »Menschen haben ein ganz großartiges Talent, sich und ihren Nächsten die Hölle auf Erden zu bereiten.« Huch, woher war das denn jetzt gekommen?

»Sprichst du noch von deiner Mutter?«

»Nein.« Ich zögerte. »Meine Mom war vermutlich schon immer mehr Geist als lebendig. Vielleicht habe ich deshalb nie so sehr um sie getrauert, weil sie nie wirklich hier war und gleichzeitig niemals weg ist. Und ja, ich weiß, dass sich das total seltsam anhört.« Das tat es auch in meinen Ohren, doch gleichzeitig fühlte sich die Aussage absolut richtig an. Womöglich hatte ich endlich den Grund dafür erfasst, dass ich so eigenartig empfand, wenn es um meine Mutter ging. Sorgen, Angst und Schmerzen, wie ich sie in Bezug auf gewisse andere Menschen spürte, hatte sie mir jedenfalls nie bereitet.

»Nein, nicht seltsam. Für mich sogar ausgesprochen beneidenswert. Meine Eltern gehören eher der Fraktion ›Hölle auf Erden‹ an. Und ich habe nicht die geringste Ahnung, warum ich das so freimütig ausplaudere.«

Es schien ihm also ähnlich zu gehen wie mir. Ich war normalerweise nicht so unbefangen, mit Fremden über Dinge zu sprechen, die ich in der Regel nicht einmal vor mir selbst zugab. War es diese Nebelnacht? Vielleicht hatte mich ein unbewusster Impuls aus dem Haus getrieben, weil ich Wahrheiten begreifen musste, die ich mir sonst nicht eingestehen konnte oder wollte. Und womöglich war es ihm genauso gegangen. War es am Ende kein Zufall gewesen, sondern Schicksal? »Ich hoffe, dass wir uns niemals wieder bei Tageslicht begegnen«, sagte ich. »Ich weiß nämlich nicht, ob ich das aushalten könnte.«

»Dito«, kam es überraschenderweise zurück. »Aber das ist trotz allem das schönste und beste Date, das ich seit langem hatte. Vielen Dank dafür.«

Ich fühlte den fast unbezwingbaren Impuls in mir, zu ihm zu gehen und ihn zu küssen. Das war derart erschreckend, dass ich nur einen krächzenden Laut von mir gab und dann Hals über Kopf davonrannte. Nach Hause, in Sicherheit. Wieder schnaubten und klatschten ein paar Wale, doch dann sah ich die Lichter unseres Hauses und fühlte Carlys Schnauze an meiner Hand. Ich war gerettet.

DOMINIC:

Weg war sie – und mit ihr der flauschige Hund, der mir während der letzten Minuten auf seltsame Weise Halt und Zuversicht gegeben hatte. Meine »Date«-Formulierung hatte die geheimnisvolle Esther Johnson wohl so verschreckt, dass sie die Flucht hatte ergreifen müssen. Schade. Wirklich sehr schade. Ich hätte gerne noch ein bisschen weiter mit ihr geplaudert – über außerirdische Wale und schwierige Eltern.

Dabei gab es normalerweise nichts auf der Welt, was ich so peinlich vermied wie Gespräche über meine Familie. Meistens verbot ich es mir schon, überhaupt an sie zu denken, denn es machte mich nur traurig. Auch nach so vielen Jahren, in denen ich sie nicht gesehen und kaum gesprochen hatte, ließ der Schmerz nicht wirklich nach. Ich würde niemals begreifen können, warum zwei Menschen, die es so offensichtlich hassten, Kinder zu haben, gleich vier in die Welt hatten setzen müssen – und sich heutzutage darüber beklagten, wie undankbar wir alle waren, weil wir uns nicht um sie kümmerten. Meine Geschwister und ich hatten den Kontakt zu unseren Erzeugern allesamt abgebrochen, ich jedoch am konsequentesten, denn ich hatte nicht nur das Land, sondern gleich den Kontinent verlassen. Meine ältere Schwester Pippa hatte ein paar Jahre in Südafrika gelebt, war aber wieder nach Schottland zurückgekehrt, genau wie die »Kleinen«, Sean und Frances. Wie sie die räumliche Nähe ertrugen, war mir schleierhaft. Aber Genaues wusste ich auch nicht, denn zu meinen Geschwistern hatte ich ebenfalls nur sporadisch Kontakt. Wir waren vier verunsicherte, misstrauische Gestalten, die Probleme hatten, sich anderen Menschen zu öffnen und Beziehungen einzugehen. Gut gemacht, Mutter und Vater, wirklich ganze Arbeit geleistet.

Meine Therapeutin hatte mir diese Dynamik erklärt, doch so ganz konnte ich es immer noch nicht glauben. Bis ich mit der Therapie begonnen hatte, war ich der festen Überzeugung gewesen, dass es an mir läge. Dass ich einfach ein ziemlich schlechter Mensch wäre – unfähig, zu lieben und mich festzulegen. Dass ich nur gut in meiner Arbeit wäre und dass ich mich darauf konzentrieren müsste. Tief in mir glaubte ich das immer noch, auch wenn ich versuchte, es besser zu machen – zumindest in Bezug auf Matt. Doch der wollte das gar nicht, er signalisierte mir sehr deutlich, dass er seinen Neuanfang lieber ohne mich als mit mir angehen würde. Aber das war nicht verhandelbar: Auch wenn ich im Leben nichts anderes erreichte, ich würde dafür sorgen, dass dieser Junge eine faire zweite Chance bekam, nachdem ich ihm seine erste genommen hatte.

Ich schüttelte mit grimmig zusammengepressten Lippen den Kopf und sah prompt Carol Shaffer vor meinem inneren Auge, die für diese Geste immer nur ein wissendes, fast spöttisches Lächeln übrig hatte. Eigentlich ziemlich anmaßend für eine Therapeutin, oder? Sollten diese Psycho-Tanten nicht eher stets verständnisvoll und mitfühlend sein? Aber Carol hatte eine Art, die mir unangenehm unter die Haut ging. Wie Nadelstiche gab sie mir Denkanstöße und ermunterte mich dazu, die Wahrheit zu erkennen. Doch was war das schon – Wahrheit? Das war doch nichts als ein scheinbar überlegenes Konzept, das gewisse Menschen dafür nutzten, andere unter Druck zu setzen. Meine Eltern beispielsweise hatten eine ganz andere Wahrheit als ich oder meine Geschwister. Und vermutlich unterschieden sich die Wahrheiten unter uns Geschwistern ebenfalls signifikant voneinander. Auch zwischen mir und Matt gab es wohl mehrere Versionen von Wahrheit. Welche war relevanter?

Nein, mit dem Konzept »Wahrheit« konnte ich nichts anfangen. Überhaupt nichts. Ich hielt mich lieber an Daten. An Codes. An Programme. Bits und Bytes kannten keine Moral. Sie bewerteten nicht nach »richtig« oder »falsch«, sie bildeten lediglich Informationen ab. Ganz neutral. Das schätzte ich auch an der Mathematik – da wurden Probleme gelöst. Das war auch nicht immer einfach, sondern oft genug sehr herausfordernd und verlangte reichlich Kreativität, aber es ging ohne störende Emotionen ab, und am Ende hatte man ein klares Ergebnis.

Carol sah das natürlich anders. Sie wollte mich ermutigen, meine eigene innere Wahrheit zu entdecken, zu bewerten und schließlich mein Handeln an den neugewonnenen Erkenntnissen auszurichten. Doch das war genauso absurd, wie wenn man einen Vulkanier dazu nötigen würde, nach Augenmaß zu handeln oder etwas zu schätzen. Allein dass Carol diesen Vergleich nicht begriff, sprach ja schon Bände. Erstaunlicherweise fand sie meinen ziemlich spontanen Umzug von Palo Alto nach Vancouver Island gut und hatte bei unserer letzten Sitzung von einem persönlichen Durchbruch gesprochen. Das wiederum konnte ich nicht nachvollziehen, denn ich war sicher gewesen, dass sie es als Rückschritt empfinden würde, wenn ich mich aus ihrer direkten Einflusssphäre zurückzog. Hier in Tofino gab es vermutlich keinen Therapeuten, der Lust hatte, sich mit meinen Problemen herumzuschlagen. Wenn es überhaupt einen gab. Carol hatte angeboten, die Sitzungen via Zoom-Meeting fortzusetzen, allerdings wusste ich noch nicht, ob ich darauf wirklich Lust hatte.

Wieder war dieses gruselige Schnauben zu hören, von dem Esther behauptete, es stammte von einem Grauwal. Wahrscheinlich hatte sie recht, aber andererseits konnte es auch sein, dass das nur ihre Wahrheit war. Meine These mit den außerirdischen Buckelwalen klang in dieser Nebelnacht mindestens genauso schlüssig. Ich hatte das mit dem besten Date seit langem ernst gemeint, denn dieses merkwürdige Gespräch war schöner gewesen als alles, was ich in den letzten Jahren empfunden hatte. Aus irgendeinem Grund hatten wir uns beide auf diesen reichlich seltsamen Dialog einlassen können. Wir hatten einander ernst genommen und Dinge angesprochen, die wir beide sonst wohl mit niemandem teilten. Zumindest auf mich traf das zu. Es war leicht und unverkrampft gewesen, und ich hatte mir ab einem gewissen Moment nichts sehnlicher gewünscht, als dass statt ihres Riesenhundes sie neben mir sitzen würde, dass ich sie berühren und vielleicht sogar küssen könnte. So viel Nähe und Intimität hatte ich lange nicht gefühlt. Ehrlich gesagt noch nie. Was wiederum Bände sprach und ein deutliches Indiz dafür war, was für ein Wrack ich tatsächlich war. Sie hatte absolut recht damit, dass wir uns wohl besser nicht bei Tageslicht treffen sollten. Fragte sich nur, ob das in diesem Kaff durchzuhalten war.

TOGO COMMUNICATIONS LTD

TOFINO, VANCOUVER ISLAND, 30. MÄRZ – DOMINIC:

DAS GLÜCK WAR MIR HOLD – ODER VIELLEICHT LAG ES auch einfach nur an meinem zurückgezogenen Lebensstil. Jedenfalls war ich Esther bislang nicht mehr begegnet. Stattdessen hatte ich mich in die Arbeit vertieft, leider noch nicht in konkrete Projekte – mein junger Geschäftspartner und ich hatten immer noch keine ernsthafte Produktidee –, aber in administrative Dinge. Ich hatte unser brandneues Start-up registriert: Die »ToGo Communications Ltd.« hatte ihren Firmensitz in Tofino. Das »ToGo« stand für unsere Nachnamen Tomlinson und Gordon und war gleichzeitig ein ganz hübsches Wortspiel. Kommunikation »to go«, also für unterwegs, bedeutete mobile, schlanke Anwendungen, was mir außerordentlich gut gefiel. Dass es diese Anwendungen noch nicht gab, war da eher ein untergeordnetes Problem.

Matt war begeistert, dass er im Firmennamen zuerst kam. »GoTo« hätte auch funktioniert – »zu etwas hingehen« war schließlich auch eine schöne Bedeutung –, aber ich wollte, dass sich Matt vollumfänglich mit unserem Unternehmen identifizierte und sich nicht als Juniorpartner oder Charity-Fall fühlte. Auch wenn die initiale Finanzierung ausschließlich aus meinem Budget hervorging.

»So, die Rahmenbedingungen stehen jetzt«, kündigte ich an, als ich die Bestätigungsmails erhalten hatte. »Wir sind jetzt offiziell Gründer, Eigentümer und Gesellschafter von ›ToGo Communications‹ und bereit, die Weltherrschaft zu übernehmen.« Ich grinste ihn an. »Womit sollen wir beginnen?«

»Vielleicht mit ein paar Rahmenbedingungen?«, schlug er vor und schaute mich erstaunlich ernsthaft an. »Werden wir uns Gehälter zahlen? Wenn ja, in welcher Höhe? Wie sehen die Arbeitszeiten aus? Und sollen wir weiterhin vom Esstisch in deinem Ferienhaus aus operieren, oder wollen wir einen richtigen Firmensitz haben?«

Ich war beeindruckt! Da hatte sich der verspielte Surferjunge wirklich Gedanken gemacht und eine Reihe wichtiger Punkte aufgelistet. »Ich nehme an, deine ersten Fragen zielen vor allem darauf ab, ob du mit deinen diversen Nebenjobs noch weitermachen kannst oder musst. Stimmt's?«

»Ja. Ich habe Verpflichtungen, nicht nur meinen Arbeitgebern, sondern auch Nora gegenüber. Ich habe ihr versprochen, dass ich mich um sie kümmern werde – auch wenn sie davon nichts hören will.« Er presste die Lippen aufeinander. Offenbar gab es Ärger im siebten Himmel.

»Blödes Gefühl, was? Da will man unbedingt das Richtige tun, und das Gegenüber ist störrisch ...« Ich ließ die Aussage kurz im Raum stehen, damit sie in Matts Dickschädel eindringen konnte, doch er ging gar nicht darauf ein, sondern warf mir nur einen leicht verächtlichen Blick zu. Also fuhr ich fort: »Es kommt natürlich ein bisschen darauf an, was deine Wünsche sind. Wenn du weiterhin unbedingt diese Touren zu den Vampir-Drehorten machen und Souvenirs verkaufen möchtest, dann finden wir bestimmt eine Lösung. Ich habe an flexible Arbeitszeiten gedacht. Dreißig, maximal fünfunddreißig Stunden pro Woche und ein Anfangsgehalt von fünftausend kanadischen Dollar pro Monat.« Ich hatte das durchkalkuliert. Unter diesen Bedingungen könnte unsere kleine Firma mindestens vier Jahre überleben – ohne selbst Gewinne zu machen. Was ich für extrem unwahrscheinlich hielt, schließlich hatte ich im Silicon Valley nicht umsonst den Ruf, ein goldenes Händchen zu haben.

»Fünftausend?«, keuchte Matt mit weit aufgerissenen Augen, und ich konnte nicht genau sagen, ob er überrascht oder entsetzt war.

»Ist das zu wenig? Ein Firmenwagen wäre wohl auch noch drin, und natürlich sämtliche Spesen für Trips in die Zivilisation. Auch wenn wir das meiste sicher online und über Videokonferenzen erledigen können, werden wir gelegentlich auch persönlich mit Kunden sprechen müssen.«

»Ich finde fünftausend schon krass viel Geld für dreißig Stunden Arbeit«, sagte er.

Ich zuckte mit den Schultern. »Wenn du das deinen Eltern erzählst, werden sie die Hände über dem Kopf zusammenschlagen, weil es viel zu wenig ist. Zumindest nach den Maßstäben der großen IT-Player. Aber angesichts ...«

Er unterbrach mich mit einer ungeduldigen Handbewegung. »Meine Eltern sind nicht mein Maßstab. Ihre Arbeit hat nichts mit meiner zu tun. Und für mich sind fünftausend Dollar eine Menge Geld. Ich verspreche dir, dass ich für jeden einzelnen davon verdammt hart arbeiten werde!«, kündigte er feierlich an.

»Das wollte ich hören«, entgegnete ich lächelnd und freute mich insgeheim über seinen Enthusiasmus. Es war schön, dass er offenbar wirklich hinter der Sache stand. »Bleibt die Frage nach dem Firmensitz. Eigentlich finde ich es ganz gemütlich so, aber auf Dauer wäre ein professionelleres Umfeld zweifellos besser. Ich bin mit dem lokalen Immobilienmarkt nicht so vertraut, da müsste ich mich erst schlaumachen. Oder hast du schon eine Idee?«

Prompt nickte er eifrig. »Im ehemaligen Bootshaus von ›Moby Tours‹ gibt es Räumlichkeiten. Du weißt schon, der Veranstalter, den Esther und Reed übernommen haben. Da ist ein Laden drin, aber auch ein paar Büro- und Lagerräume. Soweit ich weiß, halten die beiden schon die Augen nach möglichen Mietern offen.«

Ich überlegte. Das war direkt am Hafen, mitten im Trubel, aber auch mit Blick aufs Wasser. Und sosehr ich die Ruhe und die vergleichsweise abgeschiedene Lage meines Strandhäuschens schätzte, täte es vermutlich gut, etwas mehr im Leben und unter Menschen zu sein. Allerdings bedeutete das auch, Esther wiederzusehen. Wahrscheinlich regelmäßig. Sie wäre dann unsere Vermieterin und ...

»Ich bin mir sicher, sie würden uns einen fairen Preis machen«, beeilte sich Matt zu versichern. Er hatte mein Zögern offensichtlich falsch verstanden – der Mietpreis war wahrlich mein geringstes Problem. »Außerdem würden wir den beiden einen Gefallen tun, denn finanziell scheint es ganz schön eng zu werden. Hat Nora jedenfalls gesagt.«

»Ach ja?« Das überraschte mich jetzt.

»Na ja, es war wohl nicht ganz freiwillig, dass Esther und Reed die beiden Unternehmen aufgekauft haben. Der Betreiber von ›Moby Tours‹ hat wegen irgendwelcher krummen Touren seine Lizenz verloren. Genaueres weiß ich nicht. Jedenfalls war er der Marktführer hier auf der Insel, mit Firmensitz in Victoria. Die beiden haben sich offenbar bis über beide Ohren verschulden müssen, um seinen Laden zu kaufen.«

»Und warum haben sie es dann getan?« In meinen Augen ergab das überhaupt keinen Sinn. Expansion war gut und schön, aber idealerweise als organisches Wachstum oder sinnvolle Investition – und nicht, wenn man sich dafür ruinieren musste. Andererseits hatte ich von dieser Branche natürlich nicht die geringste Ahnung.

»Um ihre Philosophie eines nachhaltigen, Tiere und Umwelt schonenden Wal-Tourismus noch fester zu etablieren«, entgegnete er. »Ich finde das wirklich gut und sehr zeitgemäß.«

»Aber nicht, wenn sie auf dem Weg dorthin pleitegehen«, gab ich zu bedenken.

»Genau deswegen sollten wir die Räumlichkeiten mieten«, beharrte Matt. »Vielleicht kann Esther dann weiter die Logopädie für ihre Kinder bezahlen.« Er sah plötzlich verlegen zur Seite, so als hätte er etwas verraten, das nicht für fremde Ohren bestimmt war.

»Aha«, sagte ich nur. Auch weil ich keinen Schimmer hatte, was ich sonst darauf antworten sollte.

»Esther ist vorhin mit den Kleinen nach Victoria geflogen, und Nora hat mir verraten, dass sie total traurig war, weil es auf absehbare Zeit vermutlich die letzte Logopädie-Session für die Kids sein wird. Nora weiß auch nichts Genaues. Es ist nicht so, als hätte Esther ihr irgendwas erzählt, aber Nora hat ein Gespräch mitbekommen. Und wenn es stimmt, wäre das wirklich schlimm, denn Archie und Ada brauchen ihre Therapie. Unbedingt.«

Ich hatte nur eine vage Vorstellung davon, was Logopäden genau taten. Soweit ich wusste, kamen sie zum Einsatz, wenn Kinder oder Erwachsene Schwierigkeiten bei der Artikulation hatten, aber vielleicht taten sie auch was ganz anderes. »Was haben die beiden denn für ein Problem?«, fragte ich wider besseres Wissen. Denn was ging es mich eigentlich an? Doch meine Neugier war stärker.

»Na, die beiden sind gehörlos!«, erwiderte Matt in einem Tonfall, als sei das allgemein bekannt. Was vermutlich auch stimmte, doch ich war ja erst seit zwei Wochen in der Stadt und komplett ahnungslos.

»Taub?«, fragte ich daher blöde nach.

»Gehörlos!«, beharrte er.

»Okay ... Sorry«, murmelte ich, begriff das volle Ausmaß aber immer noch nicht wirklich. »Aber wenn sie nichts hören, dann können sie doch sicher auch nicht sprechen, oder? Warum dann also Logopädie?« Ich fand die Frage total schlüssig und einleuchtend, aber wahrscheinlich war sie wieder ziemlich offensiv, und ich machte mich innerlich schon auf einen weiteren Rüffel gefasst. Aber hatte das kleine Mädchen neulich nicht mit Esther gesprochen? Letzte Woche am Pier, kurz bevor wir mit dem Schiff zu den Walen rausgefahren waren?

»Sie tragen beide Cochlea-Implantate, mit denen sie ein gewisses Hörvermögen haben. Und mit Hilfe der Logopädin lernen sie, besser zu sprechen. Oder so ähnlich. Ganz genau weiß ich auch nicht, wie das funktioniert. Auf jeden Fall ist es wichtig, dass sie das regelmäßig machen, solange sie noch so klein sind. Je älter sie werden, desto schwieriger wird es.«

Mir kamen sofort Dutzende weitere Fragen in den Sinn, aber die meisten waren bestimmt viel zu indiskret. Daher sagte ich: »Wenn das so ist, sollten wir wohl mal einen Besichtigungstermin vereinbaren und uns die Räumlichkeiten ansehen. Kannst du das arrangieren, lieber Geschäftspartner?« Ich zwinkerte ihm zu.

»Das mach ich gern«, entgegnete er eifrig. »Und mit welchem Projekt wollen wir dann überhaupt starten?«

»Ich denke, wir werden zunächst mal reichlich recherchieren und vor allem die Augen offen halten. So werden wir ein Gespür dafür kriegen, was gefragt sein könnte. Für welche Probleme wir Lösungen anbieten könnten. Ich hab übrigens ein paar Ideen dazu, wie man die Schwachstellen an deiner Marktplatz-App beheben könnte. Den Code könnte man insgesamt auch etwas schlanker gestalten, damit die Prozesse schneller laufen. Wenn du willst, würde ich mich da jetzt mal dransetzen. Wäre ja ganz schön, wenn wir bald eine Beta-Version für ein paar Leute in Tofino anbieten könnten, oder? Außerdem wollte ich noch ein bisschen Hardware bestellen. Unsere beiden Laptops könnten auf Dauer zu schmalbrüstig sein für die Aufgaben, die wir vor uns haben.«

»Klingt beides toll.« Matts Augen begannen zu glänzen. »Ich hab noch eine Idee.«

»Ich bin ganz Ohr.«

»Vielleicht könnte ich oder auch wir beide an manchen Wochenenden oder mal abends Kurse für Kinder und Teenies anbieten. Ich weiß, dass viele es total cool fänden, zu lernen, wie man eigene Apps programmiert. Mir hat es ja den Arsch gerettet, dass ich das schon so früh gelernt habe. Man weiß schließlich nie, wann man solche Kompetenzen mal brauchen kann«, fügte er vielsagend hinzu.

»Das ist eine super Idee – und die fällt eindeutig in dein Aufgabengebiet. Du kannst dich gerne umhören oder einen Aushang an der Schule machen und alles organisieren. Wenn die Räumlichkeiten am Hafen es erlauben, können wir einen großen Tisch mit einigen Workstations aufstellen. Dabei werden uns sicherlich weitere Produktideen kommen.« Ich spürte die alte, lang vermisste Begeisterung in mir aufsteigen, die ich früher oft gefühlt hatte, wenn ich mich in ein neues Projekt stürzte. Wenn alles nur aus Möglichkeiten bestand und nicht aus Problemen und Hindernissen. Dann wurde man kreativ und die Gedanken so flexibel, dass sie auch durch scheinbar unlösbare Labyrinthe hindurch ihren Weg fanden. Weg war das Gefühl der Lähmung, das mich seit dem Unfall vor fast zwei Jahren wie ein dunkler Schatten begleitete und mich regelrecht arbeitsunfähig zurückgelassen hatte.

»Echt?« Er schien aufrichtig überrascht zu sein, dass ich so positiv auf seine Vorschläge reagierte. »Das ist verdammt cool, Mann. Und es würde mir eine Menge bedeuten.«

»Ich mein's ernst. Das ist eine großartige Idee und ein

idealer Einstieg für unser kleines Unternehmen. Wir müssen die Kursangebote ja nicht auf Kinder und Jugendliche beschränken, sondern können auch Erwachsene aufnehmen. Vielleicht gibt's da auch einige, die grundlegende Programmierkenntnisse lernen wollen. Worauf wir nur achten sollten, ist der Fokus. Da sollten wir uns tatsächlich auf eine Nische spezialisieren, sonst endet es damit, dass wir plötzlich für Souvenir-Shops oder Surfschulen Websites programmieren oder den Senioren beibringen, wie Smartphones funktionieren.«

»Da besteht aber bestimmt reichlich Bedarf.«

»Daran habe ich keinen Zweifel, aber es gibt sicher Leute hier im Ort, die solche Dienstleistungen ebenfalls anbieten können. Wir sollten unser Können eher auf strategische und innovative Themen fokussieren. Schließlich wollen wir ja Geld verdienen.«

»Das heißt, die Kurse laufen außerhalb unserer normalen Arbeitszeit?«

Ich musste mir ein Grinsen verkneifen. »Genau. Die sind dann dein Hobby – oder dein Nebenverdienst. Je nachdem, ob du sie gratis anbieten willst, weil du so ein großes Herz hast, oder ob du einen fairen, realistischen Preis dafür verlangst. Mir ist das einerlei.«

»Verstehe«, murmelte er, und ich sah, dass es hinter seiner Stirn gewaltig arbeitete. »Ich glaube, ich werde dann mal meine sonstigen Jobs kündigen«, entschied er schließlich und blickte auf sein Handy, das gerade vibriert hatte. »In einer Stunde beginnt meine Schicht im Shop, da werde ich wohl Bescheid sagen, dass ich ab April nicht mehr komme.« Ein breites Grinsen schlich sich auf sein Gesicht. »Ich kann es kaum erwarten, Nora davon zu erzählen.«

»Dann viel Spaß dabei. Und mach bitte auch einen

Termin für die Besichtigung der Büroräume aus. Ich kümmere mich jetzt um den langweiligen Hardware-Kram und schau mir dann die Marktplatz-App genauer an.«

Als Matt für heute gegangen war, ertappte ich mich jedoch dabei, dass ich mich nicht mit dem Code für das Programm beschäftigte, sondern, nachdem ich eine Computer-Großbestellung angestoßen hatte, nach Gründen für Gehörlosigkeit googelte. Nach zwei Stunden rauchte mir der Kopf, aber ich wusste jetzt eine Menge mehr darüber. Ich hatte gelesen, warum diese sogenannten Cochlea-Implantate, von denen ich vorher noch nicht einmal was gehört hatte, Fluch und Segen gleichermaßen waren, und war mir sicher, dass ein Gendefekt an der mutmaßlich angeborenen Gehörlosigkeit von Esthers Kindern schuld sein musste. Warum ich mir all dieses zweifellos interessante Wissen angeeignet hatte, konnte ich allerdings nicht sagen. Vermutlich hatte mich mein Unterbewusstsein dazu getrieben, wie Carol es ausgedrückt hätte. Apropos, vielleicht war es an der Zeit, eine Video-Therapiestunde zu vereinbaren. Zumindest hatte ich ausnahmsweise positive Dinge zu berichten, und womöglich hatte sie sogar ein Lob für mich in petto.

VICTORIA, VANCOUVER ISLAND, 30. MÄRZ – ESTHER:

»Wollt ihr zwei mit Tommy in die Spielecke gehen?«, fragte Dr. Carter meine Kinder mit Worten und Gesten und reichte jedem einen Lolli.

Archie und Ada nickten begeistert, schnappten sich

die Süßigkeit und eilten mit dem jungen Pfleger nach nebenan. Wir waren nach der Logopädie-Behandlung zu unserem vierteljährlichen Check-up-Termin in die Kinderklinik in Victoria gekommen, und nun wollte ich mit der Ärztin den Stand der Dinge besprechen.

»Wie geht es Ihnen?«, erkundigte sich Dr. Carter, als sich die Tür hinter meinen Kindern schloss.

Ich zuckte mit den Schultern, überrascht und auch ein bisschen überrumpelt. Diese Frage wagte ich mir kaum selbst zu stellen, geschweige denn, dass ich sie von anderen Leuten außer meinem Dad oder Reed hörte. Und auch die beiden bekamen dann stets nur eine streng kuratierte Antwort.

»So eine schwierige Frage?«, bohrte die Ärztin nach einem Weilchen nach.

»Ehrlich gesagt ja«, gab ich zu. »Ich habe nicht die Zeit, mir darüber Gedanken zu machen, wie es mir geht. Und das klingt jetzt erheblich blöder oder mitleidheischender, als es soll. Viel wichtiger ist doch, wie es den Kindern geht. Ist mit den Implantaten alles in Ordnung?«

»Mit denen ist alles wunderbar«, versicherte sie mir. »Aber nicht vom Thema ablenken. Es ist nämlich auch für Ihre Kinder relevant, wie es Ihnen geht. Die beiden haben ganz feine Antennen. Das gilt für die meisten Kinder, aber für die mit Sinnesbeeinträchtigungen in besonderem Maß, doch das wissen Sie natürlich selbst. Wenn Archie und Ada merken, dass Sie Sorgen haben oder traurig sind, dann werden sie das automatisch auf sich beziehen. Ich bin keine Kinderpsychologin, aber ich bin ziemlich sicher, dass Archies Weigerung, zu sprechen, daher rührt. Rein physiologisch ist alles in Ordnung.«

Ich schluckte. Und noch einmal. Insgeheim hatte ich

so etwas schon befürchtet. Archie hatte relativ schnell nach dem Einsetzen seines Implantats mit dem Sprechen begonnen und hatte auch die Logopädie sehr gut angenommen. Mit vier Jahren war fast kein Unterschied zwischen seinem Sprechvermögen und dem gleichaltriger hörender Kinder feststellbar gewesen, aber seit ein paar Monaten verbalisierte er immer weniger und beschränkte sich auf Gebärdensprache. Es war ein schleichender Prozess gewesen, den ich zunächst ignoriert hatte, aber mittlerweile sprach er fast gar nicht mehr. Ich hatte gedacht, dass vielleicht mit den Implantaten etwas nicht stimmte, doch das war offensichtlich ein Trugschluss. »Ich habe im Moment wirklich sehr viel um die Ohren«, krächzte ich schließlich und musste mich heftig räuspern, um klarer weiterreden zu können. »Arbeit, Geldsorgen, Ärger mit dem Vater der Kinder ...« Ich schüttelte den Kopf. Was konnte die Ärztin da schon machen?

»Das kann ich mir gut vorstellen«, entgegnete sie sanft. »Und dann auch noch zwei Kinder mit speziellen Bedürfnissen, das ist eine sehr ungesunde Mischung.«

Ich nickte, unfähig, etwas dazu zu sagen, beziehungsweise ängstlich, dass bei mir gleich alle Dämme brechen würden, wenn ich mich weiter auf ein Gespräch einließ.

»Ich weiß nicht, was Ihre ganz spezifischen Herausforderungen sind, und vermutlich könnte ich sie auch nicht beheben«, fuhr sie fort. »Aber ich möchte Ihnen ganz dringend raten, ein bisschen auf sich selbst zu achten. Lassen Sie Freude zu. Tun Sie sich etwas Gutes, und feiern Sie sich dafür, dass Sie so eine Supermutter sind.«

»Supermutter? Ich? Ganz bestimmt nicht«, schnaubte ich fassungslos. »Ich habe vorhin der Logopädin eröffnen müssen, dass wir erst einmal nicht mehr kommen können. Weil ich es mir schlicht nicht leisten kann. Mein Ex hat seine Unterhaltszahlungen eingestellt, und dieses Geld habe ich ansonsten immer dafür verwendet. Mein Geschäftspartner und ich haben uns kürzlich massiv verschulden müssen, weil wir die Betriebe zweier Mitbewerber übernommen haben. Die Saison läuft jetzt erst an, keiner weiß, wie sich die nächsten Monate entwickeln, und ich habe drei feste und neun Saisonmitarbeiter, die finanziell von mir abhängig sind. Ich muss Gehälter zahlen, absurd hohe Versicherungsprämien und die Bankkredite. Und es bringt mich fast um, dass ich ausgerechnet bei meinen Kindern sparen muss, die nichts dafür können und die jedes bisschen Unterstützung verdient hätten. Also erzählen Sie mir nichts davon, dass ich eine Supermutter bin und mich dafür feiern soll. Ich bin für meine Kinder eine Vollkatastrophe!«

Ich schniefte und wischte mir mit den Händen die Tränen weg, die inzwischen ungehindert über meine Wangen liefen. Aber nun war ich in Fahrt und musste geradezu zwanghaft weiterplappern: »Ich weiß, dass die beiden besser mindestens zweimal pro Woche zur Logopädin sollten. Ich weiß auch, dass wir dringend das Thema Gebärdensprache angehen müssten, damit wir uns keine falschen Ersatzgesten angewöhnen – was vermutlich schon längst passiert ist. Ich weiß, dass ich noch viel mehr Zeit mit ihnen verbringen und sie noch viel mehr fördern müsste, damit sie einen fairen Start ins Leben bekommen, aber ich kann es im Moment einfach nicht.« Nun versagte meine Stimme endgültig. Es war schrecklich, mir mein Scheitern vor der Ärztin einzugestehen. Schrecklich und gleichzeitig seltsam befreiend. »Wahrscheinlich sollte ich mein Geschäft verkaufen und nach Victoria ziehen, damit die beiden ein optimales Umfeld bekommen, in dem sie sich gut entwickeln können.«

»Würde Sie das denn glücklich machen?«

Diese seltsame Frage riss mich aus meinem Selbstmitleid. »Wie meinen Sie das? Selbstverständlich würde es mich glücklich machen, wenn ich meinen Kindern die Förderung geben könnte, die sie brauchen und die sie verdient haben.«

»Nein, das meine ich nicht. Mal abgesehen von Ihren Kindern. Würde es Sie persönlich glücklich machen, Ihr Geschäft aufzugeben und nach Victoria zu ziehen?«

Ich starrte die Ärztin fassungslos an, dann platzte es aus mir hervor: »Natürlich nicht! Ich liebe meinen Job! Ich liebe es, jeden Tag aufs Meer zu fahren und Wale zu beobachten. Ich liebe es, anderen Menschen zu zeigen, wie wundervoll und wie fragil unsere Ozeane sind und dass wir diesen Lebensraum unbedingt schützen müssen. Wie wir überhaupt jeden Lebensraum schützen müssten, um unser Recht nicht zu verwirken, hier auf diesem Planeten zu leben. Niemals würde ich darauf verzichten, wenn die Umstände anders wären. Doch sie sind es nicht. Meine Kinder sind absolut abhängig von meinen Entscheidungen. Aber ich habe die Wahl. Ich kann mich für ihre Zukunft entscheiden.«

Dr. Carter lächelte. »Ich glaube, Sie haben sich Ihre Antwort schon selbst gegeben. Denken Sie wirklich, dass Archie und Ada davon profitieren würden, wenn sie in ein völlig fremdes Umfeld kämen und dazu auch noch mit einer unglücklichen Mutter umgehen müssten?«

Ich zuckte mit den Schultern, denn in mir keimte das Gefühl auf, dass ich nichts richtig machen konnte. Jede

Entscheidung, die ich traf, würde eine schlechte sein. Kein sehr beglückender Gedanke.

»Seien Sie nicht so streng mich sich, Ms Johnson«, sprach Dr. Carter weiter. »Auch wenn Sie selbst es vielleicht nicht so wahrnehmen, Sie leisten wirklich eine Herkulesaufgabe. Ich verstehe Ihre geschäftlichen Sorgen, aber ich bin mir sicher, dass es dafür Lösungen gibt. Für Ihre Kinder ist es in Tofino doch herrlich. Sie können frei aufwachsen, haben Kontakt zu vielen Tieren und der Natur ...« Sie geriet regelrecht ins Schwärmen, und ich musste unwillkürlich grinsen.

»Ich glaube, Sie romantisieren das etwas. Natürlich ist es in Tofino schön, aber es ist wohl kaum unberührte Wildnis. Und ja, die Kids lieben es – weil sie nichts anderes kennen. Aber es gibt nur eine Grund- und eine weiterführende Schule. In keiner ist man auf gehörlose Kinder eingestellt. Genauso wenig wie im Kindergarten. Es gibt keinen Logopäden vor Ort und natürlich erst recht niemanden, der uns die Gebärdensprache richtig gut beibringen kann. In unserem Kaff werden die beiden immer irgendwie zurechtkommen, aber was, wenn sie später mal etwas anderes tun wollen? Wenn sie studieren und die Welt entdecken möchten? Dann werden sie feststellen, dass sie darauf nicht vorbereitet sind, und dafür werden sie mir die Schuld geben. Zu Recht, wie ich meine.«

»Vielleicht stimmt es, dass ich es etwas romantisiere«, gab die Ärztin zu, ohne jedoch ihr Lächeln zu verlieren. »Aber Sie neigen zu einer recht destruktiven Schwarz-Weiß-Malerei. Nach allem, was ich weiß, leben die Kinder in einem gesunden Umfeld. Und das beziehe ich jetzt nicht nur auf die gute Luft, sondern vor allem auf die Gemeinschaft. Sind sie im Kindergarten nicht gut integriert? Haben sie nicht gleichaltrige, hörende Freunde?«

Ich nickte ungeduldig, denn das schien mir nicht weiter bemerkenswert zu sein, sondern ehrlich gesagt ziemlich normal. »Kleine Kinder sind doch flexibel. Die verstehen sich notfalls auch ohne Worte oder erfinden im Zweifel eine eigene Sprache.«

»Genau das meine ich. Ihre Kinder profitieren von ihren Freunden und umgekehrt. Und ich bin mir sicher, dass sich auch andere erwachsene Bezugspersonen um die beiden kümmern und für sie sorgen, die wieder eigene Impulse und Reize schaffen.«

Ich nickte. »Mein Vater natürlich, die Erzieherinnen im Kindergarten, meine Nachbarn, die Schwiegermutter meines Geschäftspartners, seine jüngere Schwester ...«, begann ich aufzuzählen und verstummte dann. Mir war gar nicht klar gewesen, wie viele Menschen Einfluss auf Archies und Adas Leben hatten. Und wie sich alle um sie bemühten und wie sehr meine Kinder auch an ihnen hingen. Für mich war das total normal, denn ich passte meinerseits, ohne zu zögern, auf die Nachbarskids auf, wenn deren Eltern keine Zeit hatten.

»Auch wenn es sich bestimmt oft so anfühlt, Sie sind nicht allein, Ms Johnson«, fuhr die Ärztin eindringlich fort. »Es mag nicht alles perfekt sein für Archie und Ada, und es wäre wirklich gut, wenn sie weiterhin zur Logopädin gehen und vielleicht auch ordentlich in Gebärdensprache unterrichtet werden könnten, aber die zwei sind clever. Es wird keine Katastrophe geben, wenn es für ein paar Wochen oder Monate nicht funktioniert. Ich bin mir ganz sicher, dass Sie eine gute Lösung finden werden, denn ich komme noch einmal auf das zurück, was ich eingangs gesagt habe: Sie sind eine Superheldin, bei dem, was Sie alles stemmen! Darauf dürfen Sie stolz sein. Da dürfen Sie sich ruhig mal selbst auf die Schulter klopfen.«

Okay, es fiel mir immer noch schwer, mich so zu sehen. Unter Umständen würde ich das nie schaffen, denn ich neigte eher dazu, meine eigenen Unzulänglichkeiten wahrzunehmen, aber womöglich war doch mehr als nur ein Funke Wahrheit an der Aussage der Ärztin?

»Ich bin mir sicher, das stand nicht in Ihrer Jobbeschreibung, dass Sie verzweifelte Mütter trösten«, erwiderte ich mit einem schiefen Lächeln.

Sie grinste. »Ich interpretiere meinen Job genauso ganzheitlich wie Sie den Ihren. Und manchmal braucht man nur einen Menschen, der an einen glaubt, und dann kann man alles schaffen. Vielleicht konnte ich heute dieser Mensch für Sie sein.«

»Kann sein«, murmelte ich und fühlte mich plötzlich ungemein erleichtert. Natürlich waren meine Sorgen nicht weniger geworden. Ich hatte nach wie vor keine Ahnung, wie ich das alles managen sollte, aber es fühlte sich nicht mehr so unbeschreiblich erdrückend an wie noch vor einer halben Stunde. »Danke«, fügte ich hinzu.

»Jederzeit. Wie gesagt, medizinisch ist mit Archie und Ada und auch mit ihren Implantaten alles in Ordnung, und ich würde vorschlagen, wir sehen uns in einem Vierteljahr wieder.« Sie stand auf.

Ich erhob mich ebenfalls. »Vielen, vielen Dank«, sagte ich erneut und schüttelte ihr die Hand.

Dann sammelte ich meine Kinder ein und beschloss, dass wir uns heute noch etwas gönnen durften: einen gepflegten Afternoon Tea im »Pendray Tea House«. Dorthin hatten unsere Eltern mich und meine Schwester Zoe immer ausgeführt, wenn wir in Victoria waren. Ich glaube, ich war mit fünf oder sechs zum ersten Mal dort gewesen und hatte es immer geliebt. Wurde wirklich Zeit, dass ich diese schöne Tradition an die nächste Generation weitergab.

Ich rief meinen Vater an, damit er sich keine Sorgen machte, wenn wir erst zwei Stunden später als geplant wieder nach Hause kämen, und ging dann beschwingt mit meinen beiden Mäusen zu dem wunderschönen viktorianischen Haus am Hafen.

RAUS MIT DER SPRACHE

TOFINO, VANCOUVER ISLAND, 1. APRIL – ESTHER:

»So, und das sind alle Schlüssel. Viel Glück und Erfolg mit eurem neuen Geschäft«, sagte ich und hielt Matt und Dominic auf meiner ausgestreckten Hand die Schlüsselbünde für die erste und zweite Etage des Bootshauses hin. Die beiden Männer wechselten grinsend Blicke und griffen dann gleichzeitig zu.

Ich konnte kaum glauben, wie schnell sich die Dinge manchmal änderten. Als ich vorgestern am frühen Abend mit dem Wasserflugzeug aus Victoria zurückgekommen war, hatte mich Matt bereits am Anleger erwartet. Total aufgeregt und voller Ungeduld hatte er mir begeistert von den Plänen erzählt, die er mit Dominic Gordon ausgeheckt hatte und für die sie nun angemessene Geschäftsräume brauchten.

Weil Archie und Ada nach dem langen Tag in Victoria aber völlig durch gewesen waren, hatten wir die Besichtigung erst gestern machen können. Was mir ganz recht gewesen war, denn nach unserem nächtlichen »Strand-Date« am Samstag wäre ich ohne Vorwarnung nicht in der Lage gewesen, Dominic normal zu begegnen. Ich war dann auch lächerlich nervös gewesen, als die beiden so unterschiedlichen Männer gestern Vormittag aufgekreuzt waren. Ich hatte den Eindruck, dass es Dominic ähnlich ging wie mir, denn er hatte dem vor Enthusiasmus sprühenden Matt fast komplett das Reden überlassen. Die beiden wollten allen Ernstes hier in Tofino ein IT-Start-up gründen und dafür die ehemaligen Büroräume von »Moby Tours« mieten. Ich hatte nach wie vor keine Ahnung, in welchem Verhältnis sie zueinander standen, aber das würde ich bestimmt bald herausfinden. Fürs Erste freute ich mich einfach, dass Dominic nicht nur die Büroetage angemietet hatte, sondern auch die darüberliegende Wohnung, die Elliot Graham genutzt hatte, wenn er hier in Tofino hatte übernachten müssen. »Wer weiß, wofür wir die brauchen?«, hatte Dominic zu Matt gesagt, der davon genauso überrascht gewesen war wie ich.

»Das wird bestimmt gut werden«, verkündete Matt jetzt und grinste wie ein Honigkuchenpferd. Seine Augen leuchteten auf ähnliche Weise wie die von Archie und Ada, als sie im Teehaus die Etageren mit den leckeren Köstlichkeiten erspäht hatten, und später, als sie von der aufmerksamen Kellnerin sogar noch mit Schokoladeneis versorgt worden waren.

»Ich wünsche es euch und bin sehr gespannt, was für coole Produkte ihr entwickelt«, erwiderte ich lächelnd und fügte augenzwinkernd hinzu: »Vielleicht ja ein Übersetzungsgerät für den Gesang der Buckelwale? Damit könnten wir dann Kontakt zu den Außerirdischen aufnehmen.«

»Hä?«, fragte Matt irritiert, und ich musste richtig lachen.

»Kleiner Scherz. Lass dir das von deinem Geschäftspartner erklären. Ich muss mich jetzt leider verabschieden und mich um meine Arbeit kümmern«, sagte ich und winkte den Männern zum Abschied zu, ehe ich zu unserem eigenen Bootshaus nebenan ging.

Dort wurde ich von Nora erwartet, die einigermaßen aufgelöst wirkte. »Was ist los?«, erkundigte ich mich besorgt und scheuchte sie ins Büro. »Ist irgendwas mit deinem Baby? Oder mit Reed? Oder mit Kelly?« Die möglichen Horrorszenarien schossen in meinem Kopf wild ins Kraut. Was sollte Nora sonst von mir wollen? »Oder hat dich der Kindergarten angerufen?« Das war nun völlig absurd, denn warum sollten sie ausgerechnet Nora alarmieren, wenn irgendwas mit Archie oder Ada war?

»Nein, es ist ...«, stammelte sie, und ich drückte sie auf einen Stuhl.

»Jetzt holen wir beide mal ganz tief Luft«, bestimmte ich und tat genau das. »Also – dir, dem Baby, Reed und Kelly geht es gut?« Sie nickte, und ich fühlte mich gleich deutlich besser. »Und es haben dich auch keine Hiobsbotschaften über Archie und Ada erreicht?« Wieder nickte sie bestätigend, diesmal aber leicht irritiert.

»Okay, was könnte es dann sein?«, fuhr ich mit dem Ratespiel fort, als sie keinerlei Anstalten machte, freiwillig mit Informationen herauszurücken. »Hast du dich mit Matt gestritten?«, spekulierte ich. Das wäre wirklich sehr schade, denn Matt war so ein netter Junge. Aber ich hätte vorhin doch bestimmt etwas gemerkt ...

»Ja«, stieß sie hervor. »Also, nicht wirklich gestritten,

aber er ist voll auf Reeds Seite und ...« Wieder versagte ihr die Stimme.

Ich ahnte, wo das Problem lag. Nora hatte bis heute niemandem verraten, wer der Vater ihres Babys war, und lag deswegen immer noch im Streit mit ihrem eigenen Dad. Und auch Reed drängte seine kleine Schwester dazu, endlich reinen Tisch zu machen. Warum das für die Archer-Männer von so großer Bedeutung war, konnte ich jedoch nicht sagen.

»Ich glaube nicht, dass es darum geht, auf irgendwelchen Seiten zu sein«, begann ich sachte und reichte ihr ein Taschentuch. »Matt steht hundertprozentig zu dir, und Reed ebenfalls. Ich bin mir sicher, dass du gute Gründe dafür hast, dass du nicht verraten willst, wer der Vater des Babys ist, und das müssen die Männer akzeptieren. Das ist allein deine Entscheidung.«

»Echt?« Sie sah mich überrascht und eine Spur hoffnungsfroh an.

»Natürlich«, bestätigte ich mit fester Stimme. »Aber du solltest vielleicht auch bedenken, welche Auswirkungen es für dich und dein Kind hat, wenn du das Geheimnis wahrst. Kannst du dauerhaft damit leben? Was willst du deinem Kind sagen, wenn es dich nach seinem Vater fragt? Und glaub mir, es wird fragen.« Ich seufzte, denn die Daddy-Frage kam bei uns regelmäßig auf den Tisch. Ada hatte ihren Erzeuger nie kennengelernt, und Archie hatte praktisch keine Erinnerung mehr an ihn, aber ich verschwieg Jeremy auch nicht. Ich versuchte, so kindgerecht wie möglich zu erklären, warum ihr Vater in unserem Leben keine Rolle spielte.

»Wenn Matt oder ein anderer Mann die Vaterrolle übernimmt, wird es vielleicht nicht sofort zum Thema, aber irgendwann kommt es raus, und ich finde, dass jeder das Recht hat, etwas über die eigene Herkunft zu erfahren«, sprach ich weiter. »Ich weiß ja nichts über die Umstände deiner Schwangerschaft, aber ich hoffe, dass sie nicht durch einen Gewaltakt entstanden ist, denn dann hättest du unbedingt zur Polizei gehen müssen.« Allein bei dem Gedanken daran bekam ich ganz feuchte Hände, doch sie schüttelte vehement den Kopf. »Gut. Dann könnte es immer noch sein, dass du gar nicht genau weißt, wer der Vater ist …«

»Ich bin doch keine Schlampe!«, rief Nora empört.

»Das habe ich doch gar nicht gesagt und auch nicht gemeint. Glaub mir, es gab eine Phase in meinem Leben, wenn ich da schwanger geworden wäre, hätte ich nicht sicher sein können, wer der Vater ist.« Ich dachte ein bisschen wehmütig an die Zeit mit Anfang zwanzig zurück, als ich einige aufregende Sommer mit heißen Surfer- und Segeljungs hier in Tofino und auf Hawaii verbracht hatte. Wie unbedarft und lebensfroh war ich damals gewesen, wie wenig Ahnung hatte ich von den dunklen Seiten gehabt, die das Leben zu bieten hatte! »Ich würde mich jedenfalls nicht als Schlampe bezeichnen, du etwa?«

»Natürlich nicht!«, bestätigte Nora vehement. »Aber ich weiß ja, wer es war.«

»Okay. Das ist dann gleichzeitig einfacher und komplizierter«, gab ich zu. »Einfacher, weil du nicht mit vielen Möglichkeiten umgehen musst, und komplizierter, weil …«

»Weil Dylan der engste Kumpel von meinem Zwillingsbruder Jared und außerdem mit meiner besten Freundin Penny zusammen ist«, platzte es aus ihr heraus. Offenbar ungeplant, denn sie schlug sich erschrocken die Hand vor den Mund.

»Okay, komplizierter.« Ich legte ihr kurz eine Hand auf die Schulter, dann ging ich in die Küche. Für dieses Gespräch brauchten wir dringend einen Tee – und außerdem benötigte ich ein paar Augenblicke, um meine eigenen Gedanken zu sortieren. »Bin gleich wieder da«, rief ich.

Das war in der Tat ein ziemliches Schlamassel, in dem sich Nora da befand, und sie tat mir von Herzen leid. Ich konnte sehr gut nachvollziehen, warum sie davon niemandem etwas sagen wollte, aber da die Wahrheit die unangenehme Angewohnheit hatte, immer zum denkbar dümmsten Zeitpunkt ans Licht zu kommen, war auch klar, was ich ihr gleich raten sollte.

Als ich wenige Minuten später mit einem Tablett zurück in mein Büro kam, saß Nora immer noch wie ein Häufchen Elend auf ihrem Stuhl, den Blick aus dem Fenster in Richtung »Moby Tours« – Pardon: »ToGo Communications« – gerichtet und mit einer Hand versonnen ihren Bauch streichelnd.

Ich stellte die Teekanne, in der eine Kräutermischung mit dem verheißungsvollen Namen »Innere Ruhe« vor sich hin zog, auf den Schreibtisch, platzierte zwei Tassen und einen Teller mit Shortbread davor, das ich vorgestern im Teehaus gekauft hatte.

»Zumindest ist mir jetzt sonnenklar, warum du niemandem davon erzählen möchtest«, brach ich das Schweigen. »Und wie schrecklich, dass du mit deiner besten Freundin und deinem Zwillingsbruder nicht darüber reden kannst. Das sind bestimmt die Menschen, die dir am nächsten stehen, oder? Gerade jetzt wäre es doch so schön und wichtig, sie an deiner Seite zu wissen.«

»Hm«, schniefte sie. Ich hatte wohl den Nagel auf den Kopf getroffen.

»Und warum denkst du, dass Matt nicht zu dir halten würde?«, erkundigte ich mich. Das schien irgendwie das einfachste Problemfeld zu sein. »Wenn du ihm die Umstände erklärst, so wie mir eben, wird er es ganz sicher verstehen. Wobei ich dabei bleibe, dass er eigentlich gar nichts verstehen, sondern es einfach akzeptieren muss. Genau wie dein Vater und Reed.«

»Matt weiß es. Ich hab es ihm gesagt.«

»Und dann reagiert er trotzdem komisch?« Das konnte ich mir kaum vorstellen. Ich hatte Matt als ernsthaften und besonnenen jungen Mann kennengelernt. Vielleicht sogar zu ernsthaft und zu besonnen.

»Was heißt ›komisch‹? Er ist der Meinung, dass ich es für mich selbst tun sollte. Dass ich nicht auf ewige Zeiten mit diesem Geheimnis leben kann und dass ich doch gar nicht wissen kann, wie Dylan und die anderen reagieren. Außerdem meint er, dass Dylan ein Recht hat, zu erfahren, dass er Vater wird – und auch, dass mein Kind es irgendwann erfahren muss. Aber ...« Ihre Stimme brach erneut, und mir zog es das Herz zusammen.

»Empfindest du denn was für diesen Dylan?«, fragte ich nach einem Weilchen, als sie sich wieder etwas beruhigt hatte, und goss dann den Tee ein.

»Was?« Sie lachte laut, aber freudlos auf. »Oh Gott, nein! Ich meine, er ist ein netter Kerl. Ich kenne ihn schon fast mein ganzes Leben, aber ich wollte nie was von ihm. Wir waren auf einer Party, ich hatte ziemlich viel getrunken, und irgendwie kam eines zum anderen. Es war uns beiden sofort klar, dass es völlig bedeutungslos war. Er war zu diesem Zeitpunkt übrigens noch nicht mit Penny zusammen. Das ist erst eine oder zwei Wochen später passiert. Ich wollte ihr eigentlich von unserem Ausrutscher erzählen, nur damit nichts zwischen uns steht, aber sie ist supereifersüchtig und ... Ich wollte einfach nicht, dass sie mich hasst. Oder dass sie Dylan hasst und deswegen auf ihr Glück verzichtet. Außerdem hatte es ja auch nichts zu bedeuten, und daher dachte ich, es ist okay, wenn ich nichts sage. Doch dann ...«

»Dann hast du festgestellt, dass du schwanger bist«, vervollständigte ich ihren Satz.

»Ja, und dann konnte ich es einfach nicht mehr sagen. Dabei vermisse ich Penny so sehr.«

»Habt ihr denn keinen Kontakt mehr?«

»Doch, aber es ist halt komisch. In ihren Augen verhalte ich mich total irrational, und sie ist sauer, weil ich einfach so abgehauen bin. Zumindest glaube ich das.«

»Ach Süße, du tust mir so leid«, erwiderte ich und seufzte. »Ich wünschte, ich hätte einen guten Rat für dich. Ich verstehe total, dass du dich nicht traust, dein Geheimnis zu offenbaren. Aber ich bin mir auch sicher, dass es immer schlimmer wird, je länger du damit wartest. Schlimmer vor allem für dich selbst, denn wie Matt schon festgestellt hat, du weißt nicht, wie sie reagieren werden.«

»Ich weiß, aber ich will auch nicht, dass sie mich hassen.«

»Niemand wird dich hassen«, beharrte ich. »Womöglich sind sie erschrocken oder entsetzt, aber deine Familie liebt dich, und dein Vater und deine Brüder werden immer zu dir stehen. Und wenn Penny wirklich so eine gute Freundin ist, dann wird sie auch darüber hinwegkommen.«

»Das kann ich mir nicht vorstellen«, jammerte Nora kläglich. »Ich weiß nicht, ob ich es im umgekehrten Fall verzeihen könnte.«

»Vielleicht hast du einfach eine besonders schlechte

Meinung von dir selbst und nimmst die als Maßstab?« Ich war ein bisschen ratlos, was ich ihr noch Tröstendes sagen konnte.

»Damit könntest du recht haben«, gab sie jedoch prompt zu.

Mir kam ein Geistesblitz. »Lass es uns doch mal ganz nüchtern betrachten. Deine aktuelle Situation ist doch die, dass du dir hier in Tofino ein neues, sicheres Umfeld aufgebaut hast, mit Kelly, Matt, mir und meinen Kindern und den vielen anderen Menschen, die hier ohne dich nicht mehr sein wollen. Egal, was passiert, und egal, wie du dich entscheidest, wir bleiben dir erhalten. Mit deinem alten Leben in Victoria dagegen läuft es im Moment, nun ja, eher dürftig. Du hast kaum Kontakt zu deiner Familie und deinen Freunden. Das stell ich mir ziemlich ätzend vor.«

Nora hatte bei meinen Ausführungen die Stirn gerunzelt, hörte aber aufmerksam zu. »Das ist verdammt ätzend«, bestätigte sie.

»Denkst du, es könnte noch viel ätzender werden? Mehr als Funkstille kann es ja kaum geben. Es würde sich also selbst im ungünstigsten Fall nicht wirklich viel an deiner aktuellen Situation ändern. Viel schlimmer wird es sich für dich nicht anfühlen können. Auf der anderen Seite hättest du aber eine Menge zu gewinnen. Dann nämlich, wenn man dir Verständnis entgegenbringt – wovon ich ziemlich sicher ausgehe.«

»Hm«, brummte sie und klang nicht überzeugt.

»Aber selbst wenn nicht, selbst wenn alle Beteiligten, dein Vater, dein Bruder, deine Freundin und Dylan, blöd reagieren sollten, hast du wenigstens reinen Tisch gemacht. Dann ist dir die Last von der Seele genommen. Ich wette, dass du dich auf jeden Fall besser fühlen würdest. Außerdem hat Dylan tatsächlich ein Recht darauf, zu erfahren, dass er Vater wird. Das darfst du ihm nicht verwehren. Er hat übrigens nicht nur Rechte, sondern auch Pflichten und sollte Unterhalt für seine Tochter zahlen.«

»Ich will kein Geld von ihm – und ich will auch seine Zukunft nicht ruinieren«, entgegnete Nora leise.

»Aber es ist okay, wenn deine Zukunft von deinem Kind bestimmt wird?« Ich schüttelte den Kopf. »Ihr habt euch zwar nicht bewusst für dieses Kind entschieden, aber seid beide für seine Existenz verantwortlich. Du hast doch ohnehin schon die viel größere Last zu tragen – und glaub mir, es wird nicht nur Sonnenschein werden. Da darf sich der Vater nicht einfach so aus der Verantwortung stehlen.« In diesem Punkt war ich wirklich unnachgiebig.

»Vielleicht will er ja gar keinen Kontakt zu seiner Tochter haben?«, warf sie kläglich ein. »Oder vielleicht will ich nicht, dass er Kontakt zu ihr hat?«

»Das ist vollkommen unerheblich, was seine Verantwortung betrifft!« Ich seufzte, weil es mich natürlich prompt an meine eigene, sehr unerfreuliche Situation erinnerte. »Außerdem sagtest du doch, dass du ihn eigentlich magst. Was spräche dagegen, dass er Kontakt zu seinem Kind hat? Und womöglich will sich sogar deine beste Freundin engagieren? Im Idealfall hast du dann ein großes Netzwerk von Menschen, denen das Wohl deines Babys genauso am Herzen liegt wie dir.«

Sie sah mich mit großen Augen an, in denen schon wieder Tränen schimmerten. »So habe ich mir das aber nicht vorgestellt mit der eigenen Familie. Ich meine, ich bin mit meinen Eltern und Brüdern aufgewachsen – ganz traditionell. Das fand ich total schön, und so etwas habe ich mir immer gewünscht.«

»Das Mutter-Vater-Kind-Modell ist ja auch schön, aber machen wir uns nichts vor – in vielen Fällen funktioniert es nicht. Schau mich an. Ich hatte mir das auch anders vorgestellt. Oder dein Bruder Reed. Nach Emilys Tod war er gezwungen, sich ganz andere Familienstrukturen zu suchen, damit Grace gut und sicher aufwachsen kann. Also rede mit Dylan, rede mit deinem Vater, deinen Brüdern und deiner besten Freundin, und nimm sie in die Pflicht. Glaub mir, du kannst nur gewinnen.« Es tat mir ein bisschen leid, dass ich der jungen Frau so einen harten Realitätscheck verpassen musste, aber irgendjemand musste mal klar und deutlich aussprechen, was sie zweifellos selbst schon längst wusste, aber einfach nicht wahrhaben wollte.

»Das klingt ...«, sie suchte lang nach den richtigen Worten. »Verdammt abgeklärt und unromantisch.«

Ich musste lachen und dachte an die Zeit zurück, als ich mit Archie schwanger gewesen war. Damals war ich in genau so einer scheinbar heilen Familienkonstellation gewesen und hatte mich unbeschwert auf das Baby freuen können. Das hatte mich auch ein bisschen von dem Schock abgelenkt, als meine beste Freundin Emily so tragisch ums Leben gekommen war, und obwohl ich damals schon zehn Jahre älter gewesen war als Nora heute, hatte auch ich ziemlich rosarote Vorstellungen davon gehabt, wie es wohl werden würde. Das hatte sich sehr schnell geändert. »Mutter zu sein, ist eine wunderschöne Aufgabe, aber einer der härtesten Jobs der Welt. Also freu dich auf dein Baby, aber bereite dich auf ein großes, wildes Abenteuer vor.«

Sie sah mich ein ganzes Weilchen nachdenklich an

und strich sich dabei unbewusst über den Bauch. Dann trank sie ihren Tee und stand auf. »Wahrscheinlich habe ich diese Ansage wirklich gebraucht, aber jetzt muss ich erst mal in Ruhe über alles nachdenken. Danke.«

DOMINIC:

Ich fragte mich ernsthaft, warum ich so nervös war. Monatelang war Carol Shaffer der einzige Mensch gewesen, mit dem ich überhaupt gesprochen hatte. Die Termine in ihrer Praxis waren für mich oft der einzige Grund gewesen, das Haus zu verlassen. Doch diese ganz dunklen Zeiten lagen hinter mir – hoffentlich für immer – und ich wollte mich eigentlich voll auf die Zukunft konzentrieren. Aber ich ahnte, dass mich meine Therapeutin nicht so leicht von der Angel lassen würde, und gleich hatten wir unsere erste Videositzung.

Sie hatte mir einen Link geschickt, und nun wartete ich vor meinem Bildschirm darauf, dass sie sich ebenfalls in das Meeting einwählte und wir starten konnten. Pünktlich um achtzehn Uhr tauchte sie auf meinem Monitor auf und winkte mir fröhlich zu. »Hallo, Dominic, wie immer ein paar Minuten zu früh.«

»Höchstens zwei Minuten«, entgegnete ich und ärgerte mich, dass ich mich gleich schon wieder in Erklärungsnot wähnte. »Und ich sehe es immer noch nicht als Charakterfehler, pünktlich zu sein.«

»Das habe ich auch nie behauptet.« Sie grinste, verkniff sich aber glücklicherweise weitere Kommentare wie »Kein Charakterfehler, nur ein bisschen zwanghaft«. Das hatte ich mir nämlich schon einige Male von ihr anhören müssen. Was totaler Quatsch war. »Wie geht's meinem Lieblingskunden denn in der Wildnis?«, erkundigte sie sich stattdessen.

»Ich finde es verstörend, dass Sie immer von ›Kunden‹ sprechen, Carol«, brummte ich leicht verschnupft. Das war ja wieder mal ein selten dämlicher Einstieg. Ich hatte vorgehabt, ihr von all den positiven Entwicklungen der letzten Wochen zu erzählen, doch sie hatte das Talent, mich komplett aus der Fassung zu bringen. »Außerdem ist hier keine Wildnis«, fügte ich noch hinzu, getrieben von dem irrationalen Impuls, meine neue Heimat zu verteidigen.

»Was ist gegen das schöne Wort ›Kunde‹ einzuwenden?«, fragte sie, ohne auf den Einschub einzugehen. Auch diese Diskussion hatten wir schon etliche Male geführt. »Das ist eine Mindset-Frage. Wenn Sie sich als Patient bezeichnen, dann fühlen Sie sich auch krank. Als Kunde haben Sie eine ganz andere Erwartungshaltung. Da wollen Sie nicht gerettet werden, sondern eine Dienstleistung.«

»Da würde ich mich vor allem gerne als König fühlen«, murmelte ich, doch das prallte erwartungsgemäß an ihr ab.

»Sie wissen sehr gut, dass ich etwas unkonventionellere Ansätze habe als viele meiner Kollegen, aber der Erfolg gibt mir recht. Schauen Sie sich an. Vor einem Jahr waren Sie noch in der höllischen Vollkatastrophe gefangen, die Sie Leben nannten, und heute sehe ich im Hintergrund kitschig-schöne Sonnenuntergangsfotos vom Strand.«

Ich drehte mich um und musste grinsen. Diese Bilder hatte ich bisher nicht wirklich wahrgenommen, aber jetzt, wo Carol sie erwähnte, verstand ich, warum sie sie bemerkenswert fand. »Das ist nur ein Ferienhaus, keine Sorge.«

»Oh, ich bin nicht besorgt. Ganz im Gegenteil. Sonnenuntergänge schmeicheln Ihnen.« Sie zwinkerte mir auf eine Art zu, die ganz bestimmt nicht auf der Liste angemessener Verhaltensweisen für Therapeuten stand. Aber tatsächlich wirkte es, wie immer.

Ich entspannte mich und lehnte mich in meinem Sessel zurück. »Das hör ich gerne«, sagte ich. »Von denen gibt's hier nämlich ziemlich spektakuläre.«

»Beneidenswert. Und ein großer Fortschritt, dass Sie das überhaupt bemerken. Was hat sich denn in den letzten paar Wochen sonst noch so getan – außer dass Sie den bedauernswerten Matt nun sogar an seinem Fluchtort stalken.«

Stalken? Ich verschluckte mich an dem Schluck Tee, den ich eben hatte trinken wollen. Hatte meine Therapeutin gerade behauptet, ich würde Matt stalken? »Ich stalke niemanden!«, rief ich hustend.

»Wirklich nicht? Haben Sie mir bei unserer letzten Sitzung nicht mitgeteilt, dass Sie einen Privatdetektiv anheuern wollten, um herauszufinden, was mit Matt ist und wohin er sich zurückgezogen hat? Nachdem seine Eltern sich geweigert hatten, Ihnen Auskunft zu geben? Und ist es dann reiner Zufall gewesen, dass Sie so spontan den Wohnort gewechselt haben und nun ausgerechnet dort leben, wo Sie Ihrem Schützling nah sein können? Oder soll ich lieber ›Opfer‹ sagen? Ich finde, das hört sich nach lupenreinem Stalking an.«

»Und ich finde, dass sich das nach einer sehr ungesunden Kunden-Dienstleister-Beziehung anhört, die ich dringend überdenken sollte«, knurrte ich sie wütend an. Carol Shaffer wusste ganz genau, was mich mit Matt verband und dass ich es nicht einfach zulassen konnte, ihn aus den Augen zu verlieren. Dafür hatte ich dem Jungen viel zu viel angetan. Ich war ihm so viel mehr schuldig, als ich ihm jemals bieten konnte. Wie konnte sie mich da derart flapsig auf eine Ebene mit widerlichen Kriminellen stellen?

»Immer diese leeren Drohungen, Dominic, die bringen uns doch nicht weiter. Wir wissen beide, dass Sie mich nicht rauswerfen. Und Sie wissen, dass ich recht habe. Also, raus mit der Sprache, wie ist die Lage im malerischen Kanada?«

»Ich würde sagen, dass sie sehr gut ist. Ich habe mit Matt ein Unternehmen gegründet, das ihm eine solide berufliche Perspektive bietet und mir einen Ausweg aus meinem schwarzen Loch. Wir sind gleichberechtigte Partner, und er ist sehr engagiert dabei. Er ist definitiv kein Stalkingopfer.«

»Und Sie können wieder ruhiger schlafen, weil Sie ihn im Blick haben und notfalls eingreifen können, nicht wahr?«

»Ist das so verwerflich? Ich bin mir durchaus bewusst, dass ich nicht die ganze Welt retten kann ...« Ich zögerte kurz, denn bei dieser Formulierung fiel mir wieder die erste Begegnung mit Esther Johnson ein. »Aber zumindest kann ich im Fall von Matt Tomlinson etwas bewirken.«

»Sicher. Aber wir beide wissen, dass dies nicht Ihr eigentliches Problem ist«, fuhr sie wenig beeindruckt fort. Ich hatte Mühe, mir ein pubertäres Augenrollen zu verkneifen, denn ich ahnte, was gleich wieder kommen würde. »Haben Sie in letzter Zeit mit Ihrer Familie Kontakt gehabt? Mit Ihren Eltern oder Geschwistern?« Volltreffer!

»Ich habe letzte Woche meiner Schwester zum Geburtstag gratuliert.«

»Am Telefon?« Sie zog überrascht eine Braue hoch.

»Nein. Ich habe ihr Blumen geschickt, und sie hat sich per Mail bedankt.«

»Grandios.«

»War das jetzt Ironie?«, fragte ich sicherheitshalber nach.

»Aber nicht doch.«

»Jetzt war es definitiv Ironie!«

»Eher Sarkasmus.« Sie seufzte. »Dominic, Sie haben so tolle Fortschritte gemacht, und anscheinend ist es Ihnen sogar gelungen, eine Beziehung zu Matt aufzubauen, die zwar mutmaßlich nach wie vor seltsam ist, aber auch stabil. So eine Firmengründung ist ja eine durchaus langfristige Verpflichtung und Festlegung. Und mehr, als immer nur das Scheckbuch zu zücken.«

»Sie sollten langsam mal im einundzwanzigsten Jahrhundert ankommen. Schecks sind in meiner Lebenswirklichkeit schon längst out«, warf ich ein, um auch ein wenig Sarkasmus ins Spiel zu bringen.

Natürlich ignorierte sie diese Spitze. »Sie sind also eine verbindliche Beziehung eingegangen, was wir unbedingt auf der Plusseite verbuchen sollten. Aber auch diese Beziehung findet eher an der Oberfläche statt. Schuldgefühle mögen ein starker Motivator sein, aber eine gesunde Basis sind sie nicht.«

»Ich kann sie aber nicht so einfach abschalten!«, stöhnte ich genervt. Warum drehten wir uns immer im Kreis? Früher oder später kamen wir in so gut wie jeder Sitzung darauf zu sprechen. Natürlich wusste ich, dass Schuldgefühle kein guter Ratgeber waren. Aber was sollte ich dagegen tun? Ich wusste es auch nach fast zwei Jahren immer noch nicht. Langsam war ich überzeugt davon, dass ich für alle Zeiten so empfinden würde. Hatte ich vor ein paar Tagen ernsthaft gedacht, Carol würde mich für meine Fortschritte loben? Ich schnaubte beim Gedanken daran und wunderte mich gleichzeitig über meine offenbar grenzenlose Naivität.

»Es gibt eine Methode«, beharrte sie. »Wir haben darüber schon sehr oft geredet. Sie müssen verzeihen. Ihren Eltern, all den Menschen, die Sie zu dem gemacht haben, der Sie heute sind, Lehrern, Professoren, Arbeitgebern, Kollegen ... Sie müssen auch Matt verzeihen, aber ganz besonders müssen Sie sich endlich selbst verzeihen.« Sie sprach nun ganz sanft, aber eindringlich.

Ich hatte diese Worte schon oft aus ihrem Mund gehört, und auch diesmal verfehlten sie ihre Wirkung nicht. Verzeihen wäre schön – aber ich wusste einfach nicht, wie das gehen sollte. »Was sollte ich Matt verzeihen? Er hat nichts Falsches gemacht, nur ich. Wenn überhaupt, müsste er mir verzeihen.«

»Aber das hat er doch längst«, sagte sie mit einem feinen Lächeln und einem für ihre Verhältnisse ausgesprochen warmherzigen Blick. »Sie können es nur nicht akzeptieren.«

Das stimmte wohl. Matt hatte mir mehr als einmal versichert, dass er mir verziehen hatte und keinen Groll mehr gegen mich hegte. Doch wie sollte ich das jemals glauben können? Ich wäre nicht in der Lage dazu. Nein, ich *war* nicht in der Lage dazu.

»Da Sie ja so ein großer Macher sind und lieber ins Außen als ins Innen gehen, gebe ich Ihnen heute wieder Hausaufgaben«, unterbrach Carol mein nachdenkliches Schweigen in aufgeräumtem Tonfall. Diese Taktik hatte bei mir schon einmal ganz gut funktioniert, ganz am

Anfang, als das Loch noch besonders tief und schwarz gewesen war.

Ich sah sie erwartungsvoll an. Damals hatte sie mir Dinge aufgetragen, wie Obdachlosen Geld zu geben oder Orang-Utans im Zoo zu beobachten und dabei nach meinen eigenen Empfindungen zu forschen. Es war seltsam, aber ich hatte die Aufgaben ganz natürlich angenommen, so wie ich alle Jobs erledigte, die ich auf meiner Liste hatte. Ich hatte in der folgenden Therapiesitzung immer ausführlich von meinen Erlebnissen berichten müssen, und auch wenn es mir merkwürdig vorgekommen war, inzwischen glaubte ich, dass ich einiges dabei gelernt hatte. Speziell von den Affen ... Doch irgendetwas an ihrem Blick sagte mir, dass sie mich diesmal nicht so einfach davonkommen lassen würde – auch weil es hier in Tofino weder Obdachlose noch Orang-Utans gab.

»Sie bekommen zwei Aufgaben von mir«, fuhr sie fort, und in ihren Augen glitzerte es. »Erstens möchte ich, dass Sie bis zum nächsten Mal mit einem Familienmitglied ein ernsthaftes Gespräch am Telefon oder via Videochat führen und dabei über Gefühle sprechen. Über Ihre Gefühle und über die Ihres Gesprächspartners.« Sie interpretierte meinen zweifellos panischen Gesichtsausdruck richtig, denn sie schränkte gleich darauf ein: »Alternativ können Sie auch mit einem Menschen aus Ihrer neuen Umgebung ein derartiges Gespräch führen. Allerdings darf dieser Jemand nicht Matt sein!«

Spontan fiel mir Esther ein. Und unser Gespräch neulich Nacht am Strand. »So ein Gespräch habe ich schon geführt«, verkündete ich triumphierend.

»Ach ja?« Nun klang sie ernsthaft interessiert und vielleicht sogar eine Spur beeindruckt.

»Ja, mit einer Frau hier aus dem Ort. Genau genommen ist sie seit heute auch die Vermieterin unserer Büroräume, aber vor allem betreibt sie ein Walbeobachtungsunternehmen. Jedenfalls haben wir uns am Samstagabend über das schwierige Verhältnis zu unseren Eltern unterhalten«, berichtete ich stolz – und es war ja auch die Wahrheit. Dass ich die Sache mit den Geistern und den außerirdischen Walen unerwähnt ließ, genau wie die Tatsache, dass es eigentlich nur ein Austausch zweier körperloser Stimmen gewesen war, änderte daran nichts.

»Sie überraschen mich, Dominic«, sagte sie, und nun war die Bewunderung in ihrer Stimme nicht zu überhören. »Erzählen Sie mir mehr von dieser Frau. Wie lange kennen Sie sich schon? Was verbindet Sie miteinander?«

»Ähm ...«, begann ich. »*Kennen* im engeren Sinn ist vielleicht etwas übertrieben. Ich war letzten Montag bei einer ihrer Waltouren und habe mich mit ihr unterhalten. Und dann haben wir uns eben am Samstagabend getroffen ...«

»Und über Elternprobleme gesprochen?« Okay, sie glaubte mir kein Wort mehr, dabei war es doch genau so gewesen.

»Ich weiß, es hört sich unglaubwürdig an, aber es war so. Wir haben auch über Außerirdische und Geister geredet«, fügte ich noch hinzu.

»Das klingt schon wieder mehr nach Ihnen ...«

»Esther ist eine faszinierende Frau«, plapperte ich los, ehe ich mich zügeln konnte. »Und sie hat zwei gehörlose Kinder.«

»Lassen Sie mich raten – ein weiteres Rettungsprojekt für Sie?« Carol hob eine Braue. »Oder doch romantisches Interesse? Vielleicht sogar der geheime Wunsch nach einer eigenen Familie?«

»Für eine Psychotherapeutin sind Sie mir eindeutig zu sensationslüstern«, brummte ich. »Und weder noch. Erstens kann nicht mal ich angeborene Gehörlosigkeit einfach so heilen, und zweitens hat Familie in meinem Leben erwiesenermaßen keinen Stellenwert. Außerdem ...«

»Okay, andere Hausaufgabe«, unterbrach Carol mein Gestammel. »Lernen Sie diese Esther besser kennen und finden Sie heraus, was aktuell in ihr vorgeht. Und zwar in ihren eigenen Worten – nicht das, was in diesem Kaff zweifellos an jeder Ecke über sie zu erfahren wäre. Auch Ihr Privatschnüffler hat nichts zu melden!«, beharrte sie – weil sie mich blöderweise schon viel zu gut kannte. »Die zweite Aufgabe ist, dass Sie sich selbst etwas Gutes tun. Irgendwas, das Ihnen einfach nur Freude bereitet. Und dass Sie dieses Irgendwas ohne Reue genießen.« Sie grinste verschmitzt. »Extrapunkte gibt es, wenn dieses Irgendwas auch die faszinierende Esther involviert. Vielleicht sogar Küsse ...«

»Ich glaube langsam wirklich, dass Sie Ihr Diplom und Ihren Doktortitel bei einem Klatschmagazin erworben haben und nicht an einer seriösen Universität.« Ich schüttelte den Kopf, konnte jedoch nicht verhindern, dass mir mein Unterbewusstsein Bilder von meerblauen Augen, einer sommersprossigen Nase und einem breiten, gerne lächelnden Mund, der bestimmt fantastisch küsste, ins Gehirn projizierte.

»Das hätte Ihnen Ihr Informant zweifellos längst gesteckt«, entgegnete sie lachend. »Frohe Ostern, Dominic, und viel Vergnügen bei den Hausaufgaben.« Damit verschwand sie vom Monitor und ließ mich reichlich nachdenklich zurück.

KLEINE SIEGE IN VICTORIA

VICTORIA, VANCOUVER ISLAND, 6. APRIL – ESTHER:

HEUTE VOR EINER WOCHE WAR ICH MIR SICHER gewesen, dass ich so schnell nicht wieder nach Victoria kommen würde. Ich hatte die regelmäßigen Dienstagstermine bei unserer Logopädin schweren Herzens abgesagt und war auch sonst ziemlich deprimiert gewesen. Doch dann hatte mir erst die Kinderärztin den Kopf gewaschen, und nur einen Tag später hatte sich eine neue Geldquelle aufgetan. Mein Anteil an den Mieteinnahmen deckte die Kosten für die Sprachtherapie meiner Kinder locker. Abgesehen davon hatte sich mein Anwalt eingeschaltet und wollte sich Jeremy vorknöpfen. Er glaubte nämlich genauso wenig wie ich daran, dass mein Ex pleite war.

Jedenfalls waren Archie, Ada und ich gerade im Landeanflug auf die Hauptstadt – und wir waren nicht allein. Mit uns im Flugzeug saßen eine wahnsinnig nervöse Nora, die endlich reinen Tisch mit ihren Lieben machen wollte, Matt, der sie als moralische Unterstützung begleitete, und Dominic Gordon, der angeblich dringende Geschäfte zu erledigen hatte. Und auch Carly hatte diesmal mitgedurft, weil die Logopädin beobachten wollte, wie meine Kinder und der Hund miteinander umgingen.

Gerade fand die Interaktion aber eher zwischen Carly und Dominic statt, die seit der merkwürdigen Nebelnacht offenbar ein inniges Verhältnis zueinander entwickelt hatten. Dominic saß, sichtlich nervös, neben mir auf dem Co-Piloten-Sitz, und Carly hatte ihren mächtigen Lockenkopf auf seine Knie gelegt und sabberte seine Jeans nass. Er stieß erleichtert die Luft aus, als wir sicher gelandet waren und zum Anleger navigierten.

»So schlimm?«, erkundigte ich mich. Es war ein absolut ruhiger Flug ohne die geringsten Probleme gewesen, aber Dominic hatte keine Erfahrung mit Wasserflugzeugen.

»Nein, nicht schlimm. Nur ungewohnt«, entgegnete er jedoch mit einem tapferen Lächeln. »Und dass wir von einem unnatürlichen Element in das andere gewechselt sind, macht es nicht besser.«

»Unnatürliche Elemente?« Ich kam nicht ganz mit, doch von hinten hörte ich ein amüsiertes Prusten.

»Luft und Wasser«, erläuterte Matt. »Unser geschätzter Mr Gordon fühlt sich nur auf dem Boden der Tatsachen wohl, sprich: der Erde. Er wird bestimmt auch sehr ungehalten, wenn es um offenes Feuer geht.«

»Keine kuscheligen Kaminabende also?«, fragte ich augenzwinkernd und stellte den Motor ab.

Dominic zog es vor, nicht darauf zu antworten, und beeilte sich stattdessen, aus dem Flieger zu steigen.

Gemeinsam verließen wir das Hafenareal, dann trennten sich unsere Wege.

»Du schaffst das«, raunte ich Nora ins Ohr, als ich sie kurz in die Arme nahm. »Ganz bestimmt. Und wenn alle Stricke reißen, hast du Matt an deiner Seite. Außerdem kannst du mich jederzeit anrufen, dann komme ich auch zur Verstärkung.«

Sie schluckte heftig und nickte zur Bestätigung.

»Wenn wir vorher nichts voneinander hören, treffen wir uns in fünf Stunden wieder hier, ja?«, fragte ich in die Runde.

»Alles klar«, sagte Matt, legte Nora einen Arm um die Schultern und ging mit ihr in Richtung ihres Elternhauses, das ungefähr einen Kilometer vom Hafen entfernt lag.

Es war ein herrlicher Frühlingstag, und in den zahllosen Blumentrögen, die hier überall herumstanden, blühte es verschwenderisch und in allen Farben. Außerdem war alles noch österlich dekoriert, und so saßen zum Entzücken von Ada und Archie in einigen auch Hasen- und Kükenfiguren zwischen den Blumen. Doch ich hatte in diesem Moment nur Augen für Dominic, der Matt und Nora mit einem merkwürdigen Blick nachsah. Was hatte dieser Mann nur mit Matt?

»Seid ihr eigentlich miteinander verwandt?«, fragte ich ihn neugierig.

»Was?« Er fuhr herum und wirkte eigenartig ertappt.

»Na, du und Matt. Irgendeine Art Beziehung gibt es zwischen euch, das ist offensichtlich. Ist er vielleicht dein Neffe oder Patenkind?«

Er lachte bitter auf und schüttelte dann den Kopf. »Nein. Wir sind Geschäftspartner. Das ist alles.«

Ich musterte ihn eindringlich und konnte regelrecht

dabei zuschauen, wie er sich tief in sein Schneckenhaus zurückzog. Außerdem glaubte ich ihm kein Wort. Dominic Gordon war ein sehr eigenartiger Mann. Auf den ersten Blick wirkte er selbstsicher, sogar charmant – was bestimmt an seinem guten Aussehen lag. Sein kantiges Kinn, die markante, gerade Nase und die Lippen, die wirkten, als wäre ein ironisches Lächeln nie weit weg, gaben ihm den Look eines Hollywood-Actionhelden. Seine Frisur jedoch verdiente diese Bezeichnung kaum. Seine mittelbraunen, widerspenstigen Haare waren zu lang für einen Kurzhaarschnitt und zu kurz für eine Hipsterfrisur. Sie standen meist wirr ab und signalisierten deutlich, dass ihm Äußerlichkeiten weitgehend egal waren. Das galt auch für seine Kleidung, die sichtbar teuer und gut geschnitten war, die er aber völlig unmotiviert kombinierte. Und dass sein Pullover ein ziemlich großes Loch am Ärmel hatte, schien ihn auch nicht zu stören. Sehr verwirrende Signale, die er aussendete.

Aber vor allem irritierte mich seine plötzliche Verschlossenheit. War meine Frage nach Matt tatsächlich so indiskret gewesen? Was steckte wirklich dahinter? Ich dachte wieder an unsere nächtliche Begegnung am Strand zurück. Da hatten wir so einfach miteinander sprechen können. Ich hatte meine Gedanken über meine Mutter mit ihm geteilt, etwas, das ich sonst mit niemandem tat – nicht mal mit mir selbst. Und er hatte über seine Eltern gesprochen, mit denen offensichtlich einiges im Argen lag. War es ihm peinlich, was er mir da offenbart hatte? Auch das könnte ich verstehen, denn mir ging es selbst so. Vielmehr war es mir so gegangen, denn inzwischen war dieses Gefühl völlig verschwunden.

Aus irgendeinem irrationalen Grund vertraute ich ihm nämlich. Seine warmen, dunklen Augen strahlten eine Verletzlichkeit aus, die nicht so recht zu seinem sonstigen Auftreten passte. Als er eben Matt hinterhergeschaut hatte, waren eindeutig Schmerz und Stolz in ihnen zu sehen gewesen. Doch warum nur?

»Na ja, es geht mich ja nichts an«, sagte ich leichthin, um den seltsamen Moment wieder aufzulösen. »Und außerdem könnte ich auch Matt selbst fragen. Oder Nora.« Ich grinste ihn herausfordernd an. »Die beiden sind ja nicht so verschlossen.«

Seine Lippen waren bei meinen letzten Worten ganz schmal geworden. Aber nur für einen Moment, danach hatte er sich wieder im Griff. »Es ist ja kein Geheimnis, nur keine besonders schöne Geschichte. Und ich bin eigentlich davon ausgegangen, dass du schon Bescheid weißt.«

»Nein. Wirklich nicht. Ich mische mich nicht ins Leben meiner Mitmenschen ein. Entweder erzählt man mir etwas oder eben nicht. Ich gebe zu, dass ich neugierig bin, denn irgendwas ist zwischen dir und Matt, aber wenn du nicht darüber reden willst, ist das okay für mich. Es war nur eine unschuldige Frage, wie man sie halt so stellt, wenn man einen neuen Menschen kennenlernt.« Ich zuckte mit den Schultern und fragte mich, was mich dazu bewog, eine so ausführliche Erklärung für mein völlig normales Verhalten abzugeben.

»Ich bin vermutlich nicht besonders gut, was normales menschliches Verhalten betrifft«, gab er mit einem schiefen Lächeln zu. »Es ist dir vielleicht noch nicht aufgefallen, aber ich bin ein ziemlicher Nerd.«

Nun musste ich laut auflachen. »Die Sache mit den außerirdischen Buckelwalen und dein extravaganter Kleidungsstil haben schon einen milden Verdacht in mir aufkeimen lassen«, sagte ich. »Aber die Tatsache, dass du dich selbst als Nerd bezeichnest, spricht eigentlich schon wieder dagegen.« Aus den Augenwinkeln nahm ich wahr, wie Ada und Archie in Richtung Straße liefen, weil auf der anderen Seite weitere bunte Blumentöpfe standen, die sie näher inspizieren wollten. Ich stieß einen scharfen Pfiff aus und signalisierte Carly, die als Einzige darauf reagierte, die Kinder wieder einzufangen. Die Hündin stupste die beiden an, die sich prompt umdrehten und zu mir sahen. Ich bedeutete ihnen, dass sie stehen bleiben und zu mir zurückkommen sollten.

»Wo waren wir? Beim Nerd-Thema«, wollte ich den Gesprächsfaden wieder aufnehmen, doch Dominic blickte fasziniert zu meinen Kindern. Fast schien es, als würde er sie jetzt zum ersten Mal wirklich bemerken.

»Erstaunlich«, murmelte er.

»Was?«

»Na, dass du dem Hund Bescheid gegeben hast und er die Kinder informiert hat. Habt ihr das lange geübt?«

Ich schüttelte den Kopf. »Nein, das hat sich einfach so ergeben. Carly hat sich instinktiv zum Extra-Ohr meiner Kinder entwickelt, und die zwei wissen, dass irgendwas los ist, wenn sie von ihr angestupst werden. Ich bin froh, dass sie das noch nicht ignorieren.« Mein Trio kam angewackelt und schaute mich erwartungsvoll an. Ich gab Carly ein Leckerli zur Belohnung und hockte mich dann vor die Kinder, damit wir auf Augenhöhe waren. »Nicht einfach über die Straße laufen«, sagte ich klar und deutlich und signalisierte es auch entsprechend.

Archie blähte die Backen auf, warf mir einen leicht anklagenden Blick zu und deutete dann auf Dominic, während Ada einwandte: »Aber da ist der Osterhase, Mommy!«

»Ich weiß, mein Schatz, und wir schauen ihn uns

gleich zusammen an.« Ich wuschelte ihr durch die dunklen Locken und drückte ihr einen Kuss auf die Wange. Ich war so stolz auf meine Kleine, weil sie so gut sprach. Was jedoch Archie betraf …

»Du bist sauer, weil deine Mom mit mir geredet hat und nicht mit euch über die Straße gegangen ist, stimmt's?«, fragte Dominic meinen Sohn. Er hatte sich zu meiner Überraschung ebenfalls gebückt, ihm direkt ins Gesicht geschaut und seine Worte sehr deutlich artikuliert.

Archie nickte.

»Verstehe. Tut mir leid, Buddy«, fuhr Dominic fort. »Sollen wir vielleicht gemeinsam zum Osterhasen gehen?«

»Ja!«, quietschte Ada vergnügt, die das Gespräch genau verfolgt hatte. Archie nickte wieder, lächelte breit und nahm Dominic bei der Hand.

Ich war so verblüfft, dass ich gar nichts sagen konnte. Dominic hatte zweifellos mitbekommen, dass meine Kinder gehörlos waren. Das war ja kein Geheimnis und fiel durchaus auf, aber ich hatte es nie thematisiert. Ada ergriff nun ungeduldig meine Hand, und zusammen überquerten wir die Straße, um das österliche Blumenarrangement auf der anderen Seite zu bewundern.

»Ich habe mich ein bisschen in die Materie eingelesen«, erklärte Dominic leise und mit einem beinahe entschuldigenden Lächeln.

»Toll«, murmelte ich schwach und fühlte, wie mir warm ums Herz wurde. Die meisten Leute, mit denen wir häufiger zu tun hatten, gewöhnten sich irgendwann an, wie sie am besten mit meinen Kindern kommunizieren konnten, doch ein Fremder, der die beiden heute zum ersten Mal richtig erlebte? Das war ausgesprochen aufmerksam und vorausschauend.

Wir bewunderten ausführlich das dargebotene kitschige Hasenabenteuer, aber dann wurde es langsam Zeit, in Richtung Logopädie-Praxis aufzubrechen.

»Was sind deine Pläne?«, erkundigte ich mich bei Dominic, der gestern nur gesagt hatte, dass er ein paar Besorgungen erledigen wollte.

»Ich wollte einige Computerteile kaufen, die bei der Lieferung fehlten, und mir dann ein paar nette Stunden machen«, entgegnete er.

»Wir gehen nach der Therapie ins ›Pendray Tea House‹. Das ist das Restaurant gleich hier an der Ecke.« Ich deutete auf das schöne Haus. »Da waren wir letzte Woche zum Afternoon Tea, und die beiden waren so begeistert davon, dass wir uns das heute wieder gönnen.«

»Zum Afternoon Tea?«, fragte er irritiert und schaute auf die Uhr. »Wie lange dauert denn die Behandlung? Außerdem wollten wir doch um fünfzehn Uhr wieder zurückfliegen.«

»Streng genommen ist es ein Mittagessen«, entgegnete ich lachend. »Aber im Pendray sehen sie das nicht so eng. Da bekommen wir auch um halb eins schon das volle Programm.«

»Ein Sakrileg ...«, brummte er leise vor sich hin, und mir fiel wieder ein, dass er ja ein waschechter Schotte war.

»Wir in der Neuen Welt sind halt nicht ganz so zivilisiert wie ihr in der Alten. Ich persönlich kann auch sehr gut zum Abendessen Pancakes essen und zum Frühstück Nudelsuppe, insofern sind Teegebäck und Fingersandwiches zum Mittagessen kein Problem für mich.«

Er bedachte mich mit einem Blick, als sei ich ein ganz besonders seltsamer Vogel im Käfig, doch dann grinste er. »Warum nicht? Das klingt nach Spaß und so, als könnte es mir Freude bereiten.«

»Ich werte das jetzt mal als ein Ja«, sagte ich, auch wenn ich seine etwas gestelzte Formulierung merkwürdig fand. Wahrscheinlich war er tatsächlich ein lupenreiner Nerd. Doch schien er sich in der Gegenwart meiner Kinder nicht unwohl zu fühlen, wie es manchen Menschen ging, die noch nicht wussten, wie sie sich verhalten sollten, und allein das war ein riesengroßer Pluspunkt.

»So war's auch gemeint«, bestätigte er. »Um halb eins vor dem Restaurant?« Ich nickte und beobachtete fasziniert, wie er sich auch von meinen Mäusen verabschiedete. »Ich muss jetzt einkaufen gehen«, erklärte er ihnen. »Aber zum Mittagessen sehen wir uns wieder. Habt viel Spaß mit eurer Mom und bei eurer Stunde.«

Archie machte ganz lässig das Okay-Symbol, doch Ada war voll auf das Triggerwort angesprungen. »Einkaufen? Bringst du uns was mit?«

Er lachte und blickte mich fragend an.

»Sorry, das ist zurzeit das Neueste. Sie hat eine Zeit lang immer einen wahnsinnigen Aufstand gemacht, wenn ich zum Einkaufen wollte, so dass ich ...«

»So dass du sie bestochen hast«, vervollständigte er meinen Satz und zwinkerte mir zu. An Ada gewandt sagte er: »Mal schauen, was sich da machen lässt. Bis später.« Dann winkte er uns noch kurz zu und ging mit federnden Schritten die Straße entlang, so als hätte er mit einem Mal wahnsinnig gute Laune.

DOMINIC:

Auch wenn mir vor dem Rückflug nachher schon wieder etwas graute, war dieser Tag doch eindeutig der beste seit sehr langer Zeit – und sollte wohl auch in den Augen meiner strengen Therapeutin als »tun, was mir Freude bereitete« Bestand haben. Selbst wenn ich Esther nicht küsste. Was ziemlich wahrscheinlich war – wenn auch etwas schade. Ich konnte nicht einmal vor mir selbst verhehlen, dass ich sie immer reizvoller fand. Eine wahnsinnig attraktive Frau war sie zweifellos, aber auch sehr komplex und unglaublich warmherzig. Es war ausgesprochen schön, zu beobachten, wie sie mit ihren Kindern umging.

Vermutlich ganz normal, aber ich hatte als einzigen echten Referenzrahmen nur meine eigenen Kindheitserlebnisse vorzuweisen, und meine Eltern waren nie so ungezwungen und liebevoll mit mir und meinen Geschwistern gewesen. Und es faszinierte mich, wie zutraulich die Kinder mir gegenüber waren. Das schien mir außergewöhnlich zu sein, obwohl ich auch das nicht wirklich beurteilen konnte, denn seit meiner eigenen Kindheit hatte ich nie wieder engen Kontakt zu den Jungtieren unserer Spezies gehabt.

Natürlich hatte ich ihnen auch etwas mitgebracht. Meine Hardware-Besorgungen hatte ich in Windeseile erledigt und war dann in einen Spielwarenladen gegangen, weil ich keine Ahnung hatte, worüber sich kleine Kinder freuen könnten. Die Verkäuferin war auch nicht sonderlich hilfreich gewesen, dabei hatte ich sie mit reichlich informativen Parametern versorgt, angefangen bei der Körpergröße, über Geschlecht, Hautfarbe und mutmaßliches Alter bis hin zu ihrer Gehörlosigkeit. Jede unterdurchschnittliche KI hätte daraus einen sinnvollen Vorschlag extrapolieren können, doch die angebliche Fachfrau war überfordert gewesen. Schließlich hatte ich mich für zwei kleine Plüschhasen und eine Tüte Schokoladeneier entschieden, weil sie ja vorhin von der Osterdeko so begeistert gewesen waren.

Als ich den Laden mit meiner Beute verlassen hatte, waren mir Zweifel gekommen: Würde sich der Hund, der ja so deutlich zur Familie gehörte und irgendwie wie ein drittes Kind war, nicht am Ende zurückgesetzt fühlen, wenn er nichts bekäme? Vielleicht wäre Carly dann enttäuscht von mir und in Zukunft nicht mehr so freundlich? Das konnte ich nicht riskieren – auch weil ich mir ihren moralischen Beistand für den Rückflug sichern wollte –, und so war ich zurückgegangen und hatte noch einen dritten Hasen gekauft. Diesmal hatte ich es nicht einmal bis zur Ladentür geschafft – ich konnte doch unmöglich mit Geschenken für die Kinder und den Hund ankommen und nichts für Esther haben, die mich netterweise einfach so hatte mitfliegen lassen. Ohne dafür Geld oder sonst etwas zu verlangen. Ein vierter Hase wanderte also über das Kassenband – gleich darauf gefolgt von zwei weiteren, denn wie würden Nora und Matt reagieren? Schwangere Frauen benahmen sich häufig irrational, hatte ich gehört, und die junge Dame schien mir ohnehin nicht besonders stabil zu sein.

Prompt war sie die Einzige gewesen, die beim Anblick des Plüschtiers in Tränen ausgebrochen war. Während wir noch im Teehaus beim »Mittagstee« gesessen hatten, hatte Nora bei Esther angerufen. Augenscheinlich war die ominöse Aussprache gut gelaufen, und sie hatte Esther und die Kinder in ihr Zuhause eingeladen, damit man gemeinsam Kaffee oder Tee trinken konnte, ehe es wieder zurück nach Tofino ging. Ich hatte auch mitkommen dürfen und hatte die Gelegenheit genutzt, ihr und Matt, der ebenfalls ziemlich erleichtert wirkte, gleich zur Begrüßung die weichen Stoffhäschen zu überreichen.

Nora hatte mich überrascht angestarrt, war mir dann um den Hals gefallen und hatte zu schluchzen begonnen – eine emotionale Gemengelage, die mich gelinde gesagt überforderte. Doch glücklicherweise hatte dann Matt übernommen und seine aufgelöste Freundin getröstet.

Inzwischen saßen wir im gemütlichen Wohnzimmer von Familie Archer und unterhielten uns mit Noras Vater Wolf und dessen Lebensgefährtin Joanne. Letztere konnte kaum den Blick von Ada und Archie losreißen, die mit Carly auf dem Boden herumlagen und mit ihren Hasen spielten.

»Die beiden sind von Geburt an gehörlos?«, fragte sie Esther.

»Ja, es ist ein Gendefekt, den sie von ihrem Vater geerbt haben«, entgegnete sie, und ich spitzte die Ohren. Zum ersten Mal war etwas vom Vater der Kinder zu hören. Von Matt wusste ich inzwischen, dass Esther geschieden war, aber was mit dem Ex war und wo er lebte, hatte ich noch nicht herausgefunden.

»Ist er auch gehörlos?«, erkundigte sich Joanne, und ich dankte ihr stumm dafür, dass sie genau die Fragen stellte, die mich auch umtrieben, seit ich vor ein paar Tagen ausgedehnt zum Thema recherchiert hatte.

»Nein, er hört, aber seine Eltern sind beide von Geburt an gehörlos«, antwortete Esther.

»Das ist aber sehr ungewöhnlich, dass es dann beide Kinder betrifft, denn es muss eine rezessive Vererbung sein.« Joanne sah mit leichtem Kopfschütteln wieder zu den Kindern.

»Laut den Ärzten ein doppelter Lottojackpot«, erwiderte Esther mit einem Seufzer, und ich meinte, etwas Bitterkeit in ihrer Stimme zu hören. »Aber warum kennst du dich so gut aus?«

»Ich bin Sonderpädagogin und habe früher jahrelang mit gehörlosen Kindern und Jugendlichen gearbeitet«, erklärte Joanne. »Da bleibt ein bisschen was hängen.« Sie lächelte, offenbar in Gedanken an diese Zeit. »Beide tragen Cochlea-Implantate, nehme ich an«, fuhr sie fort.

»Ja, aber die sieht man dank der wilden Mähnen so gut wie nicht«, bestätigte Esther.

»Entschuldige, wenn ich dich so löchere«, sagte Joanne. »Das geht mich ja alles nichts an. Es ist nur so, dass ich wirklich schöne Erinnerungen habe.« Sie lächelte leicht verlegen, doch mir wuchs sie bei diesen Worten spontan gleich mehr ans Herz – und Esther schien es ähnlich zu gehen.

»Gar nicht schlimm. Ganz im Gegenteil, ich treffe nicht oft Menschen, die so an diesem Thema interessiert sind.«

Ich räusperte mich vernehmlich und konnte meinen Impuls, mich einzumischen, nicht länger unterdrücken. »Beherrschen Sie denn auch die Gebärdensprache, Ms Carson?«, fragte ich.

»Joanne!«, korrigierte sie mich. »Das hatten wir doch gleich zur Begrüßung geklärt. Aber ja, ich war ziemlich gut darin, und vermutlich kann ich es immer noch.«

Esthers Augen begannen bei diesen Worten zu leuchten. »Ehrlich? Ich suche seit Jahren händeringend jemanden, der uns dabei helfen könnte. Überall ist zu lesen, dass gehörlose Kinder unbedingt zweisprachig aufwachsen sollen, also mit der verbalen Sprache und den Gebärden. Auch dann, wenn sie die Implantate tragen. Aber es ist verdammt schwer, jemanden zu finden, der es wirklich gut vermitteln kann. Hast du einen Tipp für mich?«

»Ich könnte euch vielleicht helfen«, entgegnete Joanne lächelnd. »Ich hab zwar nie selbst als Lehrerin für Gebärdensprache gearbeitet, war aber bei einigen Trainings dabei, wenn Kollegen in die Familien gegangen sind und den betroffenen Kindern und ihren Angehörigen die Gebärdensprache beigebracht haben. Es ist tatsächlich wichtig, dass alle in der Familie es gründlich lernen, denn sonst schleichen sich leicht ...«

»Seltsame Eigenheiten ein, die nur in der Familie funktionieren, aber nicht mit anderen Menschen«, vervollständigte Esther den Satz. »Das ist genau mein Dilemma. Als Archie gerade frisch seine Implantate bekommen hatte, habe ich ein zweiwöchiges Intensivtraining durchlaufen, aber seitdem nichts mehr. Also nichts Professionelles. Vermutlich habe ich das meiste schon längst wieder vergessen. Archie war noch so klein, und dann kam Ada und ...« Sie winkte ab und schüttelte den Kopf. Schade, denn ich hatte das Gefühl, dass sie ziemlich interessante Informationen verschwieg. »Ich hab mir Online-Kurse angeschaut, so dass ich wenigstens die Basics draufhabe, aber bestimmt habe ich den Kindern einen ganzen Haufen Unsinn beigebracht. Mal abgesehen davon, dass wir längst unsere ganz eigenen Routinen entwickelt haben und oft genug über Carly kommunizieren.«

Joanne legte Esther beschwichtigend eine Hand auf den Arm. »Das ist vollkommen normal und auch nicht schlimm. Jede Familie hat ihren eigenen Code, auch wenn alle Mitglieder hören und sprechen können.« Sie warf Wolf einen vielsagenden Blick zu und lächelte. »Ich helfe wirklich gerne. Das wäre eine Aufgabe, wie ich sie mir lange gewünscht habe.«

»Wow. Das ist ... ich meine ... das wäre ein Traum«, stammelte Esther. »Aber wie soll das praktisch funktionieren auf die Distanz?«

»Wenn ich es richtig verstanden habe, seid ihr einmal pro Woche in Victoria«, begann Joanne.

»Ja, schon, aber zur Logopädie. Das ist anstrengend genug für die Kleinen. Ich glaube kaum, dass sie danach noch ernsthaft aufnahmefähig für weiteren Input sind.« Esther seufzte und sah wieder zu ihren Kindern.

»Da ist was dran«, gab Joanne zu. »Könntet ihr noch an einem weiteren Tag kommen?«

Esther schüttelte den Kopf. »Ausgeschlossen. Selbst dieser eine Tag ist während der Saison schon kühn.«

»Wolf und ich könnten doch mal ein paar Tage Urlaub in Tofino machen. Vielleicht direkt nächstes Wochenende? Es sind ja noch Osterferien. Und dann später im Sommer vielleicht auch ein bisschen länger. Da könnten wir schon mal eine Menge erreichen.«

»Wie wäre es mit Videokonferenzen?«, mischte ich mich ein und wurde von zwei Seiten mit skeptischen Frauenblicken beäugt.

»Ich weiß nicht, ob das wirklich gut funktionieren würde«, entgegnete Joanne gedehnt, und Esther sprang ihr direkt bei.

»Die zwei sind zwar von Bildschirmen total fasziniert, aber selbst bei ihren Lieblingssendungen reicht die Konzentration nie für mehr als ein paar Minuten, und sie lassen sich sofort von anderen Dingen ablenken.«

»Und wenn es keine Bildschirme wären, sondern VR-

Brillen?«, sagte ich – eher zu mir selbst als zu den Frauen. In meinem Kopf begann es zu arbeiten.

»VR-Brillen?«, fragte Joanne und schien vollkommen ahnungslos zu sein.

»VR steht für virtuelle Realität«, erklärte ich ihr. »Das sind Geräte, die fast wie Skibrillen aussehen, aber statt Gläsern einen besonderen Mini-Monitor haben, auf dem man ziemlich realistische dreidimensionale Filme und Projektionen einspielen kann. Es fühlt sich dann an, als sei man direkt mitten im Geschehen. Das schließt Ablenkung von außen schon mal aus. Und wenn man keine Aufzeichnung hat, sondern einen Livestream, dann könnte das auch interaktiv funktionieren. Ist vielleicht nicht ganz ideal, aber zumindest eine Option für zwischendurch.«

Die beiden starrten mich verblüfft an, doch nun kam mir Matt zu Hilfe, der mit Nora gerade wieder den Raum betreten und die letzten Sätze offensichtlich mitgehört hatte.

»Ich könnte mir gut vorstellen, dass man das machen kann. Die größte Schwierigkeit dabei dürfte sein, passende VR-Brillen für Kinder zu kriegen. Alles andere ließe sich sicher ziemlich einfach arrangieren. Also, vergleichsweise einfach. Schon kompliziert, aber machbar.« Er strahlte, als hätte ihm der Weihnachtsmann ein besonders schönes Geschenk gebracht. So gesehen hätte ich mir den Plüschhasen für ihn wirklich sparen können.

»Ich bin offen für alles«, lenkte Joanne lächelnd ein und sah dann Esther an. »Aber die Tofino-Trips würde ich trotzdem gerne machen. Vielleicht können wir das auch mit einem Besuch bei Reed, Grace und Kiona in Port McNeill verbinden?«, fragte sie Wolf, der zustimmend nickte.

»Ich weiß nicht, was ich sagen soll. Das wäre wirklich ... großartig!« Esther schien nicht fassen zu können, was für Möglichkeiten sich ihr da gerade boten, doch dann begann sie ähnlich zu strahlen wie Matt. »Das wäre sogar mehr als großartig. Damit könnte ich eine der größten Sorgen endlich beheben.«

»Dann haben wir einen Deal. Wolf und ich suchen uns ein Quartier in Tofino und kommen Ende der Woche zu euch, und die beiden jungen Männer klären den ganzen technischen Kram für die Sessions zwischendurch.«

»Wahnsinn«, sagte Esther leise, und ich bekam Angst, dass auch ihr gleich Tränen über die Wangen laufen würden, wie es bei Nora gerade schon wieder passierte, die bis auf die Knochen gerührt dastand und sich an Matt klammerte.

Matt räusperte sich. »Dominic, könnte ich dich vielleicht mal einen Moment unter vier Augen sprechen?«

»Klar, warum nicht?« Ich erhob mich und bemerkte, dass Matt Nora mit einem vielsagenden Blick in Richtung Esther schickte. Das versprach ja spannend zu werden.

»Was gibt's?«, erkundigte ich mich, als ich wenige Augenblicke später allein mit Matt in der großen Küche stand.

»Wäre es okay, wenn ich mit Nora ein paar Tage hierbleiben würde?«, fragte er.

»Ähm ...«, begann ich, weil mir akut nichts Schlaueres einfiel.

»Nora und ich haben ja vorhin erst ihren Zwillingsbruder Jared, ihre beste Freundin Penny und deren Freund Dylan getroffen, und sie hat ihnen alles gestanden«, begann Matt und dachte wohl, dass das Erklärung genug für mich sei.

»Ich fürchte, mir fehlen ein paar wesentliche Informationen. Zum Beispiel, was ›alles‹ in diesem Zusammenhang genau bedeutet. Ich bin mir aber nicht sicher, ob ich das überhaupt wissen will oder wissen sollte«, schränkte ich gleich wieder ein. Es klang jedenfalls ziemlich verstrickt und kompliziert.

»Es geht um Noras Baby. Dylan ist der Vater, und das war für die drei der totale Schock. Aber glücklicherweise haben sie dann doch ganz cool reagiert. Genau wie Noras Dad, der vor allem froh ist, dass sie endlich wieder mit ihm redet. Jedenfalls würde Nora gerne ein paar Tage länger bleiben und sich gründlich mit allen aussprechen – und sie hat mich gefragt, ob ich ebenfalls hierbleiben würde.« Er sah mich nun mit ähnlich flehenden Welpenaugen an wie Ada, Archie und Carly heute Vormittag. »Ich weiß, das ist gerade ungünstig mit der neuen Firma und so, aber es wären nur zwei oder drei Tage, und es wäre echt wichtig.«

»Klar. Es ist ja nicht so, als ob wir momentan schon viel zu tun hätten. Von meiner Seite aus ist das okay.« Ich klopfte ihm lächelnd auf die Schulter. »Aber ihr habt ja gar nichts dabei. Also Wechselklamotten und so.«

Matt grinste. »Das kriegen wir hin. Danke, Mann. Und ich kann ja auf jeden Fall schon mal schauen, wo man Kinder-VR-Brillen bekommt. Sehr coole Idee übrigens.«

»Danke. Auch ein alter Hund kann neue Tricks lernen«, entgegnete ich, dann dämmerte mir etwas. »Das bedeutet also, dass ich gleich allein mit Esther, den Kindern und dem Hund nach Tofino zurückfliege.« Meine Gedanken, die bis eben noch mit VR-Technologie beschäftigt gewesen waren, drifteten sofort zu deutlich irdischeren Dingen. Oder himmlischeren? Denn womöglich war dann am Ende der Reise doch noch ein Kuss drin?

»Ich weiß zwar nicht, warum du das so betonst, denn streng genommen bist du ja nicht allein im Flugzeug, aber ja, das heißt es wohl.« Matts Grinsen wurde immer breiter. »Vielleicht ist das ja sogar eine Chance?«

»Eine Chance? Wofür?«

»Eine deiner diversen Ängste zu verlieren vielleicht?«, schlug er dreist vor.

»Ich habe nicht die leiseste Ahnung, wovon du sprichst«, behauptete ich.

»Wenn das so ist, dann bist du nicht halb so clever, wie ich immer gedacht habe.« Er zwinkerte mir zu. »Viel Spaß, Partner, wir sehen uns in ein paar Tagen wieder.«

MÄDELSABEND

TOFINO, VANCOUVER ISLAND, 8. APRIL – ESTHER:

Ich sah auf die Uhr und seufzte. Es war schon fast acht Uhr, und ich saß immer noch im Büro, beantwortete Anfragen und bezahlte Rechnungen. Zwei meiner Mitarbeiter hatten sich krankgemeldet, so dass ich heute nicht nur zwei Touren zu den Walen hatte übernehmen müssen, sondern auch noch den ganzen Bürokram. Was auch bedeutete, dass mein Dad die Kinder ins Bett bringen musste. Er liebte das, und die Kinder auch, aber ich fühlte mich wie die totale Versagerin, weil ich lediglich heute Morgen beim Frühstück und auf dem Weg zum Kindergarten mit ihnen zusammen gewesen war. Aber so waren die Dinge nun mal. Vermutlich vermissten sie mich kein bisschen – auch weil ihre Tante da war, die bestimmt die irrsinnigsten Dinge mit ihnen angestellt hatte. Meine Schwester Zoe war vorgestern aus heiterem Himmel aus San Francisco zu Besuch gekommen und hatte uns mit einem strahlenden Lächeln am Wasserflugzeughafen in Empfang genommen.

Das war einerseits wirklich schön, weil ich sie schon so lange nicht mehr gesehen hatte, andererseits gerade richtig dämliches Timing, denn insgeheim hatte ich ganz andere Pläne für den weiteren Verlauf des Tages und des Abends gehabt. Nachdem sich die Dinge in Victoria so gut gefügt hatten – die erstaunliche Entspannung an der Nora-Front und dann auch noch das großzügige Angebot von Joanne, uns bei der Gebärdensprache zu unterstützen –, hatte ich mich fröhlich und entspannt gefühlt wie lange nicht. Ein Grund dafür war Dominic gewesen. Auch wenn ich immer noch keine Ahnung hatte, in welcher Verbindung er zu Matt stand – sein kryptischer Hinweis auf eine traurige Geschichte war nicht gerade hilfreich gewesen –, hatte er mich an diesem Tag doch mehrfach ziemlich überrascht. Wie zugewandt er mit Ada und Archie umgegangen war, wie zauberhaft, dass er für uns alle Plüschhasen als Mitbringsel besorgt hatte, und schließlich noch seine Idee mit dem Video-Unterricht mittels Virtual-Reality-Brillen. Letzteres konnte ich mir zwar immer noch nicht wirklich vorstellen, aber allein dass er so aufmerksam war und sich Gedanken machte, rührte mich sehr.

Auf dem Rückflug war er dann auch nicht mehr ganz so nervös gewesen wie am Morgen und hatte sich irgendwann sogar ein Herz gefasst und mich zum Abendessen eingeladen – als Dankeschön dafür, dass ich ihn mitgenommen hatte. Er hatte es natürlich nicht Date genannt, und wahrscheinlich hatte er es auch gar nicht so gemeint, aber in meinem ausgehungerten Herzen hatte es sich so angefühlt. Seit Jeremy vor fast dreieinhalb Jahren gegangen war, hatte es in meinem Leben keinen Mann mehr gegeben. Zumindest nicht im romantischen Sinn. Es hätte Möglichkeiten gegeben, vor allem während der Saison, wenn sich hier in Tofino Heerscharen von gutaussehenden Surferboys und Abenteuerurlaubern tummelten. Einige waren auch sehr interessiert gewesen, aber die Phase, in der ich mich in belanglose, locker-leichte Affären gestürzt hatte, war lange vorbei. Das Aufregendste war ein lustiger Abend mit ein paar Kollegen in meinem Lieblingspub letztes Jahr gewesen. Reed hatte zwei befreundete Wissenschaftler von der Uni in Vancouver mitgebracht, und mit einem von ihnen hatte ich ein bisschen geflirtet. Vollkommen harmlos. Kein Wunder also, dass mich eine unschuldige Einladung zum Abendessen schon in größere Aufregung versetzte.

Doch dann hatte Zoe am Anleger gestanden, und aus den Plänen war nichts geworden. Ich liebte meine kleine Schwester wirklich, aber ihr flatterhaftes Wesen überforderte mich regelmäßig. Offensichtlich hatte sie am Morgen spontan den Impuls verspürt, uns zu besuchen. Also war sie zum Flughafen gefahren, hatte sich in den nächsten Flieger nach Vancouver gesetzt, war dann mit Fähre und Bus weitergereist und exakt zehn Minuten vor unserer Landung in Tofino angekommen. Sie hatte Dad im Bootshaus überfallen, als ich ihm gerade über Funk unsere Landezeit mitgeteilt hatte, und so war sie direkt zum Pier gesprintet, um uns in Empfang zu nehmen. Wie lange sie bleiben wollte, hatte sie nicht verraten. Vermutlich wusste sie es selbst nicht – und dass sie bereits übermorgen wieder verschwand, war genauso wahrscheinlich, wie dass sie noch zwei Wochen blieb. Wobei – nein, Letzteres war eher nicht so wahrscheinlich. Also sollte ich mich lieber beeilen, um so viel Zeit wie möglich mit ihr zu verbringen.

Als ich schließlich die Tür hinter mir abschloss und die kühle, klare Abendluft am Hafen einsog, fiel mein Blick auf das ehemalige Bootshaus von »Moby Tours«, in dem jetzt ein vielversprechendes junges IT-Unternehmen logierte. In den Büroräumen brannte noch Licht, offensichtlich hatte Dominic ebenfalls länger zu tun. Für einen Moment überlegte ich, ob ich kurz bei ihm vorbeischauen und mich nachbarlich bei ihm erkundigen sollte, ob alles okay war. Doch ich verwarf diesen Gedanken sofort wieder. Zu Hause warteten mein Vater und meine Schwester auf mich. Und meine schlafenden Kinder. Es war die vernünftige und erwachsene Entscheidung, so schnell wie möglich zu ihnen zu fahren. Dumm nur, dass mir gar nicht so vernünftig zumute war – und dieser Gedanke irritierte mich ungemein.

Als ich mein Auto vor dem Haus parkte, konnte ich minutenlang nicht aussteigen, weil ich derart mit meinen widerstreitenden Gefühlen kämpfte. Ich wusste, dass ich unbedingt zu Hause sein sollte. Dass ich es wollen sollte. Aber ich wusste auch, dass ich tatsächlich gerade lieber woanders wäre. Ich war schon drauf und dran, den Zündschlüssel wieder umzudrehen, als Zoe an die Scheibe klopfte.

»Meditierst du, oder was treibst du hier im Auto?«, fragte sie mich grinsend.

»So ungefähr«, murmelte ich und seufzte, als ich ausstieg.

»Das kannst du nachher auch noch machen. Ich habe mit dem Essen auf dich gewartet und auch Wein kaltgestellt. Heute gibt's einen Schwesternabend!« Sie hüpfte ungeduldig vor mir herum.

Schwesternabend? Hatte ich was verpasst? »Wo ist Dad?«, erkundigte ich mich.

»Der ist vor einer halben Stunde abgerauscht, weil er sich bei Kelly mit ein paar alten Freunden treffen wollte«, sagte sie, und dunkel erinnerte ich mich daran, dass er heute Vormittag so etwas erwähnt hatte.

Prompt fühlte ich mich wieder schuldig, weil ich mir so viel Zeit gelassen hatte mit dem Heimkommen. Dad tat immer alles, um mir den Rücken freizuhalten, und ich hatte völlig vergessen, dass er heute mal selbst etwas vorhatte. Wenn Zoe nicht dagewesen wäre, hätte er garantiert auf das Treffen mit seinen Freunden verzichtet – ohne etwas zu mir zu sagen. »Oh Mann, das hatte ich voll verpeilt«, gab ich zu, als ich hinter Zoe das Haus betrat, in dem es schon köstlich duftete. »Tut mir echt leid.«

»Ist ja nichts passiert«, beschwichtigte sie. »Aber jetzt beeil dich, ich bin am Verhungern.«

»Es riecht himmlisch«, befand ich. »Bin sofort wieder da. Ich muss erst nach den Mäusen gucken.«

»Die schlafen längst«, versicherte mir Zoe, doch ich war schon halb die Treppe raufgelaufen.

Die Tür zum Kinderzimmer war wie immer nur angelehnt, und es brannte ein kleines Nachtlicht, so dass ich meine beiden Lockenköpfchen in ihren Betten gut erkennen konnte. Carly lag auf dem Teppich dazwischen und klopfte bei meinem Anblick heftig mit dem Schwanz auf den Boden. Hören konnten die Kinder das zwar sicher nicht, aber womöglich fühlten sie die Vibration.

»Psst, Carly«, ermahnte ich die Hündin daher und streichelte ihren Kopf. »Hast du fein auf die Kleinen aufgepasst?«

Offenbar war sie der Meinung, dass ihr Babysitterjob fürs Erste erledigt war, denn sie stand auf, schüttelte sich und schlüpfte mit zuckender Schnauze aus dem Zimmer.

Dann lief sie die Treppe hinunter, zweifellos, um meine Schwester in der Küche um einen Nachschlag anzubetteln.

Archie lag wie immer auf dem Bauch und hatte die Hände zu Fäusten geballt. Ich sah, dass er zwei Playmobil-Figuren festhielt: einen Eishockeyspieler und einen kleinen Hund. Ich drückte ihm einen Kuss auf die Wange und ging weiter zu Ada. Die lag auf der Seite, ein Plüschtier im Arm. Es war das Häschen, das Dominic ihr vorgestern geschenkt hatte und das seitdem ihr Lieblingskuscheltier war. Ich strich ihr vorsichtig eine Haarsträhne aus dem Gesicht und hauchte ihr einen Gutenachtkuss auf die Stirn. Meine Gedanken wanderten prompt wieder in eine andere Richtung. Mein eigener Hase saß nämlich auf meinem Bett. Offiziell nur, weil ich damit den Streit der beiden darüber hatte schlichten können, wer von ihnen Anspruch auf das Geschenk erheben konnte. In ihren Augen waren Stofftiere nur etwas für Kinder, und insofern hätte ich das Geschenk direkt wieder rausrücken müssen. Normalerweise hätte ich das auch getan, denn das letzte Mal, dass ein Plüschi mein Bett mit mir geteilt hatte, war vor mehr als zwanzig Jahren gewesen. Als Teenager hatte ich eines Tages einen radikalen Schnitt vollzogen und alles Spielzeug auf den Dachboden verbannt. Aber irgendwas war diesmal anders. Vielleicht lag es am Schenker?

»Ich verhungere!«, rief Zoe laut von unten und riss mich aus meinen ungesunden Gedanken.

Ich zupfte noch Adas Bettdecke zurecht und lief dann rasch nach unten – ohne wie sonst einen Umweg in mein Schlafzimmer zu machen und mir etwas Bequemeres anzuziehen. Sicher war sicher.

»Das sieht sensationell aus«, lobte ich Zoe, als ich am

Tisch Platz genommen hatte und sie mir einen Teller mit einer riesigen Portion Reis mit Mangohühnchen servierte. Zoe liebte indische Küche und konnte richtig gut kochen.

»Warte ab, bis du's probiert hast«, entgegnete sie mit einem stolzen Lächeln und goss mir ein Glas Weißwein ein.

Ich prostete ihr zu, trank einen Schluck Wein und kostete dann den ersten Bissen. »Himmlisch«, schwärmte ich, als ich hinuntergeschluckt hatte. »Sag bloß, das haben Dad und die Kinder ebenfalls gegessen?« Wenn es nach Ada und Archie ginge, dürfte es eigentlich nur Nudeln mit Tomatensoße, Pfannkuchen oder Fischnuggets mit Kartoffelbrei geben. Und unser Vater war auch eher konservativ bei seinen Essensvorlieben.

»Alle drei mit großem Appetit«, versicherte sie mir grinsend. »Allerdings habe ich für uns ein bisschen nachgewürzt.«

»Sehr schlau von dir.« Ich nahm den nächsten Bissen und schloss genussvoll die Augen, während sich eine wahre Aromen-Explosion in meinem Mund ausbreitete. Nachdem wir ein paar Minuten lang schweigend das Essen genossen hatten, trank ich einen weiteren Schluck Wein und fragte Zoe rundheraus: »Jetzt will ich wissen, warum du wirklich hier bist! Und ich will nichts von Sehnsucht nach uns hören.«

Für einen Moment verdüsterte sich Zoes Gesicht, doch dann machte sie eine wegwerfende Geste. »Das willst du gar nicht wissen«, behauptete sie.

»Doch. Unbedingt sogar«, beharrte ich.

Sie schüttelte vehement den Kopf. »Es fängt mit ›M‹ an und hört mit ›ännerproblem‹ auf, ist aber ansonsten nicht der Rede wert. Ehrlich. Ich brauchte nur mal einen kleinen Tapetenwechsel.« Sie prostete mir zu.

»Ach komm, ich würde wahnsinnig gern mal wieder eine saftige Männergeschichte hören, wenn ich denn schon selbst keine erlebe.« Zoe hatte ein Händchen für maximal unpassende Verpaarungen und ein Talent dafür, höchst amüsant darüber zu berichten – sobald die Wunden verheilt waren.

»Nee, lass mal. Darüber mag ich gerade nicht einmal nachdenken«, wehrte sie ab. Doch dann begannen ihre Augen zu glitzern. »Aber ich will jetzt alles über den sexy Kerl wissen, der vorgestern mit dir aus dem Flieger gestiegen ist und den deine Tochter ›Daddy‹ nennt.«

Ich verschluckte mich vor Schreck an dem Wein. »Ada macht was?«, brachte ich schließlich keuchend hervor.

»Ich hab sie gefragt, von wem das putzige Häschen ist, von dem sie sich kaum trennen kann, und sie hat geantwortet: ›Von Daddy!‹«

Ich schüttelte den Kopf. »Da musst du dich verhört haben. Er heißt Dominic.«

»Vielleicht hat sich das Prinzesschen verhört, ich sicherlich nicht.« Zoe grinste breit. »Aber wenn ein Mann deinen Kindern Kuscheltiere schenkt, dann will er vielleicht ihr Daddy werden.«

»Du hast eindeutig zu viel Fantasie.« Ich versuchte, lässig zu klingen, doch mein Herz begann plötzlich rasend schnell zu klopfen, und ich merkte, wie mir Farbe ins Gesicht schoss.

»Du kannst dir vielleicht selbst etwas vormachen, aber mir nicht.« Zoe wackelte mit dem Zeigefinger hin und her. »Du bist knallrot geworden!«

»Bin ich nicht. Und wenn, dann wegen deiner Kochkünste.«

»Wann ist aus meiner soliden großen Schwester eine derart schamlose Lügnerin geworden?«, fragte Zoe und seufzte dramatisch.

»Irgendwann in den vielen Jahren, seit du dich aus dem Staub gemacht hast«, entgegnete ich und musste dann auch grinsen. »Du hast einiges verpasst.«

»Das scheint mir auch so. Aber jetzt geht's nicht um mich, sondern um den geheimnisvollen, gutaussehenden Dominic-Daddy. Raus mit der Sprache!«

»Viel gibt's nicht zu erzählen. Er ist erst vor drei Wochen nach Tofino gekommen«, begann ich achselzuckend. Ich wusste tatsächlich nicht viel von ihm.

»Warum das denn? Ist er ein Surfer oder ein Promi, der abtauchen will? Irgendwie kommt er mir bekannt vor. Ich finde, er wirkt wie eine Mischung aus Wolverine und Sheldon Cooper.«

»Was?« Nun lachte ich laut. Die Ähnlichkeit mit Hugh Jackman war mir auch schon aufgefallen, aber der geniale, leicht autistische Protagonist aus der Comedy-Serie »Big Bang Theory«? »Wo hast du Sheldon in ihm gesehen?«, erkundigte ich mich.

»Weiß nicht. Ist eher so ein Gefühl. Er hat etwas an sich, das sein zweifellos blendendes Aussehen irgendwie ... hm ... relativiert?« Sie schaute mich fragend an. Tatsächlich war diese Beschreibung ziemlich akkurat.

»Da ist was dran«, gab ich zu. »Er bezeichnet sich selbst auch als Nerd.«

»Also kein Surfer?«

»Definitiv kein Surfer! Er fühlt sich auf dem Wasser und in der Luft total unwohl.« Ich dachte daran, wie unentspannt er bei der Waltour gewesen war, und auch auf den Flügen. »Er hat hier ein IT-Business gegründet, zusammen mit Matt Tomlinson.«

»Matt Tomlinson?« Zoe runzelte die Stirn. »Ist er mit den Tomlinsons vier Häuser weiter verwandt?«

»Ja, er ist der Enkel. Seine Eltern leben und arbeiten irgendwo im Silicon Valley, wo er auch aufgewachsen ist. Er war aber oft in den Ferien hier. Ich kann mich daran allerdings auch nur dunkel erinnern. Seit dem Herbst ist er wieder da und scheint auch bleiben zu wollen. Außerdem ist er mit Nora, der kleinen Schwester von Reed, zusammen. Du erinnerst dich, Emilys Reed?«

»Natürlich erinnere ich mich an Reed. Wie könnte ich ihn je vergessen?« Zoe seufzte wieder – diesmal echter. Sie war als Dreizehnjährige unsterblich in meinen heutigen Geschäftspartner verknallt gewesen, doch der hatte damals nur Augen für meine beste Freundin Emily gehabt und Zoe damit unwissentlich das Herz gebrochen. Als Erster in einer inzwischen sehr stattlichen Reihe. »Wie geht's ihm denn?« Ihre Augen flackerten seltsam. Machte sie sich am Ende Hoffnungen?

»Sehr gut«, beeilte ich mich zu versichern, damit sie gar nicht erst auf falsche Gedanken kam. »Er ist frisch verliebt in eine tolle Frau, und die beiden erwarten bereits ein Baby.«

»So hatte ich das gar nicht gemeint«, behauptete sie. »Aber ich schätze, du willst das Thema wechseln. Also, dein Dominic-Daddy und Matt Tomlinson ...«

»Er ist nicht mein Dominic-Daddy ...«

Sie winkte ab. »Sag mal, kann es sein, dass Matt Tomlinson Surfer ist?« Sie kratzte sich am Kopf, so als wollte sie ihren Denkprozess damit beschleunigen. »Mir ist so, als würde ich den Namen kennen. Ist schon ein Weilchen her, aber vor zwei, drei Jahren galt er als absoluter Nachwuchsgeheimtipp in der Szene. Zumindest, wenn ich mich richtig erinnere. Ich hab ihn mal in einem Interview gehört, da hat er von seiner Herzensheimat Tofino gesprochen.« Sie nickte, offenbar fiel ihr jetzt alles wieder ein. »Er ist groß, hat markante, scharfgeschnittene indigene Züge und schulterlange schwarze Haare?«, fragte sie. »Und ein ziemlich cooles Tattoo auf der Brust?«

»Zum Tattoo kann ich nichts sagen, ich habe ihn bisher immer vollständig bekleidet gesehen«, entgegnete ich. »Aber der Rest kommt hin. Nur dass die Haare nur kinnlang sind. Allerdings habe ich ihn noch nie übers Surfen reden hören.«

»Das wundert mich nicht«, murmelte Zoe und tippte hektisch auf ihrem Smartphone herum. »Ha, da steht es! Vor zwei Jahren, gerade als er seinen ersten großen Sponsorenvertrag unterschrieben hatte, der ihm seine Profikarriere finanzieren sollte, hatte er einen schweren Unfall. Er war mit dem Mountainbike unterwegs und wurde von einem Auto überfahren. Dabei hat er beide Beine verloren.« Sie sah entsetzt zwischen ihrem Telefon und mir hin und her. »Das ist ja fürchterlich!«

»Total, aber …«

»Aber was?«

»Du sagtest, dass er beide Beine verloren hat? Dann ist es vielleicht doch jemand anders. Er läuft nämlich ganz normal.«

»Wahrscheinlich hat er Beinprothesen«, vermutete meine Schwester.

»Muss wohl so sein. Aber dass man gar nichts merkt?« Ich versuchte, mich an Situationen zu erinnern, in denen ich Matt hatte herumlaufen sehen. Eigentlich ständig. Zuletzt vorgestern in Victoria. Mir war lediglich aufgefallen, dass er sich etwas mehr Zeit dafür genommen hatte, ins Flugzeug ein- und wieder auszusteigen. »Nora hat auch nie etwas erwähnt«, fügte ich noch hinzu.

»Was soll sie auch erzählen? Wie seltsam es ist, wenn ihr Lover beim Sex die Beine abnimmt?« Zoe kicherte, und auch ich musste unwillkürlich mitlachen.

»Du bist unmöglich. Das ist nicht witzig. Ich meine, wie soll das denn gehen?« Ohne dass ich es wollte, lief in meiner Vorstellung ein ziemlich schräger Film ab, und ich schlug mir die Hände vors Gesicht.

»Du hast recht, es ist nicht okay, dass wir lachen«, prustete Zoe, und ich warf die Serviette nach ihr. Dann nahm sie wieder ihr Telefon zur Hand. »Schau mal, ich hab ein Foto von ihm im Netz gefunden. Ist er das?«

Ich nahm ihr Handy und schaute mir das Bild an. Der junge Kerl auf dem Foto trug Surfshorts und hatte lange, von Wind und Wasser zerzauste Haare. Einen Arm hatte er um sein Board geschlungen, den anderen um eine hübsche Blondine, und im Gesicht hatte er ein selbstsicheres, zufriedenes Grinsen. Er wirkte ganz anders als der ernsthafte, besonnene Matt, den ich kannte, aber er war es eindeutig. »Das ist er«, bestätigte ich.

»Und du sagst, er hat mit deinem Dominic-Daddy ein IT-Unternehmen gegründet?« Zoe nahm mir das Smartphone wieder weg und suchte offenbar nach weiteren Informationen. »In dem Surferforum finde ich nichts mehr über ihn, da müsste ich wohl mal tiefer in die Recherche einsteigen. Aber eigentlich interessiert mich dieser Matt kein bisschen, sondern nur Dominic. Also raus mit der Sprache, was weißt du über ihn?«

»So gut wie gar nichts. Nur, dass er ein schlechtes Verhältnis zu seinen Eltern hat, Wale für Außerirdische hält, eine undurchsichtige Beziehung zu Matt pflegt und ...«

»Und was?«

Und wahnsinnig aufmerksam ist, hatte ich sagen wollen. *Dass er sich für meine Kinder interessiert und dass er irgendwas in mir berührt*. Ich dachte an unsere nächtliche Begegnung am Strand zurück, die gleichermaßen unwirklich und intim gewesen war. Und wie sehr ich ihn in diesem Moment hatte küssen wollen. Doch das würde ich meiner kleinen Schwester ganz bestimmt nicht auf die Nase binden – zumal ich selbst nicht die geringste Erklärung für diesen Impuls hatte. »Und dass er ein Nerd ist«, rettete ich mich selbst vor Zoes bohrenden Blicken. »Der totale Obernerd – wie er selbst zugibt. Er möchte zusammen mit Matt ein Programm entwickeln, damit die Kinder und ich mittels VR-Brillen Live-Unterricht in Gebärdensprache bekommen können«, plapperte ich weiter.

»Das klingt ja spannend.«

Ich konnte Zoes Tonfall nicht entnehmen, ob sie es ironisch oder aufrichtig meinte, und eigentlich spielte es auch keine Rolle, denn für mich war es mehr als spannend. Da gab es einen Menschen, der mich nicht kannte, der so gut wie nichts über mich und meine Lebensumstände wusste und trotzdem Hilfe anbot. Einfach so. Und den ich obendrein noch ausgesprochen anziehend fand – wie zuletzt Jeremy. Dieser Gedanke ernüchterte mich schlagartig. Denn Jeremy und ich, das hatte bei aller rauschhaften Verliebtheit ja bekanntermaßen kein gutes Ende genommen. Ich räusperte mich. »Wie auch immer, das ist jedenfalls alles, was ich zu ihm und über ihn sagen kann.«

»Wieso hält er Wale für Außerirdische?«, wollte Zoe

nach einem Weilchen wissen. Anscheinend war das unter den spärlichen Infos, die ich ihr bieten konnte, die interessanteste gewesen.

»Weil er offenbar besessen ist von diesem albernen ›Star Trek‹-Film, in dem die Enterprise-Crew mit einem gekaperten klingonischen Raumkreuzer in die Vergangenheit reisen muss und im San Francisco der 1980er Jahre landet. Dort finden sie zwei Buckelwale, mit denen sie dann wieder in die Zukunft reisen, wo die Wale die Welt vor einer zerstörerischen außerirdischen Sonde retten, weil die dieselbe Sprache sprechen. Oder so.«

»Dafür, dass du den Film so albern findest, kannst du ihn ziemlich gut wiedergeben«, kicherte Zoe.

»Weil ich ihn schon ungefähr fünf Mal mit Dad angesehen habe«, gab ich schmunzelnd zu. Unser Vater war nämlich auch ein großer »Star Trek«-Fan.

»Gott, dein Leben muss wirklich langweilig sein.« Sie goss uns noch einmal die Weingläser voll und trank einen Schluck.

»Glaub mir, über Langeweile kann ich mich wirklich nicht beklagen.« Ich dachte an all die schier überwältigenden Herausforderungen, denen ich mich stellen musste. Die finanzielle Belastung durch die Übernahme der beiden Konkurrenzbetriebe, die Sorge um die Kinder, der Ärger mit Jeremy. Von der normalen Arbeit mal ganz abgesehen. Nein, langweilig war mir ganz sicher nicht.

»Es ist nicht leicht, erwachsen zu sein, was?«, fragte sie mit einem leichten Lächeln.

»Nicht, dass du es beurteilen könntest, du hast es ja bislang vermieden«, gab ich zurück. »Aber ja, manchmal sehne ich mich auch nach der Zeit zurück, als ich mit zwanzig den großen Segeltörn nach Hawaii gemacht habe, und nach den zahllosen Sommern, die ich neben der Arbeit vorwiegend mit Surfen und Surfern verbracht habe.« Ich starrte versonnen in Richtung Fenster, hinter dem irgendwo in der Dunkelheit das Meer lag. »Auf der anderen Seite bin ich froh, dass ich diese Erlebnisse hatte und dass ich mir nicht vorwerfen muss, etwas verpasst zu haben.«

»Wo steht denn geschrieben, dass man als Erwachsene keinen Spaß mehr haben kann?«, fragte Zoe. »Ich meine, du kannst doch immer noch surfen, und ein gelegentlicher Surfer ist auch keine Sünde.«

»Vielleicht nach Einführung der Sechsunddreißig-Stunden-Tage«, entgegnete ich. »Glaub mir, ich sitze nicht zum Vergnügen bis um acht im Büro.«

»Das kann ich mir vorstellen.« Zoe lehnte sich über den Tisch und tätschelte mir mitfühlend die Hand. »Aber ein bisschen Spaß musst du dir trotzdem gönnen im Leben, sonst wirst du zur frustrierten alten Jungfer – und damit ist auch niemandem geholfen.«

»Hm.«

»Was, hm?«, quälte sie mich weiter. »Wann hattest du das letzte Mal Sex?«

»Vor dreieinhalb Jahren ungefähr?« Mit Jeremy, kurz bevor er uns verlassen hatte. Ich seufzte. »Und ja, ich weiß, dass es erbärmlich klingt, aber ...«

»Wenn du jetzt behauptest, dass es nicht so schlimm ist, dann muss dein armseliger Ex noch dürftigere Fähigkeiten gehabt haben, als ich sie ihm zugetraut habe«, unterbrach mich Zoe mit weit aufgerissenen Augen.

Ich zuckte nur mit den Schultern. Im Bett war's mit Jeremy immer gut gewesen, doch das hatte letztlich auch nichts genutzt. »Was soll ich sagen?«

»Nichts! Es ist noch schlimmer, als ich es mir vorgestellt habe. Aber gut, dass Tante Zoe jetzt hier ist, dann kann Mama Essie endlich mal wieder auf die Pirsch. Und damit wären wir auch wieder beim Dominic-Daddy!«

»Das wird wohl so schnell nichts, denn morgen kommen Wolf und Joanne aus Victoria, von den hunderten walhungrigen Touristen mal ganz zu schweigen. Außerdem weiß ich nicht ...« Ich kam wieder nicht dazu, meinen Satz zu beenden, denn meine unmögliche kleine Schwester krähte einmal mehr dazwischen.

»Es ist wie Fahrradfahren. Das verlernt man nicht.« Sie lachte dreckig.

»Du bist echt doof. Ich weiß nicht, ob ich überhaupt Lust auf ihn habe. Er scheint mir ein recht komplizierter Typ zu sein.« Der erste Teil der Aussage war eine glatte Lüge, wobei ich übers Küssen hinaus noch gar nicht weiter nachgedacht hatte. Doch falls die Küsse gut wären, gäbe es keinen Grund ... egal, denn der zweite Teil stimmte auf jeden Fall. Dominic Gordon war eine Komplikation, und ich hatte keine Ahnung, ob ich mir die leisten konnte oder wollte.

»Die Spinnweben wird er wohl entfernen können, und alles andere wird sich dann schon finden.«

»Was gibt's zum Dessert?«, fragte ich und hoffte, Zoe damit vom Thema abzulenken. Zumindest für heute. Immerhin hatte sie erreicht, dass meine Gedanken von meinem stressigen Alltag in deutlich interessantere Regionen abgewandert waren.

DIE BÄREN SIND LOS

TOFINO, VANCOUVER ISLAND, 11. APRIL – DOMINIC:

Sonntagmorgen, und ich war rastlos und wusste nichts mit mir anzufangen. Arbeiten verbot ich mir selbst, um nicht wieder in die ungesunde Spirale einzusteigen, die mir schon einmal einen Burn-out eingebracht hatte. Gleichzeitig hatte ich keine Ahnung, was ich an einem freien Tag mit mir allein anfangen sollte. Zu Rebeccas Zeiten hatten an den Sonntagen immer irgendwelche Brunches bei Freunden auf dem Programm gestanden. Oder irgendein Charity-Event, das mich zwar nicht die Bohne interessiert, aber wenigstens für etwas Struktur am Wochenende gesorgt hatte. Und in der Zeit zwischen Rebecca und meinem Umzug nach Tofino waren ohnehin alle Tage ein gleichförmiger Brei aus gefühlter Lähmung und tatsächlichem Nichtstun gewesen, bis ich auf Carols Rat hin angefangen hatte, obsessiv Sport zu treiben. Ihrer Meinung nach half Bewegung gegen fast alle Befindlichkeitsstörungen – und wenn ich eines war, dann gründlich. Ich hatte mir in meinem Haus einen Sportraum eingerichtet, einen Fitnesstrainer engagiert und seitdem täglich mit Gewichten gepumpt, Yoga geübt oder Meilen über Meilen auf dem Laufband abgerissen. Das hatte mir zwar eine Bombenform gebracht, die Leere in mir aber auch nicht füllen können.

Ich war jetzt gut drei Wochen hier und hatte außer etwas Hanteltraining sportlich nicht viel geleistet. Allerdings fühlte ich mich deutlich besser als in den Monaten zuvor und wieder mehr wie ich selbst. Das war sehr positiv und eine Erkenntnis, die ich Carol bei unserer nächsten Online-Sitzung gerne als Durchbruch präsentieren wollte – auch wenn sie damit zweifellos nicht zu beeindrucken war. An meiner aktuellen Unruhe änderte es aber auch nichts. Ich tigerte durch mein Ferienhäuschen und griff mir einen Reiseführer aus dem Regal. Entweder hatten ihn frühere Besucher zurückgelassen – wie mutmaßlich die ganze bunte Mischung von Lesestoff hier – oder er kam direkt vom Vermieter. »100 Dinge, die man in Tofino nicht verpassen darf« stand auf dem Cover – ganz schön reißerisch, doch ich wollte mein Glück versuchen. Bei hundert Vorschlägen sollte mich wenigstens einer aus meinem Sonntagsloch herausholen.

Oder nicht. Bei näherer Betrachtung bestanden die Ideen zu locker fünfundachtzig Prozent aus Outdoor-Aktivitäten. Die diversen Wassersport-Angebote kamen sowieso nicht in Frage. Mir hatte die Waltour neulich wirklich gereicht. Es war zwar durchaus beeindruckend gewesen, aber eine Nussschale auf dem Ozean lag generell weit außerhalb meiner Komfortzone. Von Kajaktouren, Surfen oder Stand-up-Paddling wollte ich gar nicht erst anfangen. Nicht einmal in meinem Kopf. Wie man sich freiwillig in den kalten Pazifik stürzen konnte, war mir komplett schleierhaft. Selbst mit einem warmen Neoprenanzug. Nein, mein Element war eindeutig die Erde. Diesbezüglich hatte Tofino aber auch einiges zu bieten, denn das nächstgrößere Segment der hundert »Must-dos« waren Rad- und Wandertouren. Dass man im Ort viel mit dem Fahrrad unterwegs war, hatte ich schon bemerkt, und früher war ich selbst auch gerne geradelt, doch seit dem Unfall ... Nein, nicht dran denken, denn sonst wäre der Tag gleich vollkommen im Eimer, schimpfte ich mit mir selbst.

Blieben also Wandern oder Joggen. Letzteres hatte ich vorgestern schon mal ausprobiert. Nur bei einer kleinen Runde rund ums Ferienhaus, also vorwiegend am Strand und dann noch ein Stückchen durch den Wald. Ich wusste, dass man klassischerweise draußen in der Natur rannte, aber nach meinem durchaus anspruchsvollen Laufbandtraining kam es mir draußen regelrecht unnatürlich vor. Eine Erkenntnis, die ich vorsichtshalber lieber für mich behielt ... Also Wandern. Das war schön niederschwellig, bedurfte – je nach Route – weder einer speziellen Ausrüstung noch besonderer Fähigkeiten, und man war an der frischen Luft. Angeblich gab es ganz in der Nähe einen Trail, der besonders malerisch durch den Wald führte und nach ungefähr drei Kilometern an einer versteckten Bucht endete. Klang gut und machbar.

Voller Tatendrang schmierte ich mir zwei Käsesandwiches und steckte sie zusammen mit einer Flasche Wasser und zwei Äpfeln in einen Laptop-Rucksack, den ich als Zugabe zu meiner Großbestellung beim Computerhändler bekommen hatte. Wanderstiefel hatte ich nicht, aber mit meinen Joggingschuhen sollte die Tour ebenfalls kein Problem sein. Kurzentschlossen packte ich noch meine neue Minidrohne ein, die ich mir ebenfalls gegönnt hatte. Ein bisschen Spielzeug durfte ein Mann ja wohl haben. Vielleicht konnte ich sie am Strand fliegen lassen und ein paar der angeblich atemberaubenden Treibgutformationen von oben filmen.

So gerüstet stiefelte ich kurze Zeit später los. Eigentlich hatte ich damit gerechnet, andere Leute zu treffen, doch die meisten Urlauber waren wohl auf dem Meer beim Walegucken, und die Einheimischen verbrachten ihren Sonntag mit der Familie. Ich musste selbst über meine Überlegungen lachen, denn ich hatte keine Ahnung, was eine durchschnittliche Familie in Tofino an einem durchschnittlichen Frühlingssonntag so trieb. Überhaupt hatte ich keine Ahnung, wie Familien normalerweise Zeit miteinander verbrachten. Meine Geschwister und ich waren ab der Grundschule im Internat gewesen und nur an den Wochenenden und in den Ferien zu Hause, und auch dann hatten wir selten etwas mit unseren Eltern unternommen. Stattdessen waren wir von einer Nanny oder irgendwelchen Verwandten in den Zoo oder in Museen geschleift worden – Aktivitäten, die hier im Ort wohl flachfielen, mangels Zoo und Museum. Nun ja, irgendwas würden die Menschen hier an einem Sonntag schon machen.

Meine Gedanken drifteten zu Esther, die ich seit unserem Ausflug nach Victoria am Dienstag nicht mehr gesprochen hatte. Gesehen hatte ich sie häufig, wenn sie mit einem ihrer Boote und einem Schwung aufgeregter Touristen rausgefahren war, um Wale zu beobachten. Was für ein außergewöhnliches Lebensmodell, Tag für Tag mit fremden Leuten unterwegs zu sein, um nach Tieren Ausschau zu halten, die nur nach Lust und Laune auftauchten. Musste das auf Dauer nicht langweilig werden? Immer dieselben dummen Fragen zu beantworten? Ständig damit rechnen zu müssen, dass einem einer der weniger seefesten Gäste das Schiff vollkotzte? Und ganz ehrlich – so fürchterlich spannend waren diese Tiere nun auch nicht. Im Grunde waren es doch einfach schwimmende Busse, die von Ort A nach Ort B unterwegs waren und dann wieder zurück.

Wie Esther wohl mit ihrer Familie das Wochenende verbrachte? Ob sie überhaupt Zeit dafür hatte oder arbeiten musste? Allein heute Morgen hatte ich von meiner Terrasse aus vier Walbeobachtungsschiffe gesehen, darunter auch das dunkelblaue mit der roten Wal-Silhouette an den Seiten, mit dem ich unterwegs gewesen war. War sie da an Bord gewesen? Wahrscheinlich. Andererseits hatte sie ja auch Mitarbeiter – und Besuch. Joanne und Wolf waren am Freitag angekommen, wie Matt mir gestern kurz berichtet hatte. Offenbar waren die Tage in Victoria für Nora und ihn sehr gut verlaufen. Man hatte ihn herzlich in der Familie und im Freundeskreis aufgenommen, und Nora verhielt sich nun wie ein neuer Mensch, viel entspannter und fröhlicher. So eine Wirkung konnte es also haben, wenn einem eine Zentnerlast von den Schultern genommen und verziehen wurde.

Ein irrationales Gefühl von Wehmut traf mich in die Brust, das ich mir nicht so recht erklären konnte. Gönnte ich es der jungen Frau etwa nicht? Und Matt, der sich so sehr für seine Freundin freute und ganz ernsthaft eine Zukunft mit ihr plante? Nein, das war es nicht. Ich mochte ziemlich verkorkst sein, aber ich freute mich für die beiden. Was war es dann? Schierer Neid? Sehnsucht? Unwahrscheinlich. Dafür war ich bei aller Bescheidenheit zu schlau und vor allem definitiv ungeeignet. Ich war ein einsamer Wolf und gefiel mir in dieser Rolle recht gut.

Zumindest behauptete das meine Therapeutin gern, mit leichtem Spott in der Stimme. Doch was war schon dagegen zu sagen? Ich war erwiesenermaßen kein Rudeltier, und eine eigene Familie konnte ich mir beim besten Willen nicht vorstellen, daher war dieser Wolfsvergleich doch wirklich ganz passend, oder? Apropos – was war das für ein Rascheln? Ich sah mich um, konnte aber nichts Ungewöhnliches erkennen.

Der Trail war tatsächlich sehr gut ausgeschildert und führte gerade durch ein relativ dichtes Waldstück. Vermutlich spielte mir der Wind in den Ästen der Bäume einen akustischen Streich. Wölfe gab es hier jedenfalls nicht, da war ich mir ziemlich sicher. Zumindest hatte ich nichts Gegenteiliges gelesen. Und überhaupt, ein Wanderweg würde doch nicht durch Gebiete mit wilden Tieren führen, oder? Eben!

Meine Gedanken wanderten nun zu Esthers Kindern, und ich fragte mich, wie sich das Hören für die beiden wohl anfühlen mochte. Die Cochlea-Implantate dienten als rudimentäre und vergleichsweise primitive Reizleitung zwischen Ohr, Hörnerv und Gehirn. Was dort im Hörzentrum ankam, hatte vermutlich nicht viel damit zu tun, wie ein unbeeinträchtigter Mensch seine Umwelt akustisch wahrnahm. Ich hatte in einem der zahllosen Artikel gelesen, dass es einen gewissen Prozentsatz von Gehörlosen gab, der sich mit der technischen Prothese nie wirklich anfreunden konnte und sie immer als störenden Fremdkörper empfand. Die bevorzugten es tatsächlich, gar nichts zu hören. Auch das war für mich ziemlich unvorstellbar.

Testweise hielt ich mir die Ohren zu, bekam aber keine völlige Stille hin. Natürlich nicht. Der leichte Tinnitus, der mich seit meinem Studium begleitete, war klar und deutlich zu vernehmen, genau wie das Rauschen meines Blutes. Nein, ruhig war das nicht. Zuweilen hatte ich sogar das Gefühl, dass ich meine eigenen Gedanken hören konnte, mal schrille, mal eindringliche, mal laute Stimmen, aber alle wetteiferten sie um Aufmerksamkeit, und keine von ihnen spendete Trost oder strahlte Ruhe aus. Ob gehörlose Menschen davon auch gequält wurden? Jene, die erst später im Leben ertaubt waren, ganz sicher, die hatten ja das komplette Repertoire der Sinneswahrnehmungen abrufbar in ihrem Gehirn. Womöglich hörten die auch Phantomgeräusche, so wie Amputierte noch Gefühle in ihren fehlenden Gliedmaßen hatten. Aber wie war es, von Geburt an gehörlos zu sein? War da einfach nur Stille? Ich konnte es mir nicht vorstellen, aber es faszinierte mich ungemein. Wieder erklangen Rascheln und ein Knacken, doch nun ließ ich mich nicht mehr aus der Ruhe bringen. Es war zweifellos der Wind.

Ob Archie eines der Kinder war, die ihr Implantat ablehnten und sich auch weigerten zu sprechen? Oder war es nur eine Phase? Seine jüngere Schwester Ada dagegen schien keine Probleme zu haben, weder mit ihrer Hörhilfe noch mit dem Sprechen. Sie konnte sich sehr klar artikulieren, was ich bei einem so kleinen Kind bemerkenswert fand, aber womöglich war es schlicht normal. Ich hatte so viele Fragen, die ich Esther gerne beim Abendessen gestellt hätte – nicht nur in Bezug auf ihre Kinder –, doch dann war da ihre Schwester gewesen und hatte sie voll in Beschlag genommen. Sehr, sehr schade, denn ich hatte mich auf den Abend mit ihr gefreut. Womöglich wäre etwas Berichtenswertes für meine Therapeutin passiert? Womöglich auch etwas, das ich lieber für mich behalten hätte? Ich hörte ein leises Schnauben. Von mir selbst? Bestimmt. Denn ein einsamer Wolf mit romantischen Ambitionen war wirklich mehr als lächerlich. Wobei auch der einsamste Wolf ab und zu Bedürfnisse hatte. Oder?

Ich sollte schleunigst mit dieser dämlichen Tier-Analogie aufhören. Das war absolut albern, da hatte Carol schon recht. Denn im Grunde war ich einfach ein Feigling, der sich selbst, seinen Gefühlen und seiner zwischenmenschlichen Integrationsfähigkeit nicht über den Weg traute. »Hochsensibel« hatte die Therapeutin mich genannt und von zu wenig aufgearbeiteten Traumata gesprochen. Mit dem zweiten Punkt könnte sie recht haben, mit dem ersten sicher nicht, denn als besonders sensibel schätzte ich mich selbst nicht ein. Ganz im Gegenteil. Rebecca hatte mich sogar mehrfach als völlig unsensibel bezeichnet. Vor allem in Bezug auf unsere Beziehung und ihre Arbeit.

Beides konnte ich nicht nachvollziehen, aber wahrscheinlich war das auch nur ein Indiz für meine fehlende Sensibilität. Wir waren fast vier Jahre zusammen gewesen, und sie hatte dringend auf einen Ring gewartet. Allerdings hatte ich ihr von Anfang an klargemacht, dass eine Familie und damit auch eine Ehe für mich nicht in Frage kamen. Sie war ganz cool damit umgegangen. Zunächst jedenfalls, doch nachdem sie bei mir eingezogen war und mein Haus weitgehend nach ihrem Geschmack umdekoriert hatte, war sie wohl der Ansicht gewesen, dass ich meine Meinung geändert haben musste. Hatte ich nicht. Warum auch? An den grundlegenden Parametern hatte sich ja nichts geändert. Außerdem verstand ich ihr Problem nicht. Es lief doch gut mit uns. Wir verstanden und ergänzten uns gut, hatten ähnliche Interessen und kompatible Bekanntenkreise. Ich unterstützte ihre Kunst- und Charity-Events, sie begleitete mich zu meinen Jobveranstaltungen, wo ich als einer der wichtigen Entwickler-Nerds mit einer schönen Frau an meiner Seite punkten konnte. Eine Win-win-Situation – fand ich jedenfalls. Sie jedoch hatte sich immer häufiger beklagt, dass ich ihre Bedürfnisse nicht wahr- und ihre Arbeit nicht ernst nähme.

Sie betrieb eine gut gehende Kunstgalerie in Palo Alto, die sich auf indigene Kunst aus der ganzen Welt spezialisiert hatte. Dort hatte ich sie auch kennengelernt, weil ich eine südamerikanische Maske hatte kaufen wollen, die mich schwer fasziniert hatte. Nach ein paar Wochen hatte ich es endlich zu regulären Öffnungszeiten in ihre Galerie geschafft und mich bei ihr nach Herkunft und Bedeutung erkundigt. »Diese Maske stammt aus Peru – und wenn Sie Ihr Herz berührt, hat sie ihre Bedeutung schon gefunden«, war ihre Erklärung gewesen. Ich hatte es zunächst für einen Witz gehalten, denn auch wenn der ästhetische Reiz der Auslöser dafür gewesen war, dass ich mich nach der Maske erkundigt hatte, hätte ich doch gern etwas mehr über die Hintergründe erfahren. Was, wenn es eine Totenmaske war oder sie zur Geisterbeschwörung diente? So etwas wollte ich dann doch nicht bei mir über dem Kamin hängen haben. Becky hatte diese Bedenken witzig gefunden, sie aber auch nicht mit validen Informationen zerstreuen können. Und so hatte ich an diesem Nachmittag zwar kein Kunstobjekt gekauft, aber ein Date klargemacht.

Vermutlich war diese erste Begegnung symptomatisch für unsere ganze Beziehung gewesen. Ihr ging es um Ästhetik, mir um Inhalte und Bedeutungstiefe. Sie wollte, dass die Sachen gut aussahen – und mit »Sachen« war durchaus auch der Partner gemeint –, ich, dass sie Sinn und Substanz hatten. Wieder hörte ich ein

Schnauben – und diesmal war ich mir ziemlich sicher, dass es nicht aus meiner Nase gekommen war, doch um mich herum war weiterhin nur urwüchsiger, lichter Wald zu sehen. Dann war es wohl doch mein Unterbewusstsein, das sich über meine Gedankengänge amüsierte. Dabei war das eben doch ein Durchbruch gewesen. Eine wirklich große Erkenntnis. Denn offenbar hatten Rebecca und ich längst nicht so gut harmoniert, wie ich immer angenommen hatte, sondern im Gegenteil: Wir hatten nie eine gemeinsame Basis gehabt.

Ob Esther mehr für Substanz und Bedeutung zu haben war? Ich war mir fast sicher, denn allein, wie sie über die Wale gesprochen hatte und mit ihren Kindern umging ... Das Schnauben jetzt kam aber eindeutig aus meiner Nase! Ich schüttelte den Kopf über mich und meine wirren Gedanken. Zu viel Selbstreflexion war zweifellos ungesund. Dafür öffnete sich gerade der Blick auf die angekündigte kleine Bucht. Sie war menschenleer und tatsächlich sehr malerisch. Ich kletterte den schmalen Pfad hinunter und stand kurze Zeit später am Strand. Die Sonne schien und zauberte glitzernde Reflexe auf die Pazifikwellen, die hier sanft ans Ufer schwappten. Herrlich. Und verdammt romantisch, so romantisch, dass sich der einsame Wolf eine Wölfin wünschte.

Hatte ich mir die albernen Tiervergleiche nicht verboten? Ich streifte meinen Rucksack ab, lehnte ihn an einen mächtigen, ausgeblichenen Baumstamm, der, als Treibgut angeschwemmt, ein paar Meter vom Ufer entfernt lag, und kramte meine Drohne hervor. Die Sonne war hier so mild, dass ich auch die Lederjacke auszog und sie über den Stamm legte. So hatte ich mehr Bewegungsfreiheit. Nach wenigen Handgriffen war die

Drohne startklar und gleich darauf in der Luft. Ich hatte sie erst einmal kurz auf der Terrasse ausprobiert und war ziemlich angetan von der einfachen und geschmeidigen Navigation. Jetzt wollte ich testen, wie die Reichweite war und wie gut die Kamera. Ich ließ sie recht hoch aufsteigen und schaltete dann die Kamera ein. Das Bild auf meinem Handydisplay war gestochen scharf. Ich konnte den Wald hinter mir erkennen und die komplette sichelförmige Bucht.

Dann ließ ich die Drohne in einem weiten Bogen übers Meer gleiten. Mit einem Fingerstreichen stieg sie noch höher, und ich fragte mich, ob ich vielleicht sogar einen Wal sehen würde, der seinen Blas ausstieß, doch auf meinem Handybildschirm waren nur im Sonnenlicht glitzernde Wellen. Ich war jedoch begeistert davon, wie klar ich die unterschiedlichen Farbtöne des Meeres wahrnahm. Klares, vergleichsweise helles Blau neben dunkleren Flecken, an denen möglicherweise Seetang wuchs, und dann wieder fast türkise Flächen, die zweifellos wegen eines hellen Sandbodens so karibisch wirkten. Ich ließ die Drohne ein Stückchen absinken, als ich eine schwimmende Möwe entdeckte. Und noch tiefer, so dass sie direkt über der Möwe flog, die irritiert nach oben schaute, offenbar ärgerlich den Schnabel aufriss und sich dann selbst in die Luft erhob. Kurz hatte ich Angst, dass der Vogel meine kleine Drohne attackieren könnte – das wäre es dann gewesen mit ihrem kurzen Leben –, aber glücklicherweise schwirrte er gleich wieder ab. Auf meinem Bildschirm entdeckte ich jedoch einen dunklen Kopf, der neugierig aus dem Wasser schaute. Eine Robbe. Und dann noch eine und eine dritte. Ich schätzte, das waren Seelöwen, wie es sie auch in San Francisco gab.

Leider sank der Akkustatus schon dramatisch ab, und

so lenkte ich die Drohne wieder in Ufernähe. Sie war so programmiert, dass sie automatisch zu ihrer Startposition zurückkehrte, wenn sich der Akku dem kritischen Bereich näherte, aber eine heftige Windböe könnte sie vom Kurs abbringen, und das wollte ich nicht riskieren. Also ließ ich sie zurück in Richtung Ufer fliegen und dann noch eine Ehrenrunde über dem Strand drehen. Was ich jetzt jedoch auf meinem Display sah, ließ mich erst ungläubig auflachen – und mir dann das Blut in den Adern gefrieren. An meinem Rucksack, der ungefähr fünf Meter hinter mir am Baumstamm lehnte, machte sich gerade eine Bärenfamilie zu schaffen. Eine Mutterbärin und zwei Jungtiere. Und eines davon bewegte sich neugierig in meine Richtung. »Scheiße!«, entfuhr es mir laut.

Ich hatte mir die ganze Zeit Gedanken über Wölfe gemacht, und hier waren Bären! Gottverdammte echte Bären. Langsam drehte ich mich um. Mein Schrei hatte das Bärenbaby gebremst. Es war stehen geblieben und blickte nun zwischen mir und seiner Mutter hin und her. Die hatte meine Käsebrote und die Äpfel aus dem Rucksack geholt und vertilgte sie mit sichtlichem Appetit. Ihr zweites Kind schaute zu meiner Drohne, die immer noch ein paar Meter über der Szenerie in der Luft stand, leise vor sich hin surrte und filmte.

Wie verhielt man sich bei einer Bärenbegegnung? Ich hatte schon ein paar Schilder gesehen, auf denen Verhaltensregeln standen – blöderweise hatte ich mir nie die Mühe gemacht, sie durchzulesen, weil ich davon ausgegangen war, dass die quasi als Touristenfolklore herumstanden oder weil man sich gegen die allerunwahrscheinlichsten Ereignisse absichern wollte. Genau wie diese Tsunami-Warnschilder, die es ebenfalls überall gab. Wer rechnete denn damit, dass tatsächlich eine Killerwelle kam? Oder ein Bär? Bären! Plural. Ich kam mir gerade komplett verarscht vor und völlig überfordert, denn an eine Sache konnte ich mich erinnern: Tiermütter aller Spezies konnten zu blutrünstigen Bestien werden, wenn sie ihre Kinder in Gefahr wähnten. Und dieses kleine Bärenjunge wackelte schon wieder tollkühn in meine Richtung. Mist! Mist! Mist!

»Keine gute Idee«, sagte ich zaghaft und mit erschreckend zittriger Stimme. Leider erschreckte sie nur mich, das Bärenkind schien meine Worte eher als Aufforderung zu verstehen, näher zu kommen. Ich ging langsam rückwärts. Nun machte sich auch das zweite Bärchen in meine Richtung auf – und zwar in rasantem Tempo –, während Mama immer noch meine Käsebrote mampfte. Noch ein paar Schritte rückwärts. Bärchen zwei hatte mich fast erreicht. Mama Bär gab einen merkwürdigen Grunzlaut von sich, der nicht gerade vertrauenerweckend klang. Entweder hatte ihr meine Brotzeit nicht zugesagt, oder ich war in ihren Augen kein angemessener Umgang für ihre Kinder. In diesem Punkt hätte ich ihr absolut zugestimmt, doch leider sah ihre Höllenbrut das anders und kam noch näher. Aus den Augenwinkeln nahm ich wahr, wie sich die Bärin nun ebenfalls in Bewegung setzte, weiterhin grunzend und schnaubend. Was die Kleinen jedoch nicht bremste, im Gegenteil. Ich machte noch zwei Schritte rückwärts – und dann überschlugen sich die Ereignisse.

Eine Welle schwappte mir über die Füße, ich erschrak, geriet ins Straucheln und stürzte ins eiskalte Wasser. *Das war's*, dachte ich und erwartete, bereits in der nächsten Sekunde einen tödlichen Bärenbiss an meiner Kehle zu spüren. Stattdessen hörte ich schrille

Pfiffe, lautes Geschrei und Hundegebell. Mühsam hievte ich mich hoch und sah gerade noch, wie die Bärin und ihre beiden Kinder in Richtung Wald davonrannten – verfolgt von einem riesigen braun-weiß gescheckten Zottelhund, der mir sehr bekannt vorkam. Kurz darauf reichte mir jemand die Hand und zog mich endgültig wieder hoch.

Ich war bis auf die Haut durchnässt, doch ich spürte die Kälte kaum, denn mein rasendes Herz pumpte immer noch reichlich Adrenalin durch meinen Körper. Es dauerte einen Moment, bis ich meine Umgebung wieder richtig wahrnahm. Die helfende Hand gehörte zu Wolf Archer, der mich breit grinsend anschaute und irgendetwas sagte, auf das ich mich jedoch nicht konzentrieren konnte. Irgendwas wie »hungrige Bären« und »dummer Anfängerfehler«. Wolf war jedoch nicht allein hier, sondern in Begleitung von Joanne, Esther, ihrer Schwester, Ada und Archie. Und gerade kam auch Carly wieder angeflitzt und begrüßte mich mit enthusiastischem Schwanzwedeln und einem ziemlich selbstzufriedenen Gesichtsausdruck. »Danke«, sagte ich und meinte den Hund genauso wie Wolf und die restliche Truppe, die gerade neugierig die Überreste meines Rucksacks beäugte.

Alle schienen recht vergnügt zu sein, nur Esther betrachtete mich mit einem seltsamen Blick. Sie hatte Ada auf dem Arm, die bei meinem Anblick wild strampelte und gleich darauf jauchzend zu mir gerannt kam. »Daddy ist nass!«, rief sie laut und deutlich, als sie mich erreicht hatte, und unwillkürlich schaute ich mich um, weil ich hinter mir ihren ebenfalls nassen Vater vermutete. Ein vollkommen absurder Gedanke, aber kaum weniger absurd als die Vorstellung, sie könnte mich meinen.

»Schätzchen, das ist Dominic, nicht Daddy«, widersprach Esther, doch die Worte prallten an ihrer Tochter ab. Wahrscheinlich weil Esther hinter dem Kind stand und die Kleine sie deshalb nicht richtig verstehen konnte, nahm ich an.

»Daddy hat Angst vor Bären?« Ada hatte es wie eine Frage betont und musterte mich mit schiefgelegtem Kopf. Dabei ähnelte sie auf zauberhafte Weise dem Wuschelhund, der mit exakt der gleichen Körpersprache neben ihr saß.

Unwillkürlich musste ich lachen. Aus Dankbarkeit darüber, dass ich noch lebte. Wegen der völlig absurden Gesamtsituation und, wenn ich ehrlich war, um das seltsam warme Gefühl zu übertönen, das Adas Daddy-Bezeichnung in mir auslöste. Schließlich sagte ich: »Ja, ich habe Angst vor Bären, und ich heiße Dominic, nicht Daddy.«

»Du brauchst eine Carly, Daddy«, beharrte Ada jedoch ganz ernsthaft und umarmte das Riesentier. »Sie beschützt uns.«

»Nicht umsonst haben die meisten Leute hier Hunde«, mischte sich Wolf ein. »In dieser Gegend muss man immer mit Bärenbegegnungen rechnen. Aber warum hast du denn nicht geschrien oder laut gepfiffen? Das vertreibt sie in der Regel auch.«

»Ähm ...« Das war eine gute Frage. Jetzt fiel mir auch wieder ein, dass ich von dieser simplen Abwehrmaßnahme schon mal gehört hatte.

»Steht auf allen Warnschildern, die hier in jedem Winkel angebracht sind«, mischte sich Esther ein, und ihr schwer deutbarer Blick irritierte mich ungemein.

Wahrscheinlich hielt sie mich für den größten Trottel unter der Sonne, einen alltagsuntauglichen IT-Nerd, der außerhalb seiner urbanen Wohlfühlzone vollkommen aufgeschmissen war. Damit hätte sie jedenfalls recht. Ich schätzte, dass ihr außerdem Adas Daddy-Rufe peinlich waren – was in meinen Augen jedoch völlig unnötig war. Ehe ich etwas zu meiner Entschuldigung vorbringen konnte, rettete Archie die Situation. Er hatte meine Drohne gefunden und hielt sie mir entgegen. Sie sah unversehrt aus, was man von meinem Smartphone leider nicht behaupten konnte, das ich immer noch krampfhaft in der Hand hielt und das daher ebenfalls baden gegangen war. Eine Behandlung, die es noch schlechter vertrug als ich. Das Display war schwarz, das Gerät mausetot. »Danke«, sagte ich zu Archie. »Ich bin froh, dass die Bären die Drohne nicht erwischt haben.«

Der Junge nickte und deutete mit dem Zeigefinger erst auf die Drohne und dann auf seine eigenen Augen.

»Du willst dir anschauen, was die Drohne gefilmt hat?« Archie nickte, und ich fuhr fort: »Das können wir gerne machen. Es sollte alles auf dem Speicherchip sein. Den werde ich nachher mal auslesen und …«

»Du solltest schleunigst zusehen, dass du nach Hause kommst, ein heißes Bad nimmst und dann warme, trockene Sachen anziehst, sonst holst du dir den Tod«, fuhr Esther dazwischen, und ich freute mich, dass sie besorgt klang.

»Und es wäre wirklich schade um ihn«, schaltete sich nun ihre Schwester Zoe ein, die mich unverhohlen musterte, wie sie es auch schon vor ein paar Tagen am Wasserflugzeug-Anleger getan hatte.

»Zieh dein Shirt aus«, forderte Esther, ohne auf Zoes Kommentar zu reagieren. Sie selbst schlüpfte aus ihrer leichten Outdoorjacke, drückte sie ihrer Schwester in die Hand und zog sich dann ihren unförmigen, viel zu großen blauen Fleecepulli aus. Darunter trug sie ein enges weißes T-Shirt mit tiefem V-Ausschnitt. Nie hätte ich gedacht, dass sie eine so gute Figur hatte, denn bislang war die immer unter zweifellos praktischen und warmen, aber eher voluminösen Kleidungsstücken verborgen gewesen. »Hast du noch nie Brüste gesehen?«, fragte sie mich und schnaubte, halb zweifelnd, halb amüsiert. Ich beeilte mich, den Blick zu heben und ihr wieder in die Augen zu schauen.

»Sorry«, murmelte ich und streifte mir das nasse Langarmshirt über den Kopf. Langsam, aber sicher spürte ich, wie mir die nasse Kälte in die Gliedmaßen kroch und meine Zähne zu klappern begannen. Dem Bärenbiss war ich zwar entgangen, aber ganz war ich dem Tod wohl doch noch nicht von der Schippe gesprungen.

»Na, das ist ja mal ein Anblick für müde Äuglein«, befand Zoe mit einem Kennerblick auf meinen Oberkörper. »Für einen lebensuntüchtigen Voll-Nerd bist du verdammt gut in Form«, lobte sie mich und wandte sich dann an ihre Schwester. »Eindeutig mehr Wolverine als Sheldon Cooper!«

»Wolverine hätte mit den Bären kurzen Prozess gemacht«, entgegnete Esther trocken und hielt mir ihren Pulli entgegen. »Los, zieh den an, sonst bekommt Zoe hier noch spontan einen Eisprung, und dann weiß ich wirklich nicht, ob du noch zu retten bist.«

Ich schlüpfte in den Pullover, der natürlich sehr eng war, aber glücklicherweise ein bisschen dehnbar. Sofort umfing mich eine Wärme, die zum Teil von dem weichen Material stammte, vor allem aber von ihrem Körper. Das fühlte sich so intim an wie eine Umarmung, und ich bekam eine Gänsehaut. Was natürlich auch daran liegen konnte, dass ich inzwischen wirklich fror. Oder an ihrem Geruch, der ebenfalls im Pullover hing und mir regelrecht zu Kopf stieg. »Danke«, krächzte ich und räusperte mich. Warum nur war meine Stimme plötzlich so rau?

Esther zog sich ihre Jacke wieder über und kramte aus einer Tasche eine Trillerpfeife hervor, die sie mir in die Hand drückte. »Hier, nimm die, und falls du wieder mal einen Bären siehst, dann blas ordentlich drauf rum. Und ansonsten würde ich dir dringend raten, deine Joggingschuhe ihrer eigentlichen Bestimmung zuzuführen und nach Hause zu rennen. Sonst kühlst du endgültig ab.«

Täuschte ich mich, oder klang sie auch etwas anders als sonst? Das bildete ich mir bestimmt nur ein, aber nicht nur Zoe hatte verblüfft auf meinen Oberkörper gestarrt. Waren wir also quitt, was unangemessene Blicke betraf. In der Sache hatte sie jedoch ganz bestimmt recht, ich sollte schleunigst heim und heiß duschen. »Danke«, sagte ich also erneut und wandte mich dann meiner Lederjacke und den traurigen Überresten meines Rucksacks zu. Der war nicht mehr zu retten.

»Nun lauf schon«, beharrte Esther. »Wir nehmen den anderen Kram mit. Auch deine Drohne. Die kannst du ja nachher bei uns abholen. Und gerne zum Tee bleiben. Zoe hat Kuchen gebacken.«

»Okay. Danke.« Ich sah noch einmal in die Runde. Alle nickten mir zu, und Archie hielt die Drohne hoch. Er würde sie zweifellos verteidigen. »Dann bis nachher. Soll ich einfach vorbeikommen oder vorher anrufen?«

»Bist du immer so umständlich?« Zoe verdrehte lachend die Augen. »Dein Telefon ist hinüber, damit kannst du also gar nicht anrufen. Also lauf, und komm dann einfach vorbei, wenn dir wieder warm ist. Du musst dann auch kein Shirt tragen ...«

Esthers Grunzen auf diese Bemerkung hin erinnerte mich erschreckend an die Bärenmama, und so nahm ich die Beine in die Hand und rannte los. Als ich im Wald verschwand, meinte ich noch, Adas fröhlichen Ausruf zu hören: »Daddy kommt zu Besuch!«

ELEMENTARE ÜBERLEGUNGEN

ESTHER:

So hatte ich mir diesen Sonntag nicht vorgestellt! Da Zoe, Joanne und Wolf zu Besuch waren, hatte ich die Vormittagstour, die ich sonst meist betreute, an meinen Vater übergeben, um mehr Zeit mit ihnen verbringen zu können. Joanne war tatsächlich noch nie in Tofino gewesen und hatte unbedingt eine kleine Wanderung unternehmen wollen. Also waren wir in Richtung der beschaulichen Bucht losgezogen, in der ich früher die tollsten Erlebnisse gehabt hatte. Heimliche Strandpartys in kleiner Runde, erste Knutschereien, einmal auch deutlich mehr, tiefsinnige Gespräche ... Dieser Platz war immer so etwas wie mein geheimer Rückzugsort gewesen, abgelegen genug, dass nicht ständig andere Leute vorbeikamen, von denen es die meisten aber ohnehin eher an die großen Strände zog, und nah genug, um schnell dorthin zu verschwinden.

Witzigerweise hatten auch Zoe und Dad diese Bucht

vorgeschlagen, und ich war verblüfft gewesen, dass die beiden überhaupt von ihrer Existenz wussten. Zoe hatte meiner Wahrnehmung nach fast immer am Cox Bay Beach bei den Surfern rumgehangen. Jedenfalls war sie immer dort gewesen, wenn ich es auch gewesen war. Und Dad hätte ich überhaupt nicht zugetraut, dass er sich für romantische Wanderungen zu einsamen Buchten interessierte, doch offenbar hatten sich Mom und er da regelmäßig kleine Auszeiten vom Familien- und Joballtag genommen. So waren wir also zu unserer kleinen Wanderung aufgebrochen und hatten unseren Augen nicht getraut, als wir die Bucht erreichten: Dominic Gordon, der von zwei jungen Schwarzbären und deren Mutter bedrängt wurde.

Normalerweise waren die Bären in der Gegend nicht aggressiv und hatten kein besonderes Interesse an einer Begegnung mit Menschen. Zumindest die erwachsenen Tiere. Die hatten allerdings gelernt, dass Menschen oft Essbares bei sich trugen, was aus Bärensicht wiederum ein Pro-Argument zu sein schien. Deshalb gab es hier bei uns auch die eiserne Regel, jeden Müll, vor allem aber Essensreste wieder mit nach Hause zu nehmen und dort zu entsorgen, um die Bären nicht noch mehr daran zu gewöhnen. Einige besonders schlaue Tiere jedoch kamen manchmal sogar bis in die Wohngebiete und durchwühlten die Mülltonnen – was dann schon eher problematisch wurde.

Für Dominic war die Situation besonders unangenehm gewesen, weil ihm die neugierigen Bärenbabys auf die Pelle rückten und Mama Bär das offensichtlich unangemessen fand. Bei diesem Anblick hatten Wolf und Zoe schrille Pfiffe ausgestoßen, und ich hatte in die Trillerpfeife geblasen, die ich für solche Fälle immer dabeihatte. Carly, die die Gefahr instinktiv erkannt hatte, war laut bellend losgerannt und hatte die Bärenfamilie verjagt. Aus unserer Perspektive war das alles ziemlich witzig gewesen, auch wenn jeder von uns wusste, wie kritisch die Situation gewesen war, denn keiner konnte vorhersagen, wie sich eine provozierte Bärin tatsächlich verhalten würde. Dabei hätte Dominic sie mit lauten Schreien vermutlich ganz einfach selbst verjagen können, doch er hatte völlig geschockt gewirkt, und unfähig, die simpelsten Überlebenstechniken anzuwenden, die hier jedes Kleinkind beherrschte.

Was mich jedoch völlig aus der Fassung gebracht hatte, war meine Tochter. Aus einem geheimnisvollen Grund beharrte Ada darauf, Dominic »Daddy« zu nennen. Meine Kinder waren beide recht offenherzig und nur wenig scheu anderen Menschen gegenüber, aber diese Zutraulichkeit war mir dann doch etwas ... Tja, was eigentlich? Zu viel? Zu nah? Zu gefährlich? Wahrscheinlich eine Mischung aus allem. Und ziemlich sicher eine totale Überreaktion meinerseits. Ich interpretierte womöglich Dinge in ihr Verhalten hinein, die gar nicht der Realität entsprachen, oder brachte meine eigenen, verwirrenden Empfindungen mit in die Gemengelage ein. Und auch wenn »Daddy« in Adas Wortschatz nichts weiter als ein Name war, löste dieses Wort doch einiges in mir aus – und das brachte mich endgültig aus dem Konzept.

Ich hatte mir nie vorgestellt, als alleinerziehende Mutter zu leben. Oder zwei Kinder mit besonderen Bedürfnissen zu haben. Genauso wenig, wie ich mir jemals vorgestellt hatte, zum Tourismus-Tycoon zu werden und zwei Konkurrenten einfach aufzukaufen. Okay, Letzteres war dramatisch übertrieben und hatte mich vor allem in ernsthafte finanzielle Nöte gebracht, aber Tatsache war, dass das Leben immer das machte, was es für richtig hielt. Insofern war es vielleicht doch okay, dass ich Herzklopfen bekam, wenn plötzlich von einem neuen Daddy die Rede war. Denn schließlich bedeutete das ja auch: ein neuer Mann für mich. Eine Möglichkeit, die ich nie ausgeschlossen hätte, über die ich aus unterschiedlichen Gründen aber nicht allzu oft nachgedacht hatte. Vielleicht war das mein Hauptproblem? Vielleicht war ich zu unreflektiert und daher unvorbereitet?

Unvorbereitet war ich bei Dominics Anblick nämlich definitiv gewesen. Ernsthaft – wie konnte ein sich selbst so bezeichnender Computer-Nerd einen solchen Körper haben? Und dass er ein absoluter Geek war, dem normales irdisches Leben weitgehend fremd war, hatte er bei der Bärenbegegnung ja eindrucksvoll bewiesen. Ich hatte dummerweise eine Schwäche für eindrucksvolle Männeroberkörper, die ganz sicher aus der Zeit stammte, als ich mich mit gut gebauten Surferjungs vergnügt hatte. Früher, vor hundert Jahren. Es hatte mich dezent aus dem Konzept gebracht, ihn halb nackt vor mir zu sehen, und der Impuls, mit den Fingerspitzen durch die tiefen Muskeltäler an seinem Bauch zu gleiten, war beinahe unwiderstehlich gewesen. Glücklicherweise hatte mich Zoes Kommentar etwas abgelenkt, und ihn hoffentlich auch, denn mein Starren war mir peinlich, auch wenn es nur ausgleichende Gerechtigkeit war. Schließlich hatte sich sein Blick unmittelbar davor an meinem Dekolleté verhakt.

»Willst du Butter zum Kuchen servieren?«, riss mich Zoe aus meinen Gedanken, und erschrocken stellte ich den Handmixer aus, mit dem ich gerade Sahne steif schlug – die tatsächlich schon eine beinah buttrige Konsistenz angenommen hatte.

»Mist«, fluchte ich leise.

»Mach dir nichts draus, du kannst sie Dominic bestimmt als ›Clotted Cream‹ verkaufen«, tröstete sie mich grinsend. »Als Schotte wird er sich sicher darüber freuen.«

»Als Schotte wird er vor allem erkennen, dass es eben totgeschlagene Sahne ist und sonst nichts«, entgegnete ich seufzend und löffelte den weißen Mampf trotzdem in eine hübsche Glasschüssel. Es blieb mir auch nichts anderes übrig, denn ich hatte keine weitere Sahne im Haus. Außerdem hielt ich es immer noch für relativ wahrscheinlich, dass er gar nicht kam. »Vermutlich taucht er sowieso nicht auf.«

»Das glaubst du doch selbst nicht. So, wie er dich angeschaut hat, als du deinen scheußlichen Fleecepullover ausgezogen hast, wird er bestimmt gleich auf der Matte stehen. Frisch geduscht und voller Tatendrang.«

»Ich wüsste nicht, wie er einen wie auch immer gearteten Tatendrang ausleben könnte, solange das Haus voller Menschen ist.« Mir entfuhr ein weiterer Seufzer.

»Ha, jetzt hast du dich endgültig selbst entlarvt!«, befand Zoe triumphierend. »Nicht nur mit dieser pathetischen Seufzerei, sondern vor allem mit deinen schmutzigen Gedanken. Während ich an anregende Gespräche mit der ganzen Sippe und vielleicht an eine kleine Vorführung von dem Drohnenfilmchen gedacht habe, träumst du von sexy Zweisamkeit.«

»Tu ich nicht«, behauptete ich matt. Tat ich doch – und Zoe sah es mir an der Nasenspitze an. »Außerdem ist dieser Mann ...«

»Verdammt heiß für einen Nerd!«, vervollständigte Zoe meinen Satz.

»Eine Komplikation, die ich gerade gar nicht brauchen kann«, beharrte ich, auch wenn signifikante Teile von mir ganz anderer Meinung waren. Verstörenderweise nicht nur mein Unterleib, sondern auch mein Herz.

»Red es dir nur selber ein. Ich glaube ja, dass dieser Mann das Zeug dazu hätte, genau die Komplikation zu sein, die du dringend brauchst in deinem Leben. Und deine Kinder mögen ihn auch. Nicht nur Ada, die ihn gleich als ihren neuen Daddy adoptiert hat, sondern auch Archie. Hast du mitbekommen, wie er ihn voller Bewunderung angeschaut hat?«

»Hab ich. Und das macht es nicht einfacher. Außerdem ist Archie vor allem an der Drohne interessiert.« Das war eine Lüge, auch wenn mein Fünfjähriger von Technikkram wahnsinnig fasziniert war. Archie hatte Dominic in sein Kinderherz geschlossen, weil er sich von ihm ernst genommen und in mehr als einem Wortsinn verstanden fühlte.

»Dein Junior ist auch so ein Nerd«, traf Zoe den Nagel auf den Kopf.

»Mag sein. Aber Dominic wäre wie ein drittes Kind. Wobei sich Archie und Ada im Leben nicht so dämlich anstellen würden wie er.« Ich schüttelte den Kopf, deutlich ernüchtert.

»Er ist halt ein typischer Großstädter, der sich in der Wildnis nicht auskennt. Das mag unpraktisch und lebensfern sein, wenn man hier wohnt, aber kein Charakterfehler. Außerdem scheint er clever genug zu sein, um sich die nötigen Survival-Skills anzueignen«, nahm meine Schwester ihn in Schutz. »Falls er nicht vorher von einem Bären zerfleischt wird«, fügte sie noch hinzu und lachte dann laut. »Komm schon, Schwesterchen, du hast dir ein bisschen Spaß verdient.«

»Wenn du ihn so attraktiv findest, warum versuchst du dann nicht selbst dein Glück bei ihm? Das hätte dann auch den Vorteil, dass du wieder hier leben würdest. Ich bin mir sicher, dass eine Yoga-Schule in Tofino inzwischen ganz gut funktionieren würde.«

»Du bist eine schamlose Lügnerin!«, beschimpfte sie mich.

»Warum? Ich meine das ernst mit der Yoga-Schule.«

»Auch wenn ich nicht so optimistisch wäre, was den möglichen Erfolg eines Yoga-Studios angeht, das meinte ich gar nicht. Du lügst dir selbst in die Tasche, wenn du behauptest, dass du nicht an ihm interessiert bist. Das ist Quatsch. Und was mich betrifft – wir wissen beide, dass Tofino und ich nicht funktionieren.«

»Aber vielleicht du und Dominic?«, schlug ich idiotisch vor.

»Du willst doch nur klipp und klar von mir hören, dass ich nicht an ihm interessiert bin.«

Ertappt. Gab ich aber nicht zu, sondern zuckte nur mit den Schultern.

»Wäre ich nicht in der komplizierten Situation, in der ich bin, und könnte ich nicht erkennen, wie toll ihr euch gegenseitig findet, dann würde ich einen Mann wie Dominic zweifellos in Erwägung ziehen, aber so? Nein danke.« Sie sah mich eindringlich an. »Hast du das begriffen?«

»Ich bin ja nicht vollkommen gaga«, entgegnete ich.

»Das ist noch nicht ganz geklärt. Aber nun würde ich vorschlagen, wir rufen die Meute zu Kaffee und Tee, denn ich habe Hunger und will nicht warten, bis Nerd-Daddy seinen Mut zusammengenommen hat und hier aufkreuzt. Außerdem habe ich nachher noch was vor.«

»Eben hast du noch behauptet, dass er ganz bestimmt kommt.«

»Was weiß denn ich? Vielleicht ist er in seiner Badewanne ertrunken?« Zoe zuckte mit den Schultern und trug den von ihr heute Morgen gebackenen ayurvedischen Bananen-Schokoladenkuchen und die von mir getötete Sahne nach nebenan ins Esszimmer.

Es war albern, aber ich machte mir sofort wieder Sorgen, denn ich traute Dominic inzwischen fast jedes irre Missgeschick zu. Doch dann schob ich diesen Gedanken beiseite und ging ins Wohnzimmer, wo zwischen Joanne und meinen Kindern eine angeregte Unterhaltung in Gebärdensprache im Gang war.

»Wer mag Kuchen?«, fragte ich in die Runde und bemühte mich ebenfalls um die richtigen Gesten.

Erwartungsgemäß alle. Nur bei den Getränkewünschen war man sich nicht einig. Die Kinder wollten Kakao, Joanne und Wolf Kaffee, Zoe einen Kräutertee und ich schwarzen Tee. Dad, der in diesem Moment zur Tür hereinkam und von Carly und seinen Enkeln begeistert begrüßt wurde, ebenfalls.

»Im nächsten Leben eröffne ich eine Bar«, murmelte ich, während ich in der Küche all die Heißgetränke zubereitete.

»Selbst schuld, wenn du deinen Besuchern so eine große Auswahl bietest«, bemerkte Zoe mitleidslos. »Schau mal, wer da kommt!«, fügte sie mit einem Ton in der Stimme hinzu, bei dem ich natürlich sofort wusste, wen sie meinte. Trotzdem sah ich ebenfalls aus dem Küchenfenster und konnte nicht verhindern, dass mein Herz schneller schlug.

. . .

»Diesen Tag werde ich sicherlich nie vergessen«, sagte Dominic zwei Stunden später, und ich konnte an seinem Gesicht nicht erkennen, ob er es positiv oder negativ meinte.

»Es wäre vielleicht einfacher gewesen, wenn du dich von den Bären hättest fressen lassen statt von meiner irren Familie«, entgegnete ich leichthin. Die irre Familie hatte sich inzwischen weitgehend verzogen. Dad war mit Wolf und Joanne im Schlepptau zu Kelly Scott abgerauscht, die zum Abendessen eingeladen hatte, und Zoe wollte sich mit ein paar alten Freunden treffen. Nur die Kinder waren noch da, aber die spielten vor dem Kamin einigermaßen friedlich und konzentriert mit ihren Legosteinen.

»Wer den Schaden hat, muss für den Spott nicht sorgen.« Dominic lächelte schief.

Zoe und Wolf hatten meinem Vater sehr launig von Dominics prekärem Abenteuer am Strand berichtet – flankiert von Adas Kommentaren: »Daddy hat Angst vor Bären!« Keine Ahnung, was meinen Vater mehr amüsiert hatte, Adas Zutraulichkeit oder die dramatisch ausgeschmückte Geschichte. Jedenfalls hatte er den armen Kerl ordentlich auf den Arm genommen.

»Mein Vater hat einen etwas gewöhnungsbedürftigen Humor ...«

»Ich mag ihn. Er ist so geradeheraus – genau wie du«, sagte Dominic und sah mir direkt in die Augen.

Wir saßen inzwischen im Wohnzimmer auf dem Sofa, und ich konnte den Blickkontakt nicht lange halten. Also schaute ich zu meinen spielenden Kindern und dem schnarchenden Hund. »Ich bin mir nicht sicher, ob das ein Kompliment ist«, meinte ich schließlich.

»Oh doch, unbedingt«, beharrte er. »Ich mag Menschen, die aussprechen, was sie denken. Das tun die wenigsten.«

Ich übrigens auch nicht. Zumindest behielt ich meine aktuellen Gedanken lieber für mich – die waren nämlich erschreckend oberflächlich. Genau genommen stellte ich mir gerade mal wieder plastisch Dominics eindrucksvolle Muskeln vor, die er nun unter einem schicken weißen Hemd verborgen hatte. Dazu trug er eine gut geschnittene, knackige Jeans und sah zum Anbeißen aus – und deutlich mehr wie ein Filmstar als wie der verschrobene IT-Nerd, den er sonst so gern gab. »Alles muss man vielleicht nicht gleich ausplaudern.«

»Schade, denn ich hätte wirklich gern gewusst, woran du gerade denkst.«

Ich wandte mich ihm wieder zu, und er überraschte mich mit einem breiten, recht selbstsicheren Lächeln. Konnte er etwa Gedanken lesen? Oder hatte er eine App dafür entwickelt? Oder: »Flirtest du etwa gerade mit mir?«

»Wäre das so schlimm? Ich meine, du hast mich heute Vormittag in einer höchst peinlichen Situation erlebt.«

»Und halb nackt«, entfuhr es mir, und ich räusperte mich verlegen.

»Eben.« Er schmunzelte und ließ seinen Blick auffällig unauffällig an mir hinabgleiten.

Da gab es jedoch nicht viel zu sehen. Ich trug immer noch dieselbe Jeans und dasselbe T-Shirt wie heute Vormittag, nur hatte ich mir einen lockeren, dünnen Schal umgebunden und eine kuschelige Strickjacke angezogen. Vorhin war mir ein wenig kühl gewesen, doch jetzt glühten nicht nur meine Wangen. Allerdings brachte ich es nicht über mich, die Jacke auszuziehen oder wenigstens den Schal abzulegen. Das wäre viel zu offensichtlich. Also zuckte ich nur mit den Schultern und suchte nach einem weniger verfänglichen Thema. »Die Drohne hat wirklich fantastische Bilder gemacht, das wäre mal was für die Wale«, sagte ich. Vorhin hatten wir alle noch gemeinsam Dominics Filmaufnahmen angeschaut. Die Kinder waren von den Beinahe-Attacken der Möwe und des Bärenkindes besonders begeistert gewesen, während mich vor allem die Totale über dem Wasser angesprochen hatte.

»Ihr habt auf der Website doch einige Videos, die von oben gefilmt wurden«, wandte Dominic ein. Falls er sich über den krassen Themenwechsel wunderte, ließ er sich nichts anmerken.

»Ja, schon, aber die sind von einem Wasserflugzeug aus gemacht worden. Wenn man damit tief genug für gute Bilder fliegt, werden die Tiere nervös, weil die Flieger doch einigen Krach machen, und fliegt man zu hoch, braucht man einen starken Zoom, der dann schnell auf Kosten der Qualität geht. Reed hat einige sehr spektakuläre Drohnenaufnahmen von Orcas in Port McNeill gemacht. Dabei ist mindestens eine Drohne kaputtgegangen, weil er damit zu tief geflogen und der Wal zu hoch gesprungen ist.« Ich lachte. »Wir wollten das längst auch hier mal machen, mit den Grau- und Buckelwalen.«

Dominics Mimik hatte sich verändert. Das selbstsichere Lächeln war verschwunden, stattdessen huschten in rascher Folge alle möglichen Emotionen über sein Gesicht. Ich vermutete, dass er gerne ritterlich gewesen wäre und mir seine Hilfe angeboten hätte, ihn sein offensichtlicher Respekt vor dem Meer aber davon abhielt.

»Das war jetzt keine Aufforderung an dich, solche Filmaufnahmen zu machen«, stellte ich daher rasch klar. »Reed hat gutes Equipment und außerdem einen Bruder, der Landschafts- und Tierfotograf ist und uns bestimmt helfen kann. Wenn wir mal einen passenden Termin finden ...« Reed und ich hatten schon häufiger darüber gesprochen, aber bisher war es immer an einer günstigen Gelegenheit gescheitert. »Am einfachsten wäre es, wenn wir bei den üblichen Touren filmen könnten, dann müssten wir keine zusätzlichen Zeitslots für Boote und Skipper einplanen. Doch vermutlich ist das alles ein bisschen zu kompliziert.«

»Vielleicht ergibt sich ja bald eine Gelegenheit«, entgegnete Dominic vage. »Und ich werde auch noch mal darüber nachdenken.«

»Das muss wirklich nicht sein!«, betonte ich noch einmal, aber dann siegte meine Neugier. »Woher kommt eigentlich deine Angst vor dem Meer? Hast du mal schlechte Erfahrungen gemacht?«

»Als Angst würde ich es nicht bezeichnen«, schränkte er prompt ein, offenbar hatte ich an seiner Ehre gekratzt. »Es ist eher ein Unbehagen, das ich kaum erklären kann. Ich bin einfach überzeugt davon, dass wir Menschen Landsäugetiere sind. Unser Element ist die Erde, in unserem Lebensraum sollten wir festen Boden unter den Füßen haben und darüber Luft zum Atmen. Im Wasser dagegen sind wir fremd. Wir können nicht lange darin überleben, können nicht atmen, haben keinen Halt. Ähnlich empfinde ich in der Luft.« Er zuckte leicht mit den Schultern. »Ich weiß, das muss in deinen Ohren seltsam klingen, aber ich überlasse das Wasser lieber den Fischen, die Luft lieber den Vögeln und ...«

»Und das Feuer?« Ich hob eine Braue und sah ihn erwartungsvoll an.

»Den Feuersalamandern.« Er lachte, und ich fiel ein. »Kannst du das nachvollziehen?«

»Natürlich kann ich das. Ich gebe dir recht, wir Menschen sind auf einen besonderen Lebensraum angewiesen, aber wir sind auch neugierig und immer motiviert, unsere natürlichen Grenzen auszuloten. Ich fühle mich besonders lebendig, wenn ich tauche und auf diese Weise eine ganz neue Welt erlebe. Oder auch beim Surfen. Wenn man da mit der Naturgewalt der Wellen konfrontiert ist, sind irdische Sorgen zumindest für ein paar Momente ganz weit weg. Das ist manchmal beängstigend, aber vor allem empfinde ich es als wahnsinnig befreiend. Theoretisch jedenfalls. Praktisch habe ich es schon länger nicht mehr gemacht.« Ich sah ihn an. Bei der Erwähnung des Tauchens waren seine Augen ganz groß geworden, beim Surfen dagegen hatte er einen fast gequälten Blick bekommen. Seltsam. Ich war langsam wirklich gespannt darauf, was hinter seiner Abwehr steckte, denn dafür gab es sicher einen Grund. Ich schätzte Dominic als durch und durch rationalen Menschen ein, der selbst für seine Ängste eine schlüssige Erklärung aufweisen konnte.

»Das klingt ...«, begann er, besann sich dann jedoch rasch eines Besseren: »Warum surfst du nicht mehr?«

»Wegen der Kinder«, entgegnete ich lapidar. »Als Ada ein knappes Jahr alt war, hatte ich einen kleinen Unfall beim Surfen, und mir ist klar geworden, dass es leicht noch viel schlimmer hätte ausgehen können. Das kann ich nicht riskieren. Nicht, solange sie so klein sind.

Außer mir haben sie ja niemanden.« »Kleiner Unfall« stimmte nicht ganz. Ich hatte die Welle unterschätzt und vollkommen die Kontrolle über mein Board verloren, das mir mit aller Wucht gegen den Kopf geknallt war und mich bewusstlos geschlagen hatte. Ich wäre beinahe ertrunken und hatte eine ordentliche Gehirnerschütterung gehabt, aber so detailliert musste ich ihm das nicht schildern.

Er nickte. »Das ist sicher eine gute Entscheidung, aber andererseits kann immer etwas passieren. Das ganz normale Leben kann tödlich werden. Man kann ja auch auf der Straße von einem Auto oder vom Bus überfahren werden.«

Ich wusste, worauf er hinauswollte, doch die Bus-Analogie machte mir immer zu schaffen. Er musste es mir angesehen haben, denn nun fragte er: »Hab ich was Falsches gesagt? Ich wollte damit eigentlich nur ausdrücken, dass man sich nicht immer vor allem schützen kann. Selbst wenn du auf gefährliche Dinge wie das Surfen verzichtest – was ich persönlich sehr gut finde –, heißt das noch lange nicht, dass es keine anderen Gefahren gibt.«

»Ich weiß, wie du es gemeint hast, aber meine Mutter ist von einem Bus überfahren und tödlich verletzt worden«, erklärte ich ihm seufzend.

»Oh. Das tut mir sehr leid.«

Ich zuckte mit den Schultern und dachte an den Abend neulich am Strand zurück. Da hatte ich irgendwie Frieden mit der Situation gemacht. »Danke, konntest du ja nicht wissen. Aber grundsätzlich hast du natürlich recht. Es kann immer etwas passieren, und man kann sich nicht vor allen Unwägbarkeiten des Lebens schützen. Doch sosehr ich das Surfen auch liebe, momentan ist es mir einfach zu riskant. Man muss schon regelmäßig trainieren, um wirklich Spaß daran zu haben, und dafür fehlt mir einfach die Zeit. Aber ich mache viel Stand-up-Paddling oder fahre mit dem Kajak raus. Da kann ich auch die Kinder mitnehmen. Die lieben das ebenfalls sehr.«

»Ist das bei deinem Surfunfall passiert?« Er deutete auf meinen rechten Unterarm, auf dem mehrere gut verheilte, aber auffällige Narben zu sehen waren. Ich hatte die Ärmel meiner Strickjacke etwas nach oben geschoben, so dass er einen guten Blick darauf hatte.

»Nein.« Ich schüttelte den Kopf und strich lächelnd über die Narben. »Die sind uralt. Mit fünfzehn habe ich in den Sommerferien in einer Robbenaufzucht-Station gejobbt, und einer der rüpeligen Teenager hat meinen Arm mit einem Hering verwechselt und ordentlich zugeschnappt.«

»Dich hat ein Mitschüler gebissen?«, fragte er verblüfft.

»Was? Nein, ein halbstarker Seelöwe.« Jetzt lachte ich richtig.

»Ach so. Kommen Robben etwa auch in die Pubertät?«

»Ja klar, wie praktisch jedes Säugetier. Du hast nicht viel Erfahrung mit Tieren, was?«

»Kann ich nicht behaupten«, gab er zu, schien aber von dem Thema fasziniert zu sein. »Und wie äußert sich das?«

»Ähnlich wie beim Menschen auch. Im Grunde wird in der Pubertät das Gehirn einmal komplett neu verdrahtet, und in Kombination mit einschießenden Geschlechtshormonen führt das manchmal zu ziemlich anstrengenden Verhaltensweisen. Im Fall des Seelöwen auch zu verdammt schmerzhaften, der hatte sich vor lauter Gier regelrecht in meinen Arm verbissen.«

»Wurde er dann getötet?«

»Um Himmels willen, nein, wie kommst du denn auf so eine Idee?«, fragte ich schockiert.

»Na, weil er dich so stark verletzt hat. Das geht doch nicht.«

»Das war ein Wildtier, die haben in Menschenobhut normalerweise nichts zu suchen. Nein, der junge Kerl hat mit dieser Aktion ziemlich deutlich signalisiert, dass es Zeit für die Freiheit wurde. Außerdem war ich selbst schuld. Ich hätte besser aufpassen müssen, aber ich war eben auch ein bekloppter Teenie und habe mich unbesiegbar gefühlt. Der Stationsleiter hat mich ins Krankenhaus gebracht, damit meine Wunde versorgt wurde, und mir unterwegs dorthin einen ziemlich eindrucksvollen Einlauf verpasst.«

»Hm.« Dominic schien mit dem Ausgang der Geschichte nicht zufrieden zu sein. »Ich hätte den Kerl nicht so einfach davonkommen lassen.« Er nahm meinen Arm und fuhr mit einem Finger ganz zart über die Narben.

Das war die vermutlich unerotischste Geste der Welt, aber trotzdem jagte mir die Berührung einen Schauer über den ganzen Körper, und ich hatte plötzlich Schwierigkeiten, zu sprechen. »Was hättest du denn gemacht? Dem Seelöwen einen verbalen Rüffel erteilt?« Ich räusperte mich und schüttelte den Kopf. »Das hätte ihn zweifellos beeindruckt ...«

»Machst du dich über mich lustig?«

»Wie könnte ich?«, entgegnete ich und sah fasziniert zu, wie sein Zeigefinger weiter den Narbenspuren auf meinem Unterarm folgte.

»Kommen Wale auch in die Pubertät?«, wollte er schließlich wissen.

»Natürlich.«

»Und die beißen dann auch unschuldige Mädchen?«

»Erstens war ich nicht unschuldig. Also, an dem Vorfall. Ähm. Also daran, dass er mich gebissen hat.« Himmel, was redete ich da? »Und zweitens ... wo waren wir gerade?«

»Bei pubertierenden Walen«, half er mir aus. Das selbstsichere Lächeln war in sein Gesicht zurückgekehrt. Er schien es zu genießen, mich aus dem Konzept zu bringen, und das gelang ihm ganz großartig. Vor allem, da er nun nicht mehr nur meine Narben betastete, sondern mit dem Finger Schlangenlinien und Spiralen auf meine Hand malte.

»Wir haben hier relativ wenig Probleme mit pubertierenden Walen«, sagte ich schließlich, und es kostete mich schier übermenschliche Anstrengung, mich zu konzentrieren. »Du erinnerst dich an die Buckelwale, die wir bei der Tour beobachtet haben? Das waren ein paar übermotivierte Jungspunde. Manchmal kommt es auch vor, dass Tiere Boote anrempeln, und im letzten Sommer hat sich ein Trio junger Orcas rund um Spanien und Portugal den Spaß erlaubt, Segelboote zu attackieren. Dabei haben sie gezielt die Steuerruder abgebissen – aber den Menschen ist nichts passiert.« Diese Beispiele hätte ich mir wohl besser gespart, denn er beendete das zarte Fingerspiel auf meiner Hand abrupt und wurde ziemlich blass.

»Du hörst mit Surfen auf, weil es dir zu gefährlich ist, fährst aber jeden Tag zu Pubertätsmonstern aufs Meer«, brummte er.

»So schlimm ist es auch wieder nicht. Ich bin noch

nicht oft wegen eines Wals baden gegangen. Die meisten sind einfach nur neugierig.«

»Noch nicht oft?«, schnaubte er entsetzt.

»Ich kenne niemanden, der durch einen Wal ernsthaft verletzt worden oder gar zu Tode gekommen wäre, aber ich kenne eine Menge Leute, die durch andere Menschen und technisches Gerät Schaden genommen haben«, bemühte ich mich um eine Einordnung. »Meine Mutter kam durch einen Bus ums Leben, meine beste Freundin Emily und ihr Vater durch ein außer Kontrolle geratenes Speedboot. Glaub mir, selbst die pubertärsten Seelöwen und Wale dieser Welt sind längst nicht so gefährlich wie du und ich.«

»Und was ist mit Moby Dick? Nimmst du den etwa auch in Schutz?«

»Moby Dick ist ja vor allem eine Romanfigur, auch wenn die Geschichte auf einem tatsächlichen Vorfall beruht. Da hat ein Pottwalbulle ein Walfängerschiff gerammt und zum Kentern gebracht. Mitten im Südpazifik, tausende Kilometer von der nächsten Küste entfernt. Nur acht Crewmitglieder haben die endlose Odyssee überlebt.« Ich lächelte, weil ich schon als kleines Mädchen immer auf der Seite des Wals gewesen war. »Bei dem, was wir Menschen den Walen über Jahrhunderte angetan haben und zum Teil immer noch antun, dürfte man sich nicht wundern, wenn es mehr Tiere gäbe, die Rache nehmen wollen. Doch selbst die alten Wale, die die intensive Bejagung noch mitbekommen haben, verhalten sich uns Menschen gegenüber ausgesprochen freundlich – oder ignorieren uns einfach. Davon könnten wir alle eine Menge lernen.«

»Wenn du es so ausdrückst ... Trotzdem finde ich es tollkühn, was du als Job machst.« Er nahm erneut meine

Hand und betrachtete sie, als hätte er sie noch nie zuvor gesehen. Dann beugte er sich vor und hauchte einen Kuss auf die Handfläche. »Ich könnte es jedenfalls keinem Seelöwen und keinem Wal verzeihen, wenn er dir etwas antäte.«

Seine Worte und vor allem die zarte Andeutung eines Kusses sorgten für einen Synapsenkurzschluss. So etwas musste es sein, denn eine andere Erklärung hatte ich nicht dafür, dass ich mich zu ihm drehte, meine freie Hand um seinen Hals legte und meine Lippen auf seine senkte. Danach nahm ich erst einmal nichts anderes mehr wahr als einen hypnotischen, berauschenden Emotionsstrudel aus Endorphinen, Glück und einem Gefühl von Unbesiegbarkeit. Fast so wie bei einer perfekt gerittenen Welle. Nur besser. Nur süßer. Und viel, viel gefährlicher.

KUSSKRISE

DOMINIC:

»Mommy hat Daddy lieb!«, war das Erste, was ich nach einer gefühlten Ewigkeit wieder bewusst wahrnahm. Esther hatte mich geküsst. Einfach so. Und auf eine Art, wie ich noch nie in meinem Leben geküsst worden war. Ein Kuss, der gleichzeitig voller Hingabe und voller Leidenschaft war, der eine klare Forderung beinhaltete und ein großes Versprechen, der Feuer versprühte, mich ins Erdinnere zog, der mich wie ein Sturm umtoste, wie ein Tsunami mitriss – und mir offensichtlich derart die Sinne vernebelte, dass ich mir einbildete, jemand hätte etwas von Mommy und Daddy gesagt.

Ein Jemand, der plötzlich sehr real und mit einem breiten Grinsen im Gesicht aufs Sofa geklettert kam und seine etwas erschrocken wirkende und schwer keuchende Mutter umarmte. Esther vergrub ihr Gesicht in Adas wilder Lockenpracht und streichelte dem kleinen

Mädchen mit fahrigen Handbewegungen über den schmalen Rücken. Mein Blick fiel derweil auf Archie, der immer noch mit seinen Legosteinen auf dem Teppich vor dem Kamin saß und mich anstarrte.

Es war kein feindseliges Starren, eher ein abschätzendes oder fragendes, so als müsse er sich erst eine Meinung darüber bilden, was er von dem eben Erlebten halten sollte. Ich mochte den Jungen, der so überlegt und zurückgenommen war, aber offenbar über einen messerscharfen Verstand verfügte. Er erinnerte mich an mich selbst, und ich hoffte von Herzen, dass ich ihn nicht verstört oder verärgert hatte. Dabei begriff ich selbst kaum, was eben passiert war. Mein Herz schlug noch schneller als bei der Bärenpanik am Vormittag oder dem Joggen vom Strand nach Hause, und sollte ich jemals so etwas wie Geistesgegenwart besessen haben, war das vollkommen verpufft.

Ich sah Archie an und hoffte, mit meinem Blick mehr auszudrücken, als ich mit Worten oder Gesten hinbekommen hätte. Schließlich stahl sich ein kleines Lächeln auf seine Lippen, und er signalisierte mir ein »Okay«. Dann wandte er sich wieder den Legosteinen zu und konzentrierte sich ganz auf sein ausgeklügeltes Bauwerk. Okay also. Was genau meinte er wohl damit? Wollte er mir sagen, dass ich okay war? Dass es in Ordnung war, wenn ich seine Mutter küsste – vielmehr sie mich, so viel Zeit musste sein. Oder dass er meine Verwirrung verstand und ich mir keine Sorgen um ihn zu machen brauchte? Ich hatte keine Ahnung. Allerdings wäre jedes dieser Okays ziemlich okay. Genau genommen sogar verdammt sehr okay – und sie nahmen mir ein bisschen die Nervosität.

Allerdings nur so lange, bis Ada beschloss, dass sie ihre Mama lange genug umarmt und geküsst hatte, und ein neues Opfer suchte. Mich. Sie befreite sich aus Esthers Armen und kletterte von ihrem Schoß auf den meinen, sah mich mit glänzenden Schokoladenaugen an und schenkte mir das süßeste Lächeln überhaupt. Dann drückte sie mir in rascher Folge sehr feuchte Küsschen ins Gesicht, ehe sie mir die Ärmchen um den Hals legte und sich mit erstaunlich festem Griff an mich schmiegte. Diese stürmische Zuneigungsbekundung überforderte mich fast noch mehr als die ihrer Mutter wenige Minuten zuvor.

Esther gab ein Geräusch von sich, das irgendwo zwischen Husten, Seufzen und Räuspern lag, und wischte sich verstohlen eine Träne aus dem Augenwinkel. »Wir küssen in dieser Familie gerne«, sagte sie mit leicht belegter Stimme und klang fast etwas entschuldigend.

»Das finde ich ungewöhnlich«, entgegnete ich über Adas Lockenkopf hinweg, der mich ein bisschen an der Nase kitzelte. Und dann fiel mir auf, dass »ungewöhnlich« in diesem Zusammenhang wirklich eine selten dumme Bezeichnung war. »Ungewöhnlich schön«, ergänzte ich noch und freute mich über das Lächeln auf Esthers Lippen. Lippen, die röter und voller wirkten, womöglich weil sie von unserem intensiven Kuss noch geschwollen waren.

»Ungewöhnlich schön« traf es ganz gut und beschrieb auch das Gefühl in mir. Es war ungewöhnlich schön, Zeit mit Esther und ihrer Familie zu verbringen, und ungewöhnlich schön, einen kleinen, zarten Kinderkörper im Arm zu halten. So ungewöhnlich schön, dass in mir eine Panikattacke aufstieg, wie ich sie lange nicht erlebt hatte, und ich es keine Sekunde länger in dieser Umgebung aushielt.

So sanft ich es unter diesen Umständen noch vermochte, löste ich Adas Äffchengriff, setzte sie aufs Sofa und sprang dann auf wie von der Tarantel gestochen. »Sorry«, murmelte ich und war Sekunden später zur Tür hinaus.

TOFINO, VANCOUVER ISLAND, 13. APRIL – DOMINIC:

Zwei Tage später kam ich mir immer noch wie ein totaler Idiot vor. Mein Abgang am Sonntag war peinlich und unentschuldbar gewesen – aber leider auch vollkommen alternativlos. Es ging einfach nicht, dass ich mich diesen ungewöhnlich schönen und verteufelt gefährlichen Gefühlen für Esther und ihre Kinder hingab. Das würde für alle Beteiligten im Desaster enden. Sicher sah meine Therapeutin das genauso, und hoffentlich würde sie gleich ein paar gute Ratschläge haben, wie ich mich elegant aus der Situation hinausmanövrieren konnte. Bislang hatte ich es nämlich vermieden, Esther erneut zu begegnen. Ich hatte allerdings gesehen, wie sie heute Morgen mit den Kindern, Wolf und Joanne in ihr Wasserflugzeug gestiegen und zu ihrem wöchentlichen Trip nach Victoria aufgebrochen war.

Tagsüber hatte ich gestern und heute kaum Zeit zum Nachdenken gehabt, denn Matt hatte mich mit seinen Victoria-Abenteuern aus der letzten Woche und zahllosen neuen Ideen zugetextet. Das war eine gute Ablenkung gewesen, obwohl das Gespräch zwangsläufig auch auf Esthers Kinder gekommen war. Das mit den VR-

Brillen im Kinderformat schien nämlich kompliziert zu werden. Und natürlich hatte Matt auch von meinem Bären-Abenteuer erfahren und mich ausführlich ausgelacht. Hatte ich vermutlich nicht besser verdient. Doch nun wartete ich ungeduldig darauf, dass es endlich achtzehn Uhr war und ich mich in meine Therapiesitzung einloggen konnte. Besser noch fünf nach sechs, damit ich mir nicht einen weiteren Spruch über meine zwanghafte Pünktlichkeit anhören musste.

Um genau zwei Minuten nach sechs hielt ich es nicht mehr aus. Ich schloss kurz die Augen und atmete ein paarmal tief ein und aus, um möglichst entspannt und lässig zu wirken. Dann klickte ich auf den Link und wartete, bis sich die Online-Praxis von Carol Shaffer auf dem Monitor materialisierte.

»Hallo, Dominic«, begrüßte sie mich lächelnd, und ich sah, wie sie rasch ein Buch beiseitelegte.

»Hallo, Carol. Hab ich Sie beim Lesen gestört?«

Sie lachte leise, angelte nach dem Buch und hielt es in die Kamera. Dem Cover nach zu urteilen, war es eine dieser unrealistischen Schmonzetten. Ich erblickte einen Muskelmann im Kilt. Gegen seinen bloßen Oberkörper schmiegte sich eine vollbusige Schönheit, und in einer Hand hielt er ein blutiges Schwert. Der Titel lautete »Das geheime Verlangen des Highlanders«. »Ich bin noch nicht weit gekommen, weil Sie Ihre offensichtliche Verzögerungstaktik ja keine zwei Minuten durchgehalten haben.« Carol grinste, als ich ein Schnauben nicht unterdrücken konnte. »Ein bisschen schade, denn ich wollte mich mit diesem Buch für unsere Sitzung in Stimmung bringen. Alasdair MacIrgendwas erinnert mich nämlich unglaublich an Sie. Also jedenfalls optisch. Sonst ist er deutlich zupackender.«

Ich glotzte sie fassungslos an. Ja, sie war sehr unkonventionell, aber das hier wurde langsam auch unprofessionell. »Es ist völlig ausgeschlossen, dass man ein derartiges Schwert auf diese Weise halten kann. Mal abgesehen davon, dass das Blut darauf schlecht gephotoshoppt ist.« Was redete ich da?

»Hm, auf das Blut habe ich gar nicht geachtet. Der Rest ist jedenfalls sehr hübsch gestaltet. Finden Sie nicht?« Sie seufzte theatralisch und legte die optische und literarische Scheußlichkeit dann weg. »Die Highlander früher waren jedenfalls unglaublich mutige Haudegen. Kann man das von ihren Nachfahren auch sagen?«

Mein eigener Seufzer kam aus tiefstem Herzen. Wie die meisten Amerikanerinnen war sie fasziniert von meinem Akzent, aber ich hasste es, wenn sie von meiner schottischen Herkunft anfing, denn zweifellos würde das Gespräch gleich wieder auf meine Familie kommen.

»Würden Sie die Frau Ihres Herzens ebenfalls halb nackt und nur mit einem Schwert verteidigen?«, wollte sie jedoch wissen und überraschte mich mit dieser Frage sehr.

Allerdings fiel mir prompt mein Bären-Erlebnis ein, bei dem ich mich wenig heroisch gegeben hatte. Um es vorsichtig zu formulieren. »Da würde ich an Ihrer Stelle lieber nicht drauf wetten«, entgegnete ich daher trocken.

»Ich bin ja auch nicht die Frau Ihres Herzens, sondern lediglich die Dienstleisterin Ihrer Seele, insofern zählt das nicht. Aber was ist mit dieser Esther? Das klang neulich doch recht vielversprechend.«

»Das war es auch – bis ich es völlig verkackt habe«, begann ich und erzählte ihr dann alles. Angefangen bei dem Ausflug nach Victoria letzte Woche, bis hin zu meiner Panikattacke nach den Küssen von Esther und Ada.

Ich konnte deutlich sehen, dass Carol bei meinem Bericht einige Mühe hatte, zumindest ein einigermaßen professionelles Pokerface zu wahren. Schließlich räusperte sie sich und sagte: »Ich finde, Sie haben bemerkenswerte Fortschritte gemacht.«

»Das scheint mir aber eine ziemliche Einzelmeinung zu sein«, entgegnete ich. »Ich fühle mich jedenfalls wie der größte Versager unter der Sonne.«

»Was die Bärennummer betrifft, würde ich Ihnen zustimmen ...« Ihr entfuhr ein Kichern.

»Das hätte jedem passieren können«, versuchte ich mich an der halbherzigen Verteidigung, die schon bei allen anderen nicht funktioniert hatte. »Ich meine, wer rechnet denn damit, dass es hier wirklich Bären gibt?«

»Ähm ... Jeder? Erwähnten Sie nicht auch diverse Hinweisschilder?«

»Eben. Hinweisschilder!«, beharrte ich. »Wenn ich jedem Hinweis Glauben schenken würde, käme ich nicht mehr zum Leben und Arbeiten.«

»Nun ja, das ist Ansichtssache und ein ganz anderes Thema. Aber Sie sollten womöglich mal einen Workshop ›Überleben in der Wildnis‹ in Erwägung ziehen. Ich würde meinen Lieblingskunden ungern auf derart tragische Weise und so kurz vor seinem großen Durchbruch verlieren.«

»›Durchbruch‹ klingt für mich immer nach einem geplatzten Blinddarm, und ich weiß nicht, ob ich mir den zu allem anderen Elend auch noch wünschen sollte.«

»Für Ihre massive Mentalblockade könnte eine kleine Explosion aber ganz hilfreich sein. Das wirbelt dann zwar kurzzeitig eine Menge Emotionen auf, und vielleicht gibt's auch ein paar Schrammen, aber danach wäre alles besser.«

»Oder noch schlimmer«, murmelte ich düster.

»Jetzt driften Sie mal nicht wieder so ins Pessimistische ab«, beschwor sie mich. »Ihnen ist wirklich nicht klar, was Sie in den letzten Tagen alles geschafft haben, oder?«

»Ich habe mich um ein Haar von einem Bären fressen lassen und eine völlig unangemessene Panikattacke gehabt. Ich weiß nicht, was mich daran optimistisch stimmen sollte.«

»Lassen wir den Bären jetzt mal außen vor, und schieben wir auch die Panikattacke für den Moment beiseite. Was sehen Sie dann?«

Ich zuckte mit den Schultern. »Ich habe nur versucht, Ihre absurden Hausaufgaben zu erledigen.«

»Na schön, Dominic, Sie wollen partout Ihr Selbstmitleid pflegen. Das finde ich zwar ausgesprochen unattraktiv und vor allem kontraproduktiv, aber es ist schließlich Ihr Leben. Trotzdem will ich Ihnen jetzt mal verraten, welche Informationen ich Ihrem Bericht entnommen habe.« Da ich keine Miene verzog, fuhr sie direkt fort: »Dass Sie letzten Dienstag nach Victoria geflogen sind, hatte nichts mit meinen Hausaufgaben zu tun, und alles mit Ihrem Interesse an Esther. Und vermutlich auch damit, dass Sie kontrollieren wollten, was Matt mit seiner Freundin in der Hauptstadt zu erledigen hatte.« Sie machte eine abwehrende Handbewegung, als ich protestieren wollte, und ich klappte den Mund wieder zu. »Sie haben Ihre Flugangst überwunden und sind in ein kleines Wasserflugzeug gestiegen, und Sie haben sich auf die beiden Kinder eingelassen. Sehr souverän, würde ich behaupten.«

»Ich hatte mich im Vorfeld darüber informiert, wie man mit gehörlosen Kindern interagieren soll«, warf ich ein. »Das ist nun wirklich keine große Leistung.«

»Vielleicht nicht, aber es zeugt von tiefer Empathie und echtem Interesse an Esthers Lebensumständen. Und was mich richtig überrascht hat, war die Sache mit den Plüschtieren. Das beweist nämlich, dass Sie sich auch für die Kinder selbst interessieren und nicht nur für die Besonderheiten ihrer Wahrnehmung, die Sie wahnsinnig faszinierend finden.«

»Wie das schon wieder klingt«, brummte ich, musste ihr aber recht geben. Ja, ich war ungemein fasziniert von der Gehörlosigkeit, weil ich mir nur ganz schwer vorstellen konnte, wie es sich anfühlte, ohne diesen Sinn zu leben. Aber das beschäftigte mich eher als abstrakte Idee. Konkret hatten mich Ada und Archie auf ganz andere Weise bezaubert. Ich mochte sie auf eine Art, wie ich wenige andere Menschen schätzte.

»Das klingt, als hätten Sie Ihre sanfte Seite entdeckt«, befand Carol. »Und als hätten Sie den Kindern und ihrer Mutter eine echte Freude machen wollen.«

»Ist das schlimm?«

»Nein, gar nicht. Im Gegenteil, es ist absolut zauberhaft. Vor allem, dass Sie für den Hund, für Esther, Matt und Nora ebenfalls Plüschhäschen gekauft haben. Das beweist, dass Sie ...«

»Dass ich einen Knall habe oder mein Geld sinnlos zum Fenster hinauswerfe?«

»Dass Sie ernsthaft bereit sind, sich mit den Bedürfnissen Ihrer Mitmenschen auseinanderzusetzen«, beharrte sie. »Das ist eine große Sache für Sie.«

»Es kam mir nicht wie eine große Sache vor. Eher ganz normal. Eine viel größere Sache war, wie gut ich mich mit allen verstanden habe. Und eine noch viel größere, wie sehr mich die beiden Kinder als Gesprächspartner akzeptiert haben.« Oh Mann, das hörte sich selbst in meinen Ohren saublöd an.

»Die Kleinen haben Sie nicht als Gesprächspartner akzeptiert, die mögen Sie!«, entgegnete Carol auch prompt.

»Die zwei sind außergewöhnlich zutraulich«, schränkte ich ein. »Die mögen bestimmt jeden.«

Carol schüttelte den Kopf. »Das kann ich mir kaum vorstellen. Was ich aber mit Sicherheit sagen kann, ist, dass alle Kinder sehr sensible Antennen haben. Die merken ganz genau, wenn man sie ernst nimmt und sich ehrlich für sie interessiert. Ich halte es für sehr gut möglich, dass das für sinnesbeeinträchtigte Kinder sogar in einem noch höheren Maße gilt.«

»Hm.« Mehr hatte ich dazu nicht beizutragen. Es klang schmeichelhaft, und ein kleiner Teil von mir wünschte sich sogar sehnlich, dass es so war, dass mich Archie und Ada wirklich mochten. Warum, war mir allerdings nicht klar.

»Und nicht nur die beiden Kinder scheinen Sie zu mögen, sondern auch Esther, ihr Vater, ihre Schwester und die anderen Menschen, die Sie erwähnt haben«, fuhr Carol fort. »Ist Ihnen eigentlich bewusst, dass Sie in den letzten Tagen mehr neue Kontakte geknüpft haben als in den letzten zwei Jahren?«

Jetzt, wo sie's erwähnte ...

»Sie sollten mal Ihren Gesichtsausdruck sehen, Dominic.« Carol lachte leise, aber nicht, weil sie sich über mich lustig machte, sondern auf fast liebevolle Art. So, als sei sie stolz auf mich.

»Aber ich habe eine Panikattacke bekommen und bin abgehauen!«, rief ich.

»Wundert Sie das? Seien Sie nicht zu streng mit sich. Ganz ehrlich, bei Ihrer Vorgeschichte ist es doch eher erstaunlich, dass Sie nicht gleich einen Herzinfarkt bekommen haben. So viel ungezügelte und spontane Zuneigung ist nicht leicht zu verkraften, wenn man sich selbst für den Abschaum der Welt hält.«

»Ich halte mich nicht für den Abschaum der Welt!«

»Seit wann?«

»Noch ... also ... seit ...« Ich stammelte, weil meine Gedanken rasten. Es stimmte nämlich. Ich hatte mich eine ganze Zeit lang als absoluten Abschaum betrachtet – es allerdings nie so deutlich ausgesprochen. Auch in den Sitzungen mit Carol nicht. Es stimmte aber auch, dass ich jetzt gar nicht mehr so empfand. Ich meine, ich war immer noch ein ziemlich kaputter Typ, dem ich selbst nicht über den Weg trauen würde, aber Abschaum war ich nicht. Nicht mehr. »Keine Ahnung«, gab ich schließlich zu. »Vielleicht, seit ich hier bin?«

Sie lächelte fein, sagte aber nichts.

»Was?«, rief ich.

»Na, Sie haben sich die Antwort doch schon selbst gegeben.«

Ich schüttelte den Kopf, weil ich nicht verstand, worauf sie hinauswollte. Oder weil ich mir nicht erlauben wollte, ernsthaft Hoffnung zu schöpfen. Ganz verhindern konnte ich es dann aber doch nicht – dieses warme Gefühl in meinem Herzen, das ich erst bei der stummen Kommunikation mit Archie und dann bei Adas Umarmung empfunden hatte, war zurück. »Aber ich habe mich wirklich vollkommen lächerlich gemacht. Bestimmt will

Esther nichts mehr von mir wissen. Ich könnte es ihr auch nicht verübeln.«

»Unsinn. Wahrscheinlich fühlt sie sich mindestens genauso schlecht wie Sie. Schließlich hat sie Sie ja regelrecht überrumpelt mit ihrem Kuss. Und wenn sie Sie nur ein bisschen kennt, wird sie Ihr Verhalten schon richtig einordnen.« Carol klang verdammt zuversichtlich.

»Ich weiß nicht, ob ich Ihren Optimismus teilen kann«, entgegnete ich. »Ich kenne Esther nicht besonders gut, aber ich schätze sie nicht als jemanden ein, der sein Herz schnell verschenkt. Vermutlich habe ich sie sehr vor den Kopf gestoßen.«

»Dominic, nun lassen Sie mal die Kirche im Dorf. Es kann doch noch keine Rede sein von verschenkten Herzen und so. Es war einfach ein spontaner kleiner Kuss.«

»Spontan ja. Klein definitiv nicht. Das war einer der Küsse, die man nur einmal im Leben bekommt«, betonte ich, damit meine Therapeutin auch wirklich verstand, was bei mir gerade auf der Kippe stand. Sie sah mich prüfend an und schien darüber nachzudenken.

»Dann bleiben Ihnen nur zwei Möglichkeiten: Entweder verlassen Sie auf der Stelle das Land, oder Sie bitten sie um Verzeihung und erklären Ihre verwirrten Gefühle.«

»Sarkasmus?«

»Nur in einem Fall – und ich hoffe nicht, dass ich aussprechen muss, welchen ich meine.«

Ich schüttelte den Kopf.

»Ihre Hausaufgabe bis zum nächsten Mal ...«, hob sie an, doch ich unterbrach sie.

»Ich weiß. Ich gebe mein Bestes! Noch einen schönen Abend, Carol.« Dann schloss ich das Videofenster und starrte hinaus auf den Hafen. Das Wasser glitzerte in der Abendsonne, und ein Fischerboot lief aus. Mein Blick fiel auf die am Anleger vertäuten Schiffe von »Johnson's Giants«, und mir wurde klar, dass ich über meinen Schatten springen und zu einer ganz großen Geste ausholen musste. Jedenfalls dann, wenn ich von Esther Johnson mehr wollte als nur ein nachbarschaftliches, freundschaftliches Verhältnis. Wollte ich das? Ich hörte in mich hinein, und die Antwort war eindeutig.

GROSSE GESTEN

TOFINO, VANCOUVER ISLAND, 14. APRIL – ESTHER:

»OKAY, DAS KLINGT GUT. EIN BISSCHEN BEÄNGSTIGEND, aber gut. Dann warten wir also auf das Go von der Bank, und dann ...« Am anderen Ende der Telefonleitung vervollständigte Reed meinen Satz. »Das wird wirklich gut. Wir sprechen uns bald wieder. Ich muss jetzt aufhören, weil hier gerade eine Art Belagerungszustand herrscht. Unsere beiden Schwestern sind hier aufgeschlagen und allem Anschein nach auf Blut aus ... Mach ich. Und liebe Grüße auch an Gracie und Kiona. Bis bald.«

Ich beendete das Telefonat und grinste meine beiden Besucherinnen an. Ich ahnte, was es mit ihren sensationslüsternen Mienen auf sich hatte. Zoe nervte mich seit Montag damit, wie der Sonntagnachmittag mit Dominic gelaufen war, und ich hatte sie zunächst mit ein paar nichtssagenden Kommentaren abgespeist. Sie hatte mir natürlich nicht geglaubt, dass es einfach nur »nett«

gewesen war, und mich so lange genervt, bis ich ihr vorhin auf ihre gefühlt hundertste Textnachricht geantwortet hatte: *Wir haben uns geküsst. Zufrieden?* Natürlich war sie nicht zufrieden. Und aus irgendwelchen Gründen hatte sie es für nötig erachtet, Nora ebenfalls zu informieren und sie als Verstärkung mitzubringen.

»Ich hab eigentlich keine Zeit«, sagte ich zu den beiden – und das stimmte auch. Reed hatte mir gerade erzählt, dass der Kollege aus Oregon das Geld für die beiden »Moby Tours«-Speedboote gezahlt hatte und sie am Wochenende abholen wollte. Da musste ich vorher noch ein paar Leute dafür abstellen, sie durchzuchecken, schließlich lagen sie jetzt seit fast zwei Monaten unbenutzt im Hafen. Außerdem hatte Reed eine Anzahlung für die Brigg geleistet, die im Moment noch in einer Werft in Vancouver lag und überholt wurde. Nächste Woche wollten wir zusammen hinfliegen und schauen, ob wir noch besondere Umbauten brauchten. Das war eine richtig große Sache – und wahnsinnig aufregend.

Eigentlich aufregend genug, um meine Gedanken komplett zu absorbieren, aber nach Lage der Dinge waren die nach wie vor zu einem erschreckend großen Teil von dem Kuss am Sonntag absorbiert und zu einem etwas geringeren von dem Gebärdenunterricht für mich und meine Kinder. Ich sollte meine Prioritäten dringend wieder in den Griff kriegen.

»Glaub bloß nicht, dass ich dich so billig davonkommen lasse«, erwiderte Zoe unbeeindruckt, nahm in der kleinen Sitzecke in meinem Büro Platz und begann den Inhalt ihres Korbes auszupacken.

»Ich auch nicht«, pflichtete ihr Nora bei, wandte sich aber in Richtung Küche. »Auch wenn ich keine Ahnung habe, worum es geht. Ich hol schnell Teller und Gläser.«

Offensichtlich hatte Zoe für kulinarische Bestechung gesorgt und hoffte, mich damit weichklopfen zu können. Womit sie leider nicht ganz unrecht hatte, denn es roch himmlisch, und mein Magen knurrte wie aufs Stichwort. Neuerdings gab es im Hafen zwei Foodtrucks, und wenn mich nicht alles täuschte, hatte Zoe die oberleckeren Pulled-Beef-Sandwiches gekauft. Und hausgemachte Hanf-Limonade. Die ganz großen Geschütze also.

Nora kehrte aus der Küche zurück, verteilte Teller und Servietten und goss Limonade in die Gläser. »Nun sag schon, was los ist«, drängte sie mich. »Zoe hat so geheimnisvoll getan, wollte aber nichts verraten.«

Ich setzte mich ebenfalls und wollte mir schon eines der Sandwiches greifen, als Zoe mir auf die Finger klopfte. »Erst alle Details!«

»Dann wird das Essen kalt«, entgegnete ich.

»Ha, dann war es also doch eine große Sache!«, bemerkte sie triumphierend und biss in ihr eigenes Sandwich. Schmatzend fügte sie für Nora hinzu: »Sie und Dominic haben sich am Sonntag geküsst!«

»Was?« Nora riss vor lauter Überraschung die Augen so weit auf, dass sie ihr fast aus den Höhlen fielen.

»Das ist nicht ganz richtig«, stellte ich klar. »Ich habe ihn geküsst. Und dann hat Ada ihn geküsst. Und dann ist er panisch abgehauen, und seitdem habe ich nichts mehr von ihm gehört.« Ich schielte zu meinem Teller. Das waren die nackten Fakten, und eigentlich gab es dazu nichts mehr zu sagen, doch ...

»Jetzt mal ganz langsam«, forderte Zoe. »Und lass kein wichtiges Detail aus.«

»Erst muss ich was essen.« Ich schnappte mir blitzschnell mein Sandwich und biss gierig hinein. Es schmeckte wirklich köstlich und verschaffte mir etwas

Zeit. Nicht dass diese wenigen Sekunden mehr Erkenntnisgewinn liefern würden als mein tagelanges Grübeln, aber frau durfte ja wohl hoffen.

Wenn ich die Augen schloss, fühlte ich sofort wieder das Prickeln am ganzen Körper, das unser Kuss bei mir ausgelöst hatte. Dominic war nur einen winzigen Moment lang überrascht gewesen und hatte mich dann auf eine derart berauschende Art zurückgeküsst, wie ich es selten zuvor erlebt hatte. Wenn überhaupt. Es hatte sich angefühlt wie ein Vulkan kurz vorm Ausbruch, bebend vor kaum beherrschbarer Leidenschaft und gleichzeitig so zärtlich, süß und beinahe unschuldig, dass mir selbst bei der Erinnerung daran schon wieder schwindlig wurde. Ich hatte in diesem Augenblick alles um mich herum vergessen – auch meine Kinder. Und es war gleichzeitig ein großes Glück und die denkbar größte Katastrophe gewesen, dass Ada uns unterbrochen hatte. Die Worte »Mommy hat Daddy lieb!« hatten sich im ersten Moment wie die eiskalte Dusche angefühlt, die ich dringend gebraucht hatte, damit ich nicht noch weiter ging. Doch ganz schnell hatte ich gemerkt, wie recht sie damit hatte. Die Erkenntnis, dass Dominic so viel in mir auslöste, war wunderschön und zutiefst erschreckend. Ich mochte mir gar nicht ausmalen, wie es sich für ihn angefühlt haben musste. Wobei ich es mir gar nicht vorstellen musste, sein panischer Abgang, nachdem auch Ada ihn mit ihrer Liebe überschüttet hatte, sprach Bände.

»Du hast ihn geküsst, während Ada im Raum war?«, fragte Nora und klang einigermaßen schockiert.

»Es war nicht geplant«, gab ich zurück.

»Aber Kinder können davon traumatisiert werden!« Sie strich schützend über ihren prallen Babybauch.

»Einen besonders traumatisierten Eindruck machen mir die beiden aber nicht«, entgegnete Zoe grinsend. »Ada sagt immer ›Daddy‹ zu Dominic, und es ist ja wohl nichts dabei, wenn Eltern vor ihren Kindern knutschen.«

»Nur dass Dominic eben nicht ihr Vater ist und ...« Noras Blick verdüsterte sich merklich, und ich ahnte, dass bei ihr gerade ein ganz anderer Film ablief.

»Süße, ich weiß, dass dein letztes Weihnachten richtig blöd war, weil dein Dad euch da mit seiner neuen Partnerin konfrontiert hat. Das war sicher ziemlich ungeschickt von ihm, aber erstens hat es dich und deine Geschwister nicht traumatisiert, sondern höchstens erschreckt und verärgert. Zweitens dachte ich, dass du dich mit deinem Vater und Joanne inzwischen ausgesprochen hast, und drittens liegt die Sache bei mir und meinen Kindern wirklich ganz anders. Die haben nie einen richtigen Vater gehabt. Ada hat Jeremy nie gesehen, und Archie kann sich wahrscheinlich nicht an ihn erinnern. Es war vermutlich bescheuert von mir, Dominic einfach so zu küssen, während die Kinder gespielt haben, aber wenn jemand traumatisiert wurde, dann höchstens er.«

»Wie kannst du das so einfach behaupten? Erinnerst du dich noch an das Wochenende, als Grace hier war und von ihrer Freundin das Foto von ihrem knutschenden Vater geschickt bekommen hat?« Nora bebte bei der Erinnerung. »Sie war fix und fertig deswegen.«

»Ich erinnere mich lebhaft«, gab ich trocken zurück. »Auch daran, wie sehr du sie in ihrer Empörung bestärkt und Reed die Hölle heißgemacht hast. Doch da haben sich die Wogen längst geglättet. Nach allem, was ich von deinem Bruder höre, sind Kiona und Grace ein Herz und eine Seele – und traumatisiert wurde ebenfalls niemand.«

Zoe hatte diesen Austausch mit mildem Interesse, aber einiger Verständnislosigkeit verfolgt. Nun fuhr sie ungeduldig dazwischen: »Was auch immer, zurück zum eigentlichen Thema: Du und deine Tochter habt Dominic geküsst und er ist danach abgehauen? Bist du wirklich so schlecht im Küssen?«

Ich verdrehte die Augen. »Ich kann verdammt gut küssen! Auch wenn ich etwas aus der Übung war – um es vorsichtig zu formulieren –, es funktioniert noch. Und wie. Es war absolut magisch.« Ich seufzte.

»Also liegt der Schwarze Peter bei Ada«, schlussfolgerte Zoe lachend. »Ich muss unbedingt ein ernstes Wörtchen mit meiner Nichte sprechen. So geht das ja nicht weiter.«

»Ihr seid echt unmöglich«, brummte Nora.

»Stimmt«, pflichtete ich ihr bei und warf Zoe einen warnenden Blick zu. Dieses Gespräch würde ich lieber nur mit ihr führen. »Und außerdem ist es auch nicht besonders spannend, denn es ist ja nichts passiert. Viel neugieriger bin ich darauf, wie bei dir der Stand der Dinge ist. Richtig ausführlich haben wir ja noch nicht geredet, seit du wieder hier bist. Konntest du denn mit Dylan alles klären?« Ich sah vielsagend auf ihren Bauch.

»Ja.« Sie seufzte, aber gleich darauf machte sich ein glückliches Lächeln auf ihrem Gesicht breit. »Er war zunächst natürlich ziemlich geschockt. Penny auch, aber ich glaube, dass sie insgeheim schon einen Verdacht hatte. Jedenfalls haben sie es dann doch mit Fassung getragen – wahrscheinlich auch, weil Matt mit dabei war und es von daher ziemlich offensichtlich war, dass ich keinerlei Interesse daran habe, bei Dylan und Penny irgendwie dazwischenzufunken. Dylan hat sofort versprochen, dass er mich unterstützen wird, nicht nur finanziell, sondern auch sonst. Und Penny hat zugesagt, Patin der Kleinen zu werden.« Nun strahlte sie über das ganze Gesicht, doch Zoe runzelte die Stirn.

»Darf ich mal eben zusammenfassen? Dein Freund Matt ist nicht der Vater deines Babys, sondern dieser Dylan? Der ist wiederum mit einer Frau namens Penny zusammen, die dir offensichtlich so nahesteht, dass du sie als Patin haben willst?« Nora nickte, und Zoe fuhr fort: »Das scheint mir ja nun auch ein ziemliches Kuddelmuddel zu sein. Und da erzählst du meiner Schwester was davon, dass sie durch einen unschuldigen Kuss ihre Kinder traumatisiert?«

»Das ist etwas völlig anderes!«, behauptete Nora. »Meine Tochter wird in eine Welt hineingeboren werden, in der sich viele Menschen um sie sorgen und sie lieben. Wohingegen ...«

Ich musste ein paarmal tief durchatmen. Ich mochte Nora wirklich sehr, aber ihre jugendliche Selbstgerechtigkeit ging mir gerade ziemlich auf die Nerven. Wenn ich an das Gespräch mit ihr vor gerade mal zwei Wochen zurückdachte, hier, in diesem Raum ... Trotzdem hielt ich den Mund.

Zoe litt an keiner derartigen inneren Beißhemmung: »Wow, diese Schwangerschaftshormone sorgen anscheinend für mentale Trips, die wirklich bemerkenswert sind. Was genau willst du mit ›wohingegen‹ andeuten?«

»Nichts.« Nora lief knallrot an.

»Nach ›nichts‹ hat sich das eben aber nicht angehört«, bohrte Zoe weiter. »Willst du damit etwa andeuten, dass Esther eine schlechte Mutter ist, weil sie ihre Kinder weitgehend allein und ohne Happy-Family-Patchwork großzieht?«

»Natürlich nicht!«, rief Nora. »Esther, das darfst du

nicht glauben, und so habe ich es auch nicht gemeint. Du bist die beste Mom, die sich ein Kind wünschen kann! Es ist nur ...«

»Es ist nur was?«, fragte ich nach und fühlte mich mit einem Mal sehr unbehaglich. Wenn ich nicht das Problem war, dann konnte es eigentlich nur Dominic sein. Und vermutlich hatte das mit dieser geheimnisvollen Sache zu tun, die ihn mit Matt verband. So neugierig ich darauf die ganze Zeit gewesen war, inzwischen wollte ich es gar nicht mehr so genau wissen.

»Ich bin mir nicht sicher, ob Dominic wirklich der richtige Mann für dich und vor allem für die Kinder ist«, sagte Nora leise und vermied es, mir in die Augen zu schauen.

»In der Wildnis ist er nicht gerade überlebenstauglich«, mischte sich nun wieder Zoe ein und ergriff leidenschaftlich Partei für ihn: »Aber sehr unterhaltsam, und die Kinder lieben ihn! Ada nennt ihn sogar schon ›Daddy‹!«

»Das tut sie nur, weil sie ›Dominic‹ nicht aussprechen kann«, warf ich matt ein. In meinem Kopf dröhnte immer noch das Echo von Adas Worten: »Mommy hat Daddy lieb!« Gut, dass ich das noch nicht offenbart hatte.

»Was?« Nora klang halb schockiert, halb amüsiert.

»Rede dir das nur ein«, sagte Zoe zu mir. »Deine Tochter ist nicht dumm. Die weiß genau, dass ›Daddy‹ nicht die Abkürzung von ›Dominic‹ ist. Sie kann ja viel schwierigere Wörter aussprechen. ›Osterhase‹ zum Beispiel.«

»Mag sein, aber ich bin mir trotzdem sicher, dass da nichts dran ist«, beharrte ich. »Sie hat doch gar keine

Ahnung von dem Prinzip Daddy. Für sie ist das einfach nur ein Name.«

Zoe schüttelte den Kopf. »Bist du ernsthaft so naiv, oder machst du dir nur etwas vor? Natürlich weiß Ada, was ein Daddy ist. All ihre Freundinnen im Kindergarten haben doch einen.«

»Manche sogar zwei«, murmelte ich.

»Eben. Also nimm endlich zur Kenntnis, dass Ada Dominic als ihren Daddy auserkoren hat. Das erklärt ja auch, warum sie ihn dann ebenfalls geküsst hat, oder?«

Darüber wollte ich lieber nicht nachdenken. Nora offensichtlich auch nicht, denn sie war bei Zoes Worten reichlich blass geworden und schien mit sich zu ringen.

»Nun sag schon, was du weißt«, forderte meine Schwester, der das auch nicht entgangen war. »Wenn du irgendwelche Informationen über Dominic hast, dann darfst du die nicht für dich behalten.«

»Ich sollte mich da wirklich nicht einmischen«, druckste sie herum. »Es ist eine Sache zwischen ihm und Matt, aber ...«

»Nora, bitte«, beschwor ich sie, obwohl ich im Grunde nichts hören wollte. Plötzlich kamen mir allerlei unschöne Bilder in den Sinn. Vielleicht waren Dominic und Matt in irgendwelche kriminellen Machenschaften verwickelt? Oder ... Nein, eigentlich wollte ich nicht darüber nachdenken.

»Er sollte es dir besser selbst erzählen«, sagte sie leise. »Und ich kenne auch längst nicht alle Details, weil auch Matt nicht gern darüber spricht. Aber Dominic war derjenige, der Matts Unfall verursacht hat und daran schuld ist, dass er beide Unterschenkel verloren hat.« Sie schluckte, und mich durchfuhr es heiß und kalt.

Was für ein Horror das für beide Männer sein musste.

Vor allem natürlich für Matt, der ja offenbar eine glänzende Karriere als Profisurfer vor sich gehabt hatte, bis der Unfall dazwischengekommen war. Und auf der anderen Seite auch für Dominic, der mit dieser Schuld leben musste. Plötzlich machten einige seiner Bemerkungen und auch sein seltsames Verhalten Matt gegenüber Sinn.

»Krass«, sprach Zoe knapp und präzise meine Gedanken aus. »Was für ein schreckliches Unglück.« Sie trank einen Schluck von ihrer Limonade und sah Nora dann erneut mit scharfem Blick an. »Aber inwieweit macht dieser Unfall Dominic ungeeignet als Umgang für meine Schwester und ihre Kinder?«

Gute Frage. Da war ich auch gespannt auf eine Antwort.

»Einen Mann, der einen anderen Menschen beinahe umgebracht hätte, ganz sicher aber seinen geplanten Lebensweg auf dem Gewissen hat, würde ich nicht in der Nähe meiner Kinder und der Menschen haben wollen, die ich liebe. Es kann ja jederzeit wieder passieren.«

Was redete sie da? Zoe wollte offenbar etwas Ähnliches fragen, doch ich machte eine beschwichtigende Geste, und meine kleine Schwester klappte den Mund wieder zu. »Ich gehe jetzt mal davon aus, dass er es nicht absichtlich getan hat, oder?«

»Es war auf jeden Fall fahrlässig«, behauptete Nora.

»War er betrunken?«

»Keine Ahnung. Die genauen Details kenne ich nicht, aber allein, dass es passiert ist, sagt doch schon einiges aus.«

»Ja, mag sein«, mischte sich Zoe wieder ein. »Aber vermutlich war es einfach ein ganz unglücklicher Unfall.

Ich mag mir gar nicht vorstellen, was für Vorwürfe sich Dominic machen muss.«

»Und wie Matt sich fühlt? Ich meine, sein Leben wurde ruiniert. Er hatte ganz andere Dinge geplant.« Nora war voll im Löwenmuttermodus, was zauberhaft gewesen wäre, wenn es nicht dermaßen an der Sache vorbeigegangen wäre.

»Wenn Matt seine Karriere fortgesetzt hätte, wäre er wohl kaum hier in Tofino bei seinen Großeltern gelandet«, gab ich zu bedenken. »Dann hättest du ihn womöglich nie kennengelernt und ...«

»Willst du jetzt etwa andeuten, ich müsste Dominic dafür dankbar sein, dass er Matt zum Krüppel gemacht hat?«, rief Nora aufgebracht.

»Natürlich nicht. Ich wollte damit nur sagen, dass das Schicksal manchmal seltsame Kapriolen für uns alle bereithält.« Ich griff nach ihrer Hand und drückte sie. Sie konnte es nicht ahnen, aber ich fühlte mich unendlich erleichtert. Was vermutlich auch nicht in Ordnung war, denn schließlich ging es um ein riesiges Unglück. Aber ich hatte insgeheim mit viel schlimmeren Dingen gerechnet.

Nora plusterte sich schon wieder auf, doch dann schien sie sich eines Besseren zu besinnen. Sie streichelte ihren Babybauch, der ja ebenfalls das Ergebnis fahrlässiger Unachtsamkeit oder einer Schicksalskapriole war. Jeder von uns hatte solche Erlebnisse. Nicht bei allen waren sie so tragisch wie bei Matt und Dominic, aber kein Mensch war davor gefeit. Ich dachte an Dominics Worte in Victoria, als ich ihn auf sein Verhältnis zu Matt angesprochen hatte. »Es ist ja kein Geheimnis, nur keine besonders schöne Geschichte«, hatte er gesagt und die Vermutung geäußert, ich wüsste Bescheid. Nein, eine schöne Geschichte war es nicht, aber sie war ein Teil von ihm. Allerdings konnte sie nicht der Grund für sein panisches Verhalten am Sonntagnachmittag sein, doch ich hoffte, dass sich das auch klären ließ. Denn wenn ich ehrlich war, wollte ich mehr. Viel mehr.

»Mädels, seid mir nicht böse, aber ich muss jetzt wirklich weiterarbeiten. Ich muss ein paar Stellenausschreibungen verfassen und online stellen und Leute organisieren, die die Speedboote durchchecken, die in ein paar Tagen endlich abgeholt werden«, erklärte ich den beiden, nachdem wir alle die Reste unserer Sandwiches verputzt hatten.

»Ich muss auch los«, kündigte Nora nach einem Blick auf ihr Handy erschrocken an. »Ich hab vergessen, dass ich heute Nachmittag Schicht bei Kelly im Shop habe.« Sie sprang auf, so schnell es mit ihrem Babybauch ging, und war kurz darauf zur Tür hinaus.

Zoe jedoch machte keine Anstalten, zu gehen.

»Das war keine Ausrede von mir«, sagte ich zu ihr. »Das waren nur die Highlights meiner To-do-Liste. Ich habe wirklich keine Zeit mehr für langes Geplauder.«

»Es muss ja auch nicht lang sein, eigentlich würde mir eine einsilbige Antwort auf meine nächste Frage schon reichen: Bist du verliebt?«

Jaaaaaa!, krähte mein Herz. *Nein!*, schrie mein Verstand. Und ich selbst schwieg, mit einem simplen Ja oder Nein konnte ich schlicht nicht dienen. Es gab immer ein Aber. Das alles war mir gerade eine Schicksalskapriole zu viel. Mindestens.

»Okay, interessantes Mienenspiel«, stellte Zoe mit einem Augenzwinkern fest. »Ich hoffe, du hast bald eine eindeutige Antwort, damit ich mir keine Sorgen um dich machen muss, wenn ich wieder in San Francisco bin.«

»Du musst dir auch jetzt keine Sorgen um mich machen«, behauptete ich, nur war ich mir ehrlich gesagt selbst nicht so sicher, ob das auch stimmte. Irgendwie fühlte es sich an, als würde ich langsam, aber sicher den Verstand verlieren. Auf gute Art zwar, aber angesichts meiner sonstigen Probleme, die allesamt meine volle und ungeteilte Aufmerksamkeit verdient hätten, war das ziemlich ungünstig. »Du könntest auch noch bleiben, um mich besser im Blick zu haben«, schlug ich vor, wohl wissend, wie die Antwort lauten würde.

»Noch eine Woche hier, und man muss mir das Fleecezeug chirurgisch entfernen.« Sie lachte und deutete auf unseren zwar wenig schmeichelhaften, aber warmen und bequemen Partnerlook aus dunkelblauen »Johnson's Giants«-Fleecejacken. »Außerdem erwartet Tante Celia von mir, dass ich wieder meine Yoga-Stunden übernehme und ...«

»Und dann ist da noch dein eigenes Liebesproblem zu klären«, vervollständigte ich ihren Satz und nickte. »Wie lang bleibst du noch?«

Sie zuckte mit den Schultern. »Ich könnte morgen den Bus nehmen.«

»Oder du bleibst noch übers Wochenende, und ich nehme dich nächste Woche mit nach Vancouver. Reed und ich besichtigen unseren zukünftigen Zweimaster. Damit könntest du dir die endlose Busfahrt sparen, und wir hätten noch ein paar Tage zusammen.«

»Ich überleg's mir«, versprach sie und stand auf. »Und du überleg dir eine gute Antwort auf meine ursprüngliche Frage.« Sie umarmte mich kurz und verschwand dann ebenfalls.

Ich war gerade in der Küche, um die Überreste unseres Mittagessens wegzuräumen, als es an der Tür klopfte. Das war ungewöhnlich, denn die meisten Leute kamen einfach so rein. »Tür ist offen!«, rief ich daher und trocknete mir rasch die Hände ab. Als ich die Küche verließ, prallte ich mit meinem Besucher zusammen. Es war Dominic.

»Hi«, sagte ich und verwünschte mein albernes Herz, das sofort wieder hektisch und reichlich unrhythmisch zu klopfen begann.

»Hi«, entgegnete er genauso einfallslos und wirkte auch sonst leicht verlegen.

Ich lotste ihn in mein Büro und bedeutete ihm, Platz zu nehmen. »Was kann ich für dich tun?«, fragte ich ihn betont munter. »Ist mit eurem Büro alles in Ordnung?« Vielleicht war er nur hier, um sich über irgendeinen Mangel zu beklagen. Damit musste man als Vermieterin ja jederzeit rechnen.

»Ich wollte dir deinen Pulli zurückbringen«, erklärte er jedoch und kramte etwas umständlich das Fleeceshirt, das ich ihm letzten Sonntag nach seinem unfreiwilligen Bad im Pazifik aufgedrängt hatte, aus seiner großen Umhängetasche. »Und ich wollte dich für meinen peinlichen Auftritt um Verzeihung bitten.«

So, wie mein Herz nun herumpolterte, war ich langsam ein Fall für den Kardiologen. »Das ist nicht nötig. Wenn überhaupt, müsste ich mich bei dir entschuldigen. Schließlich hatte ich mich nicht unter Kontrolle. Ich hoffe, du hast dich von dem Schock wieder erholt?«

»Als Schock würde ich es jetzt auch wieder nicht bezeichnen«, brummte er und wirkte, als hätte ich ihn aus dem Konzept gebracht. »Ich war nur überrascht. Und überrumpelt. Und ich bin echt nicht gut in solchen Dingen.«

»Im Küssen? Ich finde, darin bist du ziemlich gut.« Was tat ich da schon wieder?

Ein Lächeln huschte über sein Gesicht. »Sicher nicht halb so gut wie du. Oder Ada.« Das Lächeln erstarb prompt wieder. »Ich will niemanden verletzen. Verstehst du das?«

»Natürlich verstehe ich das, das ist auch sehr löblich von dir, aber bisher hast du niemanden verletzt«, entgegnete ich sanft.

»Ich bin einfach nicht besonders gut in zwischenmenschlichen Beziehungen aller Art. Bisher habe ich jede in den Sand gesetzt. Egal zu wem.«

»Hm.« Ich hätte es ausführlicher kommentieren können, aber ich hatte den Eindruck, dass er noch mehr loswerden wollte und ihn zu viele Zwischenrufe von mir nur aus dem Konzept bringen würden.

»Das ist aber trotzdem keine Entschuldigung für mein unreifes Verhalten, und es tut mir sehr leid«, fuhr er fort. »Ich würde es gerne wiedergutmachen und deine Wale mit der Drohne filmen.«

Ich ahnte, wie viel Überwindung ihn dieses Angebot kostete, und musste lächeln. »Vom Land aus oder richtig vom Schiff?«, erkundigte ich mich.

»Ich schätze mal, die Reichweite vom Land aus ist nicht groß genug, was?«, entgegnete er tapfer. »Nein, wenn, dann richtig. Du hast gesagt, dass es am besten wäre, wenn es während der regulären Touren passiert. Das kann ich mir gerne einrichten.«

»Ich habe gesagt, dass es am einfachsten wäre. Am besten wäre es, wenn wir morgens ganz früh allein rausfahren würden. Dann ist das Licht am schönsten, und es ist am wenigsten los. Da könnte man die Tiere sicherlich am besten filmen, weil sie sich dann am natürlichsten benehmen. Du hast ja gemerkt, wie neugierig sie sind, wenn mehrere Boote auf einmal unterwegs sind.« Ich hatte ihn die ganze Zeit genau beobachtet. Beim Stichwort »allein« hatten seine Augen zu leuchten begonnen. Allerdings gab es dabei ein paar Probleme. »Wie gesagt, das wäre ideal. Aber es ist für mich zurzeit kaum zu realisieren. Ich bräuchte jemanden, der sich um die Kinder kümmert und sie in den Kindergarten bringt, gleichzeitig muss aber schon jemand hier im Büro sein und alles für die erste Vormittagstour vorbereiten. Mein Dad kann sich leider nicht zweiteilen. Das Wetter muss auch mitspielen.« Ich seufzte bedauernd. Für einen kurzen Moment hatte ich mir ebenfalls das Gedankenspiel gegönnt, ein paar Stunden allein mit Dominic auf dem Meer zu verbringen und ihm zu zeigen, warum ich es so sehr liebte, da draußen zu sein. Wir könnten mit meinem kleinen Segler, der »Dolphin Spirit«, rausfahren, ganz ohne Motor, nur mit Windkraft ... Nein, das ging leider nicht. Sosehr es mich auch in den Fingern juckte, die Elemente und die Wale endlich mal wieder auf die richtige Art zu erleben, weit draußen auf offener See ...

»Deine Schwester ist doch hier. Könnte sie nicht die Kinder übernehmen, während sich dein Vater um den Betrieb kümmert?«, schlug er vor, und ich bewunderte ihn wirklich dafür, dass er so weit über seinen Schatten springen wollte, um mir zu beweisen, dass er kein durchgeknallter Psycho war. Was ich ohnehin nicht glaubte. Jeder andere Mensch hätte meine Vorlage als die perfekte Ausrede genutzt, um sein Versprechen nicht einlösen zu müssen.

Ich zögerte. Noch war Zoe da, aber vermutlich nicht mehr lange. Wenn, dann müsste es gleich morgen passieren. Die Wetteraussichten waren eigentlich perfekt, die

Gelegenheit günstig wie selten, denn je weiter die Saison fortschritt, desto weniger Zeit würde ich haben. Aber konnte ich das wirklich wagen? Ihm das zumuten? Er hatte sich ja schon auf unserem vergleichsweise großen Motorboot unwohl gefühlt. Und wenn wir erst mal draußen waren, ging es so schnell nicht wieder zurück.

»Ist das so eine schwierige Entscheidung?«, wollte er mit einem kleinen Lächeln wissen. »Ich kann nämlich nicht garantieren, wie mutig ich in ein paar Wochen noch sein werde – und angesichts der gerade erst anlaufenden Saison wären ein paar schicke Drohnenvideos doch ganz cool, oder?«

»Mehr als cool«, gab ich zu und entschied, alles auf eine Karte zu setzen. »Aber wir müssten es gleich morgen machen.«

Er schluckte, nickte jedoch und erwiderte: »Klar, kein Problem. Sag mir nur, wann ich wo sein soll, wie ich mich vorbereiten und was ich mitbringen muss.«

»Ich würde gerne segeln. Das ist besser, denn dabei stören wir die Tiere nicht durch Motorgeräusche. Wir könnten auch ein Hydrofon mitnehmen und Tonaufnahmen machen. Ich habe auch ein sehr gutes Mikrofon, mit dem wir die Überwassergeräusche aufzeichnen können, also das Schwappen der Wellen und alles, was die Wale und andere Tiere so von sich geben. Das wäre dann die perfekte Untermalung für die Filme.« Ich merkte, wie ich richtig in Fahrt geriet. Es war lange her, dass ich das letzte Mal eine derartige Tour unternommen hatte – mit einer Kamerafrau, die allerdings vom Boot aus gefilmt hatte, und nicht mit Hilfe einer Drohne. Ich hatte solche Lust darauf – es musste einfach klappen!

»Klingt gut«, entgegnete er.

»Ich muss dich allerdings vorwarnen, die ›Dolphin

Spirit‹ ist ziemlich klein. Wir würden beide Neoprenanzüge tragen und uns mit Sicherungsleinen an Bord fixieren. Und wir wären ein paar Stunden unterwegs. Ich würde gerne spätestens um sechs Uhr morgens ablegen, besser um halb sechs, so dass wir schon weit draußen wären, wenn das Licht am besten ist. Treffpunkt wäre um fünf Uhr morgens hier. Ich würde mich um Proviant kümmern und dir auch wasserdichte Taschen für dein Equipment zur Verfügung stellen. Du müsstest eigentlich nur die Drohne, möglichst viele Akkus und Speicherkarten mitbringen. Ach ja, sicherheitshalber auch eine Garnitur Extraklamotten. Und wenn du so was hast, zieh am besten eine Thermo-Jogginghose oder lange Unterhosen an, denn mit einer Jeans kann es im Trockenanzug auf Dauer etwas unbequem werden.« Ich sah seinen leicht überrumpelt wirkenden Gesichtsausdruck und fügte etwas wehmütig hinzu: »Aber du kannst noch Nein sagen. Wirklich. Ich verstehe es, wenn dir das zu abenteuerlich ist. Alternativ könntest du mich jetzt einfach küssen. Damit hättest du deinen Abgang vom Sonntag auch wiedergutgemacht.« Huch – aus welcher dunklen Ecke meines Unterbewusstseins war dieser Satz nun wieder gekrochen? Ich schlug mir unwillkürlich die Hand vor den Mund. »Sorry, war nur ein Scherz. Du kannst auch einfach morgen Vormittag zur ganz normalen Tour mitkommen. Da kriegen wir bestimmt auch tolle Aufnahmen hin.«

Er betrachtete mich mit einem schwer lesbaren Blick, und ich merkte, wie meine Wangen glühten. Wie peinlich war das bitte schön gewesen? Überhaupt war das Ganze eine Schnapsidee. »Vergiss das alles bitte wieder, ich würde das auf die Schnelle ohnehin nicht organisiert bekommen«, fügte ich schnell hinzu.

»Das fände ich außerordentlich schade«, sagte er zu meiner Überraschung, mit einem leisen Lächeln. »Ich würde mich sehr gern auf dieses Abenteuer mit dir einlassen.« Er schaute mich an, und ich überlegte, was genau er mit »Abenteuer« meinte. Den Segeltörn oder ... »Das Küssen können wir danach in Angriff nehmen.«

»Okay«, krächzte ich mit plötzlich rauer Stimme und dachte: *Schade!*

»Gut. Dann ...« Er zögerte kurz, als sei er sich doch ein bisschen unsicher. »Dann bis morgen früh.«

»Bis morgen früh.« Ich drückte mein Gesicht in den Fleecepulli, den er mir vorhin gegeben hatte, und schnupperte unwillkürlich daran.

»Ich habe ihn gewaschen«, bemerkte er amüsiert vom Türrahmen her, und ich fuhr ertappt zusammen.

»Danke«, murmelte ich verlegen und dachte: *Schade!*

Als er sicher draußen war, ließ ich mich auf meinen Bürostuhl fallen und versuchte, einen klaren Gedanken zu fassen. Das wollte mir nicht recht gelingen, also gönnte ich mir noch ein paar Minuten schwärmerisches Staunen, ehe ich zum Hörer griff und mit der Organisation für morgen begann. Egal, was es kostete – jetzt würde ich nichts mehr zwischen mich und meine Pläne kommen lassen.

TIEFE SEE UND WEITE SEELE

IRGENDWO IM PAZIFIK VOR VANCOUVER ISLAND, 15. APRIL – DOMINIC:

Ich hatte selten einen Menschen erlebt, der derart mit sich und seiner Arbeit im Reinen zu sein schien wie Esther Johnson. Seit einer guten Stunde hatte ich das Vergnügen, sie dabei beobachten zu dürfen, wie sie diese lächerliche Nussschale namens »Dolphin Spirit« immer weiter aufs offene Meer hinauslenkte. Als wir an Wickaninnish Island vorbeigesegelt waren, hatte sie mit einem tiefen, erleichterten Seufzer gesagt: »Jetzt kommt sehr lange nichts mehr. Wenn wir auf diesem Kurs weitersegeln würden, wären wir irgendwann in Japan.«

Nichts gegen Japan, aber dahin musste ich in absehbarer Zeit nicht reisen. Schon gar nicht in diesem mehr als dürftigen Verkehrsmittel. Überhaupt musste ich meine Gedanken im Zaum halten und konzentrierte mich lieber wieder auf Esthers sichere Bewegungen. Es war faszinierend: Sie schien in einer regelrechten Symbiose mit ihrem Bötchen zu leben. Sie war hochkonzentriert und strahlte gleichzeitig eine tiefe Zufriedenheit aus, um die ich sie glühend beneidete. Immerhin war mir nicht schlecht. Das war eine meiner vielen Sorgen gewesen – dass ich mich vor ihr blamieren würde, indem ich kotzend über der Reling hing. Die ihren Namen übrigens nicht verdiente, es war eher eine dünne Wäscheleine, die einen Sturz über Bord kaum ernsthaft verhindern würde. Gestern hatte ich noch gedacht, dass Esther scherzte, als sie von »an Bord fixieren« gesprochen hatte, doch faktisch war ich angeleint wie ein Hund und versuchte, mir positive Gedanken zu machen.

Die in etwa in die folgende Richtung gingen: Erstens hatte Esther Familie und ein Geschäft und würde ganz sicher nicht fahrlässig ihr – und mein! – Leben riskieren. Zweitens war sie praktisch auf dem Meer aufgewachsen und wusste zweifellos, was sie tat. Drittens war die wenig vertrauenerweckend aussehende Nussschale garantiert hochseetauglich und top in Schuss, siehe Punkt eins und zwei.

Das alles half. Besonders aber die Tatsache, dass ich ihr vertraute. Ich hatte Esther Johnson buchstäblich mein Leben anvertraut, und es fühlte sich gut an. Das war in der Tat ein ganz besonderes Gefühl, und ein ziemlich unbekanntes, denn das hatte ich bisher noch nicht erlebt. Normalerweise vertraute ich keinem anderen Menschen, zuweilen noch nicht einmal mir selbst, aber mit Esther war es plötzlich ganz einfach.

Wir hatten noch nicht viele Worte gewechselt an diesem Morgen, sondern nur das Nötigste besprochen. Ich war pünktlich um Punkt fünf Uhr am Hafen gewesen, wo Esther schon auf mich gewartet hatte. Sie hatte bereits das Schiff startklar gemacht und den Proviant verstaut. Im Bootshaus hatte sie mich dann mit einem sperrigen Trockenanzug versorgt und mir kichernd beim Anziehen geholfen, weil ich mich etwas unbeholfen angestellt hatte. Da ich bislang fast ausschließlich auf dem Laufband gerannt war, hatte ich bis gestern natürlich keine Thermo-Laufleggins besessen, sondern nur knappe Shorts, aber glücklicherweise gab es in Tofino an einer Branche keinen Mangel: Outdoor- und Sportgeschäfte. Daher war ich nach meinem Besuch bei Esther nicht direkt in mein Büro zurückgekehrt, sondern hatte einen Großeinkauf gemacht. Beinahe hätte ich mir einen eigenen Drysuit gekauft, doch das war mir dann doch ein bisschen übertrieben erschienen, und vermutlich hätte mich Esther auch für neurotisch gehalten. Zu Recht übrigens. Aber wenn ich mich schon auf den Irrsinn eines Segeltrips einließ, hatte ich beschlossen, dann konnte ich auch darüber hinwegsehen, dass bereits andere Menschen meine Schutzhülle am Leib getragen hatten. Diesen heroischen Einsatz schrieb ich direkt auf die lange mentale Liste der Dinge, von denen ich Carol bei unserer nächsten Session triumphierend berichten wollte. Falls ich das hier überlebte.

»Möchtest du einen Tee?«, erkundigte sich Esther, die offenbar Segel oder Ruder oder beides fixiert hatte, so dass sie beide Hände frei hatte und neben mir Platz nehmen konnte. Wobei »freie Hände« nicht stimmte. Sie hatte eine Thermoskanne und zwei Becher dabei.

»Steuern wir jetzt wirklich auf Japan zu?«, fragte ich und nahm einen der emaillierten Henkelbecher. Dabei berührten sich unsere Fingerspitzen und sorgten gleich wieder für eine erhöhte Herzfrequenz. Die ihre Ursache aber auch darin haben konnte, dass wir mit geblähten Segeln praktisch führerlos durch den Pazifik pflügten.

»Für den Moment schon, aber das kann sich jederzeit

ändern, wenn der Wind dreht.« Sie grinste und goss mir den Becher halb mit dem dampfenden schwarzen Tee voll. »Ich habe ihn gesüßt und etwas Milch reingegeben, ich hoffe, das ist okay?«

Ich kostete einen Schluck und nickte dankbar. Vermutlich hätte ich im Augenblick alles getrunken, was von innen etwas wärmte. Ich war zwar gut eingepackt, aber auf dem Meer war es zu dieser frühen Morgenstunde noch recht frisch, und ich bezweifelte, dass es signifikant wärmer werden würde. »Wie kommen wir eigentlich wieder zurück? Ich meine, der Wind müsste ja komplett drehen, damit wir zurückgepustet werden, oder?«

Sie blickte mich aus ihren ausdrucksstarken blaugrauen Augen leicht fassungslos an, so als überlege sie, ob ich den letzten Satz ernst gemeint haben konnte. Dann legte sie den Kopf in den Nacken und lachte herzhaft los.

»Was?«, fragte ich. »Ich finde, das ist eine absolut berechtigte Frage.« Irgendwie war ihr Verhalten irritierend, oder? War sie am Ende doch nicht so stabil und häuslich verwurzelt, wie ich annahm, und in Wirklichkeit auf einer selbstmörderischen Mission unterwegs? Ich fühlte, wie mir die irrationale Panik schon wieder zuwinkte. Noch ein flapsiger Spruch von Esther, und ich würde sie nicht mehr unterdrücken können.

»Du hast das eben ernst gemeint?« Sie sah mich erstaunt an, doch gleich darauf wurde ihr Blick ganz weich, und sie griff nach meiner Hand und drückte sie fest. »Du musst keine Angst haben, wirklich nicht«, sagte sie, ohne den Blick abzuwenden. »Ich vergesse immer, dass nicht alle Menschen Ahnung vom Segeln haben. Für mich ist das meine zweite Natur. Wir sind natürlich nicht darauf angewiesen, dass der Wind dreht, sondern kommen auf jeden Fall zurück. Eine Flaute wäre viel übler, doch selbst dann sind wir vorbereitet. Mit einem Außenbordmotor.«

Ich wandte mich um, um nach hinten zu spähen. Beim Einsteigen war mir kein Motor aufgefallen.

»Er ist unter Deck. Zusammen mit genügend Treibstoff«, erklärte sie. »Aber ich bin mir sicher, wir brauchen ihn heute nicht.« Sie drückte mir noch einmal die Hand und trank ihren Tee aus. Dann rappelte sie sich hoch, nahm den Feldstecher zur Hand und spähte in die Ferne.

»Denkst du, dass Wale in der Nähe sind?«, fragte ich sie.

»Ich hoffe es sehr«, entgegnete sie. »Allerdings sind die Wellen zu hoch, so dass man nur mit viel Glück Blas oder Fluken erkennen könnte. Aber vielleicht springt ja einer.«

»Und was, wenn wir keine sehen?«

»Dann waren wir einfach nur segeln«, erwiderte sie lächelnd. »Das habe ich auch schon ewig nicht mehr gemacht. Aber ich bin mir relativ sicher, dass wir Tiere zu Gesicht bekommen werden.«

»Sechster Sinn?«

»Nein, den habe ich leider nicht – auch wenn es das wirklich gibt. Reed hat einen Mitarbeiter in Telegraph Cove, von einem dort ansässigen indigenen Stamm, der hat den perfekten Instinkt für Wale. Yaku weiß immer, wo sie sind. Und zwar nicht nur oben im Norden, sondern auch hier. Kiona kann das bis zu einem gewissen Grad auch, aber anscheinend nur mit den Orcas, die dauerhaft in der Region rund um Telegraph Cove leben.«

»Faszinierend«, sagte ich – und meinte es so, auch wenn ich nicht die leiseste Ahnung hatte, wie das funktionieren sollte. »Denkst du, die hören die Wale irgendwie?«

Sie zuckte mit den Schultern. »Ich weiß es nicht. Vielleicht nicht mit den Ohren, sondern mit ihren Seelen? Das hört sich bestimmt total esoterisch an, oder? Reed hat das neulich zu mir gesagt. Yaku und Kiona können es auch nicht besser erklären.«

»Warum auch nicht? Es gibt doch diesen berühmten Spruch aus ›Der kleine Prinz‹, wo es heißt, dass man nur mit dem Herzen gut sieht. Vielleicht läuft es mit der Seele und dem Hören analog?«

Esther ließ ihren Feldstecher sinken und drehte sich zu mir um. Ihre Augen schimmerten. Tränen? Oder womöglich nur die salzige Luft? »Das ist ein wundervoller Gedanke«, sagte sie. »Ich glaube, der könnte auch auf Archie und Ada zutreffen.« Ihr Lächeln war hoffnungsfroh und hatte gleichzeitig eine wehmütige Note. »Zumindest was ihren Sinn für Wale betrifft. Wir haben es noch nicht allzu oft ausprobieren können, weil ich mit den Kleinen meist nur küstennah unterwegs bin, aber beide lieben Wale und Delfine und scheinen ... Ach, ich weiß auch nicht.«

»Das ist alles gar nicht so einfach, was?«

»Nein. Aber ich kenn es nicht anders – und die beiden auch nicht. Und überhaupt, was ist schon einfach im Leben?«

Das war eine große Frage, auf die ich auch keine Antwort hatte. Zumindest keine gute. Ich wusste nur, dass ich mir in diesem Moment unbändig wünschte, ich könnte irgendwas für sie tun. Irgendwie den Schmerz lindern, der sie umgab. Ich fand es verdammt unfair, dass sie das mit ihren Kindern alles allein managen musste, und fragte mich zum wiederholten Mal, was genau mit dem Vater der Kinder los war, dass er sich nicht kümmerte. »Wenn das Leben einfach wäre, dann ...«, fing ich an, ihre rhetorische Frage zu beantworten, doch mir fiel kein passender Vergleich ein. »Keine Ahnung. Aber ganz ehrlich, manchmal wünschte ich mir etwas mehr Leichtigkeit. Es muss schön sein, sich nicht immer so viele Gedanken über alles machen zu müssen und so viele Ängste zu haben ...« Mist, das hatte ich so nicht sagen wollen. War es das, was die steife Meeresbrise schaffte? Dass ich geheime Gedanken aussprach? Ängste erwähnte? Nun musste sie mich für noch erbärmlicher halten als ohnehin schon. Wobei, viel tiefer als nach dem Bärenzwischenfall und meiner Inkompetenz in Segel- und Walfragen konnte ich wohl nicht mehr sinken. Außer auf den Meeresboden. Der hier im Pazifik verdammt tief sein konnte – hatte ich irgendwo gelesen.

»Ja, das wäre schön«, antwortete sie jedoch zu meiner Überraschung.

»Hast du auch Ängste?«, fragte ich, weil ich mein Plappermaul einfach nicht halten konnte – und weil es mich wirklich interessierte.

»Hat die nicht jeder?« Sie seufzte. »Ich weiß nicht, ob es wirklich Ängste sind, womöglich nicht im pathologischen Sinn, aber Sorgen. Davon habe ich viele.«

Diese Unterscheidung fand ich erstaunlich. Carol und ich hatten darüber auch schon häufiger gesprochen. Sorgen waren sicherlich auch grauenvoll, aber Ängste konnten lähmen, ausgewachsene Phobien sogar ein normales Leben unmöglich machen. Carol und ich waren uns nicht einig, wo genau wir meine Befindlichkeitsstörungen ansiedeln sollten. Ich würde nach wie vor behaupten, dass ich große Angst vor Wasser hatte. Bislang hatte ich es weitgehend vermieden, auf einem Schiff zu fahren.

Fliegen war auch ein Problem gewesen und auf Langstrecken nur mit Schlaftabletten oder Alkohol zu ertragen. Meist beides. Ich bezeichnete das als Phobie, Carol als Ausweichspielplatz meiner Psyche. Als Projektionsfläche, die ich benutzte, um meine eigentlichen Sorgen und Ängste nicht anerkennen zu müssen. Nun war ich schon zum zweiten Mal innerhalb weniger Wochen in einem winzigen Boot auf dem riesigen Ozean unterwegs und hatte auch die Wasserflugzeugtrips nach Victoria und zurück unbeschadet überstanden. Was bedeutete das konkret?

Darüber wollte ich lieber nicht nachdenken, denn offensichtlich hatte Carol Shaffer recht. Mal wieder. Wie eigentlich immer. Stattdessen konzentrierte ich mich lieber auf Esther. »Sorgen« klang lösbar, und vielleicht konnte ich mich wenigstens ein bisschen nützlich machen. »Kann ich dir bei deinen Sorgen irgendwie helfen? Brauchst du Unterstützung, oder magst du einfach nur darüber reden?«

Sie sah mich ein Weilchen schweigend an, als müsste sie über dieses Angebot länger nachdenken. Schließlich sagte sie: »Das ist sehr lieb von dir, und unter Umständen komme ich darauf zurück, aber für den Moment möchte ich einfach nur unseren Ausflug genießen. Mit ein bisschen Glück habe ich am Ende dann auch eine Sorge weniger.« Damit zwinkerte sie mir zu, hob wieder den Feldstecher und ließ mich einigermaßen ratlos zurück.

Wie hatte sie das gemeint? Eine Sorge bezüglich des Walfilms? Oder eher zwischenmenschlicher Art? Sie hatte mir gestern angeboten, mich mit einem Kuss praktisch freizukaufen. Hatte sie das ernst gemeint? Oder hatte sie mir nur eine elegante Exit-Strategie liefern wollen, falls ich mich wirklich zu sehr vor dem Meer fürchtete? Nein, diese Gedankengänge waren mir jetzt zu kompliziert. Ziemlich sicher meinte sie den Film, schließlich war es für ihr Business wichtig, sich mit möglichst spektakulären Aufnahmen von der Konkurrenz abzugrenzen, oder? Das musste es sein. Und ich würde alles geben, damit sie diese Sorge bald los war. Jetzt mussten nur noch die verdammten Wale auftauchen.

»Warum fahren wir eigentlich so weit raus?«, erkundigte ich mich. »Die Grauwale ziehen doch viel näher an der Küste vorbei.« Auf diese berechtigte Frage hätte ich ja auch früher kommen können. Gestern beispielsweise. Oder heute vorm Losfahren.

Sie drehte sich wieder zu mir um – mit einem Schmunzeln auf den Lippen. »Vielleicht will ich dich ja doch nach Japan entführen?«, nahm sie mich auf den Arm. »Du hast natürlich recht. Sehr viele Grauwale sind küstennah unterwegs, aber viele wählen auch eine etwas weiter entfernte Route. Und vor allem hoffe ich auf deine Buckelwal-Freunde.«

»Und du nimmst an, dass die sich hier in der Gegend tummeln?« Ich sah mich um, aber außer Wasser konnte ich nichts erkennen. Wann war die Küste aus unserem Blickfeld verschwunden?

»Ich nehme es nicht nur an, ich weiß es.« Sie grinste und deutete auf einen Punkt in der Ferne. »Vielleicht magst du langsam mal deine Drohne bereitmachen?«

Als ich nach der wasserdichten Tasche griff, in der mein ganzes Material untergebracht war, nahm ich aus dem Augenwinkel eine Bewegung ganz nah am Boot wahr. »Da sind Delfine!«, rief ich überrascht. Tatsächlich wurden es immer mehr, und sie schienen Spaß daran zu haben, auf unserer Bugwelle zu surfen. Ab und zu sprangen sie höher, machten Saltos oder Schrauben und strahlten eine unbändige Lebensfreude aus, die regelrecht ansteckend war. Ich konnte den Blick nicht von ihnen lassen und zuckte erschrocken zusammen, als ich Esthers Hand auf meiner Schulter spürte.

»Die könnte ich auch filmen, was?«, fragte ich sie und fühlte mich seltsam ertappt. Aber mein Herz schlug rasend schnell. Nicht, weil ich Angst hatte vor der blauen Hölle aus endlosem Himmel und Wasser, die mir noch vor Augenblicken so bedrohlich erschienen war, sondern vor Aufregung. Wir waren hier nicht allein – und das fühlte sich erstaunlich gut an. Ich hatte jedoch keine Gelegenheit, weiter über meine Befindlichkeiten zu sinnieren, denn Esther nickte aufmunternd, schnappte sich ihrerseits ihre Kamera und begann, das Spektakel um uns herum zu fotografieren.

Wenige Augenblicke später war die Drohne einsatzbereit und in der Luft. Ich steuerte sie diesmal nicht von meinem neuen Handy aus, das – hoffentlich sicher verstaut – in der wasserdichten Tasche lag, sondern von einem iPad, das in einer speziellen Hülle steckte und das ich mit einer Schlaufe an meinem Handgelenk befestigt hatte. Das Problem war ein anderes: »Wir sind zu schnell«, rief ich Esther zu. Die Drohne hatte zwar ziemlich leistungsstarke Motoren und konnte ein gewisses Tempo durchhalten, aber wir pflügten offensichtlich schneller durch die Wellen, als ich es mir vorgestellt hatte.

»Mist, daran hatte ich nicht gedacht«, entgegnete sie und machte sich gleich darauf am Segel zu schaffen. Augenblicklich ließ der Fahrtwind nach – und leider beendeten die Delfine auch ihr Tanzspektakel.

Ich hörte keckernde Geräusche, so als wären sie

enttäuscht. »Kann es sein, dass sie sauer sind?«, fragte ich Esther verblüfft und ließ die Drohne, die uns inzwischen wieder eingeholt hatte, über den Tieren kreisen.

»Wahrscheinlich«, erwiderte sie und zuckte mit einem leicht verlegenen Lächeln die Schultern. »Die finden es super, auf Bugwellen zu surfen, aber erst ab einer gewissen Geschwindigkeit. Jetzt haben wir ihnen ihr Spielzeug weggenommen.«

Das erschien mir einleuchtend. Was ich jedoch nicht verstand, war, warum sie so bedröppelt wirkte. »Ist das schlimm?«, erkundigte ich mich daher.

»Nein, die werden es verkraften. Ich ärgere mich nur über mich selbst, weil ich einfach so übers Wasser gebrettert bin, obwohl mir hätte klar sein müssen, dass die Drohne das nicht packt. Tut mir leid.«

»Ist ja nichts passiert.« Langsam dämmerte mir etwas. »Dir geht's heute gar nicht in erster Linie um die Wale, sondern ums Segeln, oder?«

»Hm«, murmelte sie. »Irgendwie um beides.«

Die Delfine tauchten ab, und auch von den Walen, die Esther vorhin entdeckt haben wollte, war im Augenblick nichts zu sehen. Also holte ich die Drohne zurück und verpasste ihr einen frischen Akku. »Erzähl mir von diesem Schiff«, bat ich Esther. »Es bedeutet dir eine Menge, oder?«

»Merkt man das?«

»Ich habe keine Ahnung von solchen Dingen, aber auf dem Motorboot neulich hast du dich ganz anders benommen. Keine Ahnung, so als wäre das ein Werkzeug oder so. Aber hier interagierst du wie mit einem Freund.« Vermutlich war das eine dämliche Beobachtung von mir, denn ihr Gesichtsausdruck sprach Bände. Aber die Art, wie sie fast zärtlich über den Kabinenaufbau strich, und ihr strahlendes Lächeln, als sich das große Segel gebläht hatte, waren schon ziemlich eindeutige Indizien. Und ja, ich musste zugeben, es hatte mich fast ein wenig eifersüchtig gemacht.

Zu meiner Überraschung lächelte sie mich an und nahm wieder neben mir Platz. »Du hast vollkommen recht«, gab sie zu. »Unsere Ausflugsschiffe sind tatsächlich Werkzeuge für mich, und mit seinem Arbeitsplatz verbindet man ja eher selten besonders liebevolle Gefühle. Nein, das hört sich jetzt auch falsch an. Ich liebe meinen Job wirklich sehr, und die Boote sind dafür einfach nützlich und wichtig, aber die ›Dolphin Spirit‹ hier wird immer einen besonderen Platz in meinem Herzen haben.« Nun ließ sie eine Hand über das Deck gleiten, so dass ich mir automatisch vorstellte, es wäre mein Bein. »Ich hab sie mir mit neunzehn gekauft – nachdem ich drei Jahre jeden Dollar dafür gespart hatte. Nach meinem Schulabschluss bin ich nicht aufs College gegangen, sondern in Richtung Süden gesegelt.«

»Allein?«

»Ja, klar. Schon zu zweit ist es in der Kabine eigentlich zu eng. Ich wollte nach Hawaii, aber das war mir dann doch zu riskant. Aber ich habe es bis nach Mexiko geschafft und auf dem Rückweg in Los Angeles die Gelegenheit ergriffen, für eine Überführungsfahrt auf einem todschicken, nagelneuen Luxus-Katamaran anzuheuern. Damit bin ich dann doch noch nach Hawaii gekommen.«

Ich war fasziniert davon, wie ihre Augen bei der Erinnerung leuchteten. »Das klingt aufregend«, bemerkte ich, auch wenn es für mich völlig unvorstellbarer Horror war.

»Oh, das war es auch«, entgegnete sie mit einem verschmitzten Grinsen. »Ich war ein Jahr lang unterwegs.

Und ganz sicher habe ich dabei mehr gelernt als in der Schule oder auf der Uni.«

Ich nickte, weil ich nicht wusste, was ich dazu sagen sollte. Vielleicht hätte mir ein Jahr Abenteuer auch gutgetan? Bestimmt sogar, doch ich hatte keine Ahnung, was für ein Abenteuer das hätte sein können. Ganz sicher kein monatelanger Segeltörn.

»Es war sowieso immer klar, dass ich das Unternehmen meines Vaters übernehmen würde«, fuhr sie fort. »Als ich zurück war, habe ich aber noch einen Business-Abschluss gemacht, um auch auf der geschäftlichen Seite sattelfest zu sein.«

»Du musst dich nicht rechtfertigen«, warf ich ein, denn danach hatte es fast geklungen. »Ich finde es toll, was du machst – und wie du es machst. Das kann keine einfache Branche sein.«

Sie zuckte mit den Schultern. »Stimmt schon. Und wie gesagt, ich wollte nie etwas anderes machen. Aber manchmal denke ich ...« Ein Schatten glitt über ihr Gesicht wie eine Wolke vor die Sonne.

Ehe ich jedoch nachfragen konnte, was genau sie dachte oder wie ich die dunkle Wolke wegpusten könnte, hörten wir ein lautes Platschen und wurden gleich darauf ordentlich nass gespritzt. Wenige Meter entfernt war neben uns ein Wal gesprungen – und wir hatten es nicht bemerkt.

Sofort war Esther auf den Beinen. Wie weggeblasen war die Melancholie in ihren Augen, und auch durch mich pumpte wieder reichlich Adrenalin. »Buckelwale!«, rief sie. »Viele!«

Tatsächlich war der Feldstecher nicht nötig. Das Meer um uns herum hatte sich in eine brodelnde Masse riesiger Leiber verwandelt. Okay, das war vielleicht eine klitzekleine Übertreibung meines Unterbewusstseins, aber da, wo vor wenigen Minuten noch die vergleichsweise handlichen Delfine herumgehüpft waren, taten nun gigantische Riesen dasselbe. Meine Hände zitterten leicht, aber ich brachte die Drohne in die Luft und ließ sie über der Walgruppe fliegen. Esther machte Fotos und stieß regelmäßig entzückte Rufe aus. Sie musste Vergleichbares schon hunderte Male gesehen haben, aber sie konnte sich immer noch dafür begeistern. Ich hätte die Tiere ebenfalls gern mit eigenen Augen beobachtet – oder auch Esther –, doch ich hatte ihr tolle Aufnahmen versprochen und hielt meinen Blick daher eisern auf das Display meines Tablets gerichtet. Ich zählte fünf Tiere, die in der unmittelbaren Umgebung herumschwammen und ... fraßen?

Ich keuchte auf, als ein Wal seinen Kopf mit weit aufgerissenem Maul direkt unter der Drohne aus dem Wasser schob, die Kinnfalten wie ein Akkordeon aufgebläht. Gleich darauf sank er wieder zurück. »Krass«, murmelte ich.

»Hier muss es einen Fischschwarm geben«, rief Esther begeistert, als ein weiteres Tier auf ähnliche Weise auftauchte. Diesmal meinte ich in dem Maul sogar Fische zu erkennen.

»Die könnten doch problemlos einen Surfer samt Board oder ein Kajak verschlingen, oder?«, platzte es aus mir hervor.

»Die fressen aber nur kleine Fische oder Krill«, erklärte sie mir.

»Mag sein, aber was, wenn ein Kajak zufällig über einem Fischschwarm paddelt, den sich ein Wal gerade zu Gemüte führt?« Ich fand, dass das ein berechtigter Einwand war.

»Dann wird man nass«, entgegnete sie leichthin und lachte auf, als ein deutlich kleinerer Wal übermütig aus dem Wasser sprang. Mit geschlossenem Maul glücklicherweise, aber wieder verdammt nah an der Drohne, die ich vorsichtshalber etwas aufsteigen ließ.

Wie schön es sein musste, derart angstfrei durchs Leben zu gehen, dachte ich. Mein Herz schlug immer noch heftig, aber ich merkte, dass ich mich nicht ernsthaft sorgte – ich hatte schlicht keine Zeit dafür. Und ich fühlte mich bei Esther wirklich sicher. Wenn sie sagte, dass es keinen Grund gab, im Angesicht dieser Giganten nervös zu werden, dann glaubte ich es ihr. Ganz erstaunlich.

Nach einigen weiteren Minuten begann die Akkuanzeige zu leuchten, und ich lotste die Drohne zu uns zurück. »Soll ich noch eine Runde fliegen?«, fragte ich, als ich auch diesen Akku entfernte und einen frischen einsetzte. Sicherheitshalber nahm ich auch die Speicherkarte raus und ersetzte sie durch eine neue. Falls ein weiterer Flug doch im Walmaul endete, hatten wir wenigstens ein bisschen Filmmaterial.

»Vielleicht später«, sagte Esther, und ich merkte, dass sie nicht mehr die Tiere beobachtete, sondern mich. »Schau dir das Spektakel mal richtig an. Du wirst die Faszination nicht begreifen, wenn du sie nur auf einem Monitor siehst.«

Sie reichte mir eine Hand und zog mich auf die Beine. Dabei stand sie gleichzeitig entspannt und wie fest verwurzelt auf dem schwankenden Deck – im Gegensatz zu mir, der ich sofort ins Straucheln kam und mich krampfhaft am Dach des Kabinenaufbaus festkrallte.

»Bleib ganz locker«, forderte sie mich auf und schlang

einen Arm um meine Taille. Zumindest versuchte sie es, doch die Schwimmwesten, die wir trugen, schränkten ihre Reichweite ziemlich ein, und so wanderte ihre Hand zwischen meinem Po und meiner Hüfte herum. Das war sicher ein Versehen und unserem schwankenden Untergrund geschuldet. Mit der freien Hand deutete sie auf die Wale und kommentierte unaufhörlich das Geschehen auf dem Meer.

Ich dagegen hatte Mühe, ihre Worte überhaupt wahrzunehmen oder mich auf das Walspektakel zu konzentrieren. Ich hatte auch keine Angst mehr, sondern fand die Hand auf meinem Hintern trotz des dicken Trockenanzugs und meiner brandneuen Thermo-Jogginghose verdammt aufregend. Und erregend. Und das wiederum irritierend. *Himmel, Gordon, krieg dich mal wieder in den Griff!*, schimpfte ich in Gedanken mit mir selbst und überlegte, ob ich mich der Berührung entziehen sollte. Oder konnte.

»Oh Gott«, entfuhr es mir, und auch Esther japste auf. Ein Wal war unmittelbar neben unserem Boot senkrecht aufgetaucht und starrte uns mit seinem kleinen Auge an. Genau genommen starrte er direkt auf meinen zweifellos gut sichtbaren Ständer, und ich hätte schwören können, dass er mir anerkennend zuzwinkerte. »Für ein uraltes außerirdisches Wesen hast du einen ziemlich seltsamen Sinn für Humor«, hörte ich mich selbst zu dem Wal sagen und vernahm deutlich Gelächter. Von dem nassen Spanner? Nein, das kam von Esther an meiner linken Seite und von den Delfinen, die jetzt auch wieder aufgetaucht waren.

»Hat er dir telepathisch einen Witz erzählt?«, erkundigte sie sich amüsiert.

»So ungefähr. Es könnte aber auch sein, dass ich den

Verstand verliere.« Zustimmendes Keckern von den Delfinen.

»Jedenfalls scheint er dich interessant zu finden«, bemerkte sie, doch dann tauchte mein neuer Freund langsam ab. So interessant dann wohl auch wieder nicht. Leider nahm Esther nun auch die Hand von meinem Gesäß und griff sich ihre Kamera. »Mal sehen, ob er uns seine Fluke zeigt, dann können wir nachher mal eine Suche in der Datenbank starten und ihn vielleicht identifizieren.«

Davon hatte ich schon gehört, fand die Technik aber ziemlich umständlich. »Es müsste doch eine Möglichkeit geben, die Tiere gleich bei der Begegnung zu identifizieren. Wäre das nicht viel praktischer?«

»Schon, aber wie soll das laufen? Ich weiß, dass es schon ein paar Programme mit KI-Unterstützung gibt, die beim Bildabgleich viel schneller Ergebnisse liefern als die rein visuelle Suche, aber die sind ganz schön teuer und noch nicht so richtig ausgereift. Ein paar Studenten von Reed entwickeln daran herum. Ich bin aber auch gespannt, was die Hydrofon-Aufnahmen liefern werden, denn ich wette, dass sie sich irgendwie verständigt haben.«

»Ich hab gar nicht mitbekommen, dass du das Unterwassermikro in Betrieb genommen hast«, entgegnete ich überrascht.

»Doch. Schon vor einem Weilchen. Allerdings habe ich vergessen, das Deck-Mikrofon zu installieren, aber das ist nicht schlimm. Soundfiles von schnaufenden Walen und schnatternden Delfinen habe ich genug, da kann man bestimmt was Schönes basteln.«

Ich nickte nur, denn in meinem Kopf hatte sich eine Idee eingenistet, die mich fast so sehr in Begeisterung versetzte wie eben noch Esthers Hand – wenn auch auf ganz andere Weise.

Wir blieben noch etwa eine halbe Stunde in der Gegend, bis sich die Tiere endgültig verzogen hatten. Ich hatte die Drohne eine weitere Runde fliegen lassen und einige spektakuläre Aufnahmen hinbekommen, doch nun wendete Esther ihr Boot und machte sich auf den Rückweg. Schweigend und jeder in seine eigenen Gedanken versunken, aßen wir die mitgebrachten Sandwiches und tranken den restlichen Tee.

»Das war vermutlich der spannendste Ausflug meines bisherigen Lebens«, sagte ich schließlich zu ihr, als langsam wieder Land in Sicht kam. »Vielen Dank dafür.«

Esther stand am Steuer und lächelte mir zu. »Ich habe zu danken. Dafür, dass du mir die perfekte Gelegenheit für einen kleinen Segeltrip geliefert hast, für die Filmaufnahmen und ...« Sie sprach nicht weiter, sondern sah in die Ferne.

»Und was?«

»Und dass wir so gut reden können.«

»Viel gesprochen haben wir eigentlich nicht. Ich weiß immer noch nicht, was dir alles Sorgen bereitet oder wie der Gebärdenunterricht mit Joanne gelaufen ist. Darüber müssen wir uns ohnehin bald mal unterhalten, damit wir das mit dem Distanzunterricht hinbekommen.«

»Ja, das müssen wir wohl. Und du schuldest mir auch noch die eine oder andere Geschichte. Bezüglich Matt zum Beispiel.«

Das hatte ich befürchtet. Ich seufzte. »Du weißt inzwischen Bescheid, was?«

»Ich kenne lediglich die ganz groben Eckdaten, von Nora. Es tut mir sehr leid, dass euch das passiert ist.«

»Hm«, brummte ich. Ich wollte gerade nicht darüber

sprechen, fand Esthers Formulierung aber erstaunlich. »Dass euch das passiert ist«, hatte sie gesagt. »Euch«, nicht »ihm«. Schöner Gedanke, aber leider falsch. »Es ist nicht ›uns‹ passiert, ich habe es Matt angetan.«

»Du hast ihn ja wohl nicht absichtlich überfahren, oder?« Sie hob fragend eine Braue.

»Natürlich nicht. Aber ich war unachtsam und fahrlässig. Hätte ich in diesem Moment nicht telefoniert – übrigens mit Freisprechanlage –, wäre es nicht geschehen.«

»Trotzdem. Es bleibt ein Unfall, und ohne dir zu nahe treten zu wollen oder dich auch nur besser zu kennen, habe ich doch das Gefühl, dass er dich ebenfalls sehr mitgenommen hat.«

Ich schüttelte den Kopf. »Lass uns bitte ein anderes Mal darüber reden, ja? Ich verspreche dir, ich erzähle dir alles, was du wissen möchtest, aber nicht jetzt. Du ahnst es vielleicht nicht, aber diese Fahrt hier ist etwas ganz Besonderes für mich, das ich als eindeutig positive Erinnerung abspeichern möchte. Da passt der Unfall nicht gut dazu.«

»Verstehe«, sagte sie und nickte. »Wirklich. Mir geht es tatsächlich genauso. Also lass uns die letzte halbe Stunde noch genießen, ehe uns der Alltag wiederhat.«

SOUND OF MY SOUL

VANCOUVER, 19. APRIL – ESTHER:

ICH SAß IM MARINA-CAFÉ AM WASSERFLUGZEUGPIER in Vancouver und wartete, dass Reed eingeschwebt kam, damit wir gleich gemeinsam zur Werft fahren konnten, um unser neues Segelschiff zu begutachten. Ich war heute Morgen schon ziemlich früh hergeflogen, weil Zoe ihren Flug nach San Francisco erreichen wollte und ich dank der brandneuen Beta-Version der »Tofino Marktplatz«-App zwei weitere Mitreisende gehabt hatte, die in der Stadt einige Dinge besorgen wollten.

Es war ein kühler, aber klarer Tag, und ich genoss es, mal ein Weilchen nichts tun zu müssen, außer meinen Tee zu schlürfen und ein leckeres Hummus-Sandwich zum Frühstück zu genießen. Und nachzudenken. Denn dazu war ich während der letzten Tage so gut wie gar nicht gekommen. Kaum waren Dominic und ich am Donnerstag von unserem kleinen Segeltörn zurückgekehrt, war die Hölle los gewesen. Einer unserer Skipper war am Vormittag auf dem Weg zur Arbeit vom Fahrrad gestürzt und hatte sich den Arm gebrochen, so dass er für mindestens drei bis vier Wochen ausfiel. Laney, bislang die beste Springerin, die wir je gehabt hatten, weil sie Büroaufgaben genauso gut im Griff hatte wie Waltouren oder Schichten im Shop, musste dringend nach Toronto, weil ihre Mutter schwer erkrankt war.

Ich hatte also unmittelbar vor dem Wochenende zwei meiner besten Mitarbeiter verloren. Was bedeutete, dass ich fast rund um die Uhr gearbeitet hatte und vorgestern sogar zähneknirschend einen der ehemaligen »Moby Tours«-Mitarbeiter gefragt hatte, ob er zukünftig für uns tätig sein wollte. Eigentlich hatte ich das vermeiden wollen, weil Elliot Grahams Leute mir und Reed zunächst unmissverständlich klargemacht hatten, dass sie nicht für uns arbeiten würden. Unter keinen Umständen. Doch Ted Fisher hatte bisher keinen besseren Job gefunden. Er war ein erfahrener Skipper und kannte sich in unseren Gewässern aus – tja, und die Not hatte uns zusammengeführt. Ich hoffte sehr, dass es für uns beide gut laufen würde, aber es blieb dabei, dass ich dringend neue Leute brauchte.

Vor allem, wenn der neue Segler endlich bei uns im Hafen lag und auf längere Touren gehen sollte. In mir lieferten sich widerstreitende Impulse einen heftigen Kampf: unbändige Vorfreude auf das neue Schiff und die großartigen Möglichkeiten, die es uns bot, sowie Angst vor den finanziellen Hürden, die uns noch erwarteten. Leider war auch an der Jeremy-Front noch keine Entspannung eingetreten. Mein Anwalt biss weiterhin auf Granit. Ich hatte kurz überlegt, ob ich meinem Ex heute einen Überraschungsbesuch abstatten sollte, um ihm meine Meinung zu seinem Verhalten persönlich zu geigen, doch dann hatte ich die Idee wieder verworfen. Ich wusste ja nicht einmal sicher, ob er immer noch in der Wohnung lebte, die er nach unserer Trennung bezogen hatte. Außerdem konnte es gut sein, dass er wieder für eines seiner Projekte unterwegs war. Und der Sache dienlich wäre es vermutlich auch nicht, wenn er meine Rage ungefiltert abbekäme. Wobei ...

»Ist was mit dem Sandwich nicht in Ordnung?«, erkundigte sich die junge Kellnerin besorgt, die mein energisches Kopfschütteln und den wütenden Gesichtsausdruck offenbar auf das Essen bezogen hatte.

»Nein, das ist wunderbar. Tut mir leid. Ich habe nur an ein paar sehr unangenehme Dinge gedacht.« Ich riss mich zusammen und schenkte ihr ein gezwungenes Lächeln.

»Das tut nun wieder mir leid«, entgegnete sie mitfühlend. »Dafür könnte ich ein Stück Schokotorte empfehlen. Mir hilft das immer enorm. Oder unseren Orca-Eisbecher.«

»Orca-Eisbecher?«

»Das ist unser hausgemachtes Eis – Pannacotta und dunkle Schokolade. Eben schwarz und weiß, wie ein Orca.« Sie lächelte verlegen. »Sie machen sich wohl nichts aus Walen?«

Jetzt musste ich laut lachen. »Im Gegenteil. Wale bestimmen den Großteil meiner wachen Lebenszeit. Ach was, auch meinen Schlaf. Und ich würde rasend gerne einen Orca-Eisbecher probieren.«

»Das ist ja toll. Was machen Sie denn mit den Walen? Sorry, wenn ich so neugierig bin, aber ich liebe Wale. Und ich träume schon seit ewigen Zeiten von einem Job, bei dem ich mich näher mit diesen tollen Tieren befassen könnte – und nicht nur Eisbecher erfinden müsste.« Sie bekam ganz glühende Wangen bei der Vorstellung.

Ich musterte sie neugierig. »Wären Sie bereit, für Ihren Traum umzuziehen? Nach Tofino?« Es war ein Schuss ins Blaue, doch irgendwie hatte ich bei der jungen Frau ein gutes Gefühl. Ich schätzte sie auf Ende zwanzig, und ihr Enthusiasmus rührte mich. Außerdem schien sie auf Zack zu sein, wenn sie mir proaktiv einen Seelentröster anbot, nur weil ich grimmig geguckt hatte.

»Was?« Sie wirkte nun vollkommen verblüfft, ja beinahe fassungslos.

»Ich betreibe ein Walbeobachtungsunternehmen namens ›Johnson's Giants‹ in Tofino und suche dringend begeisterungsfähige Mitarbeiter«, entgegnete ich. »Aber wahrscheinlich können Sie nicht so einfach aus Vancouver weg, oder?«

»Sie würden mich einstellen, obwohl Sie mich gar nicht kennen und obwohl ich keine Ahnung von Walen habe?« Okay, jetzt war sie eindeutig fassungslos.

»Sie haben mir gerade recht eindrucksvoll gezeigt, dass Sie Wale lieben, und gesagt, dass Sie gerne einen neuen Job hätten, der etwas mit Walen zu tun hat«, erinnerte ich sie an ihre Worte. »Wir haben einen Souvenir-Shop, diverse Social-Media-Seiten, die gepflegt werden müssen, reichlich Büroarbeit und täglich mindestens eine Beobachtungstour, die von Guides begleitet werden muss. Für die Touren haben wir in den Sommermonaten immer einige angehende Meeresbiologen vor Ort, aber auch interessierten Laien bringen wir alles Nötige im Handumdrehen bei. Am wichtigsten sind mir Menschen, die aufmerksam sind. Die hinschauen, wo es etwas zu tun gibt, die es merken, wenn ein Gast Angst hat. Ihnen ist mein mürrischer Gesichtsausdruck aufgefallen, insofern scheinen Sie da ein großes Talent zu haben.« Ich beendete meinen Pitch, ehe ich die arme Frau völlig verschreckte, da ich mich langsam so verzweifelt anhörte, wie ich mich angesichts der angespannten Personalsituation auch fühlte.

»Wann könnte ich anfangen?«, fragte sie jedoch zu meiner großen Überraschung, und ich sah Hoffnung in ihren dunklen Augen.

Auch mein eigener, leicht ermatteter Optimismus reckte wieder den Kopf. Konnte es tatsächlich so einfach sein? »Am liebsten so schnell wie möglich.«

»Meine Schicht geht bis zwölf, danach bräuchte ich vielleicht zwei Stunden, um alles zu regeln.« Sie klang leicht atemlos, begann aber regelrecht zu strahlen.

»Wow. Das ist ja mal spontan«, stellte ich fest und musste grinsen. »Wenn das so ist, dann willkommen an Bord.« Ich streckte ihr die Hand entgegen. »Ich bin Esther Johnson und treffe mich gleich mit einem Geschäftspartner, um unser neues Segelschiff zu inspizieren. Danach muss ich noch ein paar Dinge erledigen, aber gegen drei fliege ich zurück nach Tofino, da kann ich dich gerne mitnehmen. Wir haben in unserem Bootshaus eine große Mitarbeiterwohnung mit vier Schlafzimmern. Wohnküche und Bad werden geteilt. Aktuell sind zwei Zimmer frei, du hättest also auch schon einen kostenlosen Schlafplatz. Wie hört sich das an?«

»Nach dem besten Tag meines Lebens!« Nun sammelten sich tatsächlich Tränen in ihren Augen, und ihre Hand umklammerte die meine. »Ich bin übrigens Yuma.«

»Was für ein schöner Name.« In mir wallte eine Welle mütterlicher Zärtlichkeit auf, obwohl sie höchstens sechs, sieben Jahre jünger war als ich selbst. Doch wenn ein anstrengender Mädchen-für-alles-Job in einem Touristen-Hotspot samt Zimmerchen schon für den besten Tag ihres Lebens reichte, dann musste es da wohl einige dunkle gegeben haben. Spontan nahm ich sie in den Arm. »Ich werte das jetzt mal als ein Ja«, sagte ich und schob sie ein Stückchen weg. »Und du bist sicher, dass du keine Schwierigkeiten mit deinem aktuellen Arbeitgeber bekommen wirst, und mit deiner Wohnung und so?«

Sie schüttelte vehement den Kopf und wischte sich energisch Tränen von der Wange. »Es wird keine Probleme geben, und ich werde um drei bereit zum Abflug sein. Vielen Dank für die Chance.«

»Super. Wir haben noch gar nicht über Geld gesprochen«, fiel mir ein.

»Es wird nicht schlechter sein als hier. Außerdem brauch ich nicht viel. Wir werden uns bestimmt einigen. Und jetzt hol ich mal den Orca-Eisbecher!« Mit diesen Worten verschwand sie in der Küche, und ich sah wieder auf den Hafen.

Yuma schien es gar nicht erwarten zu können, ein neues Leben zu starten. Da steckte gewiss eine lange und mutmaßlich traurige Geschichte dahinter, die sie mir vielleicht irgendwann verraten würde. Doch fürs Erste war ich mir sicher, dass ich eine sehr engagierte neue Mitarbeiterin bekommen würde – und alles andere ging mich auch nichts an. Eines meiner zahlreichen Probleme hatte sich also wie von selbst gelöst. Vielleicht galt das für die anderen ebenso? Mit einem zufriedeneren Gefühl als noch vor wenigen Minuten erlaubte ich meinen Gedanken, in eine andere Richtung abzudriften: zu Dominic und unserem Segeltörn am Donnerstag. Es war erst vier Tage her, und doch kam es mir vor wie in einem anderen Leben. Diese Nähe, die ich gespürt hatte, klang immer noch nach, auch wenn ich sie mir nicht wirklich erklären konnte. Weder hatten wir ernsthaft bedeutsame Gespräche geführt, noch hatte er mich geküsst, aber trotzdem war da irgendwas entstanden. Oder gewachsen, denn entstanden war dieses »irgendwas« schon vor einer Weile. Ich mochte ihn, fand ihn wahnsinnig attraktiv und war gerührt davon, wie er mit meinen Kindern umging – aber da war noch mehr, und das konnte ich nicht ganz greifen.

»Eis zum Frühstück?«, riss mich Reeds Stimme aus meinen Gedanken. Ich hatte weder mitbekommen, wie er gelandet war – obwohl ich doch die ganze Zeit aus dem Fenster gestarrt hatte –, noch wie er das Café betreten hatte. Nun zog er seine Jacke aus und nahm grinsend neben mir Platz.

»Den esse ich beruflich«, behauptete ich. »Das ist der weltberühmte Orca-Eisbecher, den mir meine brandneue Mitarbeiterin empfohlen hat.«

»Verstehe ... Oder nein, ehrlich gesagt nicht.«

»Wollen Sie in die Karte sehen?« Yuma war herbeigehuscht und reichte Reed die Speisekarte.

»Reed, das ist Yuma, die ab morgen für ›Johnson's Giants‹ arbeiten wird. Yuma, das ist Reed Archer«, stellte ich die beiden einander vor. »Er ist der Chef von ›Scott's Spout Scouts‹ und mein liebster Kollege. Außerdem ist er *der* Orca-Experte schlechthin, demnächst sogar mit Doktortitel. Daher nimmt er auf jeden Fall einen Orca-Eisbecher.«

»Freut mich sehr.« Reed, höflich wie immer, war wieder aufgestanden, um Yuma zu begrüßen. »Und herzlich willkommen in der Familie. Esthers und mein Unternehmen arbeiten ganz eng zusammen. Wir helfen uns gegenseitig. Wenn du irgendwann mal eine Schwertwal-Frage haben solltest, die Esther nicht beantworten kann, dann sollten wir das rot im Kalender markieren. Sie kennt sich nämlich auch verdammt gut aus, stellt ihr Licht nur gerne unter den Scheffel.«

Yuma strahlte. »Ich kann's kaum erwarten, dumme Fragen zu stellen. Darf ich jetzt einen Eisbecher bringen? Oder etwas anderes?«

»Wir haben noch ein bisschen Zeit, bis wir zur Werft müssen«, entgegnete Reed mit einem Blick auf die Uhr und bestellte spontan ein großes Frühstück mit Eisbecher als Dessert.

»Hast du heute Morgen kein Frühstück bekommen?«, erkundigte ich mich grinsend, als Yuma wieder in der Küche verschwunden war.

»Doch, aber nur ein kleines Sandwich, und das ist Stunden her.« Er lehnte sich entspannt zurück und unterdrückte ein Gähnen. »Ich war nämlich schon in Victoria und habe ein paar Sachen abgeholt, die Dad netterweise für meine Lieblingsfrauen und meinen Nachbarn besorgt hat. Dabei hat er mir von seinem Wochenende in Tofino erzählt.«

»Ja, das war schön. Wusstest du denn nicht, dass Joanne die Gebärdensprache beherrscht?«

»Ich hatte keine Ahnung. Ich kenne sie ja auch noch nicht besonders lang oder gut. Was für ein unglaublicher Zufall, oder? Und, konnte sie euch helfen?«

»Mir auf jeden Fall. Die Kinder waren nicht so richtig motiviert«, entgegnete ich seufzend. »Wir müssten das viel regelmäßiger machen – idealerweise mit jemandem vor Ort. Dominic und Matt planen zwar eine Art Fernunterrichtssystem mittels VR-Brillen, aber ehrlich gesagt glaube ich nicht, dass das für meine Zwerge funktionieren wird. Ada ist dafür definitiv noch zu klein, und Archie ...« Ich zögerte, weil ich nicht wusste, wie ich es beschreiben sollte. »Archie ist grundsätzlich sehr interessiert an Gebärdensprache. Mehr als am phonetischen Sprechen. Aber er ist auch ein ziemlich eigensinniger Sturkopf, der eine sehr gezielte Ansprache braucht. Joanne findet er zwar nett, aber er nimmt sie nicht ernst.«

»Oh.« Reed kratzte sich am Kopf – ähnlich ratlos wie ich selbst.

»Es ist total seltsam, aber er hat sie abgecheckt und dann wohl für sich beschlossen, dass sie seiner Aufmerksamkeit nicht wert ist. Mit unserer Logopädin ist es übrigens genauso.« Ich seufzte. »Da bin ich gespannt, wie er sich morgen benimmt.«

»Er ist fünf, oder?«

»Ja, aber manchmal hat er ein Auftreten wie ein Teenager – mindestens.« Ich seufzte. Archies Benehmen machte mir zunehmend Sorgen. Er sprach so gut wie nicht mehr, sondern schien mehr und mehr in seiner eigenen Welt zu leben. Ich hatte wirklich Angst, dass er sich isolierte und zum Außenseiter machte, dabei war er bislang so ein unkomplizierter, offenherziger und lieber Junge gewesen.

»Hast du mal darüber nachgedacht, ob er vielleicht hochbegabt sein könnte?«, fragte mich Reed. »Er ist so ein aufgeweckter kleiner Kerl, und vermutlich wird ihm langsam klar, dass er erstens etwas Besonderes ist und zweitens viel schlauer als die meisten anderen Menschen.«

Ich schüttelte den Kopf. »Das glaube ich nicht. Es ist ja eine beliebte Annahme von Eltern, dass ihr Kind hochbegabt ist, wenn es schwierig wird, aber ich denke nicht, dass das bei Archie der Fall ist. Die Spezialistin in der Klinik, wo wir alle drei Monate hingehen, hat die Möglichkeit zwar auch in den Raum gestellt, aber beinahe gleich wieder verworfen. Sie denkt eher, dass er seine Behinderung als etwas Einzigartiges wahrnimmt und sich abgrenzen will. Das kommt wohl gar nicht so selten vor. Trotzdem wäre es genau in dieser Phase wichtig, dass er solides Kommunikationshandwerkszeug lernt, um sich weiterhin gut verständigen zu können.«

»Klingt einleuchtend«, entgegnete Reed. »Ich bin mir aber sicher, dass ihr einen Weg findet. Wie alle Eltern machst du dir ganz sicher zu viele Gedanken.«

»Haha, da spricht der Richtige.« Ich grinste ihn an. »Der Preis für den engagiertesten Elternteil auf Vancouver Island geht auf jeden Fall an dich!« Reed war absolut vernarrt in seine dreizehnjährige Tochter Grace, für die er während der letzten knapp sechs Jahre allein gesorgt hatte. Doch seit ein paar Monaten gab es Kiona im Leben der beiden – und das tat sicherlich allen Beteiligten gut. »Wie geht's deinen Mädels denn?«, wechselte ich geschickt das Thema.

»Bestens. Kiona hat einen erstaunlich positiven Einfluss auf mein Pubertätsmonster, und sie verstehen sich richtig gut. Was so ein neuer, externer Einfluss manchmal ausrichten kann, ist wirklich bemerkenswert. Vielleicht ist es das, was Archie braucht? Keine weitere Frau, sondern eine männliche Bezugsperson?«

»Dünnes Eis, Mr Archer«, sagte ich scherzhaft, um den Stich zu überdecken, den mir diese Aussage versetzt hatte.

»So war das nicht gemeint«, versuchte er mich zu beschwichtigen. »Aber es sind doch tatsächlich fast nur Frauen, die sich mit ihm befassen. Rein professionell gesehen! Die Logopädin, die Kinderärztin, nun auch noch Joanne ...« Er schüttelte den Kopf. »Sorry, du hast recht. Das hört sich blöd an, und das ist es sicherlich auch.«

Ich gab es nicht gerne zu, aber womöglich war etwas Wahres an Reeds These. Archie hatte – mit Ausnahme meines Vaters – regelmäßig nur zu Frauen Kontakt. Zu Hause, im Kindergarten ... überall. Und dann fiel mir ein, wie er auf Dominic reagierte. Den fand er richtig gut. Wie Ada auch. Hm. »Möglicherweise ist da was dran«, sagte ich daher. »Ich habe aber keine Ahnung, wie ich das ändern könnte.« Das stimmte leider auch, denn bei aller Faszination für Dominic konnte ich mir nicht vorstellen, dass daraus jemals mehr werden könnte. Oder?

»Vielleicht ergibt es sich ja genauso spontan und unverhofft wie die Sache mit deiner neuen Mitarbeiterin?« Reed lächelte. »Aus mir spricht ganz sicher ein schwer verliebter Trottel, aber Kiona ist das Beste, was mir seit langem passiert ist, und für dich und deine Kinder wünsche ich mir so was auch.«

»Du hast es verdient, und Kiona ist eine tolle Frau.«

»Du hättest es genauso verdient«, beharrte er. »Aber was Kiona betrifft, da gebe ich dir recht.«

Er lächelte derart verliebt beim Gedanken an sie, dass ich mir zum Trost am liebsten direkt seinen Eisbecher geschnappt hätte, den Yuma gerade servierte. Wozu brauchte dieser Kerl schon Zucker und Schokolade?

»Pfoten weg«, rief er jedoch, als ich meiner Fantasie Taten folgen lassen wollte. »Das ist meins.« Er probierte einen Löffel vom dunklen Schokoladeneis und schloss genießerisch die Augen. »Köstlich. Aber zurück zu dir: Was ist eigentlich mit diesem Dominic? Dad hat mir von eurem Bären-Abenteuer erzählt.«

Ich musste lachen. »Diese Geschichte hat vermutlich das Zeug zur Stadtlegende. Inzwischen kursieren schon etliche Variationen der Ereignisse. Ansonsten kann ich dir nicht viel zu ihm sagen.« Ich unterdrückte einen Seufzer – offensichtlich nicht gut genug, denn Reed hob interessiert eine Braue.

»Jetzt wird's spannend«, befand er.

»Nicht wirklich. Es ist die Wahrheit: Ich kann dir tatsächlich nicht viel über ihn sagen, denn er spricht nicht sehr gern über sich und die Dinge, die ihn bewegen.« *Außer nachts am Strand*, fügte ich in Gedanken noch hinzu. Doch selbst da hatte er kaum mehr als kryptische Andeutungen von sich gegeben. »Allerdings küsst er fantastisch«, platzte es aus mir hervor, ehe ich mir auf die Zunge beißen konnte.

»Na, sieh an!« Reed grinste. »Da hast du doch schon die alles entscheidende Information.«

»Quatschkopf! Ich treffe keine Lebensentscheidungen aufgrund eines einzigen Kusses.«

»Für manche Menschen funktioniert das gut«, entgegnete er ungerührt und deutete mit beiden Zeigefingern auf sich selbst. »Nach dem ersten Kuss war für uns alles klar. Und zu diesem Zeitpunkt wussten Kiona und ich praktisch nichts voneinander. Wer hat den Kuss denn initiiert?«

»Ich.«

»Siehst du, so muss das sein. Kiona hat mich auch geküsst, und dann ...«

»Ich weiß, ich weiß«, winkte ich ab. »Aber bei mir liegt die Sache anders. Ich habe ihn geküsst, dann hat Ada wieder ›Daddy‹ zu ihm gesagt und ihn ebenfalls geküsst, und daraufhin hat er panisch das Weite gesucht. *So* war es zwischen dir und Kiona sicher nicht.«

»Nein, so war's nicht. Aber dass Ada ihn ›Daddy‹ nennt, spricht für mich auch Bände.«

»Das hat nichts zu bedeuten. Sie kann vermutlich einfach den Namen Dominic nicht aussprechen. Das ist alles.«

Reed sah nicht überzeugt aus, ersparte uns beiden jedoch einen Kommentar, denn sein Telefon gab ein Nachrichtensignal von sich. »Das ist die Werft. John Osborne hätte schon jetzt Zeit und fragt, ob wir gleich kommen wollen.« Er blickte etwas bedauernd auf die halbe Eisportion.

»So viel Zeit wird schon noch sein«, bestimmte ich und klaute ihm ein paar Löffel.

»Es ist absolut überwältigend!«, entfuhr es mir eine halbe Stunde später, als wir am Anleger neben der Brigg standen, die uns gehören würde, sobald wir die letzten Papiere unterschrieben hatten.

»Du siehst aus wie Gracie und Ollie beim Anblick des Weihnachtsbaums«, bemerkte Reed amüsiert, doch auch seine Augen leuchteten.

»Dieses Schiff ist besser als Weihnachten«, sagte ich entschieden.

»Das will ich meinen«, entgegnete John Osborne. »Sie ist wirklich gut in Schuss – vor allem für den aufgerufenen Preis. Ich hatte ja schon überlegt, ob ich sie selbst kaufen soll, doch der Vorbesitzer wollte ein gutes Verwendungskonzept.«

Den Preis fand ich persönlich zwar immer noch recht üppig für meine angespannte finanzielle Situation, aber grundsätzlich hatte Osborne recht. Das Schiff war rund achtzig Jahre alt. Ein kalifornischer Millionär hatte es sich Anfang der vierziger Jahre, mitten im Zweiten Weltkrieg, als Vergnügungsjacht bauen lassen – ausgestattet mit allen Schikanen, die damals technisch möglich gewesen waren. Er war mit der Brigg mehrfach nach Hawaii gesegelt, wo sie später jahrelang für Kurztörns verchartert worden war. In den siebziger und achtziger Jahren hatte sie Forschern im Südpazifik als Basis für Expeditionen rund um die Galapagos-Inseln gedient, bevor sie dort bis zum Anfang des neuen Jahrtausends vergessen und in desolatem Zustand in einem Hafen lag.

Der Enkel des ursprünglichen Eigners hatte sie dort aufgespürt, zurück nach Kalifornien gebracht und komplett sanieren lassen. Aus seinen Plänen, zusammen mit Forschungscrews wieder in Richtung Südpazifik in See zu stechen, war jedoch nichts geworden. Einige Jahre lang hatte er sie an einen kommerziellen Veranstalter verchartert, der wieder kleine Törns rund um Hawaii durchgeführt hatte. Doch nun wollte er das kostenintensive Spielzeug loswerden – idealerweise an Interessenten mit einem attraktiven Konzept.

Ich hatte die Anzeige kurz vor Weihnachten im Internet entdeckt und mich spontan in die Fotos von der Brigg und ihre illustre Geschichte verliebt. Das Stichwort »Forschungsexpeditionen« hatte etwas in mir zum Klingen gebracht – und noch viel mehr in Reed. Er hatte die Idee gehabt, solche Trips für gemischte Gruppen aus Wissenschaftlern und interessierten Laien anzubieten. Etwas, das wir mit unseren kleinen Schiffen und im Tagesbetrieb gar nicht leisten konnten. Wir hatten uns also zusammengetan und mit Hilfe von Nora eine Präsentation erstellt, die uns den Zuschlag gebracht hatte.

»Lassen Sie uns also alle offenen Fragen klären«,

sprach Osborne weiter und zückte sein Klemmbrett, auf dem eine mehrseitige Liste befestigt war. In den nächsten zwei Stunden durchstöberten wir jeden Quadratzentimeter des vierundzwanzig Meter langen Seglers, diskutierten über Einrichtungsgegenstände und Farbkonzepte und standen schließlich ziemlich ermattet wieder am Pier.

Mir rauchte der Kopf, und Reed schien es nicht besser zu gehen, doch er strahlte genauso begeistert, wie ich mich fühlte.

»Eine Sache wäre da noch«, meinte John Osborne mit einem letzten Blick auf seinen Fragenkatalog. »Wie soll die Schönheit heißen?«

»Sie hat doch einen Namen«, entgegnete ich und schaute auf den schlanken Rumpf.

»Neue Eigner, neuer Name. So ist das normalerweise.«

Ich sah zu Reed, der mit den Schultern zuckte. »Aber das ist doch kein Gesetz, oder?«, fragte ich. »Ich mag den Namen nämlich sehr.«

»Wirklich? Ich find ihn ja ziemlich Hollywood-mäßig.« Osborne rümpfte die Nase, doch ich dachte an das, was Dominic bei unserem Segeltörn zu mir gesagt hatte. Dass man nämlich nur mit der Seele wirklich gut hörte.

»Ich finde ›Sound of my Soul‹ ganz wunderbar. Und passend für unsere Wal-Expeditionen.«

»Geht mir genauso«, pflichtete mir Reed bei und zwinkerte mir verschwörerisch zu.

»Wenn Sie meinen. Vielleicht gibt Ihnen der bisherige Besitzer dafür noch einmal ein paar Prozent Rabatt.« Osborne lachte jovial und schüttelte uns nacheinander die Hand. »Ich schätze, dass sie in vier, fünf Wochen komplett fertig ist. Wenn Sie sie schneller brauchen, müsste ich Sonderschichten fahren lassen oder meine Leute von anderen Projekten abziehen.«

»Nein, das ist schon in Ordnung. Ende Mai reicht«, sagte ich und streichelte mit der Hand über den Rumpf, dessen Farbe im Moment noch etwas abgeblättert war, aber bestimmt bald wieder dunkelblau glänzen würde. Und irgendwie bildete ich mir ein, kurz die Seele dieses Schiffs zu spüren, so als würde es sich auf die kommenden Aufgaben freuen.

WETTERKAPRIOLEN UND KINDERKRAM

DOMINIC:

»Wir haben Hunger, Daddy!« Ada sah mich mit ihren braunen Augen eindringlich an, und ihr Bruder nickte vehement.

»Ich beeil mich ja schon«, entgegnete ich und versuchte, ruhig zu bleiben. Irgendwie erinnerte mich die Situation ein wenig an den Bärenzwischenfall von neulich, nur dass die aktuelle Bedrohung nicht von einer gereizten Bärenmutter ausging. Genau genommen von gar keiner Mutter – und das war auch das Problem.

Wobei Esther für die aktuelle Eskalation nichts konnte. Die saß nämlich wegen eines heftigen Sturms hier an der Küste in Vancouver fest und konnte nicht zu uns kommen. Ähnliches galt für ihren Vater Marty, der mit seinem Schiff und einem guten Dutzend Gäste bei der »Hot Springs Cove« ein ganzes Stück weiter nördlich Zuflucht gefunden hatte. Vermutlich konnte er erst morgen wieder zurückkehren. Kelly Scott, die auf der

Notfallbetreuungsliste für Ada und Archie direkt nach ihm kam, war ebenfalls mit einer Bootsladung voller Ausflügler gestrandet, allerdings erheblich näher, auf Wickaninnish Island. Doch solange der Sturm noch blies, würde auch sie die Überfahrt nach Tofino nicht wagen. Nicht, weil das Schiff es nicht schaffen würde, sondern eher wegen der nicht ganz so seefesten Gäste. Bei Nora, die Esthers Kinder eigentlich vom Kindergarten abgeholt hätte, waren am frühen Nachmittag plötzlich leichte Blutungen aufgetreten, und Matt hatte sie in die örtliche Mini-Klinik gebracht, wo sie nun in seiner Begleitung zur Beobachtung lag. Offenbar war es nichts Schlimmes. Matt hatte mir vorhin am Telefon eine wortreiche medizinische Erklärung gegeben, von der ich jedoch nichts anderes verstanden hatte, als dass »so weit alles stabil« war. Und den von Nora übermittelten Auftrag, Ada und Archie vom Kindergarten abzuholen und mich um die beiden zu kümmern, bis Esther oder Kelly zurückkämen.

So hatte ich mich mit den beiden Riesenhunden Carly und Cooper – Letzterer gehörte Kelly, und auf beide hatte Nora bis zu ihren Beschwerden aufgepasst – um vier Uhr zum Kindergarten aufgemacht, um Ada und Archie abzuholen. Die beiden waren begeistert gewesen, mich zu sehen, was mich seltsam rührte, denn nach meinem unrühmlichen Abgang nach den Küssen von Esther und Ada hatten wir uns nicht mehr getroffen. Die Erzieherin war schon informiert gewesen – offensichtlich hatte Nora bei Esther angerufen, die sich wiederum im Kindergarten gemeldet hatte –, und so hatte ich mir meinen mühsam zurechtgelegten Erklärungsansatz sparen können.

Allerdings hatte ich mich auf dem Weg zurück in Richtung Hafen gefragt, warum Esther zwar mit der

Kindergärtnerin, aber nicht mit mir gesprochen hatte. Vielleicht, weil sie darauf vertraute, dass ich mich gut um die beiden kümmern würde? Das ehrte mich zwar, aber ich an ihrer Stelle hätte vermutlich eine ganze Reihe von Anweisungen oder zumindest Tipps rausgeblasen. Es ging schließlich um ihre Kinder, und ich war ja kaum mehr als ein Fremder! Wenn ich ehrlich war, hätte ich gerne irgendwelche Tipps oder Anweisungen bekommen, denn ich hatte exakt null Ahnung, wie ich mit Kindern umgehen sollte. Erst recht mit gehörlosen. Waren die beiden überhaupt schon stubenrein, und sagte man das bei Menschen so? Diese Frage hatte sich inzwischen allerdings geklärt – und es war auch fast gar nicht peinlich für mich gewesen. Kleine Siege, redete ich mir ein, dafür musste ich dankbar sein.

Richtig froh war ich auch darüber, dass ich in der Wohnung über dem Büro eine notfallmäßige Grundausstattung an Lebensmitteln und sonstigen Dingen des Lebens deponiert hatte, so dass wir hier einigermaßen komfortabel ein paar Stunden oder notfalls sogar über Nacht ausharren konnten. Um zu meinem Ferienhaus zu kommen, hätten wir mit dem Auto fahren müssen, das natürlich keine Kindersitze hatte. Das konnte ich nicht riskieren. Auf gar keinen Fall!

Was ich jedoch weder hier noch dort hatte, waren Spielsachen, und die beiden vor den Fernseher zu packen kam auch nicht in Frage. Erstens war das, soweit ich wusste, grundsätzlich nicht gut für Kinder, und zweitens hatte ich keine Ahnung, ob sie mit ihren Implantaten genug hören konnten, um der Handlung zu folgen. Wir hatten eine Runde Verstecken gespielt, doch Carly und Cooper hatten die Regeln nicht begriffen, waren fröhlich bellend herumgelaufen und hatten die Schlupfwinkel verraten.

Also waren wir im Büro gewesen und hatten nach Materialien geforscht, mit denen wir uns amüsieren konnten. Mit Papier, Schere, Kleber, Stiften, einigen alten Stempeln und zwei Stempelkissen, die noch aus den Beständen von »Moby Tours« stammten, hatten wir uns am Esstisch im Wohnzimmer hingesetzt. In der Wohnung gab es noch einen Stapel alter Zeitschriften, und ich hatte die Idee gehabt, daraus Bilder auszuschneiden und Collagen zu machen, doch das schien Archie und Ada nur wenig zu interessieren. Dafür waren sie von den Stempeln geradezu magisch angezogen und stempelten, was das Zeug hielt. War mir auch recht.

Doch nun war Hunger angesagt, und ich stand etwas ratlos in der Küche. Was Kindern wohl schmeckte? Ich war als kleiner Junge versessen auf Pfannkuchen gewesen, aber leider hatte ich hier weder Eier noch Bananen oder Schokocreme, in meinen Augen unverzichtbare Zutaten für perfekte Pancakes. Nudeln könnten eine gute Alternative sein, oder? Davon hatte ich reichlich. Plus Tomatensoße, und das Ganze vielleicht aus dem Ofen, mit Käse überbacken? Jetzt knurrte auch mein Magen. Und was sollte ich mit den Hunden machen? Die waren bestimmt ebenfalls hungrig, aber Hundefutter gab's natürlich auch nicht.

Laut Internet fraßen auch Hunde gerne Nudeln. »Bald ist das Essen fertig«, sagte ich noch einmal zu Ada und setzte einen großen Topf Wasser auf. Es würde Nudeln für alle geben. Mit Tomatensoße und Käse für die Menschen, pur für die Hunde. »Geh wieder zu Archie, und spielt schön weiter, ja?«

Ada trollte sich brav, und ich suchte nach einer Auflaufform und heizte den Ofen vor. Als das Wasser kochte, schüttete ich zwei Packungen Nudeln hinein und begann, die Tomatensoße vorzubereiten. Die Soße aus dem Glas schmeckte ziemlich fad, und ich wollte ihr gerade schon mit Salz und Pfeffer zu Leibe rücken, als mir einfiel, dass Kinder nicht so würzig essen sollten. Zumindest meinte ich, das schon mal irgendwo gelesen zu haben. Wieder konsultierte ich das Internet und landete auf einer Seite über richtige Ernährung für Kinder. Allergene?! Was, wenn Ada oder Archie gegen irgendwas allergisch waren und am Ende durch mein Essen in einen allergischen Schock verfielen? Das war alles möglich. Schon wieder brach mir der Schweiß aus und ich brauchte einen Moment, um mich wieder zu beruhigen. Von schweren Allergien wüsste ich bestimmt, das hätte Esther mal erwähnt, oder spätestens die Kindergärtnerin hätte es mir eingeschärft. Ich holte also tief Luft und rührte die seltsame Käse-Fertigmischung an, die ich über meinen Auflauf kippen wollte. Sicherheitshalber las ich gar nicht erst nach, welche künstlichen Inhaltsstoffe und Geschmacksverstärker darin wohl enthalten waren – giftig war das Zeug bestimmt nicht, sonst könnte man es ja nicht einfach so im Supermarkt kaufen, oder?

Langsam entspannte ich mich – genauso wie offensichtlich der Sturm draußen. Das laute Klappern, Scheppern und Quietschen von vertäuten Schiffen und den Metallstegen hatte deutlich nachgelassen. Der Sturm schien sich langsam zu verziehen, und möglicherweise konnte Esther dann auch bald nach Hause fliegen – und zufriedenen, gesättigten Nachwuchs bei mir abholen. Ich häufte Nudeln in die Auflaufform, vermengte sie mit der Tomatensoße, goss die Käsemischung darüber und schob das Ganze in den Ofen. Die restlichen Nudeln verteilte ich auf zwei große Schüsseln, damit sie etwas abkühlen konnten, ehe ich sie meinen vierbeinigen Gästen servierte.

Im Wohnzimmer war es ebenfalls ziemlich ruhig. Ein gutes Zeichen, oder?

Eher nicht. »Was zur Hölle?«, entfuhr es mir bei dem Anblick, der sich mir dort bot. Der Fußboden war übersät mit blauen und schwarzen Pfotenspuren – offensichtlich hatten Ada und Archie herausgefunden, dass Hundepfoten ganz ausgezeichnete Stempel abgaben. Auch eine Wand hatte ein neues Muster bekommen – abwechselnd das Firmenlogo und »Bezahlt«. Ich kam nicht umhin, die Symmetrie zu bewundern. Die Abstände waren absolut präzise, das Logo stets in Blau, »Bezahlt« in Schwarz gestempelt. Zweifellos Archies Werk, der nun dabei war, aus den Zeitschriften ausgeschnittene Bilder unter die neue Stempel-Zierleiste zu kleben. Auch Ada schien der Faszination der Schere erlegen zu sein und verpasste gerade ihrem Hund Carly einen etwas asymmetrischen Haarschnitt.

Die beiden waren so vertieft in ihre »Arbeit«, dass sie mich und meinen Ausruf nicht wahrgenommen hatten – oder sie ignorierten mich schlicht. Dafür warf mir Cooper einen Blick zu, den ich nur als indigniert bezeichnen konnte, und leckte hingebungsvoll seine Pfoten sauber, so dass nun auch noch an seiner Zunge Stempelfarbe klebte. Carly war die Nähe des scharfen Schneidewerkzeugs sichtlich unheimlich, aber sie war ihrer kleinen Schutzbefohlenen derart verfallen, dass sie es stoisch über sich ergehen ließ.

Mit zwei langen Sätzen war ich bei den beiden und konnte verhindern, dass das Kind dem armen Hund am

Ende noch ein Auge auspikste. Ada wirkte etwas verwundert über mein Eingreifen, aber auch sehr stolz auf ihr Werk: »Carly war beim Friseur!«

»Das hast du ganz toll gemacht«, entgegnete ich. »Aber in Zukunft sollte das lieber wieder ... ähm ... deine Mommy machen. Scheren sind gefährlich.«

»Mommy kann das nicht. Carly geht zum Friseur!«, klärte Ada mich auf. »Aber ich kann das auch.«

Ich nickte und überlegte, ob eine Diskussion mit einer Dreijährigen sinnstiftend wäre. Vermutlich nicht, daher sagte ich nichts, sondern kehrte mit den Händen notdürftig die abgeschnittenen Hundelocken beiseite. Blut sah ich glücklicherweise keines, insofern war Ada tatsächlich vorsichtig gewesen. Danach knöpfte ich mir Archie vor, der nach wie vor konzentriert Zeitungsausschnitte an die Wand klebte. Ob ich das meiner Vermieterin als Kunst verkaufen konnte? Schließlich war ihr Sohn der Urheber ... Und ich die zumindest temporäre Aufsichtsperson. Puh. Wie lange waren die beiden allein gewesen? Eine Viertelstunde? Höchstens zwanzig Minuten, schätzte ich.

Auch Archie schien ein Lob zu erwarten, also nickte ich anerkennend, nahm ihm aber die Klebstofftube und das restliche Papier aus den Händen. »Sehr schön, aber jetzt essen wir gleich«, sagte ich zu ihm. »Geht ihr bitte Hände waschen?«

Verständnislose Blicke.

Ich legte also Kleber und Zeitungsausschnitte auf die Anrichte und machte eine eindeutige Handwaschbewegung. Das mussten die beiden doch kennen, oder?

Kannten sie auch, wenn man den genervten Gesichtern Glauben schenken durfte. Allerdings machten sie keine Anstalten, meiner Aufforderung auch zu folgen, also brachte ich auch noch Schere und Stempelkissen in Sicherheit und scheuchte die beiden dann ins Bad, wo ich höchstpersönlich dafür sorgte, dass sie mit sauberen Händen zum Abendessen kamen. Wobei »sauber« ein eher relativer Begriff war – diese Stempelfarbe war verdammt hartnäckig.

»Daddy ist böse«, beklagte sich Ada prompt, als ich ihre kleinen Patschehändchen noch einmal mit einem feuchten Handtuchzipfel abrubbelte, und ihre Kulleraugen füllten sich mit Tränen. Bitte nicht!

»Ich bin nicht böse«, verteidigte ich mich und drückte kleine Küsse auf die zauberhaften Kinderpfoten. »Aber es ist wichtig, dass man vorm Essen saubere Hände hat.«

Archie gab einen undefinierbaren Grunzlaut von sich, der entfernt wie ein genervt gemurmeltes »Erwachsene!« klang. Doch ich konnte mich irren.

Als wir zehn Minuten später endlich mit den überbackenen Käse-Tomaten-Nudeln am Tisch saßen – die Hunde hatten ihre Blanko-Nudeln bereits inhaliert –, merkte ich, wie erschöpft ich war. Es war kurz nach halb sieben, und ich hatte erst zweieinhalb Stunden mit den Kindern verbracht, aber ich fühlte mich erschlagener als nach einem ganztägigen Endlosmeeting in meiner früheren Firma. Wie schafften Eltern das bloß? Mein Respekt wuchs ins Unermessliche. Für mich war das eindeutig nichts. Ich hatte in der kurzen Zeit ungefähr fünf Mal berechtigte Panik gehabt, dass ich Ada, Archie und die Hunde in Lebensgefahr bringen oder sonst etwas verbocken könnte. Wenn ich mich hier im Raum umschaute, war mir das Verhindern von Katastrophen auch nur mittelgut gelungen.

Andererseits mampften die beiden jetzt recht zufrieden ihre Nudeln, und ich war zuversichtlich, dass sie wenigstens nicht verhungern würden. Ich nahm meine Gabel zur Hand und probierte selbst. War genießbar.

»Kann nicht mehr«, sagte Ada, als ihr Teller zu zwei Dritteln geleert war, und gähnte heftig. Dann rutschte sie von ihrem Stuhl, kam zu mir und kletterte auf meinen Schoß. Dort legte sie den Kopf an meine Brust und versuchte, mich zu umarmen.

Ich schickte einen Blick zu Archie, der ihn mit einem Schulterzucken und einem leichten Grinsen im Mundwinkel erwiderte. *Sieh selbst zu, wie du damit klarkommst*, schien er mir mitteilen zu wollen.

»Daddy kuscheln!«, forderte Ada, und ich drückte sie leicht an mich – wieder völlig frappiert davon, wie viel starker Wille in so einem zerbrechlichen kleinen Kinderkörper steckte. Ohne groß darüber nachzudenken, streichelte ich ihre wilden Locken und stieß ein spontanes Dankgebet aus, weil sie nicht auf die Idee gekommen war, ihre eigenen Haare zu schneiden. Wie ein Kätzchen drückte sie die Wange vertrauensvoll in meine Handfläche – es fehlte nur noch, dass sie zu schnurren begann. Ich konnte zwar nicht mehr essen, aber dafür entspannte ich mich endlich ein bisschen.

Ich hatte die Kinder trotz meiner Unerfahrenheit und Ungeschicklichkeit nicht umgebracht – noch nicht zumindest –, und Tränen waren auch nicht nennenswert geflossen. Eigentlich war das gar keine so schlechte Ausbeute für einen familieninkompatiblen Nerd, oder? Außerdem musste ich insgeheim zugeben, dass es mir immer besser gefiel, wenn mich Ada »Daddy« nannte. Zumindest einem kleinen, irrationalen und seltsam hoffnungsfrohen Teil von mir, der sonst meist gut verborgen in der Deckung lag. Eigentlich kam dieser Teil nur dann raus, wenn ich Zeit mit Esther oder ihren Kindern verbrachte. Sehr merkwürdig. Aber darüber würde ich jetzt nicht nachdenken.

Archie hatte seinen Teller leer gegessen und sah mich fragend an.

»Hast du noch Hunger?«, wollte ich von ihm wissen.

Er nickte und schielte auf Adas und meinen Teller.

»Klar, nimm dir, was du willst«, sagte ich, und er überlegte kurz, für welchen Teller er sich entscheiden sollte. Zuerst war Adas Rest dran, eine kaum nennenswerte Portion, und dann nahm er sich tatsächlich noch meinen Teller vor, den ich bislang kaum angerührt hatte. Ada wurde immer schwerer und schlaffer in meinem Arm. Sie war eingeschlafen. Nach wenigen Bissen von meiner Portion war Archie wohl ebenfalls satt, denn er schob den Teller ein Stückchen Richtung Tischmitte und trank sein Wasser aus. Dann schaute er mich an und deutete aufs Sofa.

»Wir können gerne auf die Couch gehen«, antwortete ich und stand auf. Ada machte keinen Mucks, sondern schlief einfach weiter. Ich legte sie in eine Couchecke und deckte sie mit einer der zahlreichen Wolldecken zu, die ich als Notfallausstattung für die Wohnung besorgt hatte. *Schlauer Move von dir, Gordon*, lobte ich mich selbst im Stillen. Die beiden Hunde, die während des Abendessens einigermaßen unaufdringlich um den Esstisch herumgelungert hatten, legten sich nun vor das Sofa, als wollten sie das schlafende Kind bewachen. Das fand ich zwar irgendwie süß, aber auch ein bisschen frech, so als trauten sie mir nicht zu, dass ich das konnte.

Archie holte mein iPad, auf dem ich vorhin nach geeigneten Kinder-Games gesucht hatte. Letztlich hatte ich mich dann ja für ein eher analoges Entertainment entschieden, wie man an der Wand-, Boden- und Hundegestaltung unzweifelhaft erkennen konnte. Doch nun schien Archie sehr interessiert zu sein.

»Willst du ein Spiel spielen?«, fragte ich ihn, und er zuckte mit den Schultern. Ein paar Minuten mit lustigen bunten Farmtieren konnten wohl nicht schaden, beschloss ich und rief das Game auf, das mir auf einer Eltern-Seite als für Vier- bis Sechsjährige geeignet empfohlen worden war. Ich reichte ihm das Tablet. »Soll ich dir zeigen, wie es geht?«, erkundigte ich mich, doch er schüttelte nur den Kopf und begann, souverän mit dem Finger über das Display zu wischen. Interessant, dachte ich. Anscheinend war es nicht das erste Mal, dass er mit einem Computerspiel in Berührung kam. Doch war er dafür nicht ein bisschen zu jung?

»Ich räume mal eben das Essen weg«, sagte ich noch zu ihm, und er nickte.

Kurz überlegte ich, ob ich es riskieren konnte, ihn ein paar Minuten unbeaufsichtigt zu lassen, aber erstens schien er von dem Spiel völlig absorbiert zu sein, und zweitens hatte ich alle zerstörerischen Gegenstände weggeräumt. Hoffte ich zumindest.

Ich räumte also rasch den Tisch ab und schob mir in der Küche einige Bissen von dem Nudelauflauf in den Mund. Wirklich gar nicht so übel, das Zeug. Dann sah ich, dass mein Handy blinkte. Esther hatte vor ein paar Minuten geschrieben, dass sie jetzt losfliegen und in einer guten Stunde landen würde. Ich schickte ihr ein Daumen-hoch-Emoji und die knappe Info: *Sind in der Wohnung überm Büro! Guten Flug.*

Zurück im Wohnzimmer stellte ich fest, dass drei Viertel meiner Gäste selig schlummerten, während Archie mit gefurchter Stirn auf mein Tablet starrte. Ich setzte mich neben ihn und wollte ihm schon bei der potenziellen Schwierigkeit in seinem Spiel weiterhelfen, als ich sah, dass er gar nicht mehr im Game drin war, sondern irgendwie im Browser gelandet war und die letzte von mir besuchte Seite geöffnet hatte. Dabei ging es um Gebärdensprache – ein Basiskurs für Anfänger.

»Findest du das spannend?«, fragte ich ihn, und er nickte.

»Ich auch«, gab ich zu und versuchte mich an die ersten Gesten zu erinnern, die ich mir am Wochenende eingeprägt hatte: »Ich bin Dominic, und ich mag Hunde«, gestikulierte ich.

Archie lachte und antwortete mit einer raschen Folge von Gesten, die ich leider nicht interpretieren konnte. Irgendwas Fliegendes kam darin vor, da war ich mir sicher.

»Deine Mommy kommt bald zurück«, entgegnete ich auf gut Glück.

Er sah mich mit einem Blick an, als sei bei mir Hopfen und Malz verloren, und schüttelte frustriert den Kopf.

»Du hast mich also nicht gefragt, ob deine Mom bald heimkommt?«, hakte ich nach, und er schüttelte erneut den Kopf.

Dann seufzte er schwer und schien zu überlegen, wie er mir klarmachen konnte, was er wollte. Schließlich erhellte sich sein Gesicht, und er machte die Geste für »Bär«. Anschließend nahm er mein Handy, hielt es waagerecht in beiden Händen und wischte mit dem Daumen darauf, gefolgt von der Geste, die ich vorhin fälschlicherweise mit einem Flugzeug in Verbindung gebracht hatte. Mir dämmerte etwas.

»Möchtest du vielleicht mal die Drohne fliegen lassen?«

Er nickte und strahlte.

»Das können wir gerne machen. Aber nicht mehr heute. Draußen wird es ja schon dunkel. Das machen wir ganz bald mal im Hellen. Versprochen.« Ich legte meine Hand aufs Herz und hoffte, dass »Hand aufs Herz« auch genau das bedeutete und der pfiffige kleine Kerl es verstand.

Wieder nickte er zufrieden und gähnte dann herzhaft.

Aus einem Impuls heraus legte ich meinen Arm um ihn und zog ihn näher an mich heran. Erst wirkte er etwas überrascht, doch dann kuschelte er sich an meine Seite, ähnlich, wie Ada es vorhin gemacht hatte, und ich streichelte auch ihm übers Haar. Kurze Zeit später war er eingeschlafen. Ich legte ihn auf die Couch und deckte ihn ebenfalls zu.

»Gordon, du bist ein verdammter Kinderflüsterer!«, sagte ich leise zu mir selbst und musste grinsen. Alles in allem war es ein sehr guter Nachmittag gewesen. Und außerdem hatte mich Archie soeben sehr inspiriert. Ich setzte mich an den Esstisch und begann mit meiner Recherche.

ESTHER:

Was für ein Tag! Eine neue Mitarbeiterin, ein neues Schiff und eine sturmbedingte Zwangspause, in der ich irgendwie mit der Tatsache hatte klarkommen müssen, dass Dominic auf meine Kinder aufpasste. Mein eigentlich dicht gewebtes Notfallbetreuungsnetzwerk war einfach so verpufft. Wie nichts. Und diese Erkenntnis war ein echter Schock. Mir wurde bewusst, wie sehr ich auf Glück vertraute – vertrauen musste. Mein Dad und Kelly gleichzeitig mit ihren jeweiligen Ausflüglern gestrandet, Nora mit Schwangerschaftskomplikationen in der Klinik und alle anderen Freunde oder Mitarbeiter entweder selbst unterwegs oder aus irgendwelchen Gründen unabkömmlich. Ich hatte keine Ahnung, wer Dominic dazu gebracht hatte, einzuspringen, aber er hatte es getan.

Dabei hatte es mich fast übermenschliche Selbstbeherrschung gekostet, ihn nicht mit Anrufen oder Nachrichten zu bombardieren, um ihm Anweisungen zu geben. Wobei, ganz stimmte das nicht. Der Impuls war sehr stark gewesen, aber ein anderer noch stärker. Der, dass ich ihm vertrauen wollte, nämlich. Er würde das schaffen, ganz bestimmt. Es war schließlich kein Hexenwerk, mit kleinen Kindern umzugehen. Außerdem mochten ihn Ada und Archie sehr – und waren obendrein ziemlich widerstandsfähig. Allerdings auch ziemlich einfallsreich, was Unsinn anging. Nun ja, die drei würden das schon irgendwie hinbekommen.

Ich hatte die geschenkte Zeit in Vancouver dafür genutzt, Yuma etwas besser kennenzulernen und ihr all die vielen Aufgaben zu erklären, die sie in den nächsten Tagen und Wochen erwarteten. Sie war rührend dankbar und hatte mich gleichzeitig mit einer Reihe schlauer Fragen und kreativer Ideen überrascht, so dass ich mir absolut sicher war, dass sie eine Bereicherung für »Johnson's Giants« werden würde. Gerade hatte ich sie in die Mitarbeiterwohnung gebracht und dafür gesorgt, dass sie alles Nötige für die erste Nacht hatte. Lilly war glücklicherweise ebenfalls da und hatte Yuma gleich unter ihre

Fittiche genommen. Jetzt konnte ich mich endlich um meine Babys kümmern.

Als ich wenige Minuten später vor der Wohnungstür im benachbarten Bootshaus stand, war ich merkwürdig aufgeregt. Was würde mich gleich erwarten? Es war kurz nach acht. Waren meine Mäuse noch wach oder schliefen sie bereits? Ich klopfte an die Tür und hörte gleich darauf Pfotengetrappel auf dem Holzboden, gefolgt von eindeutigen Männerschritten.

»Hi«, sagte ich zu Dominic, als er die Tür öffnete und mich gleich zwei temperamentvolle Riesenhunde begrüßten.

»Hey«, entgegnete er lächelnd und wirkte so verlegen, wie ich mich fühlte. »Ähm, möchtest du vielleicht reinkommen?«

»Ich glaube schon. Oder hast du etwas zu verbergen?« Bei meinem leicht dahingesagten Scherz verdüsterte sich kurz sein Gesicht, und ein gequälter Ausdruck blitzte in seinen Augen auf.

»Ist was passiert?«, fragte ich alarmiert.

»Willst du das als Mutter wissen oder als Vermieterin?«

Was war das denn bitte schön für eine dumme Frage? »Als Mutter natürlich!«, rief ich und schob mich an den Hunden und Dominic vorbei in die Wohnung. Dabei fiel mein Blick auf Carly, deren wuscheliges Fell irgendwie merkwürdig aussah.

»Da bin ich sehr erleichtert«, sagte Dominic hinter mir. »Die Mutter kann nämlich ganz locker bleiben. Ada und Archie geht es gut. Sie schlafen tief und fest.«

Inzwischen war ich im Wohnzimmer angekommen und entdeckte meine Lieblinge tief schlummernd auf der Couch. Ada hatte ein paar Farbflecken auf der Wange und an den Händchen, aber ansonsten schienen sie unversehrt zu sein. Ich küsste die beiden sacht, ohne sie zu wecken, und fühlte mich unvermittelt zutiefst erleichtert und dankbar. »Danke, dass du dich um sie gekümmert hast.« Ich richtete mich wieder auf und nahm Dominics Hände in meine. Ich wollte ihm so viel mehr sagen, ihm klarmachen, wie viel es mir bedeutete, aber irgendwie wollten die richtigen Worte nicht aus meinem Mund kommen. Stattdessen hielt mich sein Blick gefangen. Seine warmen braunen Augen hatten mich von Anfang an fasziniert. Irgendwie passten sie weder zu dem markanten Körper noch zu seinem manchmal ziemlich nerdigen Wesen. Aber vermutlich entsprachen sie am ehesten seinem wahrhaftigen Selbst, das warmherzig, liebevoll und umsorgend war. Es war die Erinnerung an diesen Blick, die mir das Vertrauen dafür geschenkt hatte, ihn einfach machen zu lassen – ohne ihn zu kontrollieren. Das wurde mir in diesem Moment klar, und ich merkte, wie sich ein weiches, warmes und auch ein bisschen aufgeregt flatterndes Gefühl in mir breitmachte.

»Ich habe das wirklich gerne gemacht«, erwiderte er schließlich und klang dabei so aufrichtig, dass ich ihm glaubte.

»Das ist ...«, begann ich, doch die Spannung in mir und im Raum wuchs immer weiter. Ich war drauf und dran, mich in seine Arme zu werfen und ihn zu küssen. Ich wollte es so sehr, doch nicht hier. Nicht in diesem Rahmen. Ich senkte den Blick, um der hypnotischen Anziehung seiner Augen zu entkommen, da sah ich blaue und schwarze Pfotenspuren auf dem Fußboden. Ich ließ seine Hände los und deutete auf die Abdrücke. »Was ist das?«

»Das ist das, was der Vermieterin nicht gefallen wird«, entgegnete er mit einem resignierten Seufzer. Ich blickte ihn wieder an. Er wirkte etwas bedröppelt, doch in seinen Mundwinkeln zuckte es. »Allerdings muss man auch feststellen, dass die beiden ein unbestechliches Auge für Symmetrie und Farbeffekte haben.«

»Ach du Scheiße«, entfuhr es mir, als ich die Wand betrachtete, an der ein tatsächlich beeindruckend gleichmäßiger Fries aus »Moby Tours«- und Rechnungsstempeln prangte, unter dem bunte Zeitungsausschnitte klebten. »Wie lange haben sie dafür gebraucht?«

»Hm«, brummte er. »Vielleicht fünfzehn, zwanzig Minuten? Ich war gerade in der Küche, um Abendessen zu kochen, und hab mich gefreut, dass sie so ruhig spielten.«

Ich lachte laut auf. »Regel Nummer eins bei kleinen Kindern: Ruhiges Spielen ist nie ein gutes Zeichen!«

»Diese Lektion habe ich gelernt. Auch die, dass man Drei- und Fünfjährige nicht mit Stempelkissen, Stempeln, Scheren und Klebstoff allein lassen sollte.«

»Wohl wahr. Vor allem das mit der Schere.« Carly schaute mich mit schiefgelegtem Kopf leicht anklagend an, so als sei es meine Schuld, dass Dominic meinen Kindern eine Schere überlassen hatte. Immerhin erklärte es ihr etwas derangiertes Aussehen.

»Ich denke, ich konnte das Schlimmste verhindern.« Er zuckte mit den Schultern. »Aber dämlich war es natürlich von mir. Ich werde den Hundefriseur bezahlen, damit Carly wieder hübsch wird. Und renoviert wird selbstverständlich auch.«

»Was du mit der Wohnung machst, ist mir völlig egal«, entgegnete ich. »Und was Carly betrifft, geht sie nächste Woche sowieso zu ihrer Züchterin, für einen

Frühlingshaarschnitt. Mach dir da keine Gedanken.« Ich lächelte. »So hast du dir deinen Nachmittag heute sicher nicht vorgestellt, was?«

Er zuckte mit den Schultern. »Nicht wirklich. Aber seltsamerweise war es der schönste Nachmittag seit langem. Fast so schön wie unser Segelvormittag letzte Woche.«

Wieder wurde es ganz warm, weich und flatterig in mir. Vermutlich war es total irrational, aber ... »Ich glaube, ich verliebe mich gerade in dich!« Hatte ich das laut ausgesprochen? Seinem Gesichtsausdruck nach zu schließen, ja. Oh Gott, wie peinlich. Aber andererseits war es auch die Wahrheit.

»Und ich glaube, bei mir ist das längst geschehen.« Seine Stimme klang plötzlich ein wenig rau, und seine Augen begannen zu leuchten, aber er schien mit dieser Erkenntnis so wenig anfangen zu können wie ich. Küssen wäre doch eine schöne Idee, oder?

Nur dass ich die gerade verworfen hatte. Nicht wieder vor den Kindern, nicht wieder ... »Ich kenne dich doch aber gar nicht!« Was zur Hölle war mit meinem Unterbewusstsein los, dass es ungefiltert Dinge hinausposaunte, die noch gar nicht richtig durchdacht waren?

»Vielleicht ist das auch besser.« Er klang merklich ernüchtert. Mist. »Ziemlich sicher würdest du dich nicht in mich verlieben, wenn du wüsstest, was für ein Mann ich wirklich bin.«

»Das glaube ich nicht.« Ich schüttelte vehement den Kopf. »Du magst aus einem schwierigen Elternhaus stammen, wie du mir neulich Nacht am Strand erzählt hast. Du hast einen schlimmen Unfall verursacht, bei dem Matt seine Beine verloren hat, wie ich von Nora weiß.« Er zuckte spürbar zusammen, doch ich sprach einfach weiter. »Du bist ein etwas wildnisuntüchtiger Nerd, was nicht nur die Schwarzbären bezeugen können. Aber vor allem bist du ein unglaublich warmherziger und empathischer Mann.«

»Jeder hätte sich heute um deine Kinder gekümmert. Es war reiner Zufall, dass ich es war.« Er krächzte und hatte sichtlich Mühe, die Emotionen auf seinem Gesicht zu kontrollieren.

»Mag sein. Aber von den Menschen, die Archie und Ada nicht schon seit ihrer Geburt kennen, gehen die wenigsten so aufmerksam und natürlich mit ihnen um. Genau genommen niemand. Du hast ihnen bei der ersten Begegnung das Gefühl vermittelt, dass du sie ernst nimmst – weil du sie als komplette Persönlichkeiten siehst und nicht als dumme kleine, behinderte Kinder. Allein das wäre schon Grund genug, mich für dich einzunehmen. Doch du hast etwas an dir, das ...« Ich schüttelte hilflos den Kopf, denn ich konnte es nicht wirklich erklären. »Ich vertraue dir einfach. Ich habe dir das Wertvollste in meinem Leben anvertraut – nicht nur aus Not, sondern aus der tiefen Überzeugung heraus, dass meine Kinder bei dir gut aufgehoben sind. Und außerdem weckst du in mir Gefühle ...« Ich klappte den Mund wieder zu. Ich redete mich um Kopf und Kragen und verschreckte ihn zweifellos nachhaltig. Wie bedürftig musste ich klingen? *So bedürftig, wie du eben bist*, sprach eine fiese kleine Stimme in mir.

»Ich weiß gerade nicht, wie ich reagieren soll«, sagte er und wirkte leicht überfordert. »Aber ich glaube, du siehst mich in einem viel zu positiven Licht. Ich bin ein verdammter Kontrollfreak, meine Therapeutin behauptet, ich würde Matt vor lauter Schuldgefühlen ihm gegenüber stalken. Vermutlich hat sie recht damit. Ich kann mich ganz schlecht auf andere Menschen einlassen, und ich kann mir beim besten Willen nicht vorstellen, dass eine Familie für mich funktionieren kann. Ich habe fast keinen Kontakt zu meinen Eltern und Geschwistern – da ist alles so dysfunktional und kaputt. Und ... das wollte ich dir eigentlich alles nicht erzählen. Jedenfalls nicht so.«

Willkommen im Club, dachte ich und musste den Impuls unterdrücken, ihm tröstend die Wange zu streicheln. Er war so unglaublich hart zu sich selbst. Ich war bestimmt nicht die beste Menschenkennerin – wie man an meinem Ex Jeremy deutlich sehen konnte –, aber ich war mir ganz sicher, dass er diese harsche Selbstkasteiung nicht verdient hatte. Ich trat einen Schritt näher an ihn heran, hob eine Hand und berührte sein Gesicht. So viel zur Impulskontrolle. »Ich glaube, wir haben uns gerade in eine ganz schön komplizierte Situation manövriert. Dabei wollte ich dich eigentlich nur küssen. Aus Erfahrung weiß ich nämlich, dass wir das ziemlich gut können.« Ich musste wirklich von Sinnen sein, aber Klein- und Großhirn, oder wer auch immer für klares Denken zuständig war, versagten mir nun endgültig den Dienst. Stattdessen näherten sich meine Lippen den seinen, und im nächsten Augenblick war alles andere egal.

KONTROLLIERTER KONTROLLVERLUST

TOFINO, VANCOUVER ISLAND, 22. APRIL – ESTHER:

»KANNST DU NOCH EINE STUNDE DAS TELEFON übernehmen?«, bat ich Yuma und zog mir wieder meine Jacke über. Ich war eben erst von einer dreistündigen Vormittagstour mit einigen Studenten zurückgekommen und hatte mich auf einen ruhigen Nachmittag eingestellt. Das Wetter war zu schlecht für touristische Ausflüge, und auch von der Handvoll Studenten der Uni Vancouver, die auf Reeds Vermittlung hin hier waren, hatten den Trip nicht alle gut verkraftet, obwohl wir ziemlich spektakuläre Sichtungen gehabt hatten. Doch nun hatte mir Nora eine Nachricht geschrieben und gefragt, ob ich kurz ins Büro von »ToGo Communications« kommen könnte. Offenbar wollten mir Matt und Dominic etwas zeigen.

»Klar, mach ich gerne«, erwiderte Yuma lächelnd. Sie war noch keine drei Tage im Job und hatte sich schon komplett unersetzlich gemacht.

Ich war neugierig auf das, was die Männer vorbereitet hatten, vor allem aber bekam ich schon wieder Herzklopfen, wenn ich nur an Dominic dachte. Nach unserem Kuss am Montagabend hatte er mir geholfen, die Kinder in mein Auto zu tragen, und einen kleinen Moment lang hatte ich gehofft, dass er uns nach Hause begleiten würde. Hatte er nicht. Vermutlich, weil ich ihn nicht darum gebeten hatte. Was ich in der darauf folgenden schlaflosen Nacht bitter bereut hatte. Am Dienstag war ich dann wie immer nach Victoria geflogen und hatte während der Logopädie-Stunde, bei unserem Mittagessen im Teehaus und auch beim Besuch bei Joanne und Wolf nur an die vertane Chance denken müssen. Dabei war es ganz sicher besser so.

Ohne den geringsten Zweifel wären wir im Bett gelandet, und ebenso zweifellos wäre es großartig gewesen. Es konnte gar nicht anders sein, so gut, wie sich allein schon unsere Küsse anfühlten. Und dann? Was wäre dann gewesen? Dominic schien seine Beziehungsfähigkeit ernsthaft in Frage zu stellen, und meine Bilanz war diesbezüglich auch nicht gerade grandios. Ohne Archie und Ada würde ich mich auf eine Affäre einlassen, ohne zu zögern, und entspannt auf mich zukommen lassen, was dann passierte. Doch das konnte ich mir nicht leisten. Nicht in diesem kleinen Ort, in dem man sich kaum aus dem Weg gehen konnte, und schon gar nicht mit den Kindern, die ihn unglaublich ins Herz geschlossen hatten.

Sie hatten am Dienstag ausführlich von ihrem Nachmittag mit Dominic berichtet. Offenbar hatte er großen Eindruck hinterlassen und Archie versprochen, die Drohne mit ihm fliegen zu lassen. Archie war derart begeistert, dass er sogar der Logopädin davon erzählt hatte – mit Worten, nicht mit Gesten, was seit mehreren Wochen nicht mehr vorgekommen war und für sich schon ein mittleres Wunder darstellte.

Gestern war so viel los gewesen, dass ich keine Zeit gehabt hatte, Dominic kurz in seinem Büro zu besuchen oder wenigstens am Telefon mit ihm zu sprechen. Und worüber auch? Was hätte ich ihm sagen können? Dass ich einfach mit ihm befreundet sein wollte, um die Dinge nicht kompliziert und schwierig zu machen? Das stimmte zwar irgendwie, war andererseits aber auch eine große Lüge, denn ein Teil von mir wollte mehr. Viel mehr. Ich wollte ihn in meinem Leben haben, in unserem Leben. Nicht nur als Freund, sondern als Mann, als Partner – und als Vater.

Bei diesem Gedanken, der sich jetzt zum ersten Mal in meinem Kopf manifestierte, blieb ich vor lauter Schreck abrupt stehen und wäre am liebsten irgendwohin abgehauen. Doch seinen Gefühlen entkam man nicht. Egal, wohin man rannte. Außerdem war ich mir nicht mal ganz sicher, dass es überhaupt Gefühle waren, die mich so verwirrten, und nicht vielmehr durchdrehende Hormone, die seit den Küssen in mir Samba tanzten und mich daran erinnerten, dass ich keine vertrocknete alte Jungfer war, sondern eine Frau von Mitte dreißig mit eindeutigen Bedürfnissen. Nachvollziehbar, aber nicht hilfreich.

Eine heftige Windböe riss an meinen Haaren und peitschte mir kalten Regen ins Gesicht, und Carly, die mir natürlich auf den Fersen gefolgt war, stupste mich aufmunternd an. »Reiß dich zusammen!«, befahl ich mir selbst murmelnd und ging dann entschlossen die wenigen Schritte, die mich noch von Dominics Büro trennten.

Als ich dort ankam, warteten neben Nora, Matt und

Dominic auch Kelly, zwei der sturmgebeutelten Studenten und, via Bildschirm zugeschaltet, Reed auf mich. Das war ja merkwürdig. Und eindeutig kein Vorwand für ein romantisches Treffen, wie ich vielleicht einen winzig kleinen Moment lang gedacht hatte. Kelly, Reed und die Studenten wirkten ähnlich ratlos und erwartungsvoll, wie ich mich fühlte.

»Schön, dass ihr alle da seid«, begann Dominic, der sein Pokerface nur schlecht unter Kontrolle hatte. »Matt und ich würden euch gerne etwas zeigen.«

Nun war ich ernsthaft gespannt. Mein Blick glitt über die Runde, die vor einem großen Monitor versammelt war. Nora saß auf einem Schreibtischstuhl, eine Hand auf ihrem Bauch und im Gesicht ein stolzes Lächeln.

»›ToGo Communications‹ hat sich vorgenommen, Anwendungen zu entwickeln, die wirklich sinnvoll sind«, sprach Dominic weiter. »Eine Herausforderung, die man erst mal nicht unbedingt erwartet. Die meisten Applikationen bieten nämlich Lösungen für Probleme, die man bisher gar nicht hatte. Doch bei uns soll es um echte Bedürfnisse gehen.«

Ich hatte etwas Mühe, seinen Worten zu folgen, denn ich war von seinem Auftreten abgelenkt. Bislang hatte ich Dominic meist als zwar gutaussehenden, aber immer leicht verstrahlt wirkenden Mann erlebt, der stets etwas außerhalb seiner Komfortzone sein zu schien. Doch heute war er völlig in seinem Element – souverän, lässig und unfassbar sexy. Ich räusperte mich und versuchte, mich wieder auf seine Worte und nicht auf den schmalen Pullover mit V-Ausschnitt zu konzentrieren, den er heute trug. Bizarrerweise fliederfarben, was ihm aber verdammt gut stand, und zu der knackigen Jeans ...

»... große Märkte und weite Anwendungsmöglichkeiten einerseits«, sprach er weiter. Offensichtlich hatte ich eine signifikante Menge von Informationen verpasst. »Genauso wichtig finden wir aber Nischenprodukte. Damit lässt sich vielleicht nicht das ganz große Geld machen – aber etwas bewirken.«

»Klingt spannend«, sagte nun Reed, und ich nickte sicherheitshalber zustimmend, ohne den Hauch einer Ahnung zu haben, worum es eigentlich ging.

»Esther hat mich letzte Woche auf eine Idee gebracht, und Sarah und Andy haben Matt und Nora ganz ähnliche Problematiken geschildert«, fuhr Dominic fort und sah nacheinander mich und die beiden Studenten an.

Ich hatte keine Ahnung gehabt, dass Matt und Nora sich mit ihnen angefreundet hatten – doch andererseits, warum auch nicht? Sie waren ebenfalls Anfang zwanzig und seit knapp zwei Wochen hier in Tofino. Da war es doch nur natürlich, dass sich die vier zusammentaten. Wenn ich jetzt nur langsam mal dahinterkäme, worum sich das alles drehte. Auf welche Idee hatte ich Dominic bei unserem Segeltörn bitte schön gebracht? Also, außer der, die mich so offensichtlich beschäftigte und die ich nur ungern in dieser großen Runde diskutieren würde. Ob ich eine Nachfrage wagen sollte?

Doch da sprach Dominic schon weiter: »Eine Identifizierung von Walfluken über Bilddatenbanken scheint die gängige Methode zu sein, aber auch eine mühsame und zeitraubende Angelegenheit.«

»Allerdings.« Sarah verdrehte die Augen und seufzte, und Reed grinste auf dem Monitor. Es war ein typischer Studentenjob, den er selbst jahrelang hatte ausüben müssen.

»Künstliche Intelligenz könnte da unschätzbare

Dienste leisten, wenn man sie auf bestimmte Markierungen trainiert.«

»Solche Programme gibt es schon«, wandte Reed mit einer wegwerfenden Handbewegung ein. »Die meisten funktionieren jedoch nicht besonders gut und sind auch ziemlich teuer.«

»Das hat mir Esther auch erklärt«, antwortete ihm Dominic mit einem Lächeln. »Ich habe mir diese Programme inzwischen angesehen. Die stammen in aller Regel aus irgendwelchen meeresbiologischen Fachinstituten – von Menschen, die zwar zweifellos viel Ahnung von Walen haben, nicht jedoch von künstlicher Intelligenz und Programmierung. Oder sie gehen auf begeisterte Laien zurück, die nicht die nötigen Ressourcen haben.« Er machte eine kleine Pause, um unsere Reaktionen abzuwarten. Erwartungsgemäß nickten wir alle. Das waren keine Neuigkeiten für uns.

»Und du hast jetzt einen anderen Ansatz gefunden?«, fragte Reed.

»Wir sind dabei, haben aber schon vielversprechende Ideen«, entgegnete Dominic. »In vielen Städten oder bei großen Sportevents setzt man inzwischen auf Kameraüberwachung, die an eine automatische Gesichtserkennung gekoppelt ist und mittlerweile schon fast in Echtzeit funktioniert. Da steckt ebenfalls eine ziemlich rechenstarke KI im Hintergrund. Also haben Matt und ich uns überlegt, ob wir das nicht auch auf Wale übertragen könnten.«

»Klingt spannend.« Reed war nun ganz Ohr, während ich nach wie vor Mühe hatte, den detaillierten Ausführungen zu folgen.

Ich schnappte Begriffe wie »dynamisches Lernverhalten«, »Lichtbrechung«, »Wasserspiegelung« und »natürliche Alterungsprozesse« auf und verabschiedete mich geistig immer mehr vom Thema. Zugegeben, es wäre cool, wenn wir die Tiere sofort identifizieren könnten, weil die Gäste immer danach fragten, ob wir die einzelnen Individuen auseinanderhalten konnten. Aber für Wissenschaftler wie Reed und seine Studenten war es bestimmt noch viel spannender. Meine Gedanken wanderten aber schon wieder weitgehend auf anderen Pfaden.

»Esther? Bist du noch bei uns?« Reeds Stimme riss mich unsanft aus meinen Tagträumen.

»Ähm ... Was?«, fragte ich dämlich. Ich hatte keine Ahnung, worum es gerade ging und was man von mir wollen könnte. Ich wusste nicht einmal, wie viel Zeit inzwischen verstrichen war. »Also, das wäre eine schöne Sache«, versuchte ich es auf gut Glück. Was konnte daran schon falsch sein?

»Fein, dann ist das also abgemacht. Lass uns nur noch ein Wochenende festlegen. Das könnte ja ein richtiger Familienausflug werden. Vielleicht Ende Mai oder Anfang Juni? Ich muss mal mit Kiona reden. Irgendwann haben die nämlich zwei Tage schulfrei, dann würde sich das richtig lohnen.« Reed klang absolut enthusiastisch, und auch Dominic strahlte mich an. Nur Nora und Matt warfen sich leicht zerknirschte Blicke zu, und ich hatte nicht die geringste Ahnung, zu was ich mich da eben verabredet hatte.

»Wir können da leider nicht mit, also zumindest ich nicht«, erklärte Nora und deutete auf ihren Bauch.

»Ich werde auf keinen Fall mitfahren!«, pflichtete ihr Matt bei.

»Natürlich nicht«, erwiderte Reed nachsichtig. »Eine Hochschwangere oder ein Neugeborenes können wir auf keinen Fall mitnehmen. Aber damit hat auch niemand gerechnet. Matt, ich finde es sehr ritterlich von dir, dass du lieber meiner Schwester beistehst.«

»Das ist nicht ritterlich, das ist selbstverständlich. Außerdem geht es bei der Tour ja nur um das Sammeln von Rohdaten. Die eigentliche Arbeit findet dann im Büro statt. Darauf freue ich mich schon sehr.«

»Gut, dann hätten wir das geklärt«, mischte sich Kelly ein. »Ich finde diese Ideen ganz großartig und werde alles tun, um euch von meiner Seite aus zu unterstützen, aber jetzt muss ich leider los. Ich habe gleich einen Termin mit einem jungen Mann, der seiner Freundin bei einer Tour am Wochenende einen Heiratsantrag machen möchte, und wir müssen noch ein paar Ideen besprechen.« Sie winkte in die Runde und zwinkerte mir dann aufreizend zu.

Was zur Hölle hatte ich verpasst?

»Stimmt, da wollte ich auch dabei sein«, rief Nora und stand mühsam auf. Matt war sofort an ihrer Seite und half ihr.

»Ich begleite dich. Hier sind wir ja fertig für heute, oder?«

Dominic nickte. »Wir können dann morgen mit den Detailfragen loslegen.«

Auch Andy und Sarah verabschiedeten sich und zogen schnatternd mit Nora und Matt ab.

»Sollen wir die Hunde mitnehmen oder lieber bei Kelly lassen?«, erkundigte sich Reed bei mir, und ein verschmitztes Grinsen hing in seinem Gesicht.

»Ich könnte dir diese Frage besser beantworten, wenn ich wüsste, worum es geht«, gab ich notgedrungen zu, wenn auch zähneknirschend.

»Wusste ich's doch, dass du nichts mitbekommen

hast.« Das Grinsen wurde zu einem ausgewachsenen Lachen.

»›Nichts‹ ist vielleicht etwas übertrieben«, brummte ich und vermied es, Dominic anzusehen. Er hatte sich offensichtlich sehr viel Mühe gegeben und tolle Projekte präsentiert, während ich mir die ganze Zeit vorgestellt hatte, wie ...

»Deine Augen werden schon wieder ganz glasig, Johnson«, rief Reed, und ich dachte schlagartig an ein Segel-Event zurück, an dem wir mit neunzehn teilgenommen hatten. Kurz vor meinem großen Törn hatten Reed, Emily und ich bei einer kleineren Regatta um die Insel mitgemacht. Auf dem Schiff waren wir alle nur mit Nachnamen gerufen worden, und der Skipper war ein ziemlicher Choleriker gewesen. Damals war ich ziemlich in einen Typen namens Kyle verknallt gewesen und ähnlich unkonzentriert wie heute, so dass dauernd Ansagen à la »Nicht träumen, arbeiten, Johnson« übers Deck geflogen waren.

»Sehr witzig, Archer, sehr witzig. Also, was ist es, wozu habe ich mich vorhin so vollmundig bereit erklärt?« Ich hörte ein Geräusch, das eindeutig wie unterdrücktes Lachen klang und von Dominic kommen musste. Sonst war ja keiner mehr im Raum. Ich beschloss, es zu ignorieren und mich voll auf den Monitor und Reed zu konzentrieren. Moment – sonst war keiner mehr im Raum? Sofort wurde mir wieder richtig warm.

»Wir haben beschlossen, die Jungfernfahrt mit der ›Sound of my Soul‹ als kleinen Datensammeltrip zu nutzen. Wir wollten ein bisschen rausfahren, Hydrofone aussetzen und so viele Film- und Fotoaufnahmen wie möglich machen. Ich werde Easton fragen, ob er mitkommen mag oder ob er uns einen Kollegen empfehlen kann. Ich kenne auch ein paar Leute an der Uni, die erfahrene Taucher und Unterwasserfilmer sind – und du hast das ja früher auch oft gemacht. Dann hätten wir innerhalb weniger Tage schon einige erste eindeutige Klang- und Bilddateien, die als Basis dienen könnten.«

»Als Basis wofür?« Es war mir wirklich peinlich. Hatte man mir vorhin K.-o.-Tropfen verpasst, oder warum konnte ich mich an nichts mehr erinnern? Das mit dem Schiffstrip hörte sich allerdings absolut wundervoll an. Ich konnte es kaum erwarten, endlich mit unserer Brigg zu segeln, aber bis dahin musste noch eine Menge organisiert werden. Personal beispielsweise. An erster Stelle ein erfahrener Skipper ... doch ich schweifte schon wieder ab.

»Als Basis für die Spracherkennung«, erklärte mir Dominic mit ruhiger, aber eindeutig amüsierter Stimme.

»Spracherkennung?«

»Okay, da ist wohl einiges auf der Strecke geblieben«, sagte Reed. »Dominic, erzählst du es ihr? Ich muss mich jetzt nämlich auch um andere Dinge kümmern. Bis die Tage!« Er winkte noch einmal in die Kamera, dann verschwand er vom Monitor.

»Alles in Ordnung bei dir?«, erkundigte sich Dominic und klang nun ein wenig besorgt.

»Ich bin mir ehrlich gesagt nicht sicher«, gab ich zu und sah ihm in die Augen. Was die Sache nicht besser machte, ganz im Gegenteil. Ich schluckte und räusperte mich. »Also, was für eine Art von Spracherkennung?«

»Na, eine für Wale und Delfine«, sagte er geduldig. »Meine Recherchen haben ergeben, dass Meeressäuger über ganz individuelle Sprachmarker verfügen müssten, genauso einzigartig und wiedererkennbar wie menschliche Stimmen. Reed hat mir da beigepflichtet. Er nimmt sogar an, dass Walstimmen noch eindeutiger sind als die Fluken, denn da kann es ja immer zu Verletzungen kommen. Jedenfalls wollen wir jetzt für eine erste Pilotstudie Soundfiles und Bilder sammeln und mal schauen, was wir daraus machen können.«

Ich war einigermaßen sprachlos. Diesmal nicht, weil ich nicht zugehört hätte, sondern weil ich so erstaunt darüber war, mit welcher Gründlichkeit sich Dominic in dieses Projekt stürzte. »Wow«, brachte ich schließlich hervor, als mein Schweigen selbst mir zu lange vorkam. »Ich bin massiv beeindruckt. Vor einem Monat dachtest du noch, dass Buckelwale Außerirdische sind, und jetzt willst du ihre Sprache entschlüsseln?«

»Und wo ist da der Widerspruch?«

»Stimmt. Da ist keiner. Und vermutlich macht es von deiner Warte aus auch total Sinn. Aber mich wundert es, nein, mir imponiert es trotzdem, wie intensiv du dich in einen Themenkomplex eingearbeitet hast, der dir gefühlt bis vorgestern fremd war. Es ist ja außerdem ein derart nischiges Nischenthema, dass die Anwendungsmöglichkeiten doch sehr gering sind. Großartige kommerzielle Erfolge wirst du von solchen Programmen ja wohl kaum erwarten können, oder täusche ich mich da?«

Er lächelte fein. »Mag sein, dass es keinen Riesenmarkt dafür gibt, aber das macht nichts. Das war und ist für mich noch nie die treibende Motivation gewesen. Ich habe mir immer Problemstellungen gesucht, die mich aus den unterschiedlichsten Gründen fasziniert haben, und dann versucht, eine elegante Lösung dafür zu finden. Außerdem glaube ich durchaus, dass es genügend Kunden geben könnte, dass sich der Aufwand auch finanziell lohnt. Doch wie gesagt, die Frage stellt sich für mich im Moment nicht.«

»Beneidenswert.«

»Ich weiß. Aber ich habe auch lang und hart für diese Art von Freiheit gearbeitet.« Er klang defensiv und so, als müsse er sich verteidigen.

»Nicht falsch verstehen. Ich meine das wirklich nicht abwertend, ganz im Gegenteil.«

»Was würdest du machen, wenn du dich nicht um finanzielle Aspekte sorgen müsstest?«, wollte er nun von mir wissen und überrumpelte mich mit der Frage komplett.

Reflexhaft kam mir meine Standardantwort in den Sinn, doch ehe ich sie aussprechen konnte, merkte ich, dass sie an Wucht und Wahrhaftigkeit verloren hatte. Mein Lebenstraum war nicht mehr, über alle Weltmeere zu segeln und großartige Abenteuer zu erleben. »Ich ...«, begann ich, aber alles, was mir einfiel, klang schon in meinem Kopf fürchterlich banal und trivial. »Keine Ahnung. Mit Geld hat es jedenfalls nichts zu tun«, erwiderte ich schließlich und überraschte mich selbst am meisten damit. Bis vor kurzem war ich davon überzeugt gewesen, dass sich in meinem Leben alles ums Geld drehte, oder besser gesagt: um das Fehlen von Geld. Doch das stimmte nicht.

Dominic schien das nicht zu erstaunen, er nickte, als wüsste er genau, wovon ich sprach. »Siehst du, das meinte ich. Niemand behauptet, dass Geld nicht wichtig ist. Für dich sicher viel mehr als für mich. Du hast Angestellte, vermutlich absurd hohe Versicherungsbeiträge für dein Unternehmen, von den permanenten Wartungs- und Instandhaltungskosten ganz zu schweigen. Dann haben auch noch Archie und Ada Bedürfnisse, die kostspielig sein dürften. Natürlich ist Geld wichtig für deinen Alltag, aber nicht für dein Leben, nicht für dein Glück.«

Ich nickte nur, denn er hatte es ziemlich präzise zusammengefasst.

»Eben. Bei mir ist es ganz ähnlich. Du hast recht, vor einem Monat waren Wale total unwichtig für mich, aber dann habe ich dich kennengelernt.«

»Aber ich bin ja kein Wal«, entfuhr es mir, und ich hätte meinen Kopf am liebsten gegen eine Wand geschlagen. Was war nur los mit mir?

Er lachte. »Zum Glück nicht. Aber du liebst Wale und bist fasziniert von ihnen. Das hat abgefärbt. Man kann sich ja nicht aussuchen, wofür man brennt, aber ich denke, ich hätte es schlimmer treffen können. Außerdem war Matt auch ganz Feuer und Flamme.«

»Wolltet ihr nicht eigentlich an einem Fernlernsystem für gehörlose Kinder arbeiten?«, warf ich den nächsten komplett unpassenden Einwand in den Raum.

»Doch, aber du hast ja selbst gesagt, dass es schwierig werden könnte. Außerdem gibt es kaum passende VR-Brillen. Aber keine Sorge, ich habe bereits eine andere Idee. Die ist nur noch nicht spruchreif. Dazu hat mich am Montag dein Sohn inspiriert.«

»Er hat mir erzählt, dass du ihm versprochen hast, ihn deine Drohne fliegen zu lassen. Das wird er nicht vergessen, weißt du?«

»Warum sollte er? Ich habe selbstverständlich vor, mein Versprechen zu halten.« Er kam zwei Schritte auf mich zu, so dass er nun ganz knapp vor mir stand. Ihn umgab ein unwiderstehliches Aroma aus Wolle, einem herben Duschgel oder Aftershave und Mann, und als er mir eine Haarsträhne hinters Ohr strich, drohte mein Herzschlag auszusetzen.

»Wohin soll das führen?«, krächzte ich und überwand die letzten Zentimeter, die uns noch trennten. Es fühlte sich so gut an, seinen muskulösen, breiten Männerbrustkorb zu spüren, seinen Duft einzuatmen, mit den Händen über seinen Rücken zu streichen – unter seinem Pullover. Seine Haut war warm und erstaunlich weich, was man von der Beule, die sich gegen meine Hüfte presste, nicht sagen konnte.

»Wenn du nicht aufhörst, dich an mir zu reiben, führt es zweifellos hoch in meine Wohnung«, entgegnete er keuchend und versuchte, etwas Abstand zu gewinnen. »Ansonsten bald auf dein neues Segelschiff.«

Stimmt. Darüber hatten wir ja vorhin gesprochen. Es gelang mir, mich halbwegs von ihm loszureißen, und ich taumelte einen Schritt rückwärts. Die Idee, ein paar Tage mit dem wundervollen Schiff zu segeln, zu tauchen, was ich schon ewig nicht mehr getan hatte, und einfach nur Zeit mit einigen meiner liebsten Menschen zu verbringen, war fast so elektrisierend wie Dominics Nähe. »Du kommst tatsächlich mit an Bord?«, fragte ich.

»Das war der Plan.«

»Aber du hast Angst davor«, erinnerte ich ihn. »Wir wären mehrere Tage unterwegs. Und Nächte. Ohne Chance, zwischendurch an Land zu gehen.«

»Ich weiß.«

»Okay.« Mir schwirrte der Kopf. Ich musste schleunigst hier weg, sonst würde ich die Kontrolle über die Situation verlieren.

TOFINO, VANCOUVER ISLAND, 23. APRIL – DOMINIC:

»Ich war ich drauf und dran, die Kontrolle zu verlieren, doch dann ist sie gegangen. Weil sie ihre neue Mitarbeiterin ablösen und dann auch ihre Kinder vom Kindergarten abholen musste«, schloss ich meinen Bericht an Carol. Ich hatte meine Therapeutin um eine außerplanmäßige Session gebeten, denn allein kam ich mit meinen massiven Gefühlsverwirrungen nicht zurecht.

»Wäre das denn wirklich so schlimm?«, fragte mich Carol und hatte tatsächlich den Nerv, amüsiert zu klingen. »So wie Sie es mir dargestellt haben, scheint Esther doch ebenfalls sehr interessiert zu sein.«

»Es würde alles ruinieren!«

»Was genau?«

»Nun ja, alles.« Ich hörte mich an wie ein bockiges Kind, das war mir selbst klar, aber ich konnte einfach nicht aus meiner Haut.

»Sind Sie drei oder siebenunddreißig?«, fragte sie mich prompt.

»Ich bin nicht in der Lage, eine ernsthafte zwischenmenschliche Beziehung zu führen«, versuchte ich mich an einer Erklärung – und Carol sollte das eigentlich am besten wissen. Schließlich war ich deswegen bei ihr in Therapie. Also, unter anderem auch deswegen. Vor allem aber, weil ich ein totales menschliches Wrack war, das man keiner fühlenden Seele zumuten konnte.

»Was für ein ausgemachter Unsinn, Dominic«, schimpfte sie mit mir. »Ich weiß zufällig genau, dass Sie sehr wohl in der Lage sind, ernsthafte zwischenmenschliche Beziehungen zu führen. Mit mir beispielsweise. Und mit Matt.«

»Ich bezahle Sie dafür, dass Sie sich meine Klagen anhören, und mit Matt verbindet mich angeblich eine ungesunde Besessenheit – das behaupten Sie zumindest«, verteidigte ich mich, doch sie winkte ab.

»Sie sind einfach immer noch nicht bereit, zum eigentlichen Kern Ihres Problems vorzustoßen.«

»Meine Eltern?«, stöhnte ich. »Daran kann ich doch nichts ändern.«

»Exakt. Sie können nichts mehr an dem ändern, was Sie während Ihrer Kindheit und Jugend erlebt haben, aber Sie können aufhören, aus diesen Erfahrungen falsche Schlüsse zu ziehen.«

»Welche falschen Schlüsse?«

»Dass Sie es nicht wert sind, geliebt zu werden. Dass Sie nicht in der Lage sind, eine tiefe Beziehung zu anderen Menschen aufzubauen und selbst zu lieben.« Sie seufzte. »Das haben wir schon so oft durchgekaut, und ich verstehe einfach nicht, warum ein derart hochintelligenter Mann wie Sie das nicht begreifen kann. Oder will.«

»Weil ich bislang keine Erfahrung gemacht habe, die Hoffnung auf Besserung rechtfertigt«, stellte ich fest und dachte dabei an meine letzte längere Beziehung, die zu Rebecca.

»Dann wird es womöglich Zeit, dass Sie endlich mal eine entsprechende Erfahrung machen«, schlug sie vor. »Esther scheint mir viel Potenzial zu haben. Sie tut Ihnen gut. Sie öffnet Ihnen ganz neue Horizonte. Lieber Himmel, Sie interessieren sich plötzlich für Wale und planen freiwillig mehrtägige Segeltörns, nur um sie zu beeindrucken. Sie sind fasziniert von ihr und ihren Kindern. Sie kümmern sich, Sie sorgen sich. Ich würde behaupten, dass Sie da unbewusst schon eine recht verbindliche Beziehung eingegangen sind. Warum also nicht einen wundervollen Kontrollverlust erleben?«

»Weil Kontrollverlust ins Verderben führt. Diese Lektion habe ich gelernt«, sagte ich düster.

»Nur wenn Sie wütend am Steuer eines hochmotorisierten Geländewagens sitzen und telefonieren«, entgegnete sie. »Ich würde mal wetten, dass Sie diese Lektion auch gelernt haben. Aber das ist ja gar nicht Ihr Thema. Dahinter verstecken Sie sich nur. Ihr Ding ist – und das haben wir auch schon etliche Male diskutiert – Ihr entsetzlicher Selbsthass. Solange Sie nicht loslassen und verzeihen können, speziell sich selbst, wird es schwer mit einem Wunder.«

»Ich würde es wirklich gerne schaffen.«

»Ich hab Sie nicht verstanden.«

»Ich würde es wirklich gerne schaffen!«, rief ich nun deutlich lauter. »Aber ich weiß einfach nicht, wie.«

»Doch, das wissen Sie. Sie müssen sich auf das Ungeplante, Unerforschte einlassen. Sie müssen springen und darauf vertrauen, dass Sie aufgefangen werden. Sie müssen ins Wasser gehen und hoffen, dass Sie schwimmen können. Ich könnte jetzt noch etliche weitere Metaphern finden, aber ich denke, Sie wissen genau, was zu tun ist.«

Ich schloss die Augen und nickte. Wahrscheinlich wusste ich es tatsächlich. Ich musste einfach die Kontrolle verlieren und darauf hoffen, dass Esther mich in ihrer pragmatischen, liebevollen Art umfing und mir neue Horizonte zeigte.

Vor diesem Hintergrund war es womöglich keine so schlaue Idee gewesen, dass ich vor ein paar Tagen meinen Privatdetektiv auf Esthers Ex-Mann angesetzt hatte. Von Matt und Nora hatte ich schließlich ein paar mehr Details dazu erfahren, wie schäbig er sich verhielt und dass er nicht für seine wundervollen Kinder da sein wollte. Keine Ahnung, was mich dazu getrieben hatte. Nein, das war falsch. Ich wusste es ganz genau. Nett formuliert war es Interesse gewesen. Weniger nett, aber wohl realistischer betrachtet dürfte mein Wunsch nach Kontrolle der Grund gewesen sein. Ich wollte einfach ganz genau wissen, was mich erwartete, wenn ich mich auf Esther und ihre Kinder einließ. Falls ich mich auf sie einließ.

»Ich bin mir gerade nicht sicher, ob ich wissen möchte, was hinter Ihrer gerunzelten Stirn vor sich geht«, sagte Carol in meine Gedanken hinein.

»Oh, ich bin mir ganz sicher, dass Sie es nicht wissen wollen, dass Sie es aber dringend wissen sollten.«

»Klingt ominös«, befand sie.

»Allerdings. Und ich werde es für mich behalten. Zunächst jedenfalls.« Vielleicht konnte ich den Flaschengeist – sprich: den sauteuren, superdiskreten, megaeffizienten Privatschnüffler – wieder zurückpfeifen und so tun, als wäre nichts gewesen? Einen Versuch war es jedenfalls wert.

»Wie Sie wollen, Dominic.« Carol kannte mich gut genug, um nicht zu bohren, wenn ich nichts sagen wollte. »Und als Hausaufgabe schlage ich einen kontrollierten Kontrollverlust vor. Vielleicht laden Sie Esther am Wochenende ganz altmodisch zu einem Date ein, das Sie auch explizit so ankündigen, und sehen dann, was passiert?«

Ich wollte schon abwehren, aber dann besann ich mich. Das war eigentlich gar keine schlechte Idee. Doch zunächst musste ich dringend telefonieren.

GRENZERFAHRUNGEN

TOFINO, VANCOUVER ISLAND, 24. APRIL – ESTHER:

»Du siehst schön aus, Mommy«, signalisierte mir Archie mit einem Lächeln und kuschelte sich dann unter seine Decke.

»Danke, mein Schatz, schlaf gut.« Ich zupfte die Decke zurecht und küsste ihn noch einmal. Ada schlief bereits – wieder mit dem heißgeliebten Plüschhasen im Arm, den sie von Dominic bekommen hatte und der seitdem die unangefochtene Nummer eins in ihrem Kuscheltierzoo war.

Ich hatte die Kinder vorhin ins Bett gebracht und mich danach umgezogen. Für meine Essenseinladung. Bei Dominic. Er hatte mich gestern angerufen und mich recht förmlich gefragt, ob ich Lust auf ein richtiges Date hätte – nachdem er wortreich um Verzeihung gebeten hatte, weil es so kurzfristig war. Als hätte ich an den Wochenenden irgendwelche Pläne außer Arbeit, meinen

Kindern und abends dann einer Verabredung mit Netflix. Und natürlich hatte ich Lust! Viel zu viel sogar. Und viel zu ... ähm ... vielschichtig. Wobei das schon wieder totaler Quatsch war – ich hatte Lust. Punkt. Darauf, Zeit mit ihm zu verbringen und ihn besser kennenzulernen. Viel besser. Und langsam sollte ich mich auch beeilen, sonst kam ich noch zu spät, aber ich hatte ungefähr zehn verschiedene Outfits ausprobiert und dann wieder verworfen. Doch das mittelblaue Wickelkleid, das ich mir vor zwei Jahren in Victoria gekauft hatte und das seitdem ungetragen im Schrank hing, hatte zumindest schon mal vor Archies Augen Gnade gefunden.

»Wow! Das sieht nach großen Plänen aus«, bemerkte Dad und zwinkerte mir vielsagend zu.

Mir lagen allerlei Kommentare auf der Zunge, doch eigentlich hatte ich nicht die geringste Lust, mit meinem Vater über die tatsächliche Größe meiner Pläne zu diskutieren, daher zuckte ich nur mit den Schultern und entgegnete möglichst lässig: »Lediglich ein Abendessen.«

»Und wo geht ihr hin?«

»Dominic kocht«, erwiderte ich.

»Wie ritterlich.« Dad schmunzelte, und ich hätte schwören können, dass er etwas ganz anderes meinte. Eher etwas in Richtung von »Wie praktisch«.

In diese Richtung gingen zumindest meine eigenen Gedanken, denn wenn ich schon mal bei Dominic war, würde sich nach dem Essen ja nicht erst die peinliche Frage stellen, wo man noch hingehen könnte. Oder ob. So gut, wie wir das Konzept der Selbstsabotage draufhatten, würde in dem Fall garantiert jeder wieder zu sich nach Hause fahren. Doch meine Gedanken galoppierten schon in Richtungen, die ausschließlich von Wünschen motiviert waren und kein bisschen »evidenzbasiert«, wie Dominic bestimmt sagen würde.

»Ob es ritterlich ist, kann ich dir morgen erzählen, wenn ich es probiert habe. Kann ja auch sein, dass er der schlechteste Koch der Welt ist und ich mir den Magen verderbe.«

»Das glaubst du ja wohl selber nicht.« Dads Grinsen wurde immer breiter. »Viel Spaß, und es ist auch total okay, wenn du erst nach dem Frühstück wieder heimkommst. Die Kinder und ich werden uns schon amüsieren, und notfalls nehme ich sie dann auf die Tour mit.«

»Dad!«, schimpfte ich mit ihm, obwohl ich es süß fand, dass er sich so offensichtlich für mich freute. »Ich werde zum Frühstück hier sein. Und ich habe Dominic dazu eingeladen, weil er anschließend zusammen mit Archie seine Drohne fliegen lassen will.«

»Aha ...« Mein Vater wollte zweifellos noch eine ganze Menge mehr zu dem ungewöhnlichen Arrangement sagen, aber glücklicherweise ersparte er es uns beiden. Doch tatsächlich war nicht nur die Einladung zum Abendessen Dominics Anliegen gewesen, sondern auch der versprochene Drohnenflug mit Archie, so dass wir gleich für Sonntagvormittag die nächste Verabredung klargemacht hatten. Also Abendessen heute bei ihm und morgen Frühstück bei mir. Was dazwischenlag ...

»Wie auch immer, ich muss jetzt los. Danke, dass du auf die beiden aufpasst, Dad«, verabschiedete ich mich und umarmte ihn kurz. Dann zog ich meinen Trenchcoat an, schnappte mir meine Handtasche und verließ endlich das Haus.

Zu Dominics gemietetem Ferienhäuschen waren es nur ein paar Minuten zu Fuß. Zumindest, wenn man flache Sneakers trug und nicht die hochhackigen Sandalen, die in meiner riesigen Tasche steckten. Keine Ahnung, warum es mir so wichtig war, für Dominic heute Abend gut auszusehen, denn er hatte mehr als deutlich gemacht, dass ich ihm gefiel – auch in meiner sehr sportlichen Mama-Job-Uniform, die eigentlich immer aus Jeans, T-Shirt und Pulli oder Fleecejacke plus Pferdeschwanz bestand und ungefähr so sexy war, wie es klang. Nein, wenn ich ehrlich war, tat ich es vor allem für mich selbst. Es war eine schöne Abwechslung, mal nicht praktisch sein zu müssen, sondern mich selbst als Frau in ihrer ganzen Weiblichkeit wahrzunehmen. Bei dem Gedanken musste ich selbst kichern, als hätten ein Kleid und offene Haare irgendetwas mit meiner wahren Weiblichkeit zu tun. Doch egal, es fühlte sich gut an. Ungewohnt, aber gut, und ich beschloss, jetzt endlich nicht mehr so verkopft an die Sache ranzugehen, sondern den Abend zu genießen und abzuwarten, welche Genüsse er für mich bereithielt.

Ich näherte mich dem Haus von der Strandseite her und sah Dominic auf der Terrasse stehen und an einem Grill hantieren. Das war so typisch Mann, dass ich schon wieder lachen musste, und gleichzeitig war es auch ärgerlich, weil ich eigentlich vorgehabt hatte, auf der Terrasse die Schuhe zu wechseln. Konnte er nicht einfach in seiner Küche stehen und am Herd etwas kochen? Als ich noch überlegte, ob ich mich vielleicht hinter einem halbhohen Busch verstecken konnte, hatte er mich bereits erspäht und kam mir strahlend entgegen.

»Wie schön, dass du da bist«, sagte er und reichte mir die Hand, um mir die zwei Stufen zu seiner Terrasse hochzuhelfen.

»Du hast mir meinen großen Auftritt vermasselt«, antwortete ich – und das war nicht die sexy hingehauchte Begrüßung, die ich eigentlich vorgehabt habe. Meine wahre Weiblichkeit bezog sich wohl rein auf die Optik.

Dominic schaute mich etwas verwirrt an. »Das tut mir sehr leid«, entgegnete er. »Wie kann ich diesen unverzeihlichen Fehler wiedergutmachen?« Er beobachtete mich dabei, wie ich aus den Sneakers schlüpfte und gleichzeitig die zarten Riemchensandaletten aus meiner Handtasche zog, die zwar Endlosbeine zauberten, mit denen ich allerdings kaum mehr als drei Meter am Stück unfallfrei laufen konnte. Aber ich war ja nicht zum Promenieren hier.

»Gar nicht«, erwiderte ich also und balancierte mich in die Schuhe hinein. »Diesen Anblick hättest du eigentlich direkt zur Begrüßung haben sollen.«

»Wow«, raunte er. »Du siehst umwerfend aus.« Dabei verhakte sich sein Blick an meinem Dekolleté, auf das er dank des bereits geöffneten Trenchcoats eine unverbaute Sicht hatte. Was so ein Wickelausschnitt und ein gut geschnittener BH doch für erstaunliche Effekte erzielen konnten.

»Ich freu mich auch, hier zu sein.« Ich trat einen Schritt näher, legte ihm beide Arme um den Hals und forderte unmissverständlich einen Begrüßungskuss ein. Leider löste sich Dominic für meinen Geschmack viel zu schnell daraus und lotste mich in sein Häuschen.

»Bin gleich zurück«, versprach er ein wenig atemlos und verschwand wieder auf die Terrasse.

Ich zog mir den Trenchcoat endgültig aus und legte ihn über die Lehne des freistehenden Sofas. Der großzügige Wohn-Ess-Bereich war geschmackvoll, aber auch ein bisschen unpersönlich eingerichtet. Ein typisches Ferienhaus für etwas solventere Urlauber – und zur Dauermiete sicherlich viel zu teuer. Ob er doch nicht vorhatte, länger hierzubleiben, Firmengründung hin oder her? Oder suchte er noch ein Haus, in das er dauerhaft einziehen wollte? Neben dem Fernseher gab es eine Hantelbank mit einer durchaus üppigen Auswahl an Kurzhanteln und ein Rudergerät. Die gehörten wohl eher nicht zur Standardeinrichtung des Ferienhauses, sondern zeugten davon, dass Dominic es ernst meinte mit seinem Training. Mein Unterbewusstsein spielte freundlicherweise wieder die Bilder von seinem nackten Oberkörper ein, als er sich nach seinem unfreiwilligen Badeausflug an der Bucht von den nassen Klamotten befreit hatte. Ich strich mit den Fingern über eine der Hanteln und stellte mir dabei idiotischerweise vor, wie es sich wohl anfühlte, seine Muskelstränge unter meinen Händen zu spüren.

»Willst du hier einziehen?«, hörte ich seine Stimme hinter mir, und ich ließ die Hantel, die ich hochgehoben hatte, vor Schreck fallen – glücklicherweise nicht auf den Boden, sondern zurück an ihre angestammte Position.

»Was?«, fragte ich und fuhr herum.

Er deutete grinsend auf meine Handtasche, die ich auf der Terrasse vergessen hatte und die er nun aufs Sofa stellte. »Die wiegt gefühlt eine Tonne. Aber lass mich raten, da sind nur die allerwichtigsten Dinge drin, die frau zum Überleben unbedingt braucht.«

»Ertappt.« Mit meinem Faible für große, ausgefallene Handtaschen bediente ich wohl ein typisches Frauenklischee, aber tatsächlich war ich gern ausgestattet für alle Unwägbarkeiten, die einer Mutter von zwei kleinen Kindern, einer Hundebesitzerin und Unternehmerin den Tag über begegnen mochten. Kekse, Feuchttücher, Kotz- und Kotbeutel, Wechselklamotten, eine Powerbank, diverse Ladekabel, Notizbücher und mindestens ein Dutzend Stifte aller Art gehörten zur Grundausstattung. Natürlich hätte ich heute ein zartes, kleines Täschchen nehmen können, nur mit Handy, Portemonnaie und Schlüssel, aber daran hatte ich gar nicht gedacht. Und außerdem hätte ich darin auch nicht meine Schuhe, ein optimistisches Kosmetiktäschchen mit Zahnbürste, Deo und Kondomen sowie einen Extraslip unterbringen können.

»Hat sicher den Vorteil, dass du dann kein Hanteltraining absolvieren musst, um in Form zu bleiben«, sagte er mit einem Lächeln und deutete auf seine Sportgeräte, neben denen ich immer noch stand.

»Auch.« Plus die Tatsache, dass ich täglich kleine Kinder herumschleppte, mit schwerem Gerät hantierte und, sooft es möglich war, irgendeinen Sport trieb, fügte ich in Gedanken hinzu. »Trainierst du viel?«, fragte ich.

»Im Moment nicht so viel wie noch vor ein paar Wochen«, gab er zurück, und mir schien, dass ihm das Thema unangenehm war.

»Wie kommt's?«

»In meinem Haus in Palo Alto hatte ich ein richtiges Gym, hier nur diese paar Hanteln und die Rudermaschine. Aber solange ...« Er sprach nicht zu Ende.

»Solange?«

»Solange ich nicht weiß, wo genau ich hier auf Dauer leben werde, lohnt es sich nicht, meinen ganzen Kram herzuschaffen«, entgegnete er knapp.

»Dann hast du dein Haus in Kalifornien noch?« Warum war ich nur so neugierig?

»Ja, noch. Aber meine Maklerin hat mir vor ein paar Tagen geschrieben, dass sie ein paar Interessenten hat. Wenn das passende Angebot vorliegt, werde ich sofort verkaufen. Meine persönlichen Sachen sind sowieso schon alle eingelagert.«

Aus irgendeinem Grund entspannte mich diese Aussage enorm. Er hatte nicht vor, wieder zurück nach Kalifornien zu ziehen, sondern wollte hierbleiben. »Hast du dich hier schon nach geeigneten Alternativen umgesehen?«, erkundigte ich mich. Es gab in Tofino und Umgebung einige ziemlich tolle Immobilien, da sollte doch etwas dabei sein. Andererseits wusste ich nicht ...

»Bisher ehrlich gesagt nicht«, unterbrach er meine Gedanken. »Ich bin ziemlich überstürzt hierhergekommen, weil ich erst die Sache mit Matt klären wollte, und dann habe ich eine Firma gegründet und ...« Er trat näher und strich mir eine Haarsträhne aus dem Gesicht. »Und dich kennengelernt.« Seine Lippen näherten sich meinen. »Das ist alles derart überwältigend, dass ich noch keinen Sinn für die Wohnungssuche hatte«, raunte er, so nah an meinem Gesicht, dass ich von seinem warmen Atem Gänsehaut bekam.

Der folgende Kuss war anders als alle bisherigen. Nicht so ungestüm hungrig wie die, die ich initiiert hatte, sondern voller Zärtlichkeit. Doch das änderte sich rasant, und ich hatte immer mehr das Gefühl, markiert zu werden. Der etwas unbeholfene Nerd in Dominic wurde in die Verbannung geschickt, während der zupackende Kerl das Ruder übernahm. Es war überraschend und unfassbar erotisch. Wie mein Körper reagierte, war noch beängstigender. Jede Faser in mir, jedes Atom sehnte sich nach Nähe, nach Verschmelzung, und wie von allein gingen meine Hände auf Wanderschaft. Sie betasteten den breiten Rücken, über den sich ein weißes Hemd spannte, glitten tiefer zu seinem knackigen Po, und als er die Verbindung löste, hörte ich mich selbst japsend keuchen wie eine Ertrinkende.

»Ich finde es auch ziemlich überwältigend«, krächzte ich atemlos. Mir war mehr als nur ein bisschen schwindelig. »Und ich bin mir nicht sicher, ob ich jetzt etwas essen kann.«

»Ich habe dir ein richtiges Date versprochen«, protestierte er mit einem leichten Lächeln auf den Lippen, die von unserem Kuss geschwollen waren, doch seine glasigen Augen straften seine Worte Lügen. »Und du hast dich so hübsch angezogen.« Er fuhr mit den Fingerspitzen aufreizend langsam am Ausschnitt meines Kleides entlang, berührte dabei wie zufällig meine Brust und folgte der Stoffkante bis zur Taille, wo sich die Schleife des Wickelkleides befand.

Ich bebte vor Erregung und Erwartung und schickte ihm mit aller Kraft die unmissverständliche mentale Aufforderung: *Zieh einfach dran!*

Er lachte. »Einfach dran ziehen?«

Oh. Offenbar war es doch nicht nur mental gewesen. Egal. Es war mir jetzt auch schon gleichgültig, was er von mir dachte, und vor allem war ich eindeutig der Meinung, dass wir bereits viel zu viel Zeit mit Geplänkel verbracht hatten. Unser Vorspiel lief nun schon zwei Wochen, das musste selbst für den analytischsten Nerd genug Zeit sein, um sich dem Unvermeidbaren zu stellen. Und dass wir beide jetzt gleich Sex haben würden, war so unvermeidbar wie der Sonnenaufgang in ein paar Stunden. Ich hatte kein Problem damit, die Initiative zu ergreifen, aber irgendwas hielt mich zurück. Ich wollte, dass er den nächsten Schritt machte, dass er das Tempo bestimmte – auch wenn es mich wahnsinnig machte. Also sagte ich nichts, sondern nickte nur.

Vielleicht war es Einbildung, aber seine Hand schien leicht zu zittern, als er an dem locker gebundenen Schleifenband zog. Der glatte, seidige Stoff des Kleides glitt wie ein Theatervorhang auseinander, und gleich darauf stand ich fast nackt vor ihm. Dominic sog beim Anblick meiner Unterwäsche scharf die Luft ein – obwohl sie eher simpel und aus glattem, glänzendem Material gefertigt war. Die Spitzenunterwäsche hatte sich unter dem Kleid ungünstig abgezeichnet, deshalb hatte ich auf das petrolfarbene Ensemble zurückgegriffen.

Dominic betrachtete mich lange, ohne mich zu berühren. Sein Blick war voller Lust und gleichzeitig fast ehrfürchtig, was mich rührte – und noch mehr erregte. Meine Brüste schienen sekündlich schwerer zu werden, meine Nippel immer härter, und mein Höschen ... Ich stöhnte allein bei dem Gedanken, er könnte mich gleich zwischen den Beinen berühren und meine Lust ertasten. Es war so lange her, dass mich ein Mann zuletzt auf diese Weise angefasst hatte. So lange, dass ich fast schon wieder als Jungfrau durchgehen würde, wie meine liebe Schwester Zoe so treffend behauptet hatte.

»Du bist noch so viel schöner, als ich es mir vorgestellt habe«, sagte er mit deutlich belegter Stimme, und mein Herz machte einen aufgeregten, irrationalen Hüpfer. Er hatte es sich vorgestellt ... so wie ich.

»Ich würde das Kompliment gerne erwidern, aber du hast noch zu viel an«, entgegnete ich, und meine Stimme zitterte noch mehr als seine. Ich ließ das Kleid von meinen Schultern gleiten, und meine Finger fanden wie von allein seine Hemdknöpfe, die mir idiotisch klein und umständlich vorkamen. Doch schließlich gelang es mir, sie zu öffnen. Ich zupfte den Stoff aus dem Hosenbund und streifte ihm das Hemd ab. Ja, ich wollte ihm die

Initiative überlassen, doch nach dem Anstoß durfte ich ja wohl mitspielen, oder? Ich konnte mich ohnehin nicht beherrschen, und meine Hände taten, was sie – oder ich? – sich schon seit zwei Wochen wünschten. Sie glitten über Dominics Oberkörper, der wie von einem Bildhauer modelliert war. Es war schrecklich oberflächlich von mir, aber ich dankte ihm im Geiste für seinen Trainingseifer. Nicht, dass es wirklich wichtig für mich war, wie er aussah, denn ich hatte mich längst in den ganzen Mann verliebt. Den warmherzigen, humorvollen, manchmal etwas verschrobenen und düsteren Kerl, der so offensichtlich eine schöne Seele besaß und gleichzeitig eine so verheerende Selbsteinschätzung hatte. Nein, seine Hülle war für meine tiefen Gefühle nicht wichtig, aber meine niederen Instinkte fuhren voll darauf ab. Ich nestelte an seiner Gürtelschnalle und öffnete dann die Jeans, die sich beeindruckend spannte. Für meinen Geschmack hatte er immer noch viel zu viel Stoff am Leib. Außerdem musste es schließlich gerecht zugehen – und wie durch ein Wunder war gerade mein BH verschwunden.

Seine Hände umfingen meine Brüste, und seine Finger fühlten sich auf meiner Haut warm und weich an. Keine rauen Outdoor-Pranken, sondern gut gepflegte Bürohände, mit denen er sanft und verdammt verführerisch knetete. Als er meine Brustwarzen leicht zwischen Daumen und Zeigefinger zwirbelte, fuhren Lustblitze durch meinen ganzen Körper, und ich hatte Angst, mir würden die Knie wegsacken.

Ich rächte mich prompt, indem ich ihm die Jeans über die Hüften schob und dann meine rechte Hand auf seine Erektion legte, die von schwarzen Boxerbriefs nur mühsam gebändigt wurde. Dominic stöhnte laut auf und schwankte leicht. Er fing sich jedoch sofort wieder, kickte seine Schuhe weg und streifte die Hose ab – ohne seine Spezialbehandlung für meine Brüste zu unterbrechen.

»Ich will dich«, raunte er, und es klang fast wie ein Knurren. »Ich will dich jetzt!« Sein innerer Nerd hatte den Staffelstab endgültig an das Alphamännchen abgegeben, was meine Lust nur noch mehr anheizte.

»Und ich will dich«, stöhnte ich. Aber bevorzugt im Bett oder wenigstens auf dem Sofa und nicht im Stehen.

Er konnte offensichtlich Gedanken lesen, denn nun packte er mich am Po und hob mich hoch. Dabei streifte meine glühende Mitte seinen harten Penis, und wir japsten beide wie elektrisiert auf. Irgendwie schaffte er es, uns unfallfrei in sein Schlafzimmer und aufs Bett zu manövrieren, und dann setzte meine Fähigkeit, zu denken, vollends aus. Seine Hände waren überall, seine Lippen auch. Dominic zog mir die Sandalen aus und küsste sich an meinen Beinen entlang nach oben. Erst am rechten Bein, dann – ungefähr fünf Zentimeter von meinem sehnsüchtig pochenden Lustzentrum entfernt – schwenkte er auf das andere Bein um. Als er etwa auf der Mitte des Oberschenkels war, begann ich zu zittern.

»Bitte«, hörte ich mich flehen. »Hör nicht auf. Ich brauch dich jetzt.« Um zu verdeutlichen, wie sehr, spreizte ich meine Beine und hob lockend das Becken an.

Er schnaubte – oder war es ein Lachen? Wenn er jetzt nicht weitermachte, würde ich es nicht überleben. Oder er, denn dann ...

Weit kam ich mit meinen leeren geistigen Drohungen nicht mehr, denn er hakte die Zeigefinger in den Saum meines Slips und schob das störende Stückchen Textil endgültig herunter. Wieder hörte ich ein Geräusch von ihm, das ich nicht einordnen konnte, doch er erstickte es, als er mit seinen Lippen den intimsten Kuss vollführte, den ich jemals gespürt hatte. Seine Zunge fand wie von allein meinen Kitzler und brachte meine aufgeregten Nervenenden in Sekunden zur Explosion. Hätte ich klar denken können, wären mir meine Gier und das Tempo bestimmt peinlich gewesen, doch Denken? Keine Chance.

Dominic gab mir auch keine Gelegenheit, die Kontrolle wiederzuerlangen. Er griff nach einem Kondom, das offenbar schon bereitgelegen hatte, streifte es sich in Windeseile über und drang dann ohne Hast, aber mit absoluter Entschlossenheit in mich ein. Erneut blieb mir die Luft weg, als ich ihn in mir spürte und meine Lust noch weiter aufloderte. Ich wollte mich einfach nur dem Rausch hingeben, dem betörenden Strudel der Leidenschaft, der meinen ganzen Körper erfasste. Doch dann schaute ich in seine Augen. Der widersprüchliche Mix aus ungläubiger Liebe, ungezügelter Lust und unberechenbarer Panik, der sich dort spiegelte, brachte mich kurz aus dem Tritt. Was er wohl in meinen Augen sah? Ich hoffte, vor allem das Glück, das ich gerade dabei empfand, ihm so nahe zu sein. Zur rein körperlichen Lust kam jetzt auch eine unglaubliche Verbundenheit hinzu – die viel mehr war als die flatterhafte Verliebtheit, die ich in den letzten Tagen gespürt hatte. Süß, intensiv – und ziemlich überwältigend und beängstigend.

»Ich ...«, japste ich und wollte eigentlich »Ich hab Angst« sagen oder »Ich kann das nicht«. Stattdessen übernahm erneut mein Körper – und der zerbarst in diesem Moment in Milliarden winzigster Atome.

Es dauerte ein Weilchen, bis aus dieser süßen Zerstörung langsam wieder eine Einheit aus Körper, Geist und

Seele hervorging. Ich lag in Dominics Arm, den Kopf auf seiner Brust, und ich hatte nicht die leiseste Ahnung, wie ich in diese Position gekommen war. Sein Atem beruhigte sich nur langsam, und auch sein Herzschlag polterte noch wild.

Sollte ich etwas sagen? Nur was? Dass die Welt, wie ich sie kannte, nicht mehr existierte? So fühlte es sich nämlich an, doch das erschien mir selbst in meinem zweifellos hormongefluteten Zustand zu absurd, um es auszusprechen. War es früher nach dem Sex auch so gewesen? Ich konnte mich nicht erinnern. Allerdings kam gerade noch ein anderes Gefühl dazu: wahnsinniger Kohldampf. Wie aufs Stichwort begann mein Magen peinlich laut zu knurren. Der massive Körper unter mir bebte. Lachte Dominic etwa? Ich hob den Kopf und blickte in sein lächelndes Gesicht.

»Ich habe eben verzweifelt nach angemessenen Worten für diesen bedeutungsschwangeren Moment gesucht«, erklärte er. »Aber du hast es bereits schön zusammengefasst. Kann es sein, dass du hungrig bist?«

»Du fandest es auch besonders?«, fragte ich jedoch zurück. Das war mir wichtiger als Nahrungsaufnahme.

»Besonders?« Er riss verblüfft die Augen auf. »›Besonders‹ ist eine unangemessen schwache Beschreibung für meine Gefühle.«

»Stimmt schon, aber ich hab gerade keine bessere«, gab ich zu. Mein Kopf war leer – genau wie mein Magen, der sich wieder meldete –, aber mein Herz war voll. Voller Gefühle. Die meisten davon sehr positiv, doch die Angst, die ich vorhin gespürt hatte, war immer noch da. Im Wohnzimmer klingelte ein Telefon, und ich zuckte kurz zusammen. War etwas mit den Kindern? Aber es war nicht mein Klingelton. »Musst du da rangehen?«, fragte ich, da ich merkte, dass sich auch Dominic leicht verspannte.

»Nein, das wird nicht so wichtig sein«, entgegnete er. »Aber was hältst du davon, wenn wir jetzt doch etwas essen? Vielleicht fällt uns dann das Denken wieder leichter.«

AUS DER BAHN GEWORFEN

DOMINIC:

WAS ZUR HÖLLE WAR GERADE LOS? ICH FÜHLTE MICH fremd in meiner eigenen Haut. Gut, das allein wäre nicht besorgniserregend gewesen, denn das war bei mir fast der Normalzustand. Nicht normal war dagegen, dass ich mich so wohl fühlte. So komplett. Und so glücklich, dass es mir eine Heidenangst einjagte. Ich hatte geahnt, dass Esther und ich an diesem Abend im Bett landen würden. Nein, das war auch zu unpräzise: Wir hatten es beide gewusst. Dass es aber so schnell gegangen war, überraschte mich dann doch. Ich hatte ihr nicht mal ein Glas von dem Champagner einschenken können, den ich extra für heute Abend gekauft hatte. Zusammen mit den Rindersteaks und den Riesengarnelen, die ich auf den Grill hatte werfen wollen – für ein eiweißreiches, potenziell aphrodisierendes »Surf and Turf«-Dinner, mit dem ich sie hatte beeindrucken wollen.

Das war mir jedoch auch so geglückt. Nahm ich

jedenfalls schwer an, denn noch nie zuvor hatte sich eine Frau so sehr für mich geöffnet. Buchstäblich und metaphorisch. Und nie zuvor hatte ich beim Sex derart die Kontrolle verloren und jegliches Denken eingestellt. Wir waren explodiert, und die Wolken unserer Atome hatten sich in der Luft vermischt und sich nicht mehr ganz korrekt zusammensetzen lassen – ja, das war eine physikalisch vollkommen inkorrekte »Star Trek«-Referenz, aber es fühlte sich genau so an. Ein Teil von mir war nun möglicherweise in Esther und ein winziger Teil von ihr in mir. Daher kam wahrscheinlich das Gefühl der Fremdheit, der Vervollständigung und des Glücks. Anders konnte ich es mir nicht erklären.

Esther schien Ähnliches zu empfinden – hoffte ich zumindest, denn als »besonders« hätte ich unseren Akt nicht bezeichnet. Er war weltenverändernd und bewusstseinserweiternd gewesen. Oder bewusstseinstrübend, so genau konnte ich das noch nicht sagen. Aber vielleicht musste ich auch gar keine Worte dafür finden. Nicht jetzt sofort zumindest, vielleicht durfte ich dieses berauschende Gefühl einfach ein klein wenig genießen.

Leider gab es zwei Probleme: Esther war hungrig, und mein Telefon klingelte. Letzteres machte mir Sorgen. Ich vermutete stark, dass es der Detektiv war, den ich angeheuert hatte und den ich nicht mehr von seinem Auftrag zurückpfeifen konnte – er hatte ihn nämlich schon ausgeführt. Doch darüber konnte und wollte ich im Moment nicht nachdenken. Es hatte auch gar nichts mit dem zu tun, was zwischen mir und Esther gerade entstand. Oder was schon die ganze Zeit im Raum gestanden und sich jetzt manifestiert hatte: Ich war ohne den geringsten Zweifel verliebt! Nein, korrigierte mich mein innerer Pedant erneut, es war schlimmer: Ich liebte! Zum ersten

Mal in meinem Leben mit buchstäblich jeder Faser meines Seins. Das war wundervoll und gleichzeitig beängstigend.

»Musst du da rangehen?«, fragte sie, als sie merkte, wie ich mich beim Klingeln des Telefons leicht verspannte.

»Nein, das wird nicht so wichtig sein«, entgegnete ich und schob die möglichen Konsequenzen des Anrufs innerlich weit weg. »Aber was hältst du davon, wenn wir jetzt doch etwas essen? Vielleicht fällt uns dann das Denken wieder leichter.«

Ich küsste sie zärtlich auf die Stirn und verschwand kurz im Bad. Als ich zurückkam, schlüpfte sie gerade in ihren Slip und machte sich dann hüftwackelnd vor mir auf den Weg ins Wohnzimmer, wo sie ihre übrigen verstreuten Kleidungsstücke zusammensuchte und anzog. Dieser umgekehrte Striptease machte mich schon wieder total scharf. Rasch stieg ich in Unterhose und Jeans und streifte mir das Hemd über, fühlte mich aber zu fahrig, um es zuzuknöpfen. »Ich schau mal nach der Glut«, kündigte ich an und wurde mir der Doppeldeutigkeit meiner Aussage erst bewusst, als ich ihr leises Lachen hörte.

Die kühle Abendluft auf der Terrasse sorgte für einen Moment geistiger Klarheit, und ich atmete ein paarmal tief durch, ehe ich zu dem luxuriösen Kugelgrill ging und nach der Glut sah, die ich kurz vor Esthers Ankunft vorbereitet hatte. Sie machte einen ziemlich guten Eindruck, und ich war mir sicher, dass sie für die Steaks und die Garnelen noch reichen würde.

Als ich ins Haus zurückkehrte, saß Esther auf dem Sofa und steckte gerade ihr Handy weg. »Ich kann es nicht fassen, dass es erst halb neun ist«, sagte sie. »Irgendwie hat es sich wie eine Ewigkeit angefühlt.«

»Schon Einstein wusste, dass Zeit relativ ist«, entgegnete ich lächelnd, auch wenn ich genau wusste, wie sie sich fühlte. Mir ging es nämlich ebenso. Sie war um kurz nach halb acht hergekommen, so dass linear kaum eine Stunde vergangen war, doch meinem Empfinden nach waren es Äonen.

»Der Klugscheißer hatte auch zu jedem Thema etwas beizutragen, was?« Sie strich mit der Hand über das weiche Sofapolster und schien irgendwo in ihren Gedanken festzuhängen. »Wo er diese Ideen wohl herhatte?«

»Vielleicht hatte er ebenfalls großartigen Sex?«, mutmaßte ich. »Obwohl ich es mir kaum vorstellen kann. Das eben war einzigartig. Oder?« Keine Ahnung, warum mir eine Bestätigung plötzlich so wichtig war, die Versicherung, dass ich nicht den Verstand verlor oder mir etwas einbildete, weil ich so dringend ein bisschen Hoffnung in meinem Leben brauchte.

»Ich habe leider immer noch kein passendes Wort«, erwiderte sie jedoch und erhob sich von der Couch. »Ich hoffe aber, dass es nicht einzigartig bleibt, also zumindest nicht im Sinne von ›einmalig‹. Sondern dass wir es möglichst oft wiederholen können.«

»Oh.« Das war nicht genau das, was ich mir erhofft hatte. Aber andererseits implizierte die erhoffte Wiederholung eine etwas dauerhaftere Verbindung – und das wiederum klang verdammt gut.

»Wenn du aber wissen wolltest, ob ich etwas Derartiges vorher schon mal erlebt habe, dann kann ich die Frage mit einem klaren Nein beantworten. Deshalb auch meine leichte Verwirrung.« Sie kam näher und strich mit den Händen über meinen nackten Brustkorb, ehe sie mich wieder küsste – wobei sie nicht einmal im Ansatz ahnen konnte, wie glücklich sie mich mit ihrer Antwort machte.

»Ich hoffe, du magst Steak und Garnelen?«, fragte ich sie, als es mir schließlich gelang, mich von ihren Lippen zu lösen.

»›Surf and Turf‹?« Sie hob überrascht eine Braue. »Wie überaus amerikanisch von dir. Ich hatte ja eher mit einer schottischen Spezialität gerechnet – oder mit Hamburgern, als ich den Grill gesehen habe. Aber ja, ich mag es sehr.«

»Ich bin mir nicht sicher, ob ich dich mit Haggis hätte beeindrucken können«, erwiderte ich und zog die Folie vom Teller, unter der ich die Steaks hatte marinieren lassen.

»Das kann ich dir auch nicht sagen, denn ich habe nicht die leiseste Ahnung, was Haggis ist. Aber vermutlich würde ich auch das jetzt essen.« Sie linste zu den beiden frischen Baguettestangen, die ich vorhin noch gekauft hatte.

»Haggis heben wir uns für einen anderen Zeitpunkt auf. Magst du den Salat zusammenmixen? Du findest alle Zutaten bereits gewaschen und klein geschnitten im Kühlschrank. Genau wie das Dressing, das ich auch schon angerührt habe.« Ich deutete mit dem Kinn in Richtung Anrichte, wo die große Salatschüssel schon auf ihren Einsatz wartete, und schnappte mir den Garnelenteller. »Wie magst du dein Steak?«

»Medium rare.«

»Wird gemacht. Ach ja, zum Trinken habe ich Champagner, Bier, einen Sauvignon blanc und einen Merlot.

Außerdem Cola und Wasser. Bedien dich einfach. Ich bin in ein paar Minuten wieder da.«

War das ein angemessenes Date, wie Carol es im Sinn gehabt hatte, als sie mir gestern so gut zugeredet hatte? Ich hatte keine Ahnung, aber bisher war ich ziemlich zufrieden damit, wie es lief. Womöglich war es ein bisschen unkonventionell, aber das schien Esther nicht zu stören. Im Gegensatz zu Rebecca damals. Die hatte darauf bestanden, dass ich all die komplizierten »Date-Regeln« einhielt, ohne die eine erfolgreiche Beziehungsanbahnung ihrem Verständnis nach gar nicht möglich war. Doch Becky war längst Geschichte, und Esther war in praktisch allen Aspekten anders. Als die Steaks so gut wie fertig waren, legte ich die ebenfalls marinierten Garnelen auf den Rost, und gerade in dem Moment, als ich die Teller zum Servieren abholen wollte, kam Esther mit ihnen auf die Terrasse.

»Kannst du Gedanken lesen?«, fragte ich sie.

»Mein Dad liebt Barbecue, und vermutlich sind mir die Grillzeiten schon in Fleisch und Blut übergegangen«, erwiderte sie lächelnd. »Außerdem hat mich der Hunger rausgetrieben. Es riecht nämlich absolut verführerisch.«

»Nicht halb so verführerisch wie du!«

»Schmeichler.« Sie reichte mir die Teller und lächelte mich an. »Dein Telefon hat übrigens noch einmal geklingelt.«

»Hm«, brummte ich. Was um alles in der Welt konnte der Schnüffler an einem Samstagabend von mir wollen? Eines war klar, ich würde nicht in Esthers Gegenwart mit ihm sprechen. Ich legte die Steaks und die Garnelenschwänze auf die Teller, und dann gingen wir wieder ins Haus.

Esther hatte die Kerzen angezündet und ihr Handy

offenbar mit der Bluetooth-Musikanlage gekoppelt, jedenfalls tönte leise Loungemusik aus den Boxen. Sie lud etwas Salat auf die Teller und nahm Platz. »Was magst du denn trinken?«, wollte sie wissen. »Mir wäre tatsächlich nach Champagner – zur Feier des Tages.«

»Das trifft sich gut.« Ich nahm die Flasche aus dem bereitgestellten Sektkühler, öffnete sie und goss uns beiden ein. »Auf einen bemerkenswerten Abend«, toastete ich ihr zu.

»Dem hoffentlich noch viele folgen«, erwiderte sie und ließ ihr Glas leise gegen meines stoßen. »Auf uns.«

»Auf uns!«

Das Essen war ausgezeichnet, der Champagner prickelte, aber irgendwie war ich unentspannt, wofür ich beim besten Willen keine Erklärung hatte. Alles lief doch perfekt, oder?

»Nun sieh doch schon nach, wer dich angerufen hat«, sagte Esther schließlich. Offensichtlich hatte ich ein paarmal zu deutlich auf mein Handy gestarrt, das auf dem Küchentresen lag. Ob sie auf die Anrufer-ID geachtet hatte, als es vorhin noch einmal geklingelt hatte? Wenn ja, konnte sie mit »David Hayes« wohl nichts anfangen, versuchte ich mich selbst zu beruhigen.

»Es ist nicht so wichtig«, beharrte ich.

»Aber es scheint dich zu beschäftigen. Also schau nach, und dann ist das Thema erledigt.« Sie lächelte mich aufmunternd an, und so stand ich auf und ging zum Tresen.

Das Telefon lag mit dem Display nach unten da, doch das musste nichts heißen. Ich nahm es, entsperrte den Bildschirm und sah, dass zwei Anrufe vorlagen – jedoch nicht etwa von David Hayes, sondern von meiner Schwester Philippa. Ich fühlte mich spontan erleichtert und schaltete das Telefon ganz aus. »Da muss ich wirklich nicht zurückrufen, das war nur meine Schwester«, sagte ich lächelnd zu Esther, als ich zum Tisch zurückkehrte.

»Erzähl mir von deiner Familie«, bat sie – und konnte nicht ahnen, dass sie damit das zweitunangenehmste Thema für mich angeschnitten hatte. Oder vielleicht ahnte sie es schon und wollte mich aus der Reserve locken. So, wie es auch Carol immer wieder versuchte.

»Da gibt es nicht viel zu erzählen«, entgegnete ich harscher als beabsichtigt. »Wir haben kein gutes Verhältnis.« Sie sagte nichts, sondern nickte nur aufmunternd. »Meine Eltern betreiben ein Luxushotel in der Nähe von Edinburgh«, fuhr ich fort und konnte nur mit Mühe einen Seufzer unterdrücken. »In einem ehemaligen Herrenhaus.«

»So wie Downton Abbey?«, fragte Esther mit großen Augen. »Bist du etwa adelig oder so?«

»Nein, bin ich nicht. Aber das Haus kannst du dir ungefähr so vorstellen. Mein Großvater väterlicherseits hat es vor fünfzig oder sechzig Jahren den verarmten Vorbesitzern abgekauft und ein Hotel daraus gemacht.«

»Und da bist du aufgewachsen?«

»Na ja, was man so Aufwachsen nennt. Ich bin bereits mit fünf Jahren ins Internat gekommen – wie meine Geschwister ebenfalls. Wir waren nur an den Wochenenden und zum Teil in den Ferien zu Hause, wurden dann aber in der Regel von irgendwelchen Nannys, Hotelangestellten oder entfernten Verwandten betreut. Unsere Eltern hatten nie Zeit für uns – und ich frage mich bis heute, warum sie gleich vier Kinder bekommen haben, wo sie sich doch für kein einziges interessiert haben. Meine ganze Kindheit über habe ich mich wie ein Störfaktor gefühlt, immer fehl am Platz, immer irgendwie falsch. Gleich nach dem Schulabschluss bin ich nach Amerika gegangen und habe in Berkeley studiert. Seitdem war ich vielleicht dreimal wieder in der alten Heimat.«

»Krass«, kommentierte Esther knapp, aber ziemlich präzise. »Und deine Geschwister? Warum hast du zu denen auch kein gutes Verhältnis?«

»Wir kennen uns ja kaum. Philippa ist die Älteste. Ich bin drei Jahre jünger als sie, das heißt, sie kam bereits ins Internat, als ich zwei war. Sean ist zwei Jahre jünger als ich und unser Nesthäkchen Frances fünf Jahre. Wir sind praktisch Fremde füreinander.«

»Aber unter Geschwistern tut man sich doch oft zusammen – vor allem, wenn es gegen die Eltern gehen soll.«

»Mag sein, aber dafür muss man wohl ein gemeinsames Leben haben, oder? In der Rückschau kommt es mir so vor, als hätten meine Eltern – bewusst oder unbewusst – alles dafür getan, uns einander zu entfremden. Ich kann dir gar nicht sagen, was meine Geschwister bewegt. Wir schreiben uns ab und zu Mails und telefonieren alle Jubeljahre mal miteinander.« Ich schüttelte den Kopf, weil ich wusste, wie traurig das in ihren Ohren klingen musste. Wie traurig es war. Wie traurig *ich* deswegen war. »Wenn ich dich mit deiner Schwester sehe oder Archie und Ada, dann wird mir ganz warm ums Herz, weil ich das so schön finde. Und gleichzeitig beneide ich euch glühend darum.«

»Es ist doch nicht zu spät. Was hält dich heutzutage davon ab, dich um ein gutes Verhältnis zu bemühen? Ich meine, vermutlich sind deine Geschwister doch ähnlich unglücklich wie du, oder?«

Ich schluckte. Sie hatte das ziemlich präzise erkannt.

Und sie stieß in dasselbe Horn wie Carol. »Wahrscheinlich sind sie das«, gab ich zu. »Ich weiß auch nicht, wahrscheinlich sind wir die totalen Wracks und unfähig, echte Beziehungen einzugehen. Keiner von uns ist verheiratet. Frances hat einen kleinen Sohn, aber ich bin mir nicht sicher, ob sie weiß, wer der Vater ist. Rufus müsste so alt wie Ada sein ...« Ich schluckte noch einmal, als mir bewusst wurde, dass ich meinen eigenen Neffen bisher kein einziges Mal gesehen hatte. Was sagte das über mich aus? Darüber wollte ich lieber nicht nachdenken.

»Das tut mir wirklich sehr, sehr leid.« Esther blickte mich voller Mitgefühl an und legte ihre Hand auf meine. »Aber ich bleibe dabei – ihr habt doch noch alle Chancen. Zoe geht mir oft tierisch auf die Nerven, auch weil wir so unglaublich unterschiedlich sind, trotzdem liebe ich sie über alles und vermisse sie. Bei Archie und Ada ist es ganz ähnlich. Die zoffen sich auch am laufenden Band, aber im nächsten Moment spielen sie wieder miteinander oder kuscheln zusammen mit Carly.«

»Willst du noch weitere Kinder?«, entfuhr es mir, und ich war selbst erschrocken, weil ich so alarmiert klang. Dieses Fass wollte und sollte ich heute Abend auf gar keinen Fall öffnen.

Sie lachte, wirkte aber ein bisschen nervös. »Was für ein abrupter Themenwechsel. Aber keine Sorge, ich möchte keine weiteren Kinder. Zwei sind perfekt. Und du musst dir auch keine Gedanken machen, falls mit dem Kondom etwas gewesen sein sollte, ich hab die Spirale, und da sollte nichts schiefgehen.«

»So hab ich das nicht gemeint ... ich ...« Warum konnte ich nicht einfach meine Klappe halten? »Ich habe das wirklich so gemeint, dass ich keine Familie will. Ich habe mich vor einigen Jahren einer Vasektomie unterzogen. Ich kann also gar keine Kinder mehr zeugen.« Warum hatte ich das jetzt unbedingt sagen müssen? Warum? Ihr Gesichtsausdruck sprach Bände.

»Ich habe offen gestanden keine Ahnung, was ich mit dieser Info anfangen soll«, antwortete sie nach einer Weile, und ich sah förmlich vor mir, wie sie eine innere Barriere aufbaute. »Wolltest du mir damit zu verstehen geben, dass wir uns um Verhütung zukünftig keine Gedanken machen müssen? Oder bedeutet es, dass du nicht mit mir zusammen sein willst, weil es mich eben nur im Familienpaket gibt?« War sie verletzt? Sie klang eindeutig so.

»Ich bin ein solcher Idiot«, murmelte ich. Nicht als Entschuldigung, sondern weil es die Wahrheit war. »Ich habe ehrlich gesagt keinen Schimmer, warum ich das eben von mir gegeben habe. Sicher nicht, weil ich keine Beziehung mit dir will. Denn die will ich. Ich gebe zu, das macht mir eine Höllenangst, weil ich bislang sehr schlecht in diesem Spiel war. Ich hatte nie eine richtig gute, stabile Beziehung. Ich habe ein Problem damit, Nähe zuzulassen und anderen Menschen zu vertrauen. Und vor allem traue ich mir selbst nicht.« Ich schüttelte den Kopf und versuchte, meine wirren Gedanken irgendwie zu ordnen. »Mit dir ist es anders. Ich vertraue dir. Ich mache lauter Dinge, um die ich normalerweise einen Riesenbogen schlagen würde. Ich steige in dein winziges Flugzeug, ich segle mit dir in einer lächerlichen Nussschale. Weil ich dir vertraue. Und ich weiß, dass du im Familienpaket daherkommst – Archie und Ada sind toll. Aber ich habe wirklich Angst, es zu vermasseln und dich zu enttäuschen. Euch zu enttäuschen. Vielleicht habe ich es dir deshalb erzählt. Als ein weiteres Argument, das gegen mich spricht und ...«

»Darf ich auch etwas sagen?«, unterbrach sie mich. »Meine Familienplanung in Bezug auf weitere Kinder ist tatsächlich abgeschlossen. Insofern finde ich es eher erleichternd, dass wir uns da keine Gedanken machen müssen. Allerdings hätte ich gerne eine Vaterfigur im Leben von Archie und Ada, denn ihr Erzeuger möchte das nicht sein. Und idealerweise hätte ich gerne eine Beziehung zu dieser Vaterfigur – wie bei einer richtigen Familie eben. Es ist ganz bestimmt zu früh, um zu wissen, wie es zwischen uns laufen wird, und ich bin sehr dafür, dass wir es langsam angehen und schauen, wohin der Weg uns führt. Aber wenn wir schon dabei sind, offen zu sein: Ja, ich suche einen Partner für mich und einen Vater für meine Kinder. Und ich würde es nie in Erwägung ziehen, die beiden in ein Internat zu stecken, solange sie noch so klein sind. Das halte ich für absolut unmenschlich.« Sie griff wieder nach meiner Hand. »Ich verstehe, dass du bei deiner Vorgeschichte skeptisch sein musst, was Beziehungen betrifft, aber ich glaube, ich sehe Dinge in dir, die du nicht siehst. Du sorgst dich um deine Mitmenschen, du nimmst ihre Bedürfnisse wahr, du bist empathisch und liebevoll – und ich finde, das sagt eine ganze Menge über dich aus.«

»Du zeichnest ein zu gutes Bild von mir«, behauptete ich. Eine ähnliche Diskussion hatten wir schon einmal geführt, und mit Carol tat ich das fast in jeder Sitzung. Konnten oder wollten diese Frauen nicht erkennen, wie ich wirklich war?

»Dann habe ich mir die Wahnsinnsorgasmen und das leckere Essen nur eingebildet?« Sie grinste, wurde aber gleich darauf wieder ernst. »Oder wie du dich am Montag um die Kinder gekümmert hast? Wie du dafür sorgst, dass Matt eine solide Lebensperspektive hat? Wie du dir

Gedanken darüber machst, wie man einen Distanzunterricht in Gebärdensprache für kleine Kinder etablieren könnte? Wie du über Bild- und Stimmerkennungsprogramme für Wale nachdenkst? Habe ich mir das alles eingebildet? Ich glaube nicht. Ich weiß nicht viel von dir und deiner Vergangenheit, aber wenn ich dich nach dem beurteile, was ich mit dir erlebe, dann komme ich zu dem Schluss, dass du ein wundervoller Mensch bist und ich wirklich sehr, sehr gerne mit dir zusammen sein möchte.«

»Ich möchte das auch sehr gerne«, sagte ich leise. »Mit dir zusammen sein und der Mensch sein, den du in mir siehst.« In Gedanken fügte ich jedoch hinzu: *Ich weiß nur nicht, ob ich das schaffen kann.*

»Gut, dann wäre das jetzt also geklärt.« Ein verschmitztes Lächeln breitete sich auf ihrem Gesicht aus. »Nur fürs Protokoll – dieser Abend bekommt eine Auszeichnung für das zweifellos seltsamste erste Date aller Zeiten. Aber das war wohl zu erwarten, wenn ich mich mit einem selbsterklärten Voll-Nerd einlasse, was?«

»Damit kann ich leben.« Ich fühlte mich plötzlich ziemlich erleichtert. »Wie wär's mit Dessert?«

»Was hast du denn zu bieten?«

»Eis aus Tofinos angeblich bester Eisdiele oder einen Nachschlag von ...«

»Wie wär's mit beidem?«

Ich dämmerte nach »beidem« gerade selig weg, mit der wundervollsten Frau der Welt in meinen Armen, als diese sich wieder regte.

»Ich muss nach Hause«, sagte Esther. Sie klang schläfrig, voller Bedauern, aber leider auch entschlossen.

Insgeheim hatte ich wohl gehofft, dass sie die Nacht

bei mir verbringen würde, obwohl eigentlich klar war, dass das nicht passieren konnte. Sie wollte zu Hause sein, wenn Archie und Ada aufwachten. Dafür liebte ich sie fast noch mehr. Meiner Mutter wäre das nie in den Sinn gekommen – genauso wenig, wie ich mich als kleines Kind ins Bett meiner Eltern gewagt hätte, was Archie und Ada zweifellos taten. Oder? »Ich bring dich heim«, sagte ich, zog sie aber noch ein Stückchen näher und hielt sie eine Weile ganz fest. »Ich will dich zwar nicht gehen lassen, aber ich verstehe dich.«

»Ich will auch nicht gehen, aber ...«

»Du musst es nicht erklären. Wirklich nicht.« Ich küsste sie.

»Danke. Aber du musst mich nicht begleiten. Es sind ja nur ein paar Minuten zu Fuß.«

»Es gibt Bären in der Gegend«, gab ich zu bedenken. »Und ich würde es mir nie verzeihen, wenn Archies und Adas Mom von einem Bären gefressen werden würde, weil ich es nicht aus dem Bett geschafft habe!«

»Du bist so ein Spinner!« Sie kicherte. »Aber erstens gab es hier im Wohngebiet seit ewigen Zeiten keine Bärensichtung mehr, und zweitens käme ich damit mutmaßlich besser klar als du.«

»Spotte nur. Ich habe mich inzwischen weitergebildet und sehe mich jetzt durchaus in der Lage, dich gegen einen Bären zu verteidigen.« Es fühlte sich gut an, dass die Leichtigkeit zwischen uns wieder zurück war, die sich beim Essen kurzzeitig verabschiedet hatte. »Ich hab mir im Internet ein Bärenabwehrgerät bestellt.«

»Was?« Esther war aus dem Bett geklettert und suchte nun zum zweiten Mal an diesem Abend ihre Klamotten zusammen.

»Das ist so ein kleines Kästchen. Wenn man da auf

einen Knopf drückt, kommen schrille, laute Töne raus, die Bären vertreiben sollen.« Oder bei Menschen Migräne auslösen, denn das Getöse war wirklich abenteuerlich. Ich als Bär würde dabei auf jeden Fall davonrennen.

»Oh Mann, du bist echt großartig.« Sie lachte. »Eine Trillerpfeife hätte es auch getan, und die ist viel günstiger. Oder laute Gespräche. Notfalls auch Selbstgespräche.« Nun zwinkerte sie mir auch noch frech zu.

»Mach dich nur lustig über mich. Ich werde dich beschützen!« Auch ich zog mich rasch an, und wenige Minuten später liefen wir schweigend über den Strand in Richtung ihres Hauses. Es war fast Vollmond, und anders als bei unserer ersten nächtlichen Begegnung konnte man diesmal alles erkennen. War das tatsächlich erst einen guten Monat her?

»Wann soll ich denn morgen zum Frühstück kommen?«, fragte ich, als wir ihr Haus erreicht hatten.

»Zwischen acht und halb neun?« Sie lächelte mich leicht wehmütig an, und fast hatte ich den Eindruck, sie dachte das Gleiche wie ich: dass es wirklich eine Schande war, dass ich jetzt gleich wieder in mein Ferienhaus zurückmusste und wir beide allein in unseren Betten liegen würden. Eigentlich könnte ich doch auch bei ihr bleiben, oder? »Die Kinder freuen sich schon, und ich werde Pancakes machen.«

»Ich freue mich auch. Auf die Kids, die Pancakes – und vor allem auf dich.« Ich strich ihr eine blonde Strähne aus dem Gesicht und suchte nach einem guten Argument dafür, dass ich sie nicht allein ins Haus gehen lassen konnte.

»Vielleicht solltest du deine Schwester zurückrufen«, sagte sie zu meiner Überraschung.

»Was?« Wie kam sie denn jetzt bitte darauf? Meine Schwester war für mich gerade ganz weit weg, und das nicht nur, weil uns ein Kontinent und der Ozean trennten.

»Mir ist eben der Gedanke gekommen, dass es wichtig gewesen sein könnte. Sie hat doch gegen halb neun Uhr abends unserer Zeit angerufen. Und angesichts der Zeitverschiebung muss das in Schottland irgendwann im Morgengrauen gewesen sein, oder?«

»Stimmt«, gab ich zu. Daran hatte ich überhaupt nicht gedacht. »Edinburgh ist uns acht Stunden voraus. Dann war es bei ihr halb fünf in der Früh.« Jetzt, wo ich es aussprach, erschien es mir auch sehr merkwürdig, dass Philippa mich um diese Zeit anrief.

»Das meinte ich. Niemand ruft um diese Zeit bei jemandem an, wenn es nicht verdammt wichtig ist«, entgegnete Esther und küsste mich dann. »Klär das, und dann sehen wir uns in ein paar Stunden zum Frühstück. Danke für den schönen Abend, und lass dich nicht von fremden Bären ansprechen.« Sie drückte mir noch ein Küsschen auf die Wange und eilte dann so rasch zur Haustür, als wollte sie um jeden Preis verhindern, dass sie es sich doch noch anders überlegte.

ZWEIFELHAFTE ENTSCHEIDUNGEN

TOFINO, VANCOUVER ISLAND, 25. APRIL – ESTHER:

»HAST DU EINE AHNUNG, WAS LOS SEIN KÖNNTE?«, erkundigte sich mein Vater.

Ich war gerade dabei gewesen, in der Küche Pancakes zu backen – voller Vorfreude auf das gemeinsame Frühstück mit Dominic und den Kindern und auf unseren für danach geplanten Ausflug zum MacKenzie Beach, um die Drohne fliegen zu lassen –, als eine knappe Textnachricht gekommen war: *Sorry, muss für heute leider absagen. Bin am Flughafen in Victoria und warte aufs Boarding. Gleich geht's los nach Seattle und von dort nach Edinburgh. Familienprobleme ... Melde mich, sobald es geht. Love, Dominic.*

»Keine Ahnung«, erwiderte ich und stapelte die kleinen Pfannkuchen auf die Warmhalteplatte im Backofen. »Seine Schwester hat gestern angerufen. Womöglich ist irgendwas passiert.« Ich war mir sicher, dass es so war, denn sonst hätte es doch keinen Grund gegeben, so abrupt abzureisen, oder? Dominic hatte nicht viel von sich und seiner Vergangenheit preisgegeben, doch das, was er erzählt hatte, klang fürchterlich. Dennoch ließ er alles stehen und liegen, um zu seiner Familie zu fliegen, wenn sie ihn brauchte. Zumindest redete ich mir das mit aller Macht ein. Eine fiese kleine Stimme in mir flüsterte mir allerdings etwas anderes zu: dass er nämlich vor mir flüchtete. Oder besser gesagt, vor der Verpflichtung und der Verantwortung, die ihn in seinen Augen erwarteten, wenn er sich mit mir einließ.

»Hm«, brummte Dad. »Aber irgendeine Erklärung wäre schon schön gewesen.« Er kratzte sich am Kopf. »Er ist ein netter Kerl. Ich mag ihn. Aber ich will nicht, dass dir und den Kindern das Herz gebrochen wird.«

»Das wird nicht passieren«, entgegnete ich und bemühte mich um einen leichten Tonfall. »Ich werde gut auf unsere Herzen aufpassen.«

»Ich weiß, Baby.« Er seufzte. »Du brauchst deinen alten Vater nicht mehr. Aber trotzdem kommt mir das alles seltsam vor. Am Tag nach eurem ersten ... nun ja: Date ... Also entweder ist er ein ...«

»Dad!«, unterbrach ich ihn vehement. »Ich werde dich immer brauchen. Immer. Und jetzt lass uns das Thema wechseln, denn Spekulationen bringen uns auch nicht weiter. Wir werden sicher irgendwann erfahren, was los ist. Und jetzt gibt's Frühstück.« Ich stieß einen kleinen Pfiff aus, und Augenblicke später kamen meine Kinder und Carly vom Wohnzimmer, wo sie gespielt hatten, in die Küche marschiert. Drei Paar schokobraune, erwartungsvolle Augen starrten mich an. »Setzt euch zu Grandpa an den Tisch«, sagte und signalisierte ich den Zweibeinern. »Jetzt gibt's Frühstück.« Ich verteilte die erste Runde Pancakes und unterdrückte einen Seufzer beim Anblick des fünften Tellers, den ich für Dominic vorgesehen hatte. Es gab ganz bestimmt eine gute Erklärung, die nichts mit mir zu tun hatte, redete ich mir in Gedanken ein.

»Du bekommst natürlich auch etwas, braves Mädchen«, sagte ich zu Carly und servierte dem Hund sein Frühstück. Danach nahm ich selbst am Tisch Platz. Viel Appetit hatte ich nicht mehr.

»Wo ist Daddy?«, wollte Ada wissen, und Archie sah mich ebenfalls fragend an und deutete auf den leeren Teller.

»Dominic kann heute leider nicht kommen. Er muss zu seiner Schwester fliegen«, versuchte ich ihnen zu erklären, doch das stieß auf doppeltes Unverständnis. Es brach mir fast das Herz, wie enttäuscht die beiden waren.

»Er hat es versprochen!«, rief Archie laut und deutlich und bettete seinen Satz in einen wahren Wirbelwind aus Gesten ein, von denen ich nur die wenigsten verstand.

»Ich weiß, mein Schatz, und es tut ihm so leid. Er macht es wieder gut«, versuchte ich ihn zu beschwichtigen, doch dicke Tränen füllten seine Augen, und natürlich weinte Ada aus lauter Solidarität gleich mit. Ich hätte mich ihnen am liebsten angeschlossen, denn wenn ich ehrlich war, fühlte ich mich genauso enttäuscht wie meine Kinder.

Der gestrige Abend war auf so vielen Ebenen besonders gewesen. Ich hatte mein Herz geöffnet und meiner geheimen Sehnsucht Ausdruck gegeben. Zum ersten Mal seit vielen Jahren hatte ich wieder Hoffnung gehabt. Hoffnung auf Liebe, auf eine Familie und auf Zusammengehörigkeit. Ja, ich hatte auch gemerkt, wie sehr das Dominic forderte. Aber in einem guten Sinn – hatte ich jedenfalls gedacht. Eher eine Herausforderung und keine

Überforderung. Doch sosehr ich mir nun einredete, dass sein plötzliches Verschwinden nachvollziehbare familiäre Gründe und nichts mit mir zu tun hatte, so sehr bezweifelte ich es insgeheim auch. Das wäre schon ein ziemlicher Zufall, und daran konnte ich erst recht nicht glauben.

»Wollt ihr vielleicht mit auf meine Tour kommen?«, unterbrach Dad mein stummes Selbstmitleid und das Schluchzen meiner Kinder.

Walegucken war natürlich immer ein schönes Programm, aber bei dem Traumwetter heute war die Tour zweifellos komplett ausgebucht, und ich hatte eigentlich keine Lust darauf. Auch Archie schien nicht überzeugt zu sein, denn er schüttelte vehement den Kopf und machte wieder die Fluggeste.

»Ich hab eine andere Idee«, sagte ich und schlug vor: »Wir könnten Stand-up-Paddling machen.«

»Du allein mit beiden Kindern und Carly?«, fragte Dad stirnrunzelnd.

»Klar, das haben wir letzten Sommer doch auch ein paarmal gemacht«, entgegnete ich. »Und der MacKenzie Beach ist dafür absolut ideal. Wir packen uns in dicke Neoprens und Schwimmwesten und haben ein bisschen Spaß.« Ich erwärmte mich immer mehr für die Idee. »Und vielleicht wollen ja auch Nora und Matt mitkommen.«

Dads Gesichtsausdruck wechselte zu Fassungslosigkeit, so als sei ich komplett von Sinnen. »Nora ist hochschwanger, und Matt ...«

»Ich meine ja nicht, dass sie ebenfalls aufs Wasser gehen sollen«, warf ich schnell ein und merkte, wie mir die Hitze in die Wangen schoss. Für einen beinamputierten Ex-Profisurfer musste schon allein der Vorschlag wie Hohn wirken, und ich wollte mich am liebsten für meine Gedankenlosigkeit ohrfeigen. Aber die Idee, Zeit mit den beiden zu verbringen, war vielleicht wirklich nicht blöd, denn die Kinder waren ganz vernarrt in sie und würden sich so bestimmt besser ablenken lassen. Ich schrieb Nora also eine kurze Nachricht. Minuten später kam die Antwort: *Wir können leider nicht. Ziehen heute in unser Häuschen ein.*

Ich starrte verblüfft auf das Display. Häuschen? Umzug? Hatte ich was verpasst? Offensichtlich eine Menge.

»Was ist?«, wollte Dad wissen.

»Wusstest du, dass Nora und Matt zusammenziehen?«, fragte ich ihn.

»Jetzt, wo du's sagst. Kelly hat gestern so etwas erwähnt. Offenbar haben sich Matts Eltern und Großeltern sowie Wolf Archer zusammengetan und ein kleines Haus für die beiden gekauft. Kelly meinte, dass Dominic bei der Finanzierung ebenfalls mitgeholfen hat, aber nur inoffiziell, weil er nicht will, dass Matt davon erfährt.«

Ich starrte ihn sprachlos an.

»Was?«

»Nichts. Ich frage mich nur, was hier sonst noch alles passiert, wovon ich nichts mitbekomme«, erklärte ich, als ich mich wieder gefasst hatte. »Und das mit der Geheimhaltung ist ja wohl ein Witz, denn wenn du weißt, dass Dominic sich an den Kosten beteiligt hat, dann wird es auch schon zu Matt vorgedrungen sein.«

Dad zuckte nur unbeeindruckt mit den Schultern. »Wer weiß das schon? Außerdem ist es auch egal. Ich finde es jedenfalls toll von dem jungen Mann, dass er es so ernst mit Nora meint und für sie und ihr Kind sorgen will. Das zeugt von Größe.«

Da musste ich ihm recht geben – auch wenn ich den Subtext lieber ignorierte. Ein Dreiundzwanzigjähriger bekannte sich aus vollem Herzen zu seiner schwangeren Freundin und deren Kind, während ein gewisser Siebenunddreißigjähriger nach der ersten Liebesnacht fluchtartig den Kontinent verlassen hatte. »Die beiden sind wirklich süß miteinander, und ich freu mich sehr«, erwiderte ich und hoffte, dass Dad mir meine zerstörerischen Gedanken nicht anmerkte. Dann tippte ich eine weitere kurze Nachricht in mein Handy: *Das ist ja toll! Braucht ihr Hilfe?*

Ihre Antwort kam prompt: *Nein danke, wir haben alles im Griff. Schönen Sonntag!*

Na gut, dann also nicht. Ich unterdrückte einen Seufzer und wandte mich betont munter wieder an meine Kinder, die inzwischen ihre Pfannkuchen mampften, aber immer noch ein bisschen trübsinnig wirkten, weil Dominic sein Versprechen gebrochen hatte. »Wir machen uns einen schönen Tag am Strand! Bauen Sandburgen, paddeln ein bisschen auf dem Board, und vielleicht kommt später noch mehr Wind auf, dann können wir auch einen Drachen steigen lassen.«

»Daddy soll mitkommen!«, beharrte Ada jedoch.

»Hat es versprochen!«, stimmte Archie ein. So viel hatte er schon lange nicht mehr gesprochen, und eigentlich hätte ich mich darüber freuen sollen – wenn nur der Anlass nicht so traurig gewesen wäre.

»Wir machen es uns auch ohne ihn schön«, betonte ich. »Wir werden später auch Eis essen gehen.« Dieses Argument zog eigentlich immer.

»Daddy!«, rief Ada nun sichtlich aufgebracht.

»Dominic fliegt gerade mit dem Flugzeug nach Schottland. Das ist ein Land in Europa und sehr weit weg. Er wird erst in ein paar Tagen wieder zurück sein. Er kann also nicht mitkommen«, versuchte ich den beiden zu erklären, wohl wissend, dass sie weder mit den Worten noch mit meinen hilflosen und zweifellos falschen Gesten etwas anfangen konnten. Die Kernaussage kam aber an: Dominic Gordon war nicht da – er hatte sein Versprechen gebrochen. Ob freiwillig oder nicht, konnten die Kinder genauso wenig wissen wie ich, doch das Ergebnis fühlte sich auf jeden Fall verdammt unangenehm an.

»Ich will alle Details wissen!«, plärrte mir Zoe am Abend von meinem Laptop-Bildschirm entgegen, ohne sich mit irgendwelchen Begrüßungsformeln aufzuhalten.

Ich hatte gestern den Fehler gemacht, sie vor meinem Date um Outfit-Rat zu bitten, und natürlich forderte sie heute ein entsprechendes Update. Die Kinder waren im Bett, Dad mit ein paar Freunden im Pub, und ich hatte es mir mit einem Glas Wein auf dem Sofa gemütlich gemacht. Wobei sich das viel entspannter anhörte, als ich mich fühlte. Denn außer der mageren Textnachricht von heute Morgen hatte ich keine Infos von Dominic erhalten, und zu sagen, dass mich das etwas nervös machte, wäre dramatisch untertrieben gewesen.

»Ich weiß gar nicht, wo ich anfangen soll«, antwortete ich Zoe.

»Am liebsten bei den saftigsten Details«, forderte sie mit einem sensationslüsternen Grinsen, und ich musste seufzen.

Die saftigen Details lagen keine vierundzwanzig Stunden zurück und schienen doch aus einem völlig anderen Leben zu stammen. Ich umriss also mit knappen

Worten den gestrigen Abend, ignorierte ihre Forderungen nach Einzelheiten und kam dann zügig auf den Kern meines Problems zu sprechen: dass Dominic mutmaßlich das Land verlassen hatte und es mehr als unklar war, wann und ob er wiederkäme.

»Also doch eher Sheldon Cooper als Wolverine«, fasste Zoe meinen Bericht zusammen.

»Hm«, brummte ich. »Ich fand den Vergleich schon mal witziger, aber vermutlich steckt mehr als nur ein Körnchen Wahrheit darin.«

»Oder du interpretierst irgendwelche dummen Vorurteile hinein, und in Wirklichkeit ist es genau so, wie er geschrieben hat: Er musste wegen eines familiären Notfalls nach Edinburgh reisen«, gab Zoe zu bedenken.

»Das sind keine dummen Vorurteile«, verteidigte ich mich. »Er hat mir mehr als einmal erklärt, dass er ein beziehungsunfähiges Wrack ist – ich hab es nur nie ernst genommen, weil ich es anders sehen wollte. Ich wollte ihn als den warmherzigen, liebevollen Mann sehen, der sich um seine Mitmenschen sorgt, sich, ohne zu zögern, um meine Kinder kümmert, wenn Not am Mann ist, und Dinge macht, die weit außerhalb seiner Komfortzone liegen, nur um mich zu beeindrucken. Aber allein die Tatsache, dass er mir praktisch Minuten nach dem unglaublichsten Sex meines Lebens erklärt hat, dass er sich hat sterilisieren lassen, weil er auf keinen Fall eine Familie gründen will, hätte mir die Augen öffnen müssen. Das und seine tatsächlich verdammt traurige Kindheitsgeschichte.« Ich schüttelte den Kopf. »Er war nach eigener Aussage seit Jahren nicht mehr in Schottland, hat nur ganz sporadisch Kontakt zu seiner Familie und hat noch nicht mal seinen dreijährigen Neffen kennengelernt. Da erscheint es mir recht unwahrscheinlich, dass er alles stehen und liegen lässt, um hinzufahren, nur weil irgendetwas passiert sein könnte. Vermutlich hat er das nur als praktische Ausrede genutzt. Wahrscheinlich waren schon die Anrufe seiner Schwester ein Fake, damit er mir ein glaubhaftes Märchen erzählen konnte, und ich dummes, verliebtes Huhn falle voll drauf rein.« In meinen Ohren hörte sich das alles ziemlich schlüssig an.

»Wenn es wirklich so sein sollte – was ich nicht glaube –, bist du ohne ihn auf jeden Fall besser dran«, erwiderte Zoe. »Denn mit so einem Psycho solltest du dich definitiv nicht einlassen. Allerdings hat mein Bullshit-Radar bei ihm kein bisschen angeschlagen, und du weißt, dass es sonst absolut unbestechlich ist.«

Mir entfuhr ein bitteres Lachen. »Glaubst du dir deine Sprüche eigentlich selbst, Zoe? Unbestechliches Bullshit-Radar? Darf ich dich an deine zahllosen Liebesdebakel erinnern? Die irgendwo im Bereich zwischen Knalltüte und absoluter Vollkatastrophe changierten, aber immer in die Kategorie ›Bullshit‹ fielen. Da hat dein angeblich unbestechliches Radar ja auch geschwiegen.«

»Das funktioniert leider nur bei anderen Leuten. Da aber immer. Denk nur an Jeremy.« Zoe blieb von meinen Vorhaltungen komplett unbeeindruckt, und jetzt hatte sie auch noch den Nerv, mir meinen Ex unter die Nase zu reiben. Sie hatte ihn nie leiden können – und nie ein Geheimnis daraus gemacht. Das hatte unser sonst enges Verhältnis jahrelang ziemlich belastet. »Und bei meinen Freundinnen in San Francisco habe ich auch immer recht. Inzwischen stellen die mir ihre potenziellen Lover schon vor dem zweiten Date vor.«

»Wie auch immer«, winkte ich ab und fühlte mich plötzlich unfassbar ausgelaugt. »Ich weiß nicht, was los ist, aber ich weiß, wie enttäuscht Archie und Ada waren.

Sie hatten sich so auf unseren gemeinsamen Ausflug gefreut. Es ist eine Sache, wenn ich auf die Nase falle, aber meine Kinder muss ich schützen.«

»Aber die Mäuse haben doch auch einen guten Instinkt. Denkst du, die wären so vernarrt in Dominic, wenn sie nicht sein ernsthaftes Interesse spüren würden?« Zoe ließ einfach nicht locker. »Und denk daran, wie wahnsinnig er sich für Matt einsetzt.«

»Schuldgefühle können verdammt mächtig sein«, gab ich zu bedenken. »Außerdem sagt er selbst, dass er eine etwas ungesunde Besessenheit entwickelt hat, was Matt betrifft. Deswegen ist er wohl auch in Therapie. Also, ich nehme an, dass es deswegen ist. Zumindest hat er seine Therapeutin schon oft erwähnt.«

»Noch ein Indiz dafür, dass er es ernst meint. Welcher Kerl gibt schon gerne zu, dass er psychologische Hilfe braucht?«

»Keine Ahnung. Darüber habe ich noch nie nachgedacht.« Ich gähnte und sehnte mich immer mehr nach meinem Bett, auch wenn ich sicher war, dass ich keine Minute würde schlafen können, solange ich nicht wusste, was los war. Was wiederum ganz schön ungünstig wäre, denn morgen musste ich früh raus und hatte zwei voll gebuchte Touren vor mir. Die letzte Nacht war auch schon ziemlich schlafarm gewesen und der heutige Tag am Strand anstrengender als erwartet.

»Glaub mir, es gibt nicht viele. Frauen übrigens auch nicht.«

»Frauen übrigens auch nicht?« Ich hatte Mühe, Zoes Gedanken zu folgen.

»Frauen geben es auch nicht gerne zu, wenn sie Hilfe in Anspruch nehmen. Das ist kein reines Männerding. Aber im Grunde auch vollkommen unwichtig – entscheidend ist, dass ich mir absolut sicher bin, dass Dominic es ernst mit dir, mit *euch* meint!«

»Entscheidend wäre es, wenn sich auch Dominic dessen sicher wäre«, erwiderte ich leicht sarkastisch. »Ich finde es irgendwie süß von dir, dass du für ihn Partei ergreifst, aber solange ich keinen ernsthaften Anlass habe, etwas anderes zu glauben, versuche ich mich emotional fernzuhalten.«

»Das dürfte ja nicht so schwierig sein, wenn er außer Landes ist.« Zoe grinste frech und schien keinen Sinn für meine blöde Lage zu haben.

»Haha. Du weißt genau, wie ich es meine. Solange er sich nicht meldet und mir glaubhaft erklärt, was los ist, werde ich das Thema für mich als beendet betrachten.« Wieder musste ich gähnen. »Sei mir nicht böse, aber ich glaube, ich muss ins Bett.« Ich war schon drauf und dran, die Verbindung einfach zu kappen, als Zoe mit großen, hektischen Gesten dazwischenfunkte.

»Halt, nicht so schnell! Ich habe auch Neuigkeiten, die ich dir dringend erzählen muss. Du glaubst nicht, wen ich heute Vormittag am Ocean Beach getroffen habe!«

»Keine Ahnung. Einen deiner verflossenen Bullshit-Lover?«, mutmaßte ich wenig interessiert. Aber natürlich konnte ich sie jetzt nicht so einfach abwürgen, sondern musste mir erst ihre Geschichte anhören.

»Selbstverständlich nicht!« Sie schüttelte den Kopf, aber ihre Augen glänzten auf eine Art, dass ich mich innerlich für die nächste Katastrophe wappnete.

»Einen neuen Seelenverwandten womöglich?«, wagte ich eine weitere halbherzige Spekulation.

»Keinen für mich jedenfalls, aber einen deiner ehemaligen Seelenverwandten!« Das Glitzern in ihrem Blick wurde immer irritierender. Gleich würde die Bombe platzen. »Ich habe Nalu getroffen!«, rief sie triumphierend.

»Oh.« Nun war ich sprachlos.

»Oh? Mehr fällt dir dazu nicht ein?«

Mir fiel eine Menge dazu ein, aber ich war gerade komplett aus dem Konzept gebracht. Nalu war zwar sicher nicht mein Seelenverwandter gewesen, aber wir hatten einige sehr eindrucksvolle Monate zusammen auf Hawaii beziehungsweise vorwiegend auf einem Segelschiff verbracht. Wir hatten uns auf der Jacht kennengelernt, auf der ich mit zwanzig angeheuert hatte und die er mit seinem älteren Bruder von Los Angeles nach Hawaii hatte überführen sollen. Nalu und seine Familie waren noch viel segelverrückter als ich, und wir hatten einige ziemlich spektakuläre Abenteuer zusammen gemeistert. Auf allen denkbaren Ebenen ... Wir hatten uns im Guten getrennt, und er war anschließend sogar ein paarmal bei uns auf Vancouver Island vorbeigekommen, wenn er wieder Überführungsaufträge gehabt hatte, doch nun hatte ich seit bestimmt zehn Jahren nichts mehr von ihm gehört. »Wow«, sagte ich daher lediglich.

»›Wow‹ trifft es ziemlich gut! Er sah ja damals schon super aus, aber inzwischen ist aus dem schmalen Bürschlein ein echter Kerl geworden – mit unfassbar geilen Tattoos. Und er ist Single!«

»Ähm ...« Was genau sollte ich jetzt mit dieser Info anfangen?

»Er ist Single und ab Mittwoch mit einer Jacht unterwegs nach Vancouver. Und ich soll dich grüßen. Ich hab ihm deine Telefonnummer gegeben, denn er will sich bei dir melden.«

Das waren für meinen Geschmack zu viele Informationen auf einmal – vor allem die Tätowierungen und sein Beziehungsstatus interessierten mich nicht die Bohne –, aber trotzdem setzten sich die schwerfälligen Zahnräder in meinem Kopf wieder in Bewegung. Vielleicht ... »Hat er erwähnt, ob er einen Job sucht?«, fragte ich Zoe. Wenn der Nalu von heute eine gut gereifte Version des Nalu vor fünfzehn Jahren war, dann wäre er die perfekte Besetzung für den Skipper-Job auf unserer neuen Segel-Brigg. Reed und ich hatten vereinbart, dass ich mich um die Crew für die »Sound of my Soul« kümmern sollte, weil ich bessere Kontakte zur Segler-Szene hatte als er, aber bisher waren all meine Anfragen ins Leere gelaufen. Noch war zwar ein bisschen Zeit, doch die hatte die unschöne Eigenart, viel zu schnell zu vergehen.

»Ich kann mir nicht vorstellen, dass er Lust hat, für ›Johnson's Giants‹ Tagestouren zu machen«, erwiderte Zoe zweifelnd. »Wenn überhaupt, wäre er wohl an einem Job in deiner Koje interessiert.«

»Vor drei Minuten hast du mir noch erklärt, dass Dominic es ernst mit mir meint, und jetzt lieferst du mir schon einen Ersatz? Das spricht nicht für dein Bullshit-Radar.« Ich machte mir gar nicht erst die Mühe, mein Augenrollen zu unterdrücken. »Ich habe nicht das geringste Interesse an Nalu als Co-Pilot in meiner Koje, und ich will ihn auch nicht als Ausflugskapitän, aber er wäre womöglich der ideale Skipper für Reeds und mein neues Schiff. Ich hab dir doch davon erzählt?«

»Ja, kann sein. Mit Booten hab ich's nicht so, und ich weiß wirklich nicht, ob er einen Job sucht. Er schien aber großes Interesse daran zu haben, sich mit dir in Verbindung zu setzen. Ich hab seine Nummer, ruf ihn doch einfach an.« Zoe wischte auf ihrem Handy herum, und gleich darauf meldete mein Smartphone eine neue Nachricht. »Ich hab dir gerade seine Kontaktdaten geschickt. Ruf ihn an. Da kommst du auf andere Gedanken.«

EDINBURGH, SCHOTTLAND, 29. APRIL – DOMINIC:

Ich hatte mich noch nie so einsam gefühlt. Schon gar nicht inmitten von so vielen Menschen. Doch nun stand ich in einem der kleineren Ausstellungsräume, starrte mit leerem Blick auf die Gemälde, die den Nachlass meiner kleinen Schwester Frances bildeten, und versuchte, meine Gedanken zu ordnen.

Frances war tot – und diese Tatsache begriff ich immer noch nicht ganz, obwohl ich vor drei Stunden dabei gewesen war, als ihr Sarg auf dem Friedhof zu Grabe getragen wurde. Sie war am Samstagabend auf dem Heimweg von ihrer eigenen Vernissage von einem Auto erfasst worden und wenige Stunden später an ihren Verletzungen gestorben. Das hatte mir Philippa bei ihren Anrufen sagen wollen. Die Anrufe, die ich ignoriert hatte, weil ich mit Esther zusammen gewesen war, der Frau, die mit einem einzigen Kuss mein Leben aus den Angeln heben konnte und für die ich alles sein wollte, was sie ihn mir sah. Und die mich inzwischen für den größten Feigling oder miesesten Verräter halten musste, weil ich mich seit der dürren Textnachricht am Sonntagmorgen nicht mehr bei ihr gemeldet hatte. Doch es wäre nicht gegangen. Ich hätte nicht mit ihr sprechen können, weil ich viel zu überwältigt war von den Ereignissen in meiner alten Heimat. Gleichzeitig erschien sie mir so präsent, als wäre sie an meiner Seite. Ich hörte die ganze Zeit ihre Worte in meinem Kopf nachhallen: »Es ist doch nicht zu spät. Was hält dich heutzutage davon ab, dich um ein gutes Verhältnis zu deinen Geschwistern zu bemühen?«

Nur war es jetzt tatsächlich zu spät, zumindest was Frances betraf. Meine kleine Schwester war tot, und ich hatte nicht einmal gewusst, dass sie es als Künstlerin sogar schon zu eigenen Ausstellungen gebracht hatte. Eines ihrer Bilder geriet gerade etwas präziser in meinen Fokus. Ein recht abstraktes Gemälde, das ein winziges Schiff auf einem riesigen, stürmischen Ozean zeigte – im Grunde mein persönlicher Albtraum, doch was es selbst für mich so anziehend machte, waren die drei Wale, die das Boot umkreisten und offenbar für seine Sicherheit sorgten. Ich hatte keine Ahnung, wie ich auf diese Idee kam, denn die Tiere könnten genauso gut eine weitere Bedrohung für das Schiff sein, aber mir erschienen die Wale fast wie Schutzengel. Okay, ich wusste natürlich schon, woher diese Sichtweise kam. Esther hatte mich mit ihrer Leidenschaft für die Wassergiganten offenbar intensiver angesteckt, als ich mir selbst eingestehen wollte. Ich musste dieses Bild haben, das war klar. Ich wusste nur noch nicht, ob es eine letzte Erinnerung an meine kleine Schwester sein sollte, die mir für immer fremd bleiben würde, oder ein Geschenk für Esther, der es ganz bestimmt gefallen würde.

»Stör ich?« Mein Bruder Sean sah mich mit einem etwas gehetzten, fast schon verstörten Blick an. Offensichtlich war auch er von der Trauerfeier geflohen, die die Galeristin im Hauptraum für unsere Schwester ausrichtete. Dem Soundpegel nach zu urteilen, war es inzwischen eine ausgewachsene Party.

»Natürlich nicht«, entgegnete ich. »Wusstest du, dass Frances so gut war?«

Er zuckte mit den Schultern, und ich rechnete schon gar nicht mehr mit einer Antwort, doch dann sagte er traurig: »Nein. Ich hatte keine Ahnung – und das werde ich mir nie verzeihen. Ich meine, warum habe ich sie nie gefragt, woran sie arbeitet? Warum habe ich mich nie mit ihr zusammengetan? Wir hätten eine gemeinsame Ausstellung haben können oder ein gemeinsames Projekt.«

So schrecklich es auch war, irgendwie erleichterte es mich, dass ich mich nicht als Einziger schämte, weil ich mich nicht mehr für meine kleine Schwester interessiert hatte. Für keines meiner Geschwister, wenn ich ehrlich war. »Wie läuft es denn bei dir?«, erkundigte ich mich sachte. Sean war ebenfalls Künstler, er machte aber Keramiken und hatte sich vor einiger Zeit in ein winziges Nest in den Highlands zurückgezogen.

»Du meinst, ob ich von meinen Arbeiten leben kann?« Er schnaubte bitter. »Warum sind wir uns bloß so fremd? Ich könnte sauer sein, weil du es nicht weißt, aber mit welchem Recht? Ich habe nicht die leiseste Ahnung, was du in Kalifornien treibst. Wahrscheinlich erfindest du gerade das neue Facebook oder so.«

»Tu ich nicht. Und ich lebe auch nicht mehr in Palo Alto, sondern auf Vancouver Island. Dort habe ich vor ein paar Wochen mit einem jungen Geschäftspartner ein neues Unternehmen gegründet. Wir sind gerade dabei, eine Spracherkennung für Wale zu entwickeln, und haben noch ein paar andere spannende Ideen. Unser Ziel ist es, wirklich nützliche Anwendungen zu programmieren.«

Sean sah mich verblüfft an, dann lachte er. »Das ist eine Spracherkennung für Wale zweifellos.«

Ich ignorierte die Ironie und erwiderte ganz ernsthaft: »Für einen gar nicht mal so kleinen Kreis von

Meeresbiologen, marinen Soziologen und Walforschern wäre das tatsächlich eine große Erleichterung. Wusstest du, dass es eine Theorie gibt, nach der Wale eine eigene Kultur haben? Diese These zu stützen, dafür wäre unsere Spracherkennung extrem hilfreich.«

»Ich hatte keine Ahnung – und bis eben hätte ich auch behauptet, dass mich das nicht im Geringsten interessiert. Aber irgendwie klingt es spannend. Und ist erheblich cooler als die Vorstellung, dass mein großer Bruder ein gewissenloser Hightech-Ausbeuter ist.« Ich meinte fast so etwas wie Bewunderung oder zumindest Respekt in Seans Stimme zu hören.

»Ein Wohltäter bin ich sicher trotzdem nicht. Aber ich will jetzt einfach Dinge tun, die bedeutsam sind. Für mich oder für Menschen, die mir wichtig sind.« Dieser Satz überraschte mich selbst wohl am meisten, aber es war definitiv die Wahrheit.

»Warum sollte man auch etwas anderes tun? Frances hat genau das gemacht. Sie hat gemalt, obwohl niemand aus der Familie das als ernsthafte Karriere wahrgenommen hat. Und bei mir läuft es auch gut. Ein paar meiner Stücke wurden von Museen gekauft, und für das täglich Brot fertige ich auch praktische Gegenstände an. Geschirr und so. Damit habe ich sogar ein Sternerestaurant in der Gegend ausgestattet.«

»Klingt toll. Und du lebst jetzt wirklich in einem Dorf in den Highlands?«

»Ja, es ist sehr idyllisch da.« Sean grinste schief. »Viel Landschaft, viele Schafe und so. Aber der Hof, den ich gekauft habe, war günstig, und die Leute sind nett. Ich habe sogar ein Pferd. Komm mich doch mal besuchen.«

Vielleicht hatte er das nur so dahingesagt, aber ich freute mich trotzdem über die Einladung. »Das werde ich machen. Versprochen. Sobald ich in Kanada ein paar Dinge geklärt habe. Vielleicht komme ich dann sogar in Begleitung – und du musst auch mal zu Besuch kommen. Vancouver Island ist wunderschön.«

»Stress mit einer Frau?«

»Es ist kompliziert. Ganz frisch – und vermutlich glaubt sie, dass ich vor ihr geflüchtet bin.« Ich seufzte. »Nach Pippas Anruf habe ich Hals über Kopf einen Flug gebucht, bin die halbe Nacht lang von Tofino nach Victoria gefahren und habe ihr dann kurz vorm Abflug nur eine Textnachricht geschickt, dass ich in Familienangelegenheiten dringend nach Schottland muss.«

»Und seitdem nichts mehr?«

»Nein. Ich meine, sie hat ja auch nicht geantwortet. Also, nicht viel. Nur eine kurze Nachfrage, ob alles okay sei. Was hätte ich darauf antworten sollen? Es ist schließlich gar nichts okay. Ich kann ihr das nicht in einer SMS oder am Telefon erklären.«

»Das Gordon'sche Paradoxon«, sagte Sean.

»Was?«

»So nenne ich die Unfähigkeit in unserer Familie, klar zu kommunizieren, in Tateinheit mit der Angst, falsch verstanden zu werden oder Schwächen zuzugeben. Mann, ich hab keine Ahnung, was dir diese Frau bedeutet, wie nah ihr euch seid und wie ernst die Sache ist. Aber wenn sie für dich ernst genug ist, dass du sie mit nach Schottland nehmen würdest, dann hat sie dringend eine Erklärung von dir verdient.«

»Das Gordon'sche Paradoxon ...«, murmelte ich vor mich hin. »Du hast vollkommen recht. Esther hat zu mir gesagt, dass es noch nicht zu spät dafür ist, ein gutes Verhältnis zu meinen Geschwistern aufzubauen. Wahrscheinlich hat sie das genau zu dem Zeitpunkt gesagt, als Frances ihren Unfall hatte. Da war es schon zu spät. Aber ...« Ich konnte nicht weitersprechen, weil mir jetzt tatsächlich Tränen in die Augen schossen – zum ersten Mal, seit ich hier war, oder überhaupt, seit ich von Frances' Tod erfahren hatte. Ich war die ganze Zeit wie versteinert gewesen.

»Für uns ist es noch nicht zu spät«, ergänzte Sean, und auch seine Stimme klang brüchig. Dann nahm er mich unbeholfen in die Arme, und gemeinsam weinten wir um unsere Schwester, um unsere verkorkste Kindheit und um die vielen vergeudeten Jahre.

»Denkst du, Pippa kommt klar?«, fragte ich, nachdem wir uns einigermaßen wieder beruhigt hatten. Unsere älteste Schwester hatte eigentlich nach Südafrika auswandern und dort ein neues Leben anfangen wollen. Sie hatte ihren Traumjob im Botanischen Garten von Kapstadt bekommen, ihre Wohnung gekündigt und fast alle Möbel verkauft. Eigentlich hätte sie jetzt bereits auf der Südhalbkugel sein sollen. Stattdessen kümmerte sie sich um unseren verwaisten Neffen Rufus. Frances hatte sie zum Vormund eingesetzt, und nun war Philippas Leben einmal mehr auf den Kopf gestellt worden. Sie war nach der Beerdigung mit dem Kleinen direkt in Frances' Wohnung gegangen und nicht mehr mit zur Trauerfeier gekommen.

»Ich hab ihr angeboten, mit Rufus zu mir nach Kirkby zu ziehen. Ich hab Platz genug. Aber natürlich gibt's da keinen Job für eine Botanikerin. Und Südafrika ist es streng genommen auch nicht.« Sean zuckte hilflos mit den Schultern.

»Oh Mann, das ist echt nicht fair«, sagte ich, ohne genau zu wissen, wen oder was genau ich damit meinte.

Die Gesamtsituation vermutlich. »Und unsere Eltern sind hilfreich wie immer.«

Seans Miene verhärtete sich augenblicklich beim Gedanken an die beiden. Mir ging es genauso. Ich hatte immer angenommen, dass es für einen Menschen nichts Schlimmeres geben könnte als den Tod des eigenen Kindes, doch wieder einmal hatten mich unsere Eltern eines Besseren belehrt. Das Timing war ungünstig, weil im Hotel eine große Hochzeitsfeier anstand und sie sich nicht auch noch um die Organisation der Beerdigung und der Trauerfeier hatten kümmern können – geschweige denn um ihr bislang und mutmaßlich für immer einziges Enkelkind. Philippa, Sean und ich hatten dann alles übernommen – zusammen mit einigen Freunden von Frances und ihrer Galeristin. Eine Tatsache, die unseren Eltern natürlich auch nicht gepasst hatte, denn schließlich waren wir doch gar nicht in der Lage, ein derartiges Event zu planen. Das Gespräch mit den beiden am Dienstagmorgen war derart haarsträubend und gruselig gewesen, dass es mich regelrecht schüttelte, wenn ich daran dachte. Falls sie trauerten, wussten sie diese Gefühle gut zu verbergen. Und eines war mir klar geworden: Ich wollte mit diesen Menschen nichts mehr zu tun haben. Sie waren vorhin bei der Beerdigung dabei gewesen, das immerhin, aber sie hatten nicht mit uns gesprochen und waren direkt wieder abgefahren.

»Wir brauchen sie nicht, um uns als Familie zu fühlen«, sagte ich schließlich zu Sean. »Wir sind immerhin zu viert.«

»Zu dritt«, korrigierte er mich.

»Nein, zu viert. Rufus ist ja auch noch da«, entgegnete ich mit fester Stimme. »Ich werde morgen noch einmal mit Pippa sprechen und schauen, wie ich sie unterstützen kann. Auch finanziell. Und dann fliege ich nach Hause und kläre die Sache mit Esther.«

»Mach das. Ich bin auch für Pippa und den Kleinen da, wenn sie mich brauchen. Und eins noch, Nicky.« Er sah mich eindringlich an, und ich war seltsam berührt von meinem alten Kinderspitznamen. »Um wirklich eine Familie zu sein, sollten wir auch regelmäßig Kontakt halten und uns richtig austauschen. Denkst du, wir kriegen das hin?«

»Wenn wir das ernsthaft wollen, dann schaffen wir das auch.« Ich wollte es sehr, merkte ich. Diesmal nahm ich ihn in den Arm. Ich war immer noch sehr traurig, aber ich fühlte mich nicht mehr so allein, denn ich hatte einen Bruder. Und eine Schwester. Und einen Neffen. Und in Tofino warteten ebenfalls Menschen, die vielleicht meine Familie werden würden.

GUT GEMEINT?

TOFINO, VANCOUVER ISLAND, 30. APRIL – ESTHER:

»DAS KANN ER NICHT ERNST MEINEN, ODER?« ICH starrte fassungslos auf die Mail, die mir mein Anwalt gerade weitergeleitet hatte. Diesem Schreiben nach plante Jeremy eine Klage gegen mich. Wegen seelischer Grausamkeit! Weil ich mit meinen Unterhaltsforderungen für die Kinder – für *seine* Kinder! – seine Zukunft verbauen würde. So könne er keinen klaren Schlussstrich ziehen und sein Leben nicht selbstbestimmt weiterführen.

Ich konnte nicht glauben, dass es ernsthaft Anwälte gab, die einen Mandanten bei einem derart irren Anliegen unterstützen. Zumal mir mein eigener Anwalt versicherte, dass Jeremy vor keinem Gericht der Welt damit durchkäme, sondern dass er es nur auf Provokation und Zermürbung anlegen könne. Das immerhin funktionierte erstklassig. Ich hatte wirklich große Lust, ihn komplett aus meinem Leben zu verbannen. Und aus dem der Kinder. Ich war bis vor kurzem immer noch davon überzeugt gewesen, dass Archie und Ada ein Recht darauf hatten, über ihre Herkunft Bescheid zu wissen, allerdings hatte ich da langsam massive Zweifel. Was musste das mit Kindern – oder auch mit jungen Erwachsenen – machen, wenn sie solche Zeilen lasen? Wenn sie als seelische Grausamkeit für ihren Vater bezeichnet wurden?

Wahrscheinlich sollte ich meine Einstellung schleunigst überdenken. In Wahrheit ging es Jeremy nämlich nur ums Geld, da war ich mir sicher. Fehlte nur noch, dass er demnächst mit der Forderung kam, ich müsste ihn finanziell für sein Seelenleid entschädigen, weil ich Ada gegen seinen Wunsch zur Welt gebracht hatte. Wundern würde mich auch das nicht mehr. Wütend las ich weiter in dem Schreiben, in dem etliche Gründe dafür aufgeführt wurden, dass weiterer Kontakt mit mir und jeglicher Umgang mit den Kindern unzumutbar sei. Letzteren hatte es ja ohnehin nie gegeben. Ada hatte ihren Vater kein einziges Mal in ihrem Leben gesehen, und Archie konnte sich vermutlich nicht mehr an ihn erinnern. Ich war fast durch mit der Liste der »grausamen Zumutungen«, als mir beim letzten Punkt buchstäblich der Atem stockte. »›Gegen den ausdrücklichen und mehrfach unzweifelhaft geäußerten Wunsch meines Mandanten hat seine ehemalige Ehefrau Esther Johnson die Eltern meines Mandanten aufgespürt und sie über die familiäre Situation ihres Sohnes in Kenntnis gesetzt. Infolgedessen üben sie nun unzumutbaren Druck auf meinen Mandanten aus‹«, las ich leise vor, als würden die Worte ausgesprochen mehr Sinn ergeben.

Auf den zwei Seiten Anwaltsschreiben standen mehr als ein Dutzend Mal die Wörter »unzumutbar« und

»Zumutung«, was nicht unbedingt für die Formulierungskompetenz des Rechtsbeistands sprach, dafür aber einiges über den Geisteszustand von Jeremy verriet. Doch damit konnte ich leben. Was mich allerdings komplett aus der Bahn warf, war die Unterstellung, ich hätte Jeremys Eltern kontaktiert und auf ihn gehetzt. Nichts dergleichen hatte ich getan. Ich wusste nichts über sie. Jeremy hatte mir immer gesagt, er hätte keine Eltern mehr. Ich hatte das zunächst so interpretiert, dass sie tot waren, später eher so, dass er den Kontakt zu ihnen abgebrochen hatte. Ja, ich hätte sie gerne kennengelernt und mich mit ihnen darüber ausgetauscht, wie man als gehörloser Mensch ein erfülltes Leben führen konnte, doch Jeremy hatte jeden Versuch abgeblockt – und ich hatte seinen Wunsch respektiert. Bis heute.

Wie also kamen er und sein Anwalt auf diese völlig absurde Idee?

»Hallo, mein Schätzchen, du siehst ja super aus mit deinem flotten Kurzhaarschnitt«, hörte ich plötzlich Noras Stimme hinter mir. Sie meinte offensichtlich nicht mich, sondern Carly, die von ihrer Züchterin gestern eine ausführliche Beautybehandlung bekommen hatte und jetzt wie ein neuer Hund wirkte. Wann war ich eigentlich das letzte Mal beim Friseur gewesen?

»Hi, Nora«, grüßte ich sie und nahm sie kurz in den Arm. Ich hatte sie eine gute Woche nicht mehr zu Gesicht bekommen, und ihr Bauch hatte in dieser Zeit einen enormen Schub gemacht. »Setz dich. Magst du was trinken?«

»Nein danke, ich muss sowieso alle fünf Minuten aufs Klo. Meine Blase hat inzwischen nur noch Goldhamstervolumen.« Sie setzte sich umständlich auf einen Besuchersessel, strahlte aber derart glücklich, dass ich unwillkürlich ebenfalls lächeln musste.

»Lang dauert's nicht mehr.«

»Rein rechnerisch noch drei Wochen, aber erste Babys kommen doch meist viel später, hab ich gehört«, entgegnete sie. »Wegen mir könnte die Kleine aber gerne sofort ausziehen. Langsam wird's nämlich echt mühsam.«

»Ich erinnere mich – nur wird es nach der Geburt nicht unbedingt leichter.«

»Ich weiß, aber wenigstens habe ich dann wieder die Kontrolle über meinen eigenen Körper.«

Ich überlegte, ob ich ihr diese Illusion nehmen sollte, beschloss aber, es für mich zu behalten. Nora würde schnell genug selbst herausfinden, wie es sich mit der Kontrolle über den eigenen Körper verhielt ... »Was verschafft mir die Ehre deines Besuchs?«, fragte ich stattdessen betont munter.

»Ich wollte dich zur Einweihungsparty morgen in unserem Häuschen einladen«, antwortete sie und zog eine hübsche Karte aus ihrer Handtasche. »Wir fangen um drei Uhr an, damit auch alle Kinder mitfeiern können.«

»Ich komme sehr gerne nach, sobald ich von meiner Tour zurück bin«, erwiderte ich lächelnd. Ich freute mich tatsächlich wahnsinnig für Nora und Matt, konnte aber eine kleine Stimme in mir nicht ganz mundtot machen, die die beiden glühend beneidete. Ich wünschte mir das auch – doch angesichts der Tatsache, dass ich von Dominic seit seiner Textnachricht letzten Sonntag nichts mehr gehört hatte ... Nein, daran konnte und wollte ich jetzt nicht denken. Nicht im Angesicht von Noras Glück und vor dem Hintergrund des Anwaltsschreibens.

»Ich bin gespannt, ob Dominic es auch schafft«,

sprach Nora weiter, glücklicherweise taub und blind für meine eher düsteren Gedanken. »Er hat Matt jedenfalls geschrieben, dass er es versuchen wird.«

Das war ja interessant. Matt hatte Kontakt zu Dominic? In meinem Kopf ratterte es. Ob Matt auch mehr wusste als ich? Und ob ich Nora fragen sollte?

»Weißt du eigentlich mehr darüber, was für ›Familienprobleme‹ das sind, wegen denen er nach Edinburgh geflogen ist?«, erkundigte sie sich nun.

»Nein, das ist alles, was ich weiß. Ich habe die ganze Woche nichts von ihm gehört, und ich habe keine Ahnung, wann und ob er wieder zurückkommt.« Mist, das klang jetzt erheblich bitterer als geplant.

»Natürlich kommt er zurück. Heute oder morgen. Hat er zumindest Matt angekündigt. Die beiden haben sich ein paarmal geschrieben, weil Matt gerade ein Projekt umsetzt, zu dem Dominic neulich die Idee hatte. Das wird sooooo toll, aber ...« Sie schlug sich die Hand vor den Mund. »Aber das kann ich dir nicht sagen. Das ist eine Überraschung. Und auch das hätte ich wohl nicht sagen dürfen. Oh Mann, ich bin so gaga in der Birne. Schwangerschaftsdemenz.«

»Hast du was gesagt? Ich habe nichts gehört«, tröstete ich sie und sparte mir Hinweise auf das »Baby-Brain«, das mich während der Stillzeit heimgesucht hatte. Außerdem versuchte ich, meine innere Stimme zu beruhigen, die sich halb verwirrt, halb hoffnungsvoll zeigte. Dominic hatte also nicht vor, für immer zu verschwinden. Und er plante etwas, das mich überraschen sollte. War das ein gutes Zeichen? Das war ein gutes Zeichen, oder? Okay, offensichtlich gingen die Baby-Brain-Effekte weit über die Stillzeit hinaus ... In diesem Moment klingelte mein Handy – es war mein Anwalt.

»Können wir vielleicht in einer Stunde ausführlich sprechen?«, bat ich ihn. »Ich muss noch ein paar Dinge nachsehen.« Das war nicht ganz richtig, denn ich wusste gar nicht, was ich recherchieren könnte. Aber ich wollte etwas Zeit dafür gewinnen, über Jeremys Anschuldigungen nachzudenken, und vor allem wollte ich nicht, dass Nora etwas mitbekam.

»Alles klar bei dir?«, fragte sie jedoch nach.

»Alles bestens. Das war nur mein Anwalt.«

»Ist dein Ex immer noch so arschig?«, erkundigte sie sich mitfühlend – und prompt brach alles aus mir hervor.

»Und die absolute Krönung ist, dass er mir unterstellt, ich hätte seine Eltern auf ihn gehetzt. Dabei kenne ich sie nicht. Ich habe keine Ahnung, wie sie heißen, wo sie leben und wie ich sie hätte kontaktieren können. Das verstehe ich einfach nicht«, schloss ich meinen kurzen Bericht.

Nora sah mich betroffen an. »Puh, das ist echt Hardcore«, befand sie. »Aber andererseits kann ich mir auch nicht vorstellen, dass er sich das mit den Eltern einfach so ausgedacht hat, oder?«

»Keine Ahnung. Bei Jeremy kann ich mir inzwischen fast alles vorstellen. Vielleicht haben die Eltern einen Privatdetektiv beauftragt, der nach ihrem Sohn fahndet – und er schiebt es jetzt mir in die Schuhe. Nicht dass das auch nur im Ansatz Sinn macht, aber ...«

Nora war blass geworden. »Vielleicht steckt Dominic dahinter.«

»Was?« Das fand ich jetzt wirklich abenteuerlich.

»Dominic hat Matt einen Detektiv auf den Hals gehetzt, als er zu seinen Großeltern auf die Insel gezogen ist – er hatte Dominic nichts von seinen Plänen erzählt. Erst hat Dominic es abgestritten, es dann aber doch zugegeben. Es ist jedenfalls kein Zufall gewesen, dass er nur ein paar Monate nach Matt hier aufgeschlagen ist. Genau zu dem Zeitpunkt, als klar war, dass wir zusammen sein wollen. Und es war auch kein Zufall, dass er ihm dann ein Jobangebot gemacht hat, das Matt nicht ablehnen konnte. Dominic ist ein verdammter Kontrollfreak, aber ich glaube, dass er wirklich aus einer guten Absicht heraus handelt. Er war schließlich schuld an Matts Unglück, und er wollte um jeden Preis sichergehen, dass Matt trotzdem ein gutes Leben führen kann.« Sie streichelte über ihren ausladenden Babybauch und lächelte versonnen. »Ich fand das zunächst ziemlich creepy, als ich davon gehört habe, aber Dominic ist ein Guter.«

Da waren meine innere Stimme und ich uns gerade nicht so sicher. »Das hat sich aus deinem Mund vor kurzem aber noch anders angehört«, gab ich zu bedenken. »Außerdem, gute Absichten hin oder her, ich finde so ein Verhalten verdammt übergriffig. Genau wie die Formulierung ›um jeden Preis‹, die auf Dominics Intention bezüglich Matts Zukunft zweifellos zutrifft. Ich sehe aber nicht, warum er auf die Idee kommen sollte, in meinem Namen Jeremys Eltern auszuforschen.«

»Nicht?« Nun schaute mich Nora verwundert an. »Ich finde das total offensichtlich. Er hat sich in dich und deine Kinder verliebt, fühlt sich aus irgendeinem merkwürdigen Grund vielleicht sogar verantwortlich für euch und wirft prompt die gleiche Maschinerie an wie bei Matt.«

Ich schüttelte den Kopf. Das konnte ich mir beim besten Willen nicht vorstellen. »Das ist doch kompletter Unsinn. Warum sollte er sich für uns verantwortlich fühlen? Und selbst wenn, was hätte er davon, die Eltern meines Ex-Mannes auszuforschen?«

»Vielleicht weil er so einen großen Gerechtigkeitssinn hat?« Nora starrte mich an, als wäre ich der begriffsstutzigste Mensch unter der Sonne – was durchaus sein konnte, denn ich sah da keinerlei Zusammenhang. Offenbar interpretierte sie meinen Gesichtsausdruck richtig und fuhr fort: »Wir alle sind uns einig darüber, wie skandalös das Verhalten deines Ex-Mannes ist. Dass er sich nicht um seine Kinder kümmert und auch keinen Unterhalt für sie zahlen will.«

»Schön, das stimmt alles, aber abgesehen davon, dass ich das mit Dominic noch nie in dieser Ausführlichkeit diskutiert habe, hat es immer noch nichts mit Jeremys Eltern zu tun.«

»Dominic kann von jedem x-beliebigen Einwohner Tofinos von Jeremys schäbigem Verhalten erfahren haben, aber ich nehme an, Matt hat ihm alles erzählt, als sie an der Sache, über die ich dir nichts verraten kann, gearbeitet haben. Jeremys Eltern sind doch beide gehörlos, was bedeutet, dass sie sich zweifellos damit auskennen, wie man als gehörloser Mensch leben kann, oder? Und vielleicht ist Dominic der Meinung, dass, wenn sich Jeremy schon so mies benimmt, wenigstens seine Eltern ...« Farbe schoss in Noras Wangen, und mir kam ein Verdacht.

»Kann es sein, dass *du* mit Dominic gesprochen hast? Und dass *du* der Meinung bist, dass meine ehemaligen Schwiegereltern, die ich nicht kenne und von denen ich nicht weiß, was für Menschen sie sind, Verantwortung für ihre Enkel übernehmen sollten?« Ich bemühte mich, ruhig zu bleiben, was mir aber zunehmend schwerfiel.

»Möglich, dass ich so etwas erwähnt habe.« Noras Augen füllten sich mit Tränen, ihre Lippen begannen zu zittern, aber sie reckte entschlossen ihr Kinn nach vorn. »Hast du mir nicht gepredigt, dass mein One-Night-Stand Dylan ein Recht darauf hatte, zu erfahren, dass er Vater wird? Dass meine Freundin ebenfalls erfahren sollte, dass ihr Freund der Vater meines Kindes ist? Du hast doch gesagt, dass Offenheit und Transparenz wichtig sind. Dass gute Kommunikation wichtig ist. Ich hab das erst nicht glauben wollen, weil ich viel zu viel Angst hatte, aber du hattest recht. Es stimmt. Und es ist alles viel, viel besser geworden. Denkst du nicht, dass Archie und Ada, wenn schon nicht ihren Vater, dann wenigstens ihre Großeltern kennenlernen sollten? Die noch dazu Menschen sind, die genau nachfühlen können, wie das Leben für sie ist? Und umgekehrt – meinst du nicht, dass die beiden ein Recht darauf haben, ihre Enkel kennenzulernen?«

Ich legte Nora eine Hand auf die Schulter, um sie zu trösten, denn nun weinte sie richtig. »Das stimmt alles, Nora. Aber es war nicht deine oder Dominics Sache, solche Entscheidungen zu treffen«, erklärte ich so sanft wie möglich, um sie nicht noch mehr aufzuregen. »Ich hatte dir nämlich auch gesagt, dass *du* es dem Kindsvater erzählen sollst, nicht jemand Fremdes. Wie, glaubst du, würde er sich fühlen, wenn ich ihm diese Nachricht übermittelt hätte? Wie würdest du dich fühlen?«

Sie hatte den Anstand, ziemlich schockiert zu wirken, doch ganz war ihr Kampfgeist noch nicht erloschen. »Ich habe dabei nur an Archie und Ada gedacht. Außerdem habe ich selbst ja gar nichts gemacht, denn was Dominic mit dieser Info angestellt hat, kann ich gar nicht so genau wissen.«

Wohl wahr – wenn auch schwer zu glauben. Doch

andererseits, was wusste ich schon? Meine Menschenkenntnis war eine komplette Katastrophe – siehe Jeremy, siehe Dominic, siehe Nora ... Ich seufzte und sagte dann schließlich: »Hör jetzt bitte auf zu weinen. Ich weiß, dass du es gut gemeint hast, und dafür bin ich dir dankbar. Ändern lässt sich ohnehin nichts mehr. Ich werde jetzt einfach abwarten, was passiert.«

»Sei bitte nicht sauer«, schniefte Nora.

»Bin ich nicht. Jedenfalls nicht sehr. Und wenn, dann mehr auf Dominic als auf dich.« Das stimmte definitiv. Nora war jung, impulsiv und voller überbordender Mama-Hormone, die klares Denken schon mal schwierig machen konnten. Dominic dagegen war ein erwachsener Mann und erwiesenermaßen in der Lage, auch sehr komplexe Dinge zu durchdenken. Was trieb ihn dazu, sich auf eine derart haarsträubende Art in mein Leben einzumischen?

»Dominic meint es auch nur gut«, verteidigte Nora ihn jedoch vehement. »Er hat es nur getan, weil du ihm so wichtig bist.«

»Wie auch immer«, sagte ich. »Damit kann ich mich jetzt nicht befassen. Ich muss noch ein Angebot fertig schreiben und dann mit meinem Anwalt telefonieren. Und außerdem noch ein Geschenk für eure Einweihungsparty besorgen. Ich freu mich drauf!« Ich bemühte mich nach Kräften um einen munteren Tonfall, damit sie sich nicht weiter sorgte und hoffentlich ging. Ich brauchte nämlich dringend Zeit, um kurz auszurasten – ehe ich mich um das Angebot, den Anwalt und das Geschenk kümmern würde.

Nora hievte sich mühsam von ihrem Stuhl hoch. »Du brauchst kein Geschenk mitzubringen«, betonte sie mit einem verlegenen Lächeln. »Ich freu mich, wenn du kommst.«

»Ich werde da sein«, versprach ich noch einmal und drückte sie zum Abschied an mich. »Bis morgen.«

Als endlich die Tür hinter ihr ins Schloss fiel, ging ich in den kleinen, fensterlosen Raum, in dem wir unser Werbematerial und den Bürokram lagerten. Sorgfältig schloss ich die Tür hinter mir und stieß so lange markerschütternde Schreie aus, bis mein Hals schmerzte. Aber immerhin war danach ein wenig von dem angestauten Druck verschwunden. Danach ging ich ins Bad, spritzte mir etwas kaltes Wasser ins Gesicht und fühlte mich langsam wieder menschenähnlich. In der Küche, wo ich mir einen frischen Tee aufbrühen wollte, traf ich auf Carly, die mich leicht verstört ansah. »Tut mir leid, meine Süße, es hat nichts mit dir zu tun, aber das musste einfach raus«, erklärte ich ihr und kraulte sie beruhigend an den Ohren. Zaghaft leckte sie meine Hand ab, als wollte sie mich beschwichtigen. »Du bist ein sehr liebes Mädchen, Carly«, tröstete ich sie und schämte mich ein bisschen für meine Brüllattacke. Gut, dass nur mein Hund Zeuge davon geworden war.

Als ich mit meinem frischen Tee in der Hand ins Büro zurückkehrte, lagen zwei weitere Mails vor: eine von meinem Anwalt, der nun dringend um meinen Rückruf bat, und eine von einer mir unbekannten Adresse. Allerdings bekam ich bei dem Absendernamen, »Janet Yates«, sofort wieder Herzklopfen. Yates war der Nachname von Jeremy. Ich überlegte kurz, ob ich erst den Anruf tätigen sollte, klickte aber gleichzeitig schon die Mail an und las:

Liebe Esther,
wir hoffen, wir dürfen dich so nennen, denn auch wenn wir uns bislang nie begegnet sind und wir nichts voneinander wussten, warst du fünf Jahre lang Teil unserer Familie. Womöglich wusstest du nicht einmal etwas von unserer Existenz. Es schmerzt auch nach so vielen Jahren, dass unser einziger Sohn Jeremy mit uns gebrochen hat und jeden Kontakt zu uns verweigert. Wir wissen nicht, was er dir von uns erzählt hat, ob er uns überhaupt erwähnt oder behauptet hat, wir seien tot. Wir sind es nicht. Und wir sind hoffentlich auch nicht die Monster, die unser Sohn in uns gesehen hat, sondern Eltern, die alles dafür getan haben, ihrem Kind den bestmöglichen Start ins Leben zu verschaffen.
Über fünfzehn Jahre lang hatten wir keine Verbindung zu ihm, hatten keine Ahnung, wie es ihm geht, was er arbeitet und wo er lebt. Wir wussten nicht, ob er glücklich ist und eine Familie hat oder ob er immer noch der rastlose Getriebene ist, der er schon als Kind war. Du kannst dir vermutlich nicht vorstellen, wie es für uns war, als uns vor einer Woche ein fremder Mann kontaktiert und uns von dir und deinen Kindern berichtet hat. Wir mussten erfahren, dass Jeremy nicht nur uns, seine Eltern, sondern auch seine Frau und seine Kinder verlassen hat.
Der Mann teilte uns weiter mit, wo Jeremy lebt und wo ihr, seine Familie, zu Hause seid. Du wirst es nicht glauben, wenn du liest, wo wir wohnen. Wir konnten selbst nicht fassen, wie nahe wir uns alle sind. Zumindest geografisch. Vor drei Jahren sind wir von Toronto nach Parksville auf Vancouver Island gezogen – ohne zu ahnen, dass unser Sohn seit mehr als zehn Jahren in Vancouver wohnt und ihr in Tofino. Uns trennen gerade mal hundertsiebzig Kilometer! Ist das zu fassen?

Wir haben auch erfahren, dass deine Kinder unseren Gendefekt geerbt haben und wie wir gehörlos sind. Das ist zweifellos eine enorme Herausforderung für dich, umso mehr, als du sie alleine meistern musst, weil unser Sohn sich aus der Verantwortung gestohlen hat. Wir haben inzwischen Kontakt zu ihm aufgenommen, doch bislang verhält er sich abweisend bis feindselig, und wir geben langsam die Hoffnung auf, dass sich das jemals ändern wird – was mehr wehtut, als du vielleicht ahnst.

Natürlich haben wir nicht das geringste Recht dazu, aber wir würden dich und unsere Enkelkinder wahnsinnig gerne kennenlernen – völlig ohne Erwartungen. Doch vielleicht könnten wir euch ein bisschen helfen? Du bist bestimmt bestens informiert darüber, dass es für gehörlose Kinder – auch wenn sie ein Cochlea-Implantat tragen – enorm wichtig ist, die Gebärdensprache zu lernen. Aus Erfahrung wissen wir, wie hart Ausgrenzungen sein können, zwischen Hörenden und Gehörlosen einerseits, aber auch unter Gehörlosen andererseits. Unsere Sprache ist ein Kulturgut und ein verbindendes Element in unserer Community. Und es gibt in unseren Augen wenig Schlimmeres, als wenn gehörlosen Kindern der Zugang dazu verwehrt bleibt, weil sie nur verbal oder höchstens sehr rudimentär in Gebärden ausgebildet werden. Bitte versteh das nicht als Einmischung oder gar Unterstellung, denn wir wissen nicht, wie es bei euch läuft. Aber wir haben bei unserer Tätigkeit an einer Schule für Gehörlose in Toronto einige sehr traurige Schicksale erlebt.

Wie gesagt, wir wissen nicht, wie eure Infrastruktur aussieht, wie viel Hilfe und Unterstützung ihr habt, und wir wollen uns nicht aufdrängen, aber wir möchten unsere Hände nach euch ausstrecken. Wenn du das auch willst,

freuen wir uns über eine Antwort per Mail. Wir können uns aber auch zu einem Videochat verabreden.
Herzliche Grüße
Janet & Thomas Yates

IM LANDEANFLUG AUF SEATTLE, USA, 1. MAI – DOMINIC:

Noch eine knappe Stunde bis zur Landung in Seattle. Dort würde ich hoffentlich gleich einen Flieger nach Victoria erwischen, und dann waren es noch mal vier bis fünf Stunden Fahrzeit mit dem Auto bis Tofino. Mit etwas Glück würde ich es halbwegs pünktlich zur Hauseinweihungsparty von Matt und Nora schaffen – und dort mutmaßlich Esther treffen. Ich hatte ihr immer noch nicht geschrieben, weil ich einfach nicht die richtigen Worte gefunden hatte. Und nicht die nötige Zeit. Aber vor allem nicht den nötigen Mut. Sie musste sauer sein. Enttäuscht. Verletzt. Wütend. Weil ich sie und ihre Kinder ohne eine echte Erklärung versetzt und weil ich ihr ihre ehemaligen Schwiegereltern auf den Hals gehetzt hatte.

Auf dem Flug hatte ich nämlich wenigstens die Muße gehabt, alle Mails der letzten Tage aufzuarbeiten. Mein Detektiv hatte ganze Arbeit geleistet und Janet und Thomas Yates aufgespürt. Das war schneller gegangen als geplant, weshalb ich ihn auch nicht mehr hatte zurückpfeifen können, wie ich es nach meinem Gespräch mit Carol eigentlich vorgehabt hatte. Als mich Nora mehr oder weniger deutlich um Hilfe gebeten hatte, war für mich klar gewesen, dass ich sie ihr nicht verwehren konnte. Was kompletter Unsinn war, denn Nora hatte ausschließlich emotional und sogar ziemlich irrational argumentiert. Aber Matt war ihr beigesprungen, und irgendwann war auch ich davon überzeugt gewesen, dass es eine große romantische Geste wäre, wenn Archie und Ada ihre Großeltern kennenlernten – Menschen, die ebenfalls nicht hören konnten und somit die idealen Bezugspersonen für die beiden wären.

Ich hatte mich nach meinem Babysitter-Einsatz noch intensiver mit der ganzen Thematik auseinandergesetzt und war beseelt davon, den Kindern und Esther zu helfen. Ich hatte Matt von meiner Idee mit der Übersetzungs-App erzählt, die gesprochenen oder geschriebenen Text in die richtigen Gesten umwandeln konnte und umgekehrt. Das war ein verdammt ambitioniertes Projekt, das wir unmöglich allein durchziehen konnten – und es war viel komplexer als die Sprach- und Flukenerkennungs-Software für Wale. Matt war begeistert und hatte selbst eine schöne Idee gehabt. Er wollte eine von Nora geschriebene Kindergeschichte als interaktives Buch programmieren – mit Illustrationen, Text, einer Vorlesestimme und den richtigen Gebärden. Und in diesem Zusammenhang war Nora dann mit den verschollenen Großeltern der Kinder angekommen – und ich hatte meinen Detektiv auf die Spur gesetzt. Ohne groß über mögliche Konsequenzen nachzudenken und natürlich ohne Esther vorher zu fragen.

Wie dämlich das war, hatte ich erst im Gespräch mit Carol begriffen – doch da war es schon zu spät gewesen. Er hatte das Paar bereits gefunden und ihnen die von mir vorbereiteten Informationen zugespielt. Zweifellos hatten sie sich inzwischen bei Esther gemeldet und sie mit Sicherheit ziemlich überrumpelt. Und so seltsam das Verhalten von Esthers Ex-Mann in Bezug auf seine

Kinder war, dafür, dass er den Kontakt zu seinen Eltern abgebrochen hatte, konnte es gute Gründe geben. Sehr gute Gründe womöglich, wenn ich an meine eigenen Erzeuger dachte, die ich sicher nicht in der Nähe von Esther und ihren Kindern erleben wollte. Was, wenn die Yates genauso abscheulich waren? Vielleicht hatten sie sich gar nicht bei Esther gemeldet, und wenn doch, dann hatte sie womöglich gar nicht kapiert, dass ich dahintersteckte? Wie sollte sie darauf auch kommen?

Man durfte ja wohl noch hoffen.

Wahrscheinlicher war jedoch, dass sie mich für genau den übergriffigen Kontrollfreak hielt, der ich war, und nichts mehr mit mir zu tun haben wollte. Ich könnte es ihr nicht verübeln, aber es würde mir das Herz brechen, denn inzwischen war ich mir absolut sicher, dass ich sie liebte und mit ihr und ihren Kindern zusammen sein wollte. Als richtige Familie. In den anstrengenden und traurigen Tagen in Edinburgh waren die Gedanken an die drei – an die vier, wenn ich die zauberhafte Carly mitzählte – mein mentaler Rettungsanker gewesen.

Ich hoffte wirklich, dass ich es nicht komplett vermasselt hatte. Und falls doch, würde ich alles versuchen, um es wiedergutzumachen.

MITTLERE BIS GROSSE WUNDER

TOFINO, VANCOUVER ISLAND, 1. MAI – ESTHER:

»WIR KÖNNTEN SCHON MORGEN KOMMEN, WENN DU das willst«, sagte Janet Yates und lächelte mich an.

Ich hatte die Mail von Jeremys Eltern gestern drei Mal gelesen – überwältigt von widerstreitenden Gefühlen. Archie und Ada hatten Großeltern, die die beiden kennenlernen wollten. Von denen sie in einer Art und Weise profitieren konnten, die ich und meine Familie ihnen nicht bieten konnten. Die buchstäblich ihre Sprache sprachen. Während meine Gedanken wild kreisten, hatte mein Anwalt erneut angerufen, um mich vorzuwarnen, dass eine Mail meiner Ex-Schwiegereltern zu erwarten sei, und mir mitzuteilen, dass er immer noch darüber rätselte, warum sie plötzlich auf der Bildfläche erschienen waren. Ich konnte berichten, dass die Mail schon angekommen war, und auch, wie der Kontakt mutmaßlich entstanden war.

»Nicht, dass ich so ein Vorgehen gutheiße«, hatte der

Anwalt gesagt. »Aber vielleicht könnten das unkonventionelle Vorpreschen Ihres Bekannten und der Auftritt der Großeltern die Sache für Sie doch zum Guten wenden.«

Ich war mir nicht so sicher. Jeremys Vorwürfe, so haarsträubend, irrational und wenig aussichtsreich sie auch sein mochten, taten weh. Wie konnte mich ein Mann, der mich angeblich einmal sehr geliebt hatte, heute so hassen? Und wie hatte ich mich in dem Mann, den ich einmal sehr geliebt hatte, so täuschen können? Hätte ich nicht viel früher merken müssen, was für ein Mensch er tatsächlich war?

Und wie konnte ich mein Herz erneut an einen Mann verschenken, der nichts Besseres zu tun hatte, als sich in einen Teil meines Lebens einzumischen, der ihn nichts anging? Vielleicht war es gut, Kontakt zu den Großeltern meiner Kinder zu haben. Vielleicht hätte ich diesen Schritt schon längst selbst machen müssen, aber es hätte meine Entscheidung sein müssen. Dominic hätte mir seine Unterstützung anbieten können, aber er hätte auf jeden Fall vorher mit mir sprechen müssen. Doch das schien ja nicht zu seinen Stärken zu gehören. Zumindest dann nicht, wenn es wirklich wichtig wurde. Heute vor einer Woche hatten wir gemeinsam einen absolut magischen Abend verbracht – zumindest für mich war er magisch gewesen –, und seitdem hatte ich nichts mehr von ihm gehört. Ja, womöglich war in seiner Familie etwas Schlimmes passiert, und womöglich war er auch vollkommen überwältigt und überfordert von dem, was sich zwischen uns anbahnte, aber Funkstille? Das konnte ich nicht nachvollziehen, beim besten Willen nicht. Zumal er offensichtlich regelmäßig Gelegenheiten gefunden hatte, sich bei Matt zu melden.

Nein, es blieb nur ein logischer Schluss: Ich und Männer, das funktionierte einfach nicht! Und während das früher nicht weiter schlimm gewesen war, weil das einzige Herz, das brechen konnte, mein eigenes gewesen war, hatte ich jetzt zwei Kinder, die ich um jeden Preis schützen musste.

»Wenn dir morgen zu früh ist, können wir gerne auch erst nächstes Wochenende kommen, oder wann immer es dir recht ist«, riss mich Janets Stimme wieder aus meinen Gedanken.

»Morgen ist toll!«, sagte ich rasch mit einem etwas gezwungenen Lächeln. »Ich bin nur etwas ... ich glaube, ich begreife das alles noch nicht wirklich.«

»Uns geht es genauso«, entgegnete sie und warf ihrem Mann Thomas einen kurzen Blick zu. Beide lächelten mich aufrichtig und beinahe liebevoll von meinem Bildschirm aus an, und ich konnte nicht verhindern, dass mich diese beiden Menschen immer mehr für sich einnahmen. Ich war begeistert davon, wie gut sich beide verbal artikulieren konnten und wie versiert sie offensichtlich im Lippenlesen waren, denn mit meinem Versuch, in Gebärdensprache mit ihnen zu kommunizieren, war ich sehr rasch an meine Grenzen gestoßen. Mein Vokabular mochte für den Alltag mit Kleinkindern ausreichend sein, aber ganz sicher nicht für ein komplexes Gespräch unter Erwachsenen.

»Wir können es ganz langsam angehen lassen«, übernahm Thomas das Wort. »Das ist wie ein erstes Date. Wir beschnuppern uns alle erst einmal, und dann sehen wir weiter. Ein Schritt nach dem anderen, ja?«

»Das klingt toll. Vielen Dank«, sagte ich und hörte, wie hinter mir jemand mein Büro betrat.

»Dann bis morgen. Wir werden zwischen zehn und elf

Uhr da sein.« Janet winkte, und Thomas nickte mir noch einmal lächelnd zu, dann wurde das Videofenster schwarz, und ich drehte mich zu meinem Besucher um.

Reed stand im Türrahmen und lächelte mir zu. »Sorry, ich wollte nichts unterbrechen.«

»Schon gut, wir waren sowieso fertig. Warum bist du hier? Solltest du nicht bei der Hauseinweihung deiner Schwester sein?«

»Ich war schon da, aber Nora hat Angst, dass du nicht kommst, und hat mich geschickt, um nach dir zu sehen. Ich hab nicht ganz verstanden, was das Problem ist.«

»Natürlich komme ich. Ich hatte nach der Tour nur noch eine Verabredung zum Videochat mit Adas und Archies Großeltern.«

»Das eben waren deine Ex-Schwiegereltern?«, fragte Reed mit großen Augen. »Ich dachte, die wären tot oder verschollen oder so.«

»Weder noch. Nur für Jeremy waren sie tot – und dadurch auch für uns. Aber deine Schwester war offenbar der Meinung, dass meine Kinder ein Recht darauf haben, ihre Großeltern väterlicherseits kennenzulernen – vor allem, weil sie ja ebenfalls gehörlos sind. In Dominic hat sie dann einen idealen Partner gefunden, denn der hat wahrscheinlich einen Privatdetektiv angeheuert, um die beiden zu finden. Schade nur, dass weder Nora noch Dominic auf die Idee gekommen sind, vorher mit mir darüber zu sprechen.« Ich seufzte, weil ich mich nicht entscheiden konnte, ob ich weiterhin sauer auf die beiden sein sollte oder dankbar, weil sie die Initiative übernommen hatten.

»Du sagst, die sind ebenfalls gehörlos?« Reed sah mich verblüfft an. »Die haben doch ganz normal gesprochen.«

»Ja, es ist erstaunlich, wie gut sie sich artikulieren können. Dabei hören sie tatsächlich gar nichts, weil sie nicht einmal Cochlea-Implantate tragen, so wie Archie und Ada. Aber sie können sehr gut Lippen lesen und haben offenbar hart dafür trainiert, gut zu sprechen«, entgegnete ich.

»Wow, das finde ich wahnsinnig beeindruckend.«

»Finde ich auch. Deshalb werden wir sie morgen auch kennenlernen, denn wie sich herausgestellt hat, leben die beiden in Parksville und nicht, wie ich immer vermutet habe, in Toronto.«

»Krass.« Reed rieb sich über den Mehrtagebart. »Aber eigentlich gute Nachrichten, oder? Ich meine, für die Kinder könnte das doch richtig gut werden, wenn sie Kontakt mit Menschen haben, die ebenfalls gehörlos sind und ...«

»Und noch dazu mit ihnen verwandt«, beendete ich seinen Satz. »Ja, es sind gute Nachrichten«, gab ich schließlich zu. »Nora braucht sich also keine Sorgen zu machen. Ich bin nicht wirklich sauer auf sie, denn ich weiß ja, dass sie es lieb gemeint hat.«

»Ist nicht das erste Mal, dass sie im Bärenmuttermodus übers Ziel hinausgeschossen ist.« Nun war es an Reed, zu seufzen. Vor ein paar Monaten hatte Nora ihm einen ziemlich krassen Einlauf verpasst, weil er es gewagt hatte, seine brandneue Liebe Kiona am Strand zu küssen, und sich dabei von der besten Freundin seiner Tochter Grace hatte erwischen lassen.

»Es ist ja alles gut ausgegangen – und das wird es in diesem Fall auch tun«, entgegnete ich. »Wie gesagt, Nora nehme ich es nicht übel. Dominic dagegen ...«

»Er hat echt einen Detektiv angeheuert?« Reed schüttelte den Kopf.

»Sicher weiß ich es nicht, aber angeblich hat er das bereits bei Matt gemacht, und ich weiß echt nicht, wie ich es finden soll.«

»Der Zweck heiligt die Mittel?«

»Nein, das sehe ich anders. Selbst wenn es ein Segen sein sollte, dass wir jetzt Kontakt zu Jeremys Eltern haben – was noch längst nicht erwiesen ist, denn wir müssen uns erst mal kennenlernen, und ich habe keine Ahnung, ob die nicht etwa auch eine versteckte Agenda haben oder genauso psycho wie ihr Sohn sind – also, selbst wenn sich alles als ganz grandios herausstellen sollte, mit welchem Recht mischt er sich in mein Leben ein? Ohne mich zu fragen? Und mit welchem Recht mischt er sich in Matts Leben ein? Okay, in diesem Fall fühlt er sich schuldig. Er hat ja auch Schuld daran, dass Matt seine Beine verloren hat. Aber irgendwann muss man doch auch akzeptieren können, dass es ein Unfall war und keine Absicht. Versteh mich nicht falsch, ich finde es gut und richtig, dass er Matt in allem unterstützt hat, aber dass er ihn hierher verfolgt und sogar eine Firma mit ihm gründet, ist schon ziemlich übergriffig, oder?«

Reed zuckte mit den Schultern. »Man könnte auch denken, dass er seine Verantwortung ernst nimmt. Und ohne alle Details zu kennen, würde ich sagen, dass zu jeder Beziehung immer zwei gehören. Matt hätte sich nicht auf die gemeinsame Firma einlassen müssen. Mein Dad hat mir erzählt, dass Dominic auch die Hälfte des Häuschens bezahlt hat und dass er und Matts Familie jeweils nur ein Viertel finanziert haben. Das ist selbst für massive Schuldgefühle ganz schön großzügig, oder? Vielleicht ist seine Motivation eine andere? Vielleicht ist es seine Art, Anteilnahme zu zeigen. Zuneigung. Interesse.«

Ich zuckte mit den Schultern. »Ich habe keine Ahnung. Möglich ist vieles. Aber eine gute und offene Kommunikation wäre noch wichtiger. Ich weiß jedenfalls nicht, was ich von einem Mann halten soll, der einerseits so ein kontrollierendes Verhalten an den Tag legt und andererseits seit einer Woche mir gegenüber komplett auf Tauchstation ist.«

»Ich weiß, was du meinst. Es ist echt wichtig, dass man gut miteinander sprechen kann. Aber manchmal sind Taten wichtiger als Worte.«

»Ernsthaft, Archer?!« Ich starrte ihn fassungslos an. »Solche Plattitüden aus deinem Mund?«

»Ja, ernsthaft! Natürlich ist eine gute Kommunikation wichtig, aber was nützen die schönsten Worte, wenn man sich nicht daran hält? Aber das ist hier eigentlich nicht unsere Diskussion, oder?«

»Nein. Ist es nicht.« Ich atmete ein paarmal durch. »Ich trau mir nur selbst nicht über den Weg. Nach Jeremy kann ich mir einfach keinen ...«

Er hob die Hand und unterbrach mich. »Jeremy Yates ist ein gewissenloser, egoistischer Arsch! Aber er ist kein Maßstab für alle Männer. Sicherlich hat auch Dominic einigen Mist im Gepäck – den haben wir alle –, aber du kannst sie nicht über einen Kamm scheren.«

»Nein, das nicht. Aber es ist schon erstaunlich, mit welch schlafwandlerischer Sicherheit ich mir die totalen Idioten aussuche. Das war ja schon vor Jeremy so.«

»Quatsch, das stimmt doch gar nicht«, behauptete er. »Wir kennen uns jetzt seit ziemlich genau zwanzig Jahren, und die meisten deiner Männer habe ich kennengelernt.«

»Ja, und?«

»Da war kein einziger Idiot dabei – außer Jeremy, und

bei dem kam die Idiotie auch erst später raus. Du hast bisher halt nicht deinen richtigen Lebenspartner gefunden.«

»Ich kann es nicht fassen, dass wir jetzt ein Gespräch über die Männer in meinem Leben führen.« Ich wusste wirklich nicht, ob ich lachen oder schreien sollte.

»Warum nicht? Ich bin einer deiner ältesten Freunde, und du bist mir so nah und wichtig wie eine Schwester. Also hör auf, dir so einen Unsinn einzureden! Ich weiß nicht, ob Dominic der richtige Mann für dich ist oder nicht, das wird sich sicher zeigen. Vertrau auf deine Instinkte und nicht auf das, was dein Kopf dir einflüstert. Und hör dir die Erklärung für seine Funkstille an. Manchmal gibt es gute Gründe.«

Ich seufzte.

»Weißt du, was ich glaube?«

»Nein, und ich weiß auch nicht, ob ich es hören will.«

»Ich glaube, du suchst mit aller Macht ein Haar in der Suppe, damit du eine Ausrede dafür hast, dass du dich nicht ernsthaft auf ihn einlässt.«

»Das stimmt doch gar nicht. Aber ich muss meine Kinder schützen. Das wirst du ja wohl nachvollziehen können.«

»Ja, kann ich. Aber es ist trotzdem Blödsinn. Vor allem willst du dich selbst schützen, weil du Angst hast, verletzt zu werden. Wie Jeremy dich verletzt hat. Und deine Mom.«

Ich starrte ihn fassungslos an, unfähig, etwas zu sagen. Ich hatte mit Reed nie über meine Mutter gesprochen. Hatte nie erwähnt, wie sehr es mich gekränkt hatte, dass sie erst nach San Francisco gegangen war und dann nach Indien – und dort auf einen wirklich seltsamen Trip gekommen war, den sie buchstäblich nicht überlebt hatte. Genau genommen war mir bis heute, bis jetzt nicht klar gewesen, wie sehr mich ihre Abwesenheit wirklich verletzt hatte. Ich hatte schon immer ein sehr enges Verhältnis zu meinem Dad gehabt und hatte mir jahrelang eingeredet, dass ich meine Mom nicht wirklich vermisste, dass es mir gleichgültig war, dass sie uns verlassen hatte. Warum? Vermutlich, weil kurz davor meine beste Freundin Emily so tragisch ums Leben gekommen war. Grace hatte dadurch ihre Mom verloren, Reed seine heißgeliebte Frau. Wenig später war dann auch noch seine Mutter an Krebs gestorben. Das war mir viel katastrophaler erschienen als der indische Selbstfindungstrip.

»Schau nicht so«, fuhr Reed schließlich fort. »Stimmt es vielleicht nicht? Es ist so wichtig, mit der Vergangenheit abzuschließen, um neu beginnen zu können. Glaub mir, ich weiß, wovon ich spreche. Wenn du weiterhin diesen Groll in dir pflegst, wirst du nicht frei sein für eine neue Liebe.«

Ich konnte immer noch nichts sagen. Ob Kiona eigentlich wusste, wie viel Glück sie mit Reed hatte? Wie viele Männer waren derart reflektiert und gleichzeitig mutig genug, so offen über Gefühle zu reden und unangenehme Wahrheiten auszusprechen? Nein, ich musste das Wort »Männer« streichen und durch »Menschen« ersetzen, denn es gab auch nicht viele derart mutige Frauen. Ich war jedenfalls keine davon.

»Du bist eine tolle Mutter, die alles für ihre Kinder tut«, sprach er weiter. »Ja, Jeremy ist ein unreifes Arschloch, und Dominic war anscheinend übergriffig, aber vielleicht ist es das größte Glück für euch alle, dass es nun diese neuen Großeltern gibt. Tu dir einen Gefallen, und lass die Verbitterung wegen Jeremy und die Empörung über Dominics Handeln nicht deinen klaren Blick auf mögliche Chancen vernebeln.«

»Und um mir das alles zu sagen, bist du jetzt zu mir gekommen?«, brachte ich schließlich hervor – und wollte mich am liebsten selbst ohrfeigen. Statt mich bei ihm für seine Unterstützung und seine wertvollen Einsichten zu bedanken, blaffte ich ihn dämlich an. Offenbar war mir echt nicht mehr zu helfen.

»Nein, bin ich nicht. Aber es war nötig, dass du das mal hörst.« Er lächelte, breitete dann die Arme aus und zog mich in eine feste Umarmung. Es fühlte sich solide an, vertraut und tatsächlich irgendwie geschwisterlich, aber tief in mir spürte ich, dass ich mich viel lieber an eine andere Männerbrust schmiegen würde. Und mir statt der klugen Ratschläge meines besten Freundes lieber wirre Thesen anhören würde, gesprochen mit einem weichen schottischen Akzent.

»Tut mir leid, dass ich so doof reagiert habe«, murmelte ich gegen sein Hemd.

»Hast du ja gar nicht. Du hast nur ein bisschen Schiss – und das ist total verständlich.«

Ich machte mich frei. »Du hast recht. Ich hab Schiss. Aber es steht auch eine Menge auf dem Spiel.«

»Stimmt. Dein Herz.«

Das hatte ich nicht gemeint, sondern eher meine Kinder, vielleicht auch mein Unternehmen – aber Reed hatte natürlich auch in diesem Punkt recht. »Wahrscheinlich.« Ich seufzte, wollte das jetzt aber nicht weiter vertiefen, sondern leitete einen radikalen Themenwechsel ein: »Nalu ist übrigens sehr interessiert an dem Skipper-Job für unsere Brigg.«

Nach dem Gespräch mit Zoe hatte ich erst Reed gefragt, was er von Nalu als Kapitän für unseren Zweimaster halten würde – und dann hatte ich Nalu angerufen. Mit klopfendem Herzen und mehr Nervosität, als nötig gewesen wäre, denn es hatte sich in Windeseile herausgestellt, dass er nur noch freundschaftliche Gefühle in mir auslöste und keine Schmetterlinge mehr fliegen ließ. Wir hatten fast eine Stunde über alles Mögliche gequatscht, dann hatte ich ihm von der »Sound of my Soul« erzählt und ihn rundheraus gefragt, ob er Lust hätte, wenigstens eine Saison lang den Skipper auf unserem Expeditionssegler zu geben.

»Echt? Das sind ja tolle Nachrichten. Wann können wir mit ihm über die Details reden?« Reed schien sich sehr zu freuen.

»Er ist seit Mittwoch wegen einer Überführungsfahrt von San Francisco aus unterwegs, hat aber ein paar Touristen an Bord und gondelt ganz gemütlich in Richtung Norden. Ich schätze, dass er Ende nächster Woche in Vancouver aufkreuzen wird, dann können wir ihn treffen.«

»Klingt gut.« Er lächelte. »Siehst du, manchmal lösen sich die Dinge ganz von allein auf. Um noch einmal ganz kurz auf unser vorheriges Thema zurückzukommen: Nalu ist ja auch ein Ex-Freund von dir – und er ist ein Guter. So schlecht ist dein Männergeschmack also gar nicht.« Aus dem Lächeln wurde ein breites Grinsen. »Und jetzt sollten wir uns wirklich zur Party von Nora und Matt aufmachen, sonst schicken sie noch einen Suchtrupp, oder unsere Kinder haben das Buffet alleine leer gefuttert.«

»Na schön, lass uns gehen.« Ich schaltete rasch den Rechner aus und den Anrufbeantworter an. Dann schnappte ich mir die Tüte mit meinen Geschenken und war bereit für die Einweihungsparty, bei der ich vielleicht

Dominic treffen würde – vielleicht aber auch nicht. Doch eigentlich war es auch egal, denn ich fühlte mich mit einem Mal viel beschwingter als die komplette vergangene Woche über.

DOMINIC:

Es grenzte an ein mittleres Wunder, dass ich die Strecke von Victoria nach Tofino ohne Unfälle überstanden hatte. Vielleicht sogar ein großes Wunder, übermüdet, wie ich war. Aber ich hatte es geschafft und war unversehrt zurück in meinem Ferienhäuschen. Zumindest körperlich unversehrt. Mein Seelenzustand war eine andere Frage. Als ich das Haus betreten hatte, war es mir so vorgekommen, als duftete es noch nach Esther. Eine Woche war vergangen. Erst. Oder schon? Egal, denn Zeit war relativ. Beim Anblick des immer noch zerwühlten Bettes schien es mir nur einen Wimpernschlag her zu sein. Beim Gedanken an die Tage in Edinburgh eine halbe Ewigkeit.

Doch es brachte nichts, darüber zu sinnieren. Nicht in meiner aktuellen Verfassung, in der ich kaum den Weg ins Badezimmer fand. Immerhin brachte der harte Wasserstrahl der Dusche meine Lebensgeister wenigstens ein bisschen wieder zurück. Ich würde jetzt zur Einweihungsparty von Matt und Nora fahren, meine Geschenke abliefern und mindestens eine Stunde bleiben. Besser zwei Stunden, um nicht wieder als soziopathischer Sonderling zu gelten. Und falls ich Esther traf, würde ich sie um ein Gespräch bitten, in dem ich ihr alles erklären wollte.

Ich bewaffnete mich also mit fast allen von meinen Geschenken und machte mich auf den Weg. Das Haus war nur zehn Autominuten entfernt. Ich hatte es mir ursprünglich selbst angesehen, denn ewig wollte ich nicht in einem Ferienhaus wohnen bleiben, hatte mich dann aber dagegen entschieden. Alles an dem Grundstück und dem Haus schrie buchstäblich nach einer jungen Familie – und die Familie, die ich gerne hätte, lebte bereits in einem schönen Haus. Für Matt und Nora dagegen war es perfekt, und ich freute mich, dass die beiden nach einigem Hin und Her bereit gewesen waren, das Geschenk anzunehmen – auch weil sie nicht wussten, dass ich mich mit Wolf Archer sowie Matts Eltern und Großeltern zusammengetan und das Haus für die beiden gekauft hatte. So hatten sie nun eine Sorge weniger und konnten sich in Ruhe auf ihr Kind freuen.

Ich musste ein ganzes Stück entfernt parken, denn offensichtlich war die Party schon voll im Gange. Als ich, mit meinen beiden großen Tüten bewaffnet, durch die offene Garage in den Garten trat, war ich im Handumdrehen von drei Riesenhunden umringt. Carly mit ihrem frischen Kurzhaarschnitt wurde von ihrem Bruder Cooper und einem weiteren Kameraden flankiert, der aussah, als stamme er aus derselben Sippe. Ich hob die Tüten hoch, um Übergriffe zu verhindern, doch im nächsten Moment kam Ada angesaust, rief voller Begeisterung »Daddy, Daddy!« und schien mir in die Arme springen zu wollen. Geschenke retten oder Kind auffangen? Ich entschied mich für Ada, ließ die Tüten zu Boden poltern, schnappte mir den fröhlich kreischenden Wirbelwind und drückte ihm, ohne nachzudenken, einen Kuss auf die pausbäckige Wange. Ada schlang ihre Ärmchen um meinen Hals und küsste mich ebenfalls.

Undeutlich nahm ich wahr, wie sich die ausgelassene Hundemeute über meine Tüten hermachte, durch einen scharfen Pfiff aber von Schlimmerem abgehalten wurde. Im nächsten Moment stand ein Teenager-Mädchen neben mir und schimpfte die drei Hunde aus. Sie kam mir irgendwie total bekannt vor.

»Sorry dafür«, sagte sie zu mir und deutete auf eine der Papiertüten, die den Bestien zum Opfer gefallen war. Glücklicherweise nur die Tüte, nicht die Geschenke, die sich darin befanden.

»Ist ja nichts passiert«, entgegnete ich. »Carly und Cooper kenne ich. Gehört der dritte Hund dir?«

»Ja, das ist meiner. Er heißt Ollie und ist der Bruder der beiden. Ich bin übrigens Grace«, stellte sie sich vor.

»Noras Nichte?« Ich erinnerte mich vage. Und auf den zweiten Blick konnte ich sogar die Ähnlichkeit zwischen den beiden erkennen. Sie nickte. »Ich bin Dominic. Matts Geschäftspartner.«

»Soll ich die Pakete vielleicht auf den Geschenketisch legen?«, bot sie an und wollte auch die andere, noch unversehrte Tüte mitnehmen.

»Die nicht. Da sind Geschenke für Ada und Archie drin.«

»Geschenk?« Adas Augen leuchteten, und ich war entzückt, dass sie in der Lage war, dem Gespräch zwischen mir und Grace zu folgen, auch ohne dass ich sie anschaute.

»Ja, meine Süße, ich hab euch Geschenke aus Schottland mitgebracht«, erwiderte ich und stellte sie wieder auf den Boden.

Als hätte er es geahnt, kam nun auch Archie herbeigeeilt. Längst nicht so enthusiastisch wie seine Schwester. Er beäugte mich misstrauisch.

Ich hockte mich vor ihn hin und sagte: »Es tut mir leid, dass es mit der Drohne letzten Sonntag nicht geklappt hat. Ich musste ganz dringend nach Schottland fliegen. Aber jetzt bin ich wieder da und habe dir und Ada etwas mitgebracht.«

Er linste an mir vorbei zu der Tüte, vor der Ada aufgeregt herumzappelte. Archie war aber noch nicht bereit, mir vollständig zu verzeihen, sondern signalisierte mir etwas, das ich als Frage nach der Drohne interpretierte.

»Ich habe es nicht vergessen, Archie«, beteuerte ich. »Und wenn es für deine Mom okay ist und das Wetter gut genug ist, dann können wir es morgen nachholen.«

Er nickte halbwegs versöhnt und deutete dann mit einem fragenden Gesicht auf die Papiertüte.

Erleichtert zog ich meine Geschenke hervor – zwei Plüschkühe mit karierten Schleifen um den Hals. »Das sind Hochland-Rinder, die typisch für Schottland sind«, erklärte ich den beiden. »Sie sind viel kleiner als die Kühe, die es hier gibt, haben ein zotteliges, warmes Fell und ziemlich lange Hörner.«

Nun strahlten mich beide Kinder an und drückten die ziemlich großen Stofftiere an sich. Prompt näherte sich Carly und beschnupperte die Mitbringsel höchst interessiert. Ob sie sich daran erinnerte, dass ich ihr in Victoria ebenfalls ein Häschen geschenkt hatte? Diesmal war ich besser vorbereitet und hatte ein Hundespielzeug besorgt, das zweifellos länger halten würde als ein Kuscheltier. »Schau, für dich hab ich auch ein Geschenk«, sagte ich zu der Hündin und reichte ihr einen großen Gummiknochen im Tartanmuster. Vorsichtig schnappte sie ihn sich und lief dann, gefolgt von ihren Brüdern, vergnügt davon.

Nachdem dieser erste Teil meiner Mission erfolgreich absolviert war, fühlte ich mich einigermaßen gestärkt für den nächsten Teil: mich den erwachsenen Gästen der Party zu stellen. Ich erhob mich also aus meiner kinder- und hundegerechten Hockposition und schaute mich um. Gefühlt halb Tofino war da, und insgeheim war ich ziemlich erfreut darüber, dass ich die meisten Leute kannte. Überall lächelnde Gesichter und freundliche Worte, doch wenn ich ehrlich war, interessierte mich nur das einzige Gesicht, das kein Lächeln, ja nicht einmal einen Blick für mich hatte. Esther stand mit ihrem Geschäftspartner Reed und einer großen, dunkelhaarigen Frau, die wohl seine Freundin Kiona war, auf der Terrasse und bewunderte die nagelneuen Plüschkühe ihrer Kinder. Ich überlegte noch, ob ich es wagen sollte, näher zu treten, als mich Matt rettete.

»Hey, cool, dass du es geschafft hast«, begrüßte er mich begeistert. »Lust auf eine kleine Führung?«

»Aber so was von.« Ich legte ihm kurz eine Hand auf die Schulter und folgte ihm dann ins Haus, das praktisch nicht wiederzuerkennen war. Dafür, dass die beiden erst vor einer Woche eingezogen waren, wirkte es schon sehr gemütlich und persönlich. »Wie habt ihr das alles denn auf die Schnelle hinbekommen?«, wollte ich verblüfft und mehr als nur ein bisschen beeindruckt wissen.

»Wir hatten so viel Hilfe. Der halbe Ort scheint es sich zur Mission gemacht zu haben, uns ein Nest zu bauen. Mein Großvater hat all die handwerklichen Sachen übernommen und mit ein paar alten Freunden die Wände gestrichen. Meine Oma hat Vorhänge und Kissenbezüge genäht und Leute zusammengetrommelt, die die alten Möbel ein bisschen aufgehübscht haben. Nora und ich mussten nur sagen, wo was hinkommen soll und welche Farben wir mögen. Es ist natürlich nicht alles perfekt, und nach und nach werden wir die gebrauchten Möbel durch neue ersetzen, aber ...«

»Aber fürs Erste habt ihr auf jeden Fall einen Ort zum Wohlfühlen«, beendete ich seinen Satz. Wir standen in einem hellen Raum neben dem Kinderzimmer, in dem zwei Schreibtische aufgebaut waren. »Und offenbar auch zum Arbeiten.«

»Ist ja auch wichtig«, entgegnete Matt mit einem breiten Grinsen. »Der Prototyp für das interaktive Kinderbuch ist übrigens fertig«, sagte er stolz. »Da Nora und ich fast nichts am Haus tun mussten, haben wir intensiv daran gearbeitet. Wir haben Joanne die Textpassagen in Gebärdensprache vorlesen lassen und es gefilmt. Nennt man das eigentlich ›vorlesen‹? Na ja, du weißt, was ich meine. Wir haben das über Skype gemacht, das ist natürlich nicht ganz optimal, aber für den Prototyp wird es gehen.« Er griff sich das iPad, das auf einem der Schreibtische lag, und reichte es mir. »Nora hat über eine Online-Designplattform eine Illustratorin aufgetrieben, die superschöne Bilder gezeichnet hat. Und sie hat noch ein bisschen an der Geschichte geschraubt.« Täuschte ich mich, oder wurde Matt gerade etwas rot?

»Ich bin sehr gespannt und ziemlich beeindruckt. Offensichtlich hast du unser Business auch ohne mich perfekt im Griff.«

»Nicht wirklich. Das war ja nur die eine kleine Sache. Aber jetzt schau dir mal die Geschichte an.« Okay, nun war es eindeutig, dass er verlegen und leicht nervös war.

Ich drückte auf das kleine Bären-Bildchen, das als Icon für das Buchprojekt diente, schließlich handelte die Geschichte ja von einem kleinen, mutterlosen Bären, der allein große Abenteuer zu bewältigen hatte. Zumindest war das vor einer guten Woche noch der Plot gewesen, doch inzwischen hatte die Story eine ganz andere Wendung genommen: Die vermeintlich einsame Hauptfigur hatte sich nun mit einem anderen Jungbären zusammengetan und war von dessen Mutter adoptiert worden. Zu dritt zogen sie durch die Wälder von Vancouver Island, und Mama Bär erklärte den beiden Kleinen die Welt – und wie seltsam sich die Spezies namens Mensch oft verhielt. Zu sehen war dabei auch eine Szene am Strand, die mir bekannt vorkam. Ich lachte lauthals los. »Nicht sehr schmeichelhaft, aber ziemlich akkurat – dabei wart ihr doch gar nicht dabei.«

»Wir hatten gute Informanten«, erwiderte Matt grinsend. »Ich hoffe, du bist nicht sauer.«

»Natürlich nicht. Für eine wichtige pädagogische Botschaft mach ich mich gerne zum Deppen.« Der entsetzte Blick des gezeichneten Mannes, als die Bärenfamilie auf ihn zukam, war tatsächlich unfassbar witzig. Ich klickte mich weiter durch die Geschichte. Es war hübsch ausgearbeitet. Auf jeder Seite gab es eine kleine Illustration, einen geschriebenen Textblock und einen Videoclip in Gebärdensprache. Mittelfristig sollten diese Videos durch Animationen ersetzt werden. Mir schwebte vor, das komplette Vokabular der »American Sign Language«, kurz ASL, in Animationen umzuwandeln. ASL war auf dem gesamten nordamerikanischen Kontinent verbreitet, und falls es uns gelänge, sämtliche Silben, Wörter und Buchstaben in die Datenbank aufzunehmen und geschriebene Texte mit Hilfe künstlicher Intelligenz zu übersetzen, dann wären wir auch bei der Echtzeit-Übersetzungs-App einen großen Schritt weiter. Allerdings waren das bisher nur theoretische Hirngespinste, weil ich mit der Recherche noch ganz am Anfang stand –

von der tatsächlichen Umsetzbarkeit ganz zu schweigen. Aber allein die Möglichkeit fand ich schon berauschend. »Es ist echt schön geworden«, lobte ich, als ich am Ende der kleinen Geschichte angekommen war.

»Danke.« Matt war sichtlich erfreut. »Wann sollen wir sie denn Ada, Archie und Esther zeigen?«

»Wann immer ihr wollt. Es ist ja vor allem euer Projekt. Von mir stammt nur die Anregung, die Umsetzung habt ja komplett ihr übernommen. Ich würde mich da ganz rausnehmen.«

Matt sah mich verständnislos an. »Aber es war doch deine Idee! Von dir als Überraschung für die drei geplant – und jetzt willst du nichts mehr damit zu tun haben?«

»Nein, so ist das nicht. Aber ich will nicht, dass Esther meint, ich wollte mich damit wieder bei ihr ...« Ich schüttelte den Kopf. »Vergiss es. Ich ... Es ist kompliziert.«

»Du hast ihr nicht gesagt, weshalb du in Edinburgh warst?«, mutmaßte Matt.

»Ich hab es auch dir nicht gesagt«, erinnerte ich ihn. »Und ich habe mich die ganze Woche nicht bei ihr gemeldet, und ...« Ich brachte keinen klaren Satz hervor. Nicht einmal in Gedanken. Aber ich wollte Matt da auch nicht mit reinziehen.

»Weshalb warst du denn in Schottland?«, fragte er zaghaft. »Du musst es mir natürlich nicht erzählen, wenn es mich nichts angeht«, fügte er noch rasch hinzu.

»Es ist eine ziemlich traurige Familiensache, mit der ich dich nicht belasten will«, entgegnete ich vage, und er bohrte glücklicherweise nicht weiter nach. »Heute geht es um eure Party«, fuhr ich entschlossen und mit wieder festerer Stimme fort. »Um euch, um euer Haus und um eure Zukunft. Das Buch kann warten. Mal sehen, ob ich jetzt mit Esther sprechen kann, und falls sie mir verzeiht – was ein größeres Wunder wäre –, dann können wir ihr das Buch irgendwann nächste Woche gemeinsam präsentieren. Und wenn nicht, dann macht ihr es eben allein. Einverstanden?«

»Einverstanden. Aber ich glaube nicht, dass du ein großes Wunder brauchst. Sie mag dich, und Ada und Archie vergöttern dich. Sei einfach ehrlich zu ihr, dann renkt sich das alles schon wieder ein.«

MAN HÖRT NUR MIT DER SEELE GUT

Ich war mir da wirklich nicht so sicher, wollte mich aber mutig der Herausforderung stellen. Auf dem Weg nach draußen wurde ich jedoch erst noch von Nora überfallen, die meine schottischen Mitbringsel ausgepackt hatte und ganz entzückt war von den Babysachen im »Outlander«-Look. Die hatte ich eigentlich nur als Gag gemeint, aber sie war völlig hingerissen.

»Ich wusste gar nicht, dass du so viel Humor hast«, sagte sie mit einem schelmischen Lächeln und drapierte einen Strampler mit dem Aufdruck »Little Sassenach« auf ihrem ausladenden Bauch.

»Das ist dein Glück, denn sonst wäre ich wegen deiner Geschichte beleidigt.« Ich zwinkerte ihr zu. »Matt hat sie mir gezeigt. Es ist wirklich toll geworden.«

»Danke. Ich kann's kaum erwarten, sie Esther und den Kindern vorzuführen. Sollen wir gleich?« Sie hielt nach Matt Ausschau, zweifellos um ihn zu bitten, das Tablet zu holen, doch ich hielt sie zurück.

»Heute nicht. Heute ist euer Tag, und nichts sollte davon ablenken. Ich werde jetzt mal Esther begrüßen.«

Ihr Lächeln fiel in sich zusammen. »Es kann sein, dass sie das mit dem Detektiv weiß«, gestand sie mir. »Und ich glaube, sie ist echt sauer auf dich.« Ihre blauen Augen begannen verräterisch zu schimmern. »Es tut mir total leid, dass ich dich dazu gedrängt habe und ...«

»Nicht weinen bitte«, beschwor ich sie und zog sie in meine Arme. »Ich habe das alles allein zu verantworten, und ich werde das mit ihr regeln. Mach dir keine Sorgen.« Matt übernahm, und ich unterdrückte einen Seufzer. Dann wusste Esther also Bescheid – wäre ja auch zu schön gewesen, wenn nicht. Aber da musste ich wohl durch.

Ich straffte die Schultern und wollte auf die Terrasse treten, als sich mir Ada entgegenstellte, mich an der Hand nahm und zum Dessert-Buffet zog, das im Wohnzimmer aufgebaut war. Es war ein Stückchen zu hoch für sie, weshalb ich sie auf den Arm nahm und mit ihr die Auswahl der Leckereien abschritt. Eine kunstvoll aufgeschichtete Pyramide aus Donuts hatte es ihr besonders angetan. Geschickt schnappte sie sich einen, der mit buntem Zucker bestäubt war, und einen mit knallig pinker Glasur. Dann überlegte sie kurz und biss zufrieden in das knallrosa Gebäckstück.

»Schmeckt er gut?«, fragte ich und wollte sie wieder auf den Boden stellen.

»Arm bleiben!«, beharrte sie schmatzend, also trug ich sie gehorsam weiter und machte mich nun endgültig auf den Weg nach draußen.

Es war ein milder Tag, und die Luft roch nach Frühling und Barbecue. Fröhlich plaudernde Menschen standen in kleinen Grüppchen herum, die Hunde balgten sich immer noch um den Gummiknochen, Archie spielte mit zwei Kindern in seinem Alter Ball, und ich merkte, wie ich mich trotz des anstehenden schwierigen Gesprächs mit Esther entspannte. Ich lebte noch keine zwei Monate auf der Insel, und doch war mir die Gesellschaft der Menschen hier in Tofino vertrauter als die meiner Familie im nasskalten Schottland. Ich war dankbar für das Gespräch mit Sean. Beinahe zum ersten Mal in unserem Leben hatten wir uns wirklich wie Brüder gefühlt, und ich hoffte, dass wir diese neue Basis über die Zeit und die räumliche Distanz hinweg retten konnten. Auch mit Philippa hatte ich ein gutes Gespräch gehabt, wenn auch nicht ganz so offen und innig wie mit Sean. Aber wahrscheinlich war das kein Wunder. Sie hatte der Tod unserer Schwester besonders hart getroffen. Die beiden waren sich trotz des großen Altersunterschieds und der völlig andersartigen Lebensentwürfe vergleichsweise nahe gewesen, und jetzt musste Pippa nicht nur Frances beerdigen, sondern auch ihren Lebenstraum, nach Südafrika zu ziehen. Und sie hatte unseren Neffen Rufus, um den sie sich kümmern musste.

Wenn ich an den kleinen Kerl dachte, der ziemlich genauso alt war wie Ada, zog es mir das Herz zusammen, denn seinen zutiefst verwirrten Blick würde ich nie wieder vergessen. Kein Dreijähriger sollte sich so verloren fühlen müssen. Ada dagegen verströmte die pure Lebensfreude. Sie fuhr mir jetzt mit einer glasurverklebten Hand liebevoll über die Wange und schob mir den halben Zuckerdonut in den Mund. »Daddy, runter!«, forderte sie dann und rannte zu ihrem Bruder. Dabei wich sie geschickt ihrer Mutter aus, die gerade auf uns zukam.

»Ada hat das Dessert-Buffet eröffnet«, erklärte ich Esther anstelle einer Begrüßung.

»Sie weiß ganz genau, wen sie um den Finger wickeln kann, nachdem alle anderen sich geweigert haben.« Esther schaute ihrer Tochter kopfschüttelnd hinterher, und ich war mir nicht sicher, was der Blick zu bedeuten hatte.

»Ich ...«, begann ich und wusste doch nicht, was ich sagen wollte. Sie sah mich an, und ihre blaugrauen Augen waren genauso geheimnisvoll wie die Tiefen des Pazifiks, an den sie mich immer erinnerten. »Es tut mir leid.«

»Was genau? Dass du dich von Ada hast manipulieren lassen, dass du hinter meinem Rücken Recherchen über mich angestellt hast oder dass du ohne einen Mucks eine Woche lang verschwunden warst? Unmittelbar nach dem, was wir letzten Samstag miteinander erlebt haben?« Ihre Stimme klang ganz ruhig, ohne Vorwurf oder Sarkasmus, nur aufrichtig interessiert.

»Alles. Jedoch in unterschiedlicher Ausprägung.«

»Ach?« Sie hob eine Braue, und ganz so neutral klang diese eine Silbe nun doch nicht mehr. Im Gegenteil. Ich hatte plötzlich das Gefühl, dass ich meine nächsten Worte ganz besonders auf die Goldwaage legen sollte.

»Am meisten täte es mir leid, wenn Ada jetzt einen Zuckerschock bekäme«, hörte ich mich jedoch zu meiner eigenen Verwunderung sagen. War ich eigentlich noch ganz dicht?

In Esthers Gesicht folgte die zweite Braue der ersten auf dem Weg nach oben. Offensichtlich hatte ich sie mit dieser Aussage genauso überrascht wie mich selbst. Glücklicherweise erwiderte sie nichts.

»Ich weiß, dass ich es gründlich verkackt habe«, fuhr ich fort. »Und es gibt nicht viele Argumente, die mein

Verhalten entschuldigen könnten. Genau genommen keine. Aber ich will wenigstens versuchen, dir meine Gründe zu erklären.« Ich seufzte, denn das Folgende würde nicht schmeichelhaft für mich sein.

»Ich bin ganz Ohr.«

»Die Sache mit dem Detektiv war übergriffig und unsensibel. Das war mir eigentlich schon selbst bewusst, als ich ihn beauftragt habe. Vermutlich wirst du das Argument, dass ich ihn in bester Absicht engagiert habe, nicht gelten lassen. Zu Recht, wie mir inzwischen klar ist. Ich hätte mich niemals ungefragt in Dinge einmischen dürfen, die mich nichts angehen.«

»Nein, das hättest du nicht«, betonte sie. »Ich weiß, dass Nora dich dazu gebracht hat, und ich kann ihre Intention mit viel gutem Willen nachvollziehen – vor allem, da sie unter dem Einfluss mächtiger Hormone steht und zudem ein riesengroßes Herz hat. Schwangerschaftshormone kann ich bei dir aber ausschließen, und was die Größe deines Herzens betrifft, bin ich mir nicht sicher, also frage ich mich die ganze Zeit, warum du es getan hast. Was war deine Motivation? Was hast du davon?«

Gute Fragen. Verdammt gute Fragen – und keine schmeichelhafte Antwort in Sicht. »Ich habe dir erzählt, dass ich eine ungesunde Tendenz habe, Dinge und Menschen kontrollieren zu wollen. Glaub mir, ich arbeite mit aller Macht daran und bin auch schon viel besser geworden. Das ist aber nur ein Teil der Wahrheit. Ein anderer ist, dass ich – vielleicht als Folge meines Jobs – das ständige Bedürfnis habe, Probleme, die ich erkenne, zu lösen. Doch der wichtigste Aspekt ist, dass ich dir helfen, dich unterstützen und irgendwie auch beeindrucken wollte.«

»Oh, beeindruckt war ich sehr, als ich einen Brief vom Anwalt meines Ex-Mannes bekommen habe, in dem ungefähr zehn Mal das Wort ›unzumutbar‹ drinstand – mit besonderem Fokus darauf, dass ich ihm seine Eltern auf den Hals gehetzt haben soll.«

»Ich verstehe das jetzt. Ehrlich. Und es tut mir unglaublich leid. Noras Worte haben mich berührt. Die Vorstellung, dass es irgendwo in diesem Land Menschen gibt, die genau wissen, wie sich die Welt für Ada und Archie anfühlen muss, die sogar mit ihnen verwandt sind und womöglich gerne helfen würden – aber keine Ahnung haben ... Auf der anderen Seite du und deine Kinder, die dringend Hilfe brauchen. Professionelle Hilfe. Da erschien es mir völlig logisch, dass ich etwas tun musste. Mit Hilfe meiner Ressourcen habe ich die Möglichkeit einfach genutzt. Mir ist inzwischen aber absolut klar, dass ich mit dir darüber hätte sprechen müssen.« Ich hoffte, meine tief empfundene Zerknirschung kam bei ihr auch an.

»Ja. Hättest du. Ich bin es gewohnt, mein Leben selbst zu managen, meine eigenen Entscheidungen zu treffen. Ich habe auch gelernt, um Hilfe zu bitten und sie anzunehmen, doch es geht wirklich nicht, dass du oder irgendjemand sonst sich so sehr einmischt. Es sind zwei völlig unterschiedliche Dinge, ob du ungefragt mir und meinen Kindern Plüschhasen schenkst oder ob du das Leben mehrerer Menschen komplett auf den Kopf stellst. In beiden Fällen hast du es gut gemeint oder warst überzeugt davon, das Richtige zu tun, aber was im ersten eine süße Geste war, ist im zweiten ein echt krasser Eingriff.«

»Ich weiß. Ich würde dir gerne versprechen, dass so etwas nie wieder vorkommt, aber das kann ich nicht. Ich kann dir lediglich versprechen, dass ich mich nach Kräften bemühen werde. Das ist wahrscheinlich auch der große Unterschied zwischen dir und mir. Auch ich bin es gewohnt, mein Leben selbst zu gestalten, aber ich habe leider nie gelernt, dass man Hilfe bekommt, wenn man darum bittet. Insofern habe ich ganz sicher die Tendenz dazu, einfach zu handeln, wenn ich eine Möglichkeit sehe.«

»Erkenntnis und so ...« Ein leichtes Lächeln stahl sich auf ihre Lippen.

»Ich meine es wirklich ernst. Ich weiß, dass ich daran arbeiten muss, und werde es tun.«

»Schön, aber wann genau kam dir die Erkenntnis?«

»Können wir dieses Gespräch vielleicht woanders führen?«, bat ich sie. »Das ist sehr komplex und schwierig, denn es geht Hand in Hand mit der Erklärung dafür, dass ich mich die ganze Woche über nicht bei dir gemeldet habe.«

Sie schüttelte den Kopf. »Ich werde heute nirgendwo sonst hingehen. Das ist Noras und Matts Party, und ...« Sie machte eine hilflose Geste. »Und ich ...«

»Okay. Ich verstehe. Ich bin vielleicht auch nicht in der nötigen Verfassung für ein wirklich langes Gespräch. Mir hängt die Zeitverschiebung in den Knochen, und die Ereignisse der letzten Woche, also mach ich's kurz: Der Anruf von meiner Schwester Philippa letzten Samstag hatte leider einen traurigen Anlass. Frances, unsere jüngste Schwester, ist bei einem Unfall ums Leben gekommen. Ich bin also zur Beerdigung meiner kleinen Schwester nach Schottland geflogen. Zur Beerdigung und um meiner Familie bei all dem organisatorischen Kram zu helfen.«

Esther sah mich schockiert an. »Oh Gott, wie schrecklich. Das tut mir wahnsinnig leid.«

»Danke. Ich weiß, ich hätte mich bei dir melden sollen, aber dann hätte ich dir alles erzählen müssen, und das wollte ich weder dir noch mir antun.« Es gab natürlich noch so viel mehr, was ich ihr sagen wollte, doch das hier war weder der richtige Ort noch der richtige Zeitpunkt dafür. Ich war erleichtert, dass ich losgeworden war, was ich ihr hatte mitteilen wollen, und gleichzeitig merkte ich, wie unendlich erschöpft ich war nach der ganzen traurigen Woche in Schottland und der Sorge, ob Esther mir verzeihen konnte. »Ich bin nicht perfekt. Genau genommen bin ich sogar das ziemliche Gegenteil von ›perfekt‹, und ich habe sicher schon sehr oft in meinem Leben falsche Entscheidungen getroffen. Auch zuletzt in Bezug auf dich. Aber bitte glaub mir, dass meine Intention immer gut war. Ich wollte dir helfen, deshalb habe ich Adas und Archies Großeltern finden lassen, ich wollte dich und mich schützen, deshalb habe ich dir nichts vom Grund für mein plötzliches Verschwinden erzählt – und ich bin absolut hilflos, was den Charme deiner Tochter anbelangt. Wenn sie mich mit ihren großen braunen Augen ansieht und mich ›Daddy‹ nennt, kann sie alles von mir haben.«

Esther kam einen Schritt auf mich zu, legte mir eine Hand auf die Wange und raunte mir ins andere Ohr: »Ich verzeihe dir.«

»Wirklich?«

Sie lächelte und küsste mich dann auf die Wange, oder nein, sie leckte daran. »Du hast da pinke Zuckerglasur«, erklärte sie leise. »Männern, die sich von Ada mit pinker Zuckerglasur verzieren lassen, verzeihe ich alles.« Sie blickte mir in die Augen, wieder ganz ernst. »Ich meine es so. Ich verzeihe dir. Du bist ein guter Mensch, das habe ich die ganze Zeit gewusst, aber in meinem Kopf ist ein ganz blöder Film abgelaufen, der rein gar nichts mit dir zu tun hatte. Ich bin nämlich auch nicht perfekt. Wahrscheinlich sogar viel unperfekter als du – und ich hoffe, das kannst du mir ebenfalls verzeihen.«

Ich konnte nichts sagen, weil so viele Gefühle auf einmal durch meinen völlig erschöpften Körper und meinen durchdrehenden Geist strömten. Stattdessen zog ich sie stürmisch an mich und küsste sie. Es war mir vollkommen gleichgültig, dass halb Tofino es mitbekam. Meinetwegen hätte die ganze Welt erfahren können, dass ich die wundervollste Frau, die dieser Planet jemals hervorgebracht hatte, von ganzem Herzen liebte. Und dass sie mir verziehen hatte und mich – vielleicht – ebenfalls liebte.

TOFINO, VANCOUVER ISLAND, 2. MAI – ESTHER:

Die Kinder winkten stürmisch, als Janet und Thomas abfuhren. Es war nur ein Abschied für kurze Zeit, denn in ein paar Tagen würden sie wiederkommen – mit Gepäck und für ein paar Wochen. Dominic hatte ihnen sein Ferienhaus überlassen. Er brauchte es nicht mehr, denn er hatte gestern Nacht zum ersten Mal bei mir – bei uns! – geschlafen, und wir wollten ihn nicht mehr gehen lassen.

Reed hatte gesagt, dass man Menschen nicht nach ihren Worten, sondern nach ihren Taten beurteilen sollte, und ich war geneigt, ihm recht zu geben. Dominics forsches Aufstöbern meiner Ex-Schwiegereltern war tatsächlich ein Geschenk gewesen. Meine Sorgen, dass es seltsam werden könnte, hatten sich als vollkommen unbegründet erwiesen. Es hatte sofort zwischen uns allen gefunkt. Die beiden waren wie zwei verlorene Puzzleteile, die dem Gesamtgefüge noch gefehlt hatten.

Ada und Archie waren ohnehin ganz aus dem Häuschen gewesen, als sie Dominic heute früh in meinem Bett vorgefunden hatten. Sie hatten ihn ganz selbstverständlich in ihre morgendliche Kuschelattacke einbezogen, und auch er hatte völlig natürlich reagiert, so als wäre das eine längst etablierte Routine. So hatte es sich für mich angefühlt – und das war beinahe ein noch besseres Gefühl gewesen als die Stunden mit Dominic allein. Der arme Kerl musste inzwischen total erschöpft sein.

Janet und Thomas hatten beinahe ihr komplettes Berufsleben als Pädagogen an einer Schule für gehörlose Kinder in Toronto verbracht, und es war absolut faszinierend, wie souverän sie mit Ada und Archie umgingen. Und wie hart sie darum gekämpft hatten, sich ihre Rührung beim Zusammentreffen mit ihren Enkelkindern nicht allzu sehr anmerken zu lassen.

Wir hatten uns einen schönen Tag gemacht, waren mit ihnen zu dem Strand gewandert, an dem Dominic vor ein paar Wochen beinahe der Bärenfamilie zum Opfer gefallen wäre, wovon die Kinder begeistert berichtet hatten. Archie hatte die Drohne fliegen lassen, Ada mit Janet und Thomas nach Muscheln und anderem Strandgut geforscht, und ich hatte kaum fassen können, was gerade passierte. Inzwischen war ich mir sicher, dass ich in diesen wenigen Stunden mehr über Gebärdensprache gelernt hatte als in den letzten vier Jahren, denn bei Janet und Thomas liefen Gesten und Laute immer parallel. Sie hatten allerdings angeboten, es uns gründlich beizubringen. Den Kindern, mir und Dominic, der es auch nicht erwarten konnte, ASL von der Pike auf zu lernen. Er hatte Thomas am Nachmittag länger von seiner ambitionierten Übersetzungs-App erzählt, und ich schätzte, dass sich die beiden in den nächsten Wochen sehr viel gemeinsam mit diesem Projekt beschäftigen würden.

»Nana und Dada weg!«, unterbrach Ada meine Gedanken, als der Wagen der beiden außer Sichtweite war.

»Ja, aber sie kommen ganz bald wieder«, sagte ich zu ihr.

»Die sind wirklich cool!«, bemerkte nun Archie, und mein Herz kam prompt wieder ins Stolpern. So viel wie heute hatte er schon ewig nicht mehr gesprochen.

»Ja, das sind sie, und ich freu mich darauf, dass sie in ein paar Tagen wieder da sind und ganz viel Zeit mit uns verbringen«, antwortete ich ihm. »Aber jetzt ist Bettzeit für euch. Morgen ist Kindergarten.«

»Daddy Bett bringen!«, forderte Ada, und Dominic hob mit gespielter Resignation die Hände.

»Was immer die Prinzessin wünscht.«

Als die Kinder im Bett waren, entschuldigte sich Dominic. Er wollte ein paar Sachen aus seinem Häuschen holen, die er aus irgendwelchen Gründen dringend noch heute brauchte.

»Na, mein Schatz, aufregende Zeiten, was?«, bemerkte mein Vater, als ich mich im Wohnzimmer zu ihm gesellte.

»Das kannst du laut sagen.« Ich setzte mich neben

ihm aufs Sofa und kuschelte mich in seine solide Seebärenumarmung. »Denkst du, ich mache einen Fehler?«

»Einen Fehler?«

»Weil jetzt plötzlich alles so schnell geht. Vorgestern war ich so sauer und enttäuscht, dass ich am liebsten nichts mehr mit Dominic zu tun haben wollte, und jetzt ...«

»Jetzt ist er praktisch hier eingezogen«, vervollständigte er meinen Satz und lachte leise.

»Genau. Ist das nicht eigentlich der totale Irrsinn? Wir kennen uns doch kaum. Er ist vor gerade mal sechs Wochen hierhergekommen und ...« Ich machte den Mund zu, weil mein Unterbewusstsein mich gerade fragte, ob ich wirklich immer alles zerreden und zerdenken musste.

»Denk nicht zu viel«, riet mein Vater prompt. »Manchmal muss man das Leben einfach an den Hörnern packen und sich hineinstürzen.«

»Das ist eine sehr schräge Metapher«, fand ich. »Ich will mich ja nicht aufspießen lassen.«

»Verdreh mir ruhig die Worte, aber das ändert nichts an der Tatsache, dass ich recht habe. Du weißt es. Vielleicht nicht hier« – er tippte mir mit einem Finger an den Kopf –, »aber ganz bestimmt hier« – nun stupste er mich kurz unterm linken Schlüsselbein an und meinte wohl mein Herz.

»Aber er ist so anders als ich«, startete mein Kopf einen letzten kläglichen Versuch.

»Und das ist ein großes Glück! Außerdem sind das nur Äußerlichkeiten, in den wesentlichen Punkten funktioniert ihr ganz ähnlich und seid auf vergleichbare Weise verwundet.«

»Wo ist mein Dad, und was hast du mit ihm

gemacht?«, fragte ich verblüfft, denn solche tiefgründigen, emotionalen Argumente hatte ich von meinem pragmatisch-sachlichen Vater noch nie gehört.

»Liebe fragt nicht nach Gemeinsamkeiten, und das Schicksal schon gar nicht. Dominic und du – ihr habt euch getroffen, weil ihr euch braucht. Ihr könnt euch gegenseitig helfen, eure Defizite zu überwinden.«

»Liebe, Schicksal – Defizite? Dad, hast du eine Gehirnwäsche bekommen?« Zu meiner Verblüffung gesellte sich fast schon Sorge, denn das waren Töne, die Marty Johnson noch nie gepfiffen hatte. Zumindest nicht in meiner Gegenwart.

»Vergiss nicht, ich war auch schon mal an diesem Punkt. Als ich deine Mutter kennengelernt habe. Das war ebenfalls eine ziemlich unwahrscheinliche Verpaarung, wenn du so willst, aber sie hat funktioniert.«

»Wenn man davon absieht, dass Mom irgendwann ihren Selbstfindungsfimmel bekommen hat und in einen indischen Ashram verschwunden ist.« Diese Bemerkung konnte ich mir nicht verkneifen.

»Davor waren wir immerhin dreißig Jahre lang ein ziemlich gutes Team. Man weiß nie, was die Zukunft bringt, aber jeder, der Augen hat und andere funktionierende Sinne, merkt, wie gut Dominic und du zusammenpasst. Und nicht nur ihr beide, sondern auch er und die Kinder. Ahnst du eigentlich, was für ein großes Geschenk das ist?«

»Ich glaube, ich weiß es«, gab ich zu. »Trotzdem habe ich ein bisschen Angst, dass ich nur von Hormonen gelenkt werde und nicht klar denken kann. Was, wenn sich die Beziehung in einem halben Jahr als Katastrophe herausstellt? Das bräche den Kindern das Herz.«

»Es gibt doch nie Garantien im Leben. Wenn es nicht

funktioniert, dann trennt ihr euch. Fertig. Das werdet ihr, du und die Kinder, überleben. Aber ich glaube nicht, dass es so weit kommt. Sei mutig, hab Vertrauen und lass dich nicht von deiner Vergangenheit blockieren. Dominic ist nicht Jeremy! Ganz einfach. Und apropos Jeremy – seine Eltern ...«

»Sind fast zu gut, um wahr zu sein.« Ich lächelte beim Gedanken an die vergangenen Stunden. »Keine Ahnung, was zwischen ihnen und Jeremy schiefgelaufen ist, und vielleicht entpuppen sie sich noch als absolute Horrorgestalten, doch im Moment erscheinen sie mir wie ein Geschenk des Himmels.«

»Dann solltest du sie auch wie ein Geschenk behandeln – und Dominic ebenfalls.«

»Wie meinst du das?«

»Sei dankbar und freu dich darüber – und hör auf, dir gleich wieder Gedanken zu machen. Du hast es dir verdient. Genau wie Archie und Ada.« Er zog mich noch enger an sich und drückte mir einen Kuss auf die Schläfe. »Das Leben ist zu kurz und zu wertvoll, um sich mit Zweifeln abzugeben.«

»Okay, Dad, du bist offiziell seltsam, aber ich höre trotzdem auf deinen Rat.«

»Schlaues Kind«, lobte er mich.

Irgendwie war es so, als hätte dieser leicht dahingesagte Entschluss die letzten Blockaden in mir eingerissen. Ja, womöglich war es blanker Irrsinn, dass ich mich Hals über Kopf auf eine Beziehung mit Dominic einließ und ihn nicht nur in meinem Herzen, meinem Leben und meiner Familie willkommen hieß, sondern auch gleich in meinem Haus. Aber es fühlte sich einfach absolut richtig an, und langsam dämmerte mir, was mir Reed die ganze Zeit hatte klarmachen wollen. Auch bei ihm und Kiona war es rasend schnell gegangen, und auch sie waren zwei Menschen, die scheinbar nicht zusammenpassten. Doch beide hatten »es« einfach gewusst – und jeder konnte sehen, was für eine tolle Einheit sie in der kurzen Zeit geworden waren. Als Familie und als Paar.

»Ich hab mir übrigens überlegt, auszuziehen«, sprach mein Vater nach einer Weile weiter.

»Was? Warum das denn? Ich dachte, du magst Dominic und ...« Ich befreite mich aus seiner Umarmung und starrte ihn alarmiert an, doch er machte eine beschwichtigende Handbewegung.

»Ganz ruhig. Es hat nichts mit Dominic zu tun, sondern allein mit mir.« Er lächelte mich an und nahm meine Hand in seine. »Ich bin gerade mal zweiundsechzig, lebe hier aber wie ...« Er suchte nach geeigneten Worten, und ich bekam sofort ein schlechtes Gewissen.

»Wie ein Großvater und Gratis-Babysitter ohne eigenes Leben«, ergänzte ich zerknirscht. »Daddy, das tut mir echt leid. Wir finden eine Lösung dafür. Deswegen musst du wirklich nicht ausziehen.«

»Das weiß ich doch. Ich will auch gerne weiterhin viel Zeit mit meinen Enkeln verbringen und werde immer für euch da sein, wenn ihr mich braucht, aber ich habe gemerkt, dass ich gerne auch mein eigenes Leben führen würde und ...« Er räusperte sich, um seine offensichtliche Verlegenheit zu verbergen. »Ich hab auch schon zwei Optionen. Entweder ziehe ich in das kleine Apartment über Kellys Garage, in dem Nora gewohnt hat, oder in die Wohnung über Dominics Firma. Das hätte auch den Vorteil, dass ich direkt am Hafen wäre und so.«

»Und so? Dad? Sag bloß, du bist verliebt.«

»Nein!«, rief er vehement. »Wirklich nicht. Aber

sagen wir's so: Ich bin wieder offen. Und wenn sich was ergeben sollte ...«

»Dann willst du die Holde nicht gleich mit deiner Wohnsituation verschrecken. Ich verstehe. Ich verstehe es wirklich, Dad«, betonte ich. »Und ich wünsche dir von Herzen, dass es bald jemanden gibt, den du nicht verschrecken möchtest.« Ich küsste ihn auf die Wange.

»Ich hab keine Eile. Wenn die Richtige kommt, werde ich es schon merken«, erwiderte er und klang plötzlich ziemlich vergnügt, so als sei auch ihm eine ziemlich große Last von den Schultern genommen worden. »Aber zunächst werde ich meine Freiheit als Junggeselle genießen.«

»Wie lange spielst du denn schon mit dem Gedanken, auszuziehen?«, fragte ich ihn.

»Ein paar Monate vielleicht? Ich wollte dir das bei all dem anderen Stress und Ärger nicht auch noch antun, aber jetzt, mit Dominic, Janet und Thomas? Da hast du einfach mehr Unterstützung und ... Um es abzukürzen, das Timing ist einfach perfekt.«

»Ach, und deshalb hast du mir eben so gut zugeredet, dass Dominic der Richtige für mich ist?« Diesen kleinen Seitenhieb konnte ich mir nicht verkneifen, auch wenn ich wusste, dass mein Vater so nicht tickte und seine Worte vorhin aufrichtig gemeint hatte – auch wenn sie untypisch für ihn waren.

»Du weißt sehr gut, dass es nicht so ist«, widersprach er dann auch postwendend. »Ich habe dir gut zugeredet, weil ich weiß, wie befreiend es ist, Ballast abzuwerfen und sich frei und mit offener Seele in neue Abenteuer zu stürzen. Dass wir jetzt beide diese Chance haben, ist tatsächlich nicht mehr als ein glücklicher Zufall.«

»Oder Schicksal?«

Es klingelte an der Tür.

»Nenn es, wie du willst, aber nun solltest du deinem Herzensmann die Tür öffnen. Und ihm vielleicht einen Schlüssel geben. Schließlich wohnt er jetzt hier.« Er grinste und scheuchte mich dann mit einem kleinen Klaps aus dem Zimmer. »Ich bin übrigens auch gleich weg, ich treffe mich noch mit ein paar Leuten im Pub«, kündigte er an und stand ebenfalls auf.

Dominic wartete mit einer Reisetasche, einem Umzugskarton und einem großen, flachen, in Luftpolsterfolie eingewickelten Paket vor der Tür und strahlte mich an. »Ich hab jetzt alles, was ich brauche«, verkündete er, ließ aber offen, was genau er damit meinte.

Doch das war mir egal. Das warme Gefühl, mit dem ich schon durch den Tag geschwebt war, verstärkte sich gerade wieder um das x-Fache. Ich wollte so viel sagen, doch ganz akut fehlten mir die Worte. Stattdessen versank ich buchstäblich in den Tiefen seiner dunklen, sanften Augen.

»Ich möchte den großen romantischen Moment nur ungern stören«, durchdrang mein Vater die fast magische Stimmung. »Aber vielleicht lässt du den armen Mann mit seinen Sachen mal rein? Und mich bei der Gelegenheit raus?«

»Hmm« war alles, was ich rausbrachte, und Dad quetschte sich einfach an uns beiden vorbei.

Trotzdem war der Bann gebrochen. Ich griff nach der Tasche und dem großen, flachen Paket, doch Dominic hielt mich zurück. »Das ist dein Geschenk, das werde ich selbst reinbringen.«

Den Karton, der vorwiegend irgendwelche Computersachen enthielt, stellte er auf den Esstisch, die Reisetasche neben die Treppe nach oben. Allerdings machte er keine Anstalten, raufzugehen.

»Hast du keine Lust?«, versuchte ich ihn umzustimmen.

»Doch, aber ich möchte dir erst ein paar Dinge sagen, ehe wir endgültig in einen hormonellen Ausnahmezustand abdriften.« Er nahm das Folienpaket und ging voran ins Wohnzimmer, wo wir auf dem Sofa Platz nahmen.

»Was ist das?«, wollte ich wissen.

»Es ist ein Bild. Genauer gesagt, ein Bild, das meine verstorbene Schwester gemalt hat. Ich habe es nach der Beerdigung bei der Trauerfeier in ihrer Galerie entdeckt, und es hat mich vollkommen umgehauen. Ich wusste, dass Frances immer Künstlerin sein wollte, aber ich hatte keine Ahnung, wie gut sie tatsächlich war. Wir standen uns nie besonders nah, wie du weißt. Wegen unseres Altersunterschieds, der räumlichen Distanz und unserer völlig unterschiedlichen Interessen. Und dann hatte ich beim Anblick eines ihrer Gemälde das Gefühl, dass sie es nur für mich gemalt hat. Dass sie meine Seele kannte und meine Emotionen auf die Leinwand gebracht hat. Kurz, ich habe das Bild gekauft. Als Andenken an meine kleine Schwester und als Geschenk für dich.«

»Das klingt …«, mir fiel kein Wort ein, das mir für meine Gefühle wirklich passend erschien. Ich hatte keine Ahnung von Kunst, sondern beurteilte Bilder nur danach, ob sie mir gefielen oder nicht. Meistens taten sie es nicht. Die Vorstellung, mich gleich über ein emotional derart aufgeladenes Kunstwerk freuen zu müssen, das ich womöglich scheußlich fand, machte mich einigermaßen nervös. Aber für Dominic war es offensichtlich wichtig, und ich beschloss, tapfer zu sein. Oder mein Pokerface zu bemühen. »Ich bin sehr gespannt«, behauptete ich und war froh, dass meine Stimme nicht zitterte, sondern nur etwas dünn klang.

Vorsichtig schälten wir die Folienverpackung ab, und mein Puls beschleunigte sich immer weiter. Schließlich war das Bild nur noch in eine Schicht Packpapier gewickelt.

»Bitte, mach du«, bat er mich. »Es ist ja dein Geschenk.«

Pokerface!, redete ich mir innerlich ein, während ich den letzten Klebestreifen löste. Doch dann fiel das Papier zu Boden, und mir blieb endgültig die Sprache weg. Allerdings auf gute Art. Dominic hatte gesagt, dass das Motiv seiner Seele entsprungen sein könnte, und exakt das gleiche Gefühl hatte ich jetzt auch. Ein kleines Segelschiff war auf einem stürmischen Ozean unterwegs, aber es war nicht etwa allein und in dieser unwirtlichen Wasserwüste verloren, nein, drei Wale waren bei ihm und schienen es zu beschützen. Dieses Bild zeigte auf ganz merkwürdige Weise die Essenz meines Lebens.

»Du weinst ja«, bemerkte Dominic sanft.

Es war mir noch gar nicht aufgefallen, aber tatsächlich waren meine Wangen nass. »Wie ist das möglich?«, fragte ich mit belegter Stimme und berührte mit einem Finger ganz vorsichtig einen der Wale.

»Ich habe keine Ahnung«, bekannte er, und auch seine Augen schimmerten nun feucht. »Und es tut mir wahnsinnig leid, dass ich Frances nicht mehr fragen kann, wie sie auf dieses Motiv gekommen ist. Aber mich berührt das Bild zutiefst, und noch mehr, dass es dir offenbar genauso geht.«

Ich nickte und küsste ihm eine Träne weg. »Es ist immer und überall so viel Getöse, dass man sich gar nicht mehr auf die Dinge konzentrieren kann, die wichtig sind, und dann ist da plötzlich dieses Bild und ...« Ich konnte es nicht erklären.

»Und alles ist auf einmal ganz klar«, vervollständigte Dominic meinen Satz. »Als ich dieses Bild gesehen habe, wusste ich eine Sache plötzlich ganz genau: wie wichtig mir Familie ist! Ich möchte meinen verbliebenen Geschwistern ein guter Bruder sein, deinen Kindern der Vater, den sie verdient haben, und dir der beste Partner, der ich sein kann. Mir war klar, dass ich nichts unversucht lassen würde, bis ich dich davon überzeugt hätte.«

»Darüber bin ich sehr froh, aber so schwer habe ich's dir gar nicht gemacht, oder?«

»Zum Glück nicht, aber notfalls hätte ich noch schwerere Geschütze aufgefahren.«

Ich war zwar neugierig darauf, was er im Sinn gehabt hatte, doch mir kam gerade noch ein anderer Gedanke. »Weißt du, was mir beim Anblick des Bildes spontan eingefallen ist? Ich habe mich an unseren Segeltörn erinnert. Wir allein auf dem weiten Pazifik – oder eben nicht ganz allein, sondern mit ein paar Walen und Delfinen. Und dann hast du diesen Spruch gesagt: Man hört nur mit der Seele gut! Vielleicht stimmt das wirklich? Wäre doch denkbar, oder? Das würde auch erklären, warum Ada und Archie schon vor uns wussten, dass wir vier zusammengehören.«

»Wir fünf«, verbesserte mich Dominic und deutete auf Carly, die entspannt auf dem Teppich vor dem Kamin schlief und von dem aufwühlendsten Gespräch meines Lebens nichts mitbekam.

»Wir fünf«, bestätigte ich lächelnd. Dann nahm ich Dominic das Bild aus den Händen und lehnt es vorsichtig an die Couch.

»Ich habe es übrigens schon vorher gewusst«, behauptete er nun mit einem frechen Grinsen. »Als wir uns zum ersten Mal gesehen haben – auf deinem Ausflugsschiff.«

»Als du mit Mühe deine Panik unterdrückt und stattdessen dumme Fragen gestellt hast?« Ich musste lachen, als ich an diesen Tag zurückdachte. »Ich habe dich für einen Privatdetektiv gehalten, der mich im Auftrag von Jeremy oder einem Konkurrenten ausspionieren sollte. Ganz so falsch lag ich mit meiner Annahme ja nicht.«

»Völlig falsch! Keine Ahnung, aber ich hatte da tatsächlich schon das Gefühl, dass irgendwas zwischen dir und mir passieren könnte. Und spätestens nach unserem nächtlichen Treffen am Strand war es mir klar.«

»Du bist ein Spinner«, sagte ich und legte ihm die Arme um den Hals. »Ein Spinner, ein Voll-Nerd, der an außerirdische Wale glaubt und ...«

Er unterbrach mich mit einem Kuss. »Das stimmt alles. Aber vor allem glaube ich daran, dass sich unsere Seelen nacheinander gesehnt und dafür gesorgt haben, dass wir zueinanderfinden. Okay, vielleicht waren es auch die Wale. Oder die Außerirdischen.«

»Egal wer, ich bin froh, dass es passiert ist und dass diese Info schließlich auch in unseren Köpfen angekommen ist.«

»Und in unseren Herzen. Ich liebe dich, Esther, und das wird sich nie mehr ändern.«

SORGENFREI

AUF HOHER SEE, MITTEN IM PAZIFIK, 29. MAI – DOMINIC:

»SIND WIR FEIGLINGE?«, FRAGTE ICH KIONA, DIE neben mir an Deck der »Sound of my Soul« stand und ebenfalls das Spektakel beobachtete, das sich uns gerade bot.

Vorgestern waren wir mit dem beeindruckenden Segelschiff, das Esther und Reed gekauft hatten, zur Jungfernfahrt aufgebrochen. Mit von der Partie waren neben dem spektakulär tätowierten hawaiianischen Skipper Nalu – offenbar ein Mann aus Esthers bewegter Vergangenheit – und seiner fünfköpfigen Segelcrew auch Janet und Thomas Yates, die ihren Landratten-Lebensstil, ohne zu zögern, gegen die schwankenden Planken eingetauscht hatten, um bei ihren Enkelkindern zu sein. Außerdem Reeds Studenten Andy und Sarah, ein Unterwasser-Kameramann und eine japanische Walsprachen-Expertin. Und natürlich Reed mit Kiona und Grace. Bis auf die Bordmannschaft, Kiona und mich waren im Moment jedoch alle im Wasser oder saßen in zwei winzigen Schlauchbooten. Und sie waren nicht allein. Ich zählte siebzehn Delfine, die sich ebenfalls um unser Schiff tummelten.

»Du meinst, weil wir nicht mit im Wasser sind?«, gab Kiona die Frage zurück, und ich nickte. »Vielleicht. Aber damit kann ich leben. Es ist eine Sache, in Küstennähe in einem Kanu herumzupaddeln, aber das hier ist mir ein bisschen zu viel. Vielleicht traue ich mich irgendwann, aber im Moment bin ich ganz froh, mich auf diesem Schiff wenigstens halbwegs sicher zu fühlen.«

Ich wusste genau, was sie meinte, und bewunderte Kiona für ihre klare Haltung. Bei mir war es nämlich deutlich ambivalenter. Ich hatte eine Scheißangst – und wünschte mir gleichzeitig kaum etwas mehr, als ebenfalls im Wasser zu sein. Das zu erleben, was Esther so unglaublich glücklich machte.

»Wenn der richtige Moment für mich gekommen ist, werde ich es ganz sicher ausprobieren, aber nicht jetzt.« Kiona legte schützend eine Hand auf ihren leicht gewölbten Babybauch.

»Das ist der beste Grund, zu warten«, bestätigte ich. »Leider keiner, den ich vorbringen könnte.«

»Es verurteilt dich niemand, wenn du nicht mit ins Wasser gehst«, sagte sie lächelnd. »Ich finde uns schon so ziemlich mutig. Du hättest dir wohl auch niemals träumen lassen, in einer derart walverrückten Familie zu landen.«

»Diese Vorstellung war für mich weiter entfernt als eine Reise zum Mars«, gab ich zu. »Aber wenn ich mir Janet und Thomas ansehe, die bis vor kurzem auch keinerlei Berührung mit Walen gehabt haben und sich jetzt voller Elan in das Abenteuer stürzen, dann gibt mir das schon zu denken.«

»Mach dich nicht verrückt«, tröstete sie mich. »Dein Beitrag zur ›Mission‹, wie unsere Lieben diesen Ausflug nennen, ist ohnehin riesig. Die Programme, die du schon geschrieben hast, für das Sound-Archiv und die Fotodatenbank ...« Sie schüttelte den Kopf. »Ich verstehe höchstens zehn Prozent von dem, was Reed mir da vorschwärmt. Jedenfalls musst du dir keine Gedanken machen, wenn du nicht ins Wasser gehst.«

Das stimmte bis zu einem gewissen Grad. Das Projekt kam gut voran – auch wenn Matt derzeit nichts dazu beitragen konnte, weil er mit Nora zusammen im siebten Babyhimmel schwebte. Die kleine Megan war am 16. Mai, am Geburtstag ihrer verstorbenen Großmutter und Namenspatronin, in Victoria zur Welt gekommen. Seit einer Woche war die junge Familie zurück in Tofino, und laut Esther hatte ich jedes Mal Herzchen in den Augen, wenn ich die Kleine sah. Das war dramatisch übertrieben, aber ein kleiner, irrationaler Teil von mir stellte sich gelegentlich vor, wie es wäre, mein eigenes Baby im Arm zu halten. Doch diesem Vorhaben hatte ich ja vor Jahren einen Riegel vorgeschoben – auch wenn man die Vasektomie unter Umständen wieder rückgängig machen könnte. Nein, rational betrachtet war das derzeit überhaupt kein Thema. Esther wollte keine weiteren Kinder, und außerdem hatten wir Ada und Archie, die mir von Tag zu Tag mehr ans Herz wuchsen, falls das überhaupt noch möglich war. Ich liebte die beiden kein bisschen weniger, als ich ein eigenes Kind lieben könnte, da war ich mir absolut sicher.

Im Übrigen hatten Esther und ich ja mehr oder weniger ein gemeinsames Baby, denn inzwischen brannte sie fast mehr als ich für die Möglichkeit, Walstimmen eindeutig identifizieren zu können. Wir hatten gestern einige Hydrofone ausgesetzt und waren wahnsinnig gespannt auf die Ergebnisse. Auch am Schiff selbst waren zwei Unterwassermikrofone installiert, und wir hatten schon einige interessante Soundfiles auf der Festplatte. Ich freute mich darauf, mich bald an die Auswertung zu machen.

Parallel ging es auch mit der Gebärden-Übersetzungs-App voran. Dabei war Thomas eine unglaubliche Hilfe, der nicht nur inhaltlich gute Vorschläge machte, sondern auch ein erstaunlich ausgereiftes technisches Verständnis besaß und mich auf ganz neue Ideen und Anwendungsmöglichkeiten brachte. Ich schätzte, dass wir bald einige weitere feste Mitarbeiter einstellen mussten, um alles umzusetzen.

Doch das war alles nichts im Vergleich zu dem Glücksgefühl, das ich jeden Tag, jede Stunde, jede Minute empfand, wenn ich mit Esther zusammen war oder auch nur an sie dachte. Ich mochte den Begriff »Seelenverwandte« nicht, aber Esther kam dieser Bezeichnung verdammt nah. Ich wusste nicht, ob sie der Grund war oder der Tod meiner kleinen Schwester, aber ich war plötzlich viel klarer mit mir selbst. Oder, wie meine Therapeutin Carol es ausdrückte: Ich hatte mir selbst endlich verziehen. Was auch immer es war, es fühlte sich fantastisch an. Ich fühlte mich großartig, frei und mutig. Mutig?

»Weißt du, was?«, sagte ich zu meiner eigenen Überraschung zu Kiona. »Für mich ist der richtige Moment genau jetzt gekommen! Ich habe gedacht, dass ich Angst hätte, aber das stimmt nicht. Das ist nur das Echo meiner alten Furcht, aber nicht mehr real.«

»Gut für dich.« Sie strahlte mich so warmherzig an, dass ich mich noch beschwingter fühlte als ohnehin schon. Dann drückte sie meinen Oberarm. »Beeil dich! Ich habe eine Ahnung, dass da unten gleich etwas wirklich Tolles passiert.«

Ich dachte nicht mehr groß nach, sondern schlüpfte, so rasch es ging, in meinen Neoprenanzug, zog mir Flossen und eine Schwimmbrille an und ließ mich von der Badeplattform ins Wasser gleiten. Ich hörte, wie Kiona »Ihr bekommt Besuch« rief, und bezog das auf mich. Ich hatte Herzklopfen, während ich die Strecke zu den Schlauchbooten in Angriff nahm. Ganz so furchtlos war ich doch noch nicht, aber gleichzeitig fühlte ich mich auch fantastisch. Und ich freute mich über die lauten Jubelschreie, die ich wahrnahm. Sehr schmeichelhaft, aber vielleicht eine Winzigkeit übertrieben. Doch dann sah ich einen dunklen Schatten unter mir – einen sehr großen dunklen Schatten – und hörte in unmittelbarer Nähe das Geräusch, das Wal-Fans in Verzückung brachte: das laute Schnauben eines atmenden Wals.

»Bleib ganz ruhig«, sagte Esther, die plötzlich neben mir aufgetaucht war und ihren Schnorchel beiseitegeschoben hatte. »Du hast dir für deinen ersten Freiwasser-Ausflug den besten Moment gegönnt. Lass dich treiben, mach keine hektischen Bewegungen, und genieße es einfach.« Sie nahm meine Hand und legte sich flach auf den Rücken, ihre Kamera hielt sie mit der anderen Hand unter Wasser.

»Sind das Buckelwale?«, fragte ich, einigermaßen atemlos vor Aufregung.

»Bin mir nicht sicher. Es könnten auch Außerirdische

sein«, entgegnete sie frech und lächelte mir aufmunternd zu.

»Du würdest jetzt bestimmt gerne abtauchen und filmen.«

»Ich filme ja, außerdem ist Paul unterwegs und hält alles fest. Ich will das hier mit dir genießen. Versuch, dich zu entspannen.« Sie drückte meine Hand, und ich ließ mich ebenfalls auf dem Rücken treiben.

»Bist du das?« Meine Stimme war nur noch ein abgehacktes Keuchen. Etwas berührte mich von unten an den Beinen, am Rücken.

Eine Sekunde später hatte sich die Frage schon erübrigt, denn unmittelbar neben mir fuhr eine gigantische Blasfontäne in die Luft, und ein Wal-Auge sah mich an.

Keine Ahnung, wie lange dieser Blickkontakt dauerte – eine Sekunde oder eine Stunde –, aber das nonverbale Gespräch, das wir führten, war durchaus substanziell und endete mit einer stummen Vereinbarung: Er würde meiner Familie nichts tun, und ich würde zukünftig all meine Kraft dafür einsetzen, dass Wale und alle anderen Meerestiere ein besseres, sichereres Leben führen konnten. Und seltsamerweise hatte ich das Gefühl, einen neuen Freund gefunden zu haben.

Dann stupste er uns noch einmal an und tauchte ab, nur um in sicherer Entfernung wieder aufzutauchen, sich zum Abschied mit einem spektakulären Sprung in die Luft zu schrauben und in den pazifischen Tiefen zu verschwinden.

Das Nächste, was ich wahrnahm, waren wieder menschliche Rufe und vor allem die begeisterten Stimmen von Archie und Ada. Reed war mit dem Schlauchboot, in dem er mit Janet, Thomas und den Kindern saß, zu mir und Esther gepaddelt, und die

Kleinen hielt nun nichts mehr. Ohne zu zögern und vollkommen angstfrei sprangen sie zu mir und ihrer Mutter ins Wasser. Wegen ihrer Neoprenanzüge und Schwimmwesten trieben sie wie Korken, statt zu schwimmen, doch das tat ihrer Begeisterung keinen Abbruch.

»Daddy, Wal, Daddy, Wal!«, rief Ada wie aufgezogen.

»Was hat der Wal gesagt?«, wollte Archie wissen, der inzwischen fast genauso viel plapperte wie seine Schwester.

»Er hat gesagt, er ist unser Freund«, antwortete ich übertrieben deutlich, damit sie von meinen Lippen lesen konnten, und versuchte, es auch in Gebärdensprache zu signalisieren. Gar nicht so einfach im Wasser, und die beiden lachten sich halb tot über meinen Versuch. Auf dem Schiff und natürlich vor allem im Schlauchboot und im Wasser trugen sie ihre Implantate nicht, hörten also gar nichts. Aber das schien sie nicht zu stören. Dank Janet und Thomas konnten sie auch immer besser Lippen lesen, und wir alle an Bord verbesserten uns kontinuierlich in der Gebärdensprache, selbst wenn ich jetzt im Meer an meine Grenzen stieß.

Ich schnappte mir die beiden, und auch Esther gesellte sich zu unserer Gruppenumarmung, nachdem sie ihre Kamera ins Boot gereicht hatte.

»Der Wal ist unser Freund und hat uns lieb«, sagte ich noch einmal eindringlich. »Aber nicht so lieb, wie ich euch alle habe.«

Ich sah meine drei Lieblingsmenschen nacheinander an und wusste, dass sie mich verstanden hatten – vielleicht nicht alle mit den Ohren, aber ganz bestimmt mit ihren Seelen. Und genauso eindeutig fühlte ich ihre Antworten.

. . .

ENDE

Willst du wissen, wie es mit Esther, Dominic, Ada und Archie weitergeht? Dann besuche mich auf meiner Website unter https://carinmueller.de/ldkds für eine kostenlose, recht ausführliche Bonusszene.

DIE »INSEL DER WALE«-ROMANE

DIE REIHE BESTEHT BISLANG AUS DREI TEILEN, allerdings drängeln sich Ideen für weitere Romane immer weiter nach vorne in meinem Kopf. Es könnte also bald Nachschub geben. Abonniere dafür am besten mein »Dienstags-Update«, in dem ich alle vierzehn Tage über Neuigkeiten aus meinem Autorinnen-Leben und über neue Bücher informiere.

Direkt zum Dienstags-Update: https://carinmueller.de/newsletter/leser-post

BISHER ERSCHIENEN:

Lebe, als gäbe es kein Morgen

Zwei Menschen, eine Leidenschaft: Orcas! Aber reicht das, um die tiefen Wunden beider zu heilen?

. . .

Wale sind Reed Archers große Leidenschaft und zusammen mit seiner dreizehnjährigen Tochter Grace sein ganzer Lebensinhalt. Nach einem tragischen Schicksalsschlag fühlt er sich endlich bereit für eine neue Liebe.

Wenn die Vergangenheit nicht ruhen will, können Rückschritte auch Fortschritte sein. Kiona Brooks will zurück in ihrer Heimat endlich alte Wunden heilen und herausfinden, was genau die Orcas ihr zu sagen haben.

Eine abenteuerliche Kajak-Tour zu den Walen vor der winterlichen Küste Vancouver Islands schweißt die beiden auf unwiderstehliche Art zusammen. Doch wollen sie auch dasselbe?

Ein winterlicher Liebesroman voller Gefühl und mit wichtigen Themen – fesselnd, bewegend und fürs Herz.

Lausche den Klängen deiner Seele

Von neugierigen Walen, hungrigen Bären und einer Herausforderung namens Liebe

Was denn noch alles?

Wal-Saison im malerischen Tofino. Für die lebensfrohe Esther Johnson kommen zur Sorge um ihre gehörlosen

Kinder und dem Rosenkrieg mit ihrem Ex auch der Schuldenberg ihres Whale-Watching-Unternehmens dazu.

Sie trifft Dominic Gordon, der augenscheinlich nicht zur Erholung hierhergekommen ist. Gleichermaßen fasziniert und irritiert, ahnt sie nichts von den Herausforderungen, die der erfolgreiche Software-Entwickler zu überwinden hat. Eine gereizte Bärenmutter ist noch die Geringste davon ...

Esther und Dominic hätten eine Chance auf Glück – doch was ist der Preis dafür? Sind sie bereit, ihn zu zahlen?

Eine mitreißende Geschichte vor der atemberaubenden Kulisse Vancouver Islands – mit imposanten Walen, hungrigen Bären und einer großen Erkenntnis: Man hört nur mit der Seele gut.

Wandere auf unerforschten Pfaden

Verspielte Delfine, schützende Tätowierungen und der Beginn einer unerwarteten Liebe.

Kann man vor dem Leben davonlaufen?

Yuma Solano ist auf der Flucht – vor der Angst. In Tofino kommt sie endlich zur Ruhe und mit der Entspannung kehrt nach Jahren auch ihre Kreativität zurück. Schiffe,

Wellen und Wale bevölkern ihr Skizzenbuch – und eines Tages auch die seelenvollsten Augen, die sie jemals gesehen hat.

Die gehören Nalu Kalakaoa. Der hawaiianische Seebär weiß auf den ersten Blick, dass Yuma sein Schicksal ist, doch mit ihrer Geheimnistuerei kann er nicht umgehen. Seine eigenen Narben trägt er offen und mit eindrucksvollen Tätowierungen verziert.

Beide wissen, dass der erste Schritt in ein neues Leben der härteste ist, doch auf Vancouver Island wird ihnen klar: Man kann auch ankommen, wenn man unterwegs ist!

Eine außergewöhnliche Geschichte über die Überwindung von Ängsten und die Magie der eigenen, inneren Kraft.

Weitere Geschichten ab 2025!

ANMERKUNGEN

WALE:

Ich hatte das große Glück, 2018 eine sensationelle Walbeobachtungstour in Südafrika erleben zu dürfen, bei der wir sehr viele Südliche Glattwale aus nächster Nähe beobachten konnten und ich die begleitende Biologin mit gefühlt tausend Fragen gelöchert habe. Außerdem habe ich sehr viel recherchiert und mir Dutzende Videos von Touren rund um Vancouver Island und in anderen Regionen angesehen. Trotzdem sind die geschilderten Szenen im Roman natürlich etwas überhöht. Auch wenn es ab und zu vorkommt, dass Buckelwale sich tauchenden oder schwimmenden Menschen nähern, darf man das nicht als standardmäßiges Verhalten verstehen oder es gar selbst erwarten.

Zum Thema Walsprache und Walkultur gibt es ein grandioses Buch, das ich voller Begeisterung gelesen habe: »The Cultural Lives of Whales and Dolphins« von

Hal Whitehead und Luke Rendell. Es ist allerdings sehr komplex und wissenschaftlich – und ich maße mir nicht an, wirklich alles verstanden zu haben. Vermutlich habe ich nur am Lack gekratzt ... Trotzdem sehr spannend und empfehlenswert für alle, die richtig tief in die Materie einsteigen wollen.

Wer sich für Wale und Delfine engagieren will, dem möchte ich WDC (»Whale and Dolphin Conservation«) empfehlen. Diese weltweit operierende Organisation klärt auf und unterstützt lokale Projekte. Man kann beispielsweise Patenschaften übernehmen und bekommt dann regelmäßig Informationen über »seinen« Wal. Ich unterstütze seit einiger Zeit die Orca-Dame Current (genannt Curry), die sich gerne rund um Vancouver Island herumtreibt. Für mein menschliches Patenkind habe ich zudem einen Buckelwal »adoptiert«. Mehr Informationen gibt es unter https://de.whales.org/.

GEHÖRLOSIGKEIT:

Ähnlich faszinierend wie das Verhalten der Wale finde ich die Gebärdensprache und die Kultur gehörloser Menschen. Darauf gestoßen bin ich vor einigen Monaten in einem Artikel der Süddeutschen Zeitung. Da ging es um eine Familie mit einem gehörlosen Kind. Der Junge trägt ein Cochlea-Implantat und verfügt damit über ein rudimentäres Hörvermögen. Für die Krankenkasse der Familie schien das Problem damit erledigt zu sein, doch die Eltern kämpfen nachdrücklich für eine gute Ausbildung in Gebärdensprache. Und zwar nicht nur für ihren Sohn, sondern auch für sich selbst. Es gibt nämlich unzählige Gründe, warum man sich nicht allein auf das

Implantat verlassen sollte. Ich hatte bis zur Lektüre dieses Artikels kaum Ahnung von der Thematik, habe mich dann jedoch gründlich eingelesen und weiß nun, warum es so wichtig ist, dass gehörlose Kinder bilingual aufwachsen. Tolle Informationen dazu habe ich beim Verein »Deutscher Gehörlosen-Bund« (https://www.gehoerlosen-bund.de/) gefunden.

Ich habe mich sehr bemüht, in meinem Roman die besonderen Herausforderungen korrekt und sensibel darzustellen, und hoffe, dass es mir gelungen ist. Übrigens bieten viele Volkshochschulen auch Gebärdensprache-Kurse für Hörende an. Das wäre ein niederschwelliger Einstieg zur Inklusion – und macht bestimmt genauso viel Spaß wie eine Fremdsprache.

DANKE

Mein erster Dank gilt DIR! Danke, dass du meine Geschichte gekauft und gelesen hast. Deine Begeisterung ist es, die mich täglich dazu motiviert, mich wieder an den Schreibtisch zu setzen und in neue Geschichten abzutauchen. Daher ist das auch DEIN Buch. Herzlichen Dank.

Mein zweites Dankeschön klingt dagegen sicherlich ziemlich merkwürdig: Ich danke nämlich meinem Unterbewusstsein! Dafür, dass es die Heldin dieser Geschichte »Esther Johnson« genannt hat. Geschehen ist das, Monate bevor ich überhaupt die Idee hatte, die »Insel der Wale«-Reihe zu starten. Esther wird am Ende im Roman »Lebe, als gäbe es kein Morgen« erwähnt. Dort war sie jedoch lediglich eine nicht näher definierte Geschäftspartnerin von Reed – und die Geschichte Teil der »Vancouver Island Kisses«-Dilogie mit meiner lieben Kollegin Sarah Saxx.

Ich hatte jedoch bald das Gefühl, mit Vancouver Island und den Walen noch »nicht ganz fertig« zu sein – auch dank des unglaublichen Zuspruchs meiner wundervollen Leserinnen. So entwickelte sich langsam aber sicher die Geschichte rund um Esther und Dominic. Die Namensfindung meiner Protagonisten ist für mich in der Regel eine ziemlich große Sache, schließlich muss da alles passen, doch Esther hieß schon Esther. Zugegebenermaßen hatte ich anfangs mit diesem Namen meine Probleme, konnte ihn jedoch nicht mehr ändern. Also habe ich an Esthers Charakter gearbeitet, damit er zum Namen passt. Und dank dieser Schwierigkeiten ist die Figur bestimmt viel besser und komplexer geworden, als sie ursprünglich geplant war.

Die Zweifel und Sorgen, die ich zwischendurch hatte, waren manchmal ziemlich lähmend, doch in diesen Situationen sprangen die Kolleginnen aus meinem virtuellen Schreibbüro in die Bresche und haben mich in unserer WhatsApp-Gruppe entweder getröstet oder mit der Peitsche geknallt. Danke, Mädels, ohne euch wäre ich vermutlich immer noch im ersten Kapitel.

Ich danke meinen unbestechlichen Testleserinnen Bianka »Adlerauge« Friedrich, Nicole Brunner, Tina Slotty und Tanja Hoff, die mich auf obsolete und mäandernde Formulierungen aufmerksam gemacht haben und mir auch sonst kaum einen Unsinn haben durchgehen lassen. Ihr seid wirklich toll!

Ähnlich gnadenlos und genauso großartig ist meine wunderbare Lektorin und Grammatik-Domina Julia Funcke, die stets liebevoll aber streng meine Unzulänglichkeiten ausbügelt. Was wär ich ohne dich? Danke, danke, danke!

Mit den neuen Covern der Reihe bin ich ein großes Wagnis eingegangen, weil sie komplett außerhalb der Genre-Konventionen liegen. Ich liebe sie aber sehr. Danke an Designer Kevin Griskewitz für die Umsetzung meiner Vorstellungen.

Last but not least danke ich noch Jan und Toni, meinen zweibeinigen und vierpfotigen Lieblingen – ohne euch wäre alles sinnlos!

PS: Zweifellos habe ich wieder einige Menschen vergessen, ohne die es diesen Roman nicht gäbe – verzeiht mir bitte! Ihr mögt zwar nicht in diesen Zeilen verewigt sein, in meinem Herzen habt ihr trotzdem einen besonderen Platz.

UPDATE JANUAR 2024:

Ich freue mich, dass meine »Insel der Wale«-Reihe so viele Menschen begeistert. Der Grund für die Neuauflage mit frischen Covern ist der Tatsache geschuldet, dass es vermutlich 2025 mit der Reihe weitergehen wird. Allerdings in anderer Form als ursprünglich angedacht. Vielleicht ist dir auch aufgefallen, dass außen nicht nur Charlotte Taylor als Autorin genannt ist, sondern auch Charlotte McGregor. Mal abgesehen davon, dass die beiden ohnehin identisch sind, passt die Geschichte deutlich besser in das »McGregor«-Universum als zu »sexy Taylor«.

In meiner ursprünglichen Danksagung preise ich noch Kevin für die tollen Cover. Ich liebe sie nach wie vor. Sie sind außergewöhnlich. Außergewöhnlich schön und leider außergewöhnlich schwer zu vermarkten. Umso erstaunlicher, dass die Reihe trotzdem recht erfolgreich ist. Doch viele Lesende haben mir gesagt, dass sie aufgrund der Optik vor den Büchern zurückschrecken – vermutlich, weil sie *zu* außergewöhnlich aussahen? Ich hoffe, die neue Optik kommt nun besser an und daher möchte ich hier auch ganz besonders Sabine Albrecht erwähnen, die die wunderbaren neuen Outfits für die

Reihe erschaffen hat. Vielen Dank dafür – sie sind grandios.

WER IST CHARLOTTE?

Charlotte Taylor und Charlotte McGregor, die beide als Autorin auf dem Cover genannt werden, sind ein und dieselbe Person, die im wahren Leben Carin Müller heißt. Die drei teilen sich nicht nur einen Ehemann und einen Hund, sondern vor allem auch einen Körper und leider auch nur ein Gehirn und zwei Hände (mehr davon wäre bei der inneren Autorinnen-WG manchmal schön ...)

Doch wie es in der Buchwelt manchmal so Usus ist, wollen Verlage für Geschichten, die im Ausland spielen gerne einen passenden Autorennamen auf den Umschlag schreiben. So entstand zunächst Charlotte Taylor, deren Geschichten vor allem in den USA und in Kanada spielen und später Charlotte McGregor, deren Herz vorwiegend »very british« schlägt und auch vor komplexeren Themen nicht zurückschreckt.

Immer aber geht es um die Liebe. Mal prickelt sie, mal ist sie voller Dramatik – aber nie selbstzweckhaft, denn neben dem schönsten Gefühl der Welt, gibt es immer auch andere Themen die im Fokus stehen. Das können persönliche Schicksalsschläge und Lebenskrisen sein oder auch Stoffe von gesellschaftlicher oder globaler

Bedeutung. Auch wenn die Geschichten gerne mal komplexer sind, kommen sie doch immer leicht und optimistisch daher, damit die Leser:innen am Ende mit einem glücklichen Lächeln das Buch zuklappen.

facebook.com/autorinnen.wg
instagram.com/charlotte.autorin

MEINE BÜCHER

VERÖFFENTLICHUNGEN ALS CHARLOTTE MCGREGOR:

- »Ein Sommer in Kirkby« – 2020, SP
- »Highland Hope – Ein Bed & Breakfast für Kirkby« – 2021, Heyne Verlag
- »Highland Hope – Ein Pub für Kirkby«, 2021 – Heyne Verlag
- »Highland Hope – Eine Destillerie für Kirkby« – 2021, Heyne Verlag
- »Highland Hope – Eine Bäckerei für Kirkby« – 2022, Heyne Verlag
- »Island Dreams – Der Garten am Meer« – 2022, Heyne Verlag
- »Die Glückskuh von Kirkby« – 2022, SP
- »Highland Happiness – Geschichten aus Kirkby« – 2022, SP
- »Highland Happiness – Die Weberei von Kirkby« – 2023, SP
- »Robin – High in the Sky« – 2023, SP (Wiederveröffentlichung des gleichnamigen Romans aus 2018)
- »Highland Happiness – Die Töpferei von Kirkby« – 2023, SP
- »Highland Happiness – Das Herrenhaus von Kirkby« – 2023, SP
- »Insel der Wale – Lebe, als gäbe es kein Morgen« – 2024, SP (Wiederveröffentlichung des gleichnamigen Romans aus 2020)
- »Insel der Wale – Lausche den Klängen deiner Seele« – 2024, SP (Wiederveröffentlichung des gleichnamigen Romans aus 2021)

- »Insel der Wale – Wandere auf unerforschten Pfaden« – 2024, SP (Wiederveröffentlichung des gleichnamigen Romans aus 2021)
- »Highland Happiness – Die Schreinerei von Kirkby« – 2024, SP
- »Highland Happiness – Die Schmiede von Kirkby« – 2024, SP

VERÖFFENTLICHUNGEN ALS CHARLOTTE TAYLOR:

- Die Reihe »Hot Chocolate« – 18 Titel, ab 2015, Bastei Lübbe
- »San Francisco Millionaires Club – Ian« – 2017, SP
- »San Francisco Millionaires Club – Derek« – 2017, SP
- »Robin – High in the Sky« – 2018/2023, SP
- »San Francisco Millionaires Club – Dan« – 2019, SP
- »San Francisco Millionaires Club – Sammelband: Ian, Derek, Alistair, Dan« – 2020, SP
- »Lebe, als gäbe es kein Morgen« – 2020/2024, SP
- »Lausche den Klängen deiner Seele« – 2021/2024, SP
- »Wandere auf unerforschten Pfaden« – 2021/2024, SP
- »L.A. Roommates 1 – Prickelnde Nächte und heiße Flirts« (Wiederveröffentlichung Teil 1 der »Hot Chocolate«-Geschichten) – 2022, Bastei Lübbe
- »L.A. Roommates 2 – Wilde Herzen und süße Verführung« (Wiederveröffentlichung Teil 2

der »Hot Chocolate«-Geschichten) – 2022, Bastei Lübbe

VERÖFFENTLICHUNGEN ALS CARIN MÜLLER:

- »Mopsküsse« – 2009, Goldmann
- »High Heels & Hundekuchen« – 2012, Goldmann
- »Gefühlte Wahrheit – 2014, SP
- »Hundstage« – 2014, SP
- »Problemzonen« – 2015, SP
- »Tage zwischen Ebbe und Flut« – 2016, Droemer Knaur
- »Hugo's Affairs – Wie war das mit den zauberhaften Anfängen?« – 2022, SP (Wiederveröffentlichung von »Mopsküsse«)
- »Hugo's Affairs – Wenn es nicht gut ist, ist es nicht das Ende!« – 2022, SP (Wiederveröffentlichung von »High Heels und Hundekuchen«)

Veröffentlichungen als Nirac Rellum:

- »Außenmission auf Kaipas V« – 2015, SP
- »Ferien auf Tarkanus X« – 2017, SP

Einen kompletten Überblick über meine Romane – inklusive Cover und Klappentexte findest du auch hier in meinem Katalog. https://carinmueller.de/katalog